KB095539

박정희 유신독재와 전두환 군사독재

— 유신 청산 50년의 현재와 미래

박정희 유신독재와 전두환 군사독재

― 유신 청산 50년의 현재와 미래

2022년 6월 22일 처음 펴냄
2022년 10월 26일 두 번째 찍음

엮은이 | 유신청산민주연대
글쓴이 | 권영숙 김경례 김영곤 김재홍 김춘수 서보학 서아현 송병춘
         신순애 오동석 오제연 윤상철 장상환 정명자 한상희 홍윤기
펴낸이 | 김영호
펴낸곳 | 도서출판 동연
등 록 | 제1-1383호(1992. 6. 12)
주 소 | 서울시 마포구 월드컵로 163-3
전 화 | (02)335-2630
전 송 | (02)335-2640
이메일 | yh4321@gmail.com

Copyright ⓒ 유신청산민주연대, 2022

이 책은 저작권법에 따라 보호받는 저작물이므로 무단 전재와 복제를 금합니다.
잘못된 책은 바꾸어드립니다. 책값은 뒤표지에 있습니다.

ISBN 978-89-6447-818-9 04300
     978-89-6447-815-8 (유신청산 시리즈)

출판을 위해 민주화운동기념사업회가 후원했습니다.

유신청산 시리즈 3

박정희 유신독재와 전두환 군사독재

● 유신 청산 50년의 현재와 미래 ●

유신청산민주연대 엮음

권영숙 김경례 김영곤 김재홍 김춘수 서보학 서아현 송병춘 신순애
오동석 오제연 윤상철 장상환 정명자 한상희 홍윤기 함께 씀

동연

유신과 5공, 우리는 괴물에서 자유스러운가

이부영
(자유언론실천재단
이사장)

나와 우리 세대의 젊은 시절의 삶은 온전히 '유신과 5공'에 포획되어 있다.

인생의 보람 있는 시절인 30대와 40대를 유신-5공과 피투성이 싸움으로 보냈으니 말이다. 언론인 삶을 시작한 세월이 기구했다. 가는 날이 장날이라고 1968년에 동아일보에 입사해보니 이듬해 삼선개헌이 자행되었다. 언론사들 가운데 언론의 정도에 서 있으려고 애썼던 동아일보에선 매일 전운이 감돌았다. 71년 대선이 지나고서는 노골적으로 목조르기가 시작되었다. 유신의 강행도 동아일보를 통제하느냐 못하느냐에 달려있었다. 74~75년의 광고탄압과 대량해직도 동아에 대한 유신 체제의 관철이었다.

올해가 동아자유언론수호투쟁위원회가 생긴 지 47주년째다. 해직기자가 되어 금 밖에서 살면서 자유언론운동, 민주화운동을 하자니

'빨갱이' 소리도 귀가 달토록 들어야 했다. 실업자로만 살 수 없어서 동료들은 이런저런 뜨내기 직업도 가졌고 나의 경우엔 정치에도 몸을 담기도 했다. 그런데 우리들 경우에는 어디에 가서 일해도 그곳이 항상 임시직으로 여겨졌다. 마음속으로는 언제나 자신을 언론인으로 생각하고 있었다.

그런데 우리와 달리 유신과 5공에서 언론인으로 종사해온 지난날의 동료들을 동창이네 뭐네 해서 만나게 된다. 그들은 청와대 출입, 정치부장, 편집국장, 주필, 사장 등등을 거치면서 언론계의 거물로 성장해서 정년을 맞은 인물들이 많다. 사람에게도 보이지는 않아도 사고방식, 태도, 인간관계, 취향 등에서 나무의 나이테 같은 무늬가 있다. 그것은 피할 수 없는 운명이다.

우리가 동아일보에서 강제 해직된 것이 부당한 권력에 의한 악임을 잘 알만한 친구까지도 "반세기가 지났는데도 아직도 복직이 어떻고 뭘 그러고 있느냐"고 힐난한다. 조그만 떡 공장에서 임시직공 한두 명 정도 내보낸 것이 아니라 동아일보라는 한국을 대표하는 언론사가 130여 명의 엘리트 지식인들을 내쫓고 나서 사과 한마디 한 일도 없다. 그런데 가만히 있으라니. 그런 일들이 유신과 5공에서 밥 먹듯 벌어졌던 것이다. 사람들을 죽이고 고문하고 가뒀다.

이제 그런 짓을 했던 세력의 자식들이 1987년 6월 민주항쟁 이후 한 세대가 지나자 기득권을 물려받고 신분 세탁을 한 뒤 그 짓을 다시 하겠다고 나선다. 신 냉전시대가 전개되는 국제질서도 그들의 날개를 달아주는 형국이다. 국가보안법도 그대로 있다. 중대재해법은 시행도 제대로 해보지 못하고 없어질 모양이다. 반세기 전에 그랬던 조중동은 다시 기세등등하다.

그들 탓으로만 돌릴 수 없다. 이른바 민주개혁진영도 이런 발표회에서 자신들의 잘못을 되돌아보는 자성론도 나와야 하는 것 아닐까. 필자는 지금도 1987년 6월민주항쟁이 벌어지고 있던 시기에 감옥 안에서 兩金의 분열과 대선 패배에 치를 떨던 기억과 함께, 학생운동과 노동운동을 했다가 투옥된 젊은 지도자들이 NL과 PD로 나뉘어 대화도 거부하고 밥도 함께 먹지 않고 운동도 함께 하지 않았던 쓰라린 기억을 지니고 있다. 바로 오늘의 이른바 '586세대'가 그들이었다. 그들이 오늘 우리 정치의 주역들이 되어 있다. 당시 兩金을 비판하면서도 자신들의 분열은 정당화했던 자세는 달라졌는지, 자신들을 자성하고 비판하는 자세를 아직 들어보지 못했다.

역사는 되풀이되려는가. 우리는 다시 무엇을 해야 하나. 팔순 나이에 아직도 이러고 있다.

김재홍
(유신청산민주연대
상임대표)

유신 1기 박정희 정권과 유신 2기에 해당하는 전두환 5공 정권은 최고 권력자가 바뀌었지만 별 차이 없는 동질적인 정치체제였다. 전두환 정권은 대통령 임기 7년에 단임제를 내세워 박정희 유신 체제와의 차별화를 시도했다. 그러나 그것으로 차이가 있다고 인정받기엔 턱없이 정당성이 모자랐다. 박정희 유신 체제는 부마시민항쟁의 압력이 한 원인으로 작용한 김재규의 10·26 거사에 의해 종식됐으며, 전두환의 유신 2기 통치는 5·18 광주시민항쟁과 6·10 민주항쟁에 의해 무너졌다고 평가된다.

박정희의 5·16 쿠데타로 시작된 군사통치는 수많은 민주화운동자들의 희생과 국민 피해를 야기했다. 정치군인들의 권력 놀음이 너무도 장기화되는 바람에 부정적인 군사문화가 민주주의의 바탕인 시민문화를 뿌리째 고사시켰다. 군사정권에 의한 개발독재 방식의 경제성장 또한 출혈 수출과 저임금, 고물가와 고인플레 등으로 다수 서민 대중의 피땀 위에 대기업과 특권층만 배 불린 꼴이었다. 나중에 '1

대 99'라는 격차를 낳아 그 치유를 위한 대가 지불이 경제성장의 가치보다 컸다는 지적이 나오기도 했다.

유신독재 1기와 2기의 통치방식은 몇 가지 특징과 공통점이 있다.

박정희와 전두환 정권은 무엇보다도 공안 정보 통치 수법이 똑같았다. 공안 정보 통치는 박정희 정권이 5·16 군사쿠데타 직후 설치한 중앙정보부로부터 비롯됐으며, 그 후 전두환의 유신 2기 아래서는 중정의 후신인 안기부와 함께 군 내부 정보 사정 기구인 보안사령부도 나서서 공안사건 조작과 반대 세력 사찰에 극성을 부렸다.

이들은 또 박정희의 5·16 쿠데타 후 국가재건최고회의와 유신 선포 후 비상국무회의 그리고 전두환의 1980년 국가보위입법회의와 같은 위헌적 기구로 유사 입법을 감행했다. 위헌이고 불법이었지만 이에 대해 법치주의적 정당성을 사후에 과거사 청산 차원에서 재단해야 할 검찰은 "성공한 쿠데타는 처벌할 수 없다"는 터무니없는 둔사로 눈을 감아버리고 말았다.

박정희-전두환 유신군사독재 정권의 공통점은 또 언론 탄압 수법에서 찾아진다. 언론사에 정보기관원을 출입시키면서 사전 조정이란 이름으로 감시 간섭하고 비판적 언론인을 대량으로 강제 해직시킨 점에서 두 정권이 똑같다. 이같은 언론 탄압 외에도 식자층의 민주화 운동을 무력화시키려는 공작의 일환으로 학생운동권을 대학에서 제적시킨 뒤 군대에 강제 입영시켰다. 대학 민주화운동자들의 입영 후 군대 생활이란 국민 2세가 일반적으로 이행하는 병역의무가 아니었다. 그것은 정치적 계획에 의한 일종의 교화 공작이었다. 박정희 유신 선포 1년 전인 1971년 10월 정권의 위수령에 의해 강제 입영된 학생운동권 간부들은 군 복무기간 내내 행정반 근무가 금지됐으며, 최일선 소총수로서 DMZ 철책선 보초와 기동훈련만 허용됐다. 전두환 정권 아래서는 대학생들에 대한 강제징집 녹화사업이란 명칭을 보더라도 기성세대 성인에 대한 삼청교육대와 함께 전체주의 체제에서나 볼 수 있는 군사주의적 사회 개조 공작으로 가관이 아닐 수 없었다.

거기다 사회 건전성과 윤리를 기준으로 내세운 사회 문화적 통제는 시민사회를 마치 군부 내 사관학교식 규율로 다스리려 시도했다. 유신군사독재 정권 아래 금지된 대중가요 840여 곡의 사연을 보면 문화예술에 무지하고 경직된 조치에 개탄하지 않을 수 없다. 송창식의 '왜 불러', 양희은의 '아침 이슬', 이장희의 '그건 너'와 같은 인기가요들에 금지곡 딱지를 붙여 '철창'에 가둔 이유를 보면 유치하기 짝이 없었다. 이런 터무니없는 사회 문화 통제와 간섭 아래서라면 오늘날 세계무대 정상에 우뚝 선 '방탄소년단'이나 '블랙핑크' 등과 같은 한류 가수들은 탄생할 수 없었을 터였다. 그런 의미에서도 한류문화의 성장과 세계 진출은 민주화의 성과임이 입증된다고 할 것이다.

올해 2022년으로 박정희가 유신군사독재를 공식 선포한 지 50년을 맞으며, 또한 전두환 유신2기까지 종식시킨 1987년 6월 시민항쟁이 35주년을 기념하게 됐다. 그러나 아직도 유신 잔재는 청산되지 않은 채 곳곳에 잔존해 있는 실정이다. 군사권위주의와 유신 체제 아래 유사입법기구가 제정한 법률들, 그리고 대기업-중소기업 간의 불균형 성장과 기득권층-서민층 간의 격차 등이 모두 장기독재의 산물이다.

유신청산민주연대는 박정희와 전두환 정권을 유신독재 1기와 2

기로 규정하고 인적 중심에서 법률-제도-기구 중심의 근본적인 과거사 진실 규명과 미래지향적 청산 활동으로 방향을 정했다. 박정희 유신 선포로 임기 중 불법 해산당한 국회가 직접적 피해당사자로서 이에 대한 역사재판 성격의 국회 결의안을 거쳐 유신청산 특별법의 입법을 추진하기로 했다.

이같은 방향 설정 아래 그동안 유신청산에 관해 학계와 법조계, 그리고 시민사회와 함께 꾸준히 토론회를 벌여왔으며, 이번 발간하는 책은 그 중간 결과물이다. 유신50년청산위원회의 국회의원 공동대표단인 이학영 인재근 이용선 소병훈 강은미 의원님께 바쁜 의정활동 중에도 시간을 쪼개어 함께 해주신 데 대해 특별히 감사드린다. 이 책의 출판은 물론 유신청산 활동에 중추 책임역을 맡아 온 이대수 운영위원장과 사무국 동지들의 노고에 깊은 위로를 드린다. 어려운 경기 속에서도 책 출판을 맡아준 동연 출판사의 김영호 대표와 직원 여러분께 고마움을 표해야 하겠다.

2022년 6월 22일

차 례

제3부 | 유신독재의 물리력 ― 사법부(검찰·법원)와 군대(계엄령)

제4부 | 유신 체제 유지와 극복의 양대 축 ― 재벌 경제와 노동운동

부록

제1부

유신과 5공화국 청산의 전망

전두환의 유신 2기 독재정치
─ 정치군벌 '하나회', 12·12 군사반란으로 국권 찬탈

김재홍

(유신청산민주연대 상임대표 · 서울미디어대학원대학교 석좌교수)

1. 머리글

2022년으로 대통령 박정희가 1인 종신독재 유신 체제를 선포한 지 50돌을 맞는다. 박정희는 1971년 10월 대학가에 위수령을 선포하고 군대를 투입해 민주화 학생운동을 진압한 뒤 유신 체제 수립에 본격 착수했다. 1972년 10월 박정희는 국회를 불법 해산하고 헌법적 근거 없이 비상국무회의에서 유신헌법안을 의결해 국민투표에 부쳤다. 그는 유신독재 7년 만인 1979년 10월 김재규 중앙정보부장의 총탄에 사거했으나, 그 후에도 박정희 없는 유신 체제가 이어졌다. 전두환의 유신 2기가 박정희 유신 체제와 동질적인 군사권 위주의 독재를 휘둘렀다.

군 보안사령관으로 10·26 박정희살해사건을 맞은 전두환은 계엄령 아래 합동수사본부장을 맡아 국내 정보수사기관을 장악하는 실권자로 급부상했다. 유신 군사독재정권에서 실권 기구였던 중앙정보부가 대통령 살해 집단이어서 수사 대상으로 몰락하자, 그다음의 권력 집단은 보안사였다. 최고의 합법적 폭력 관리 집단인 군대를 감시하고 통제해온 보안사야말로 당시 군권 장악과 궁극적으로 국권 찬탈을 넘보던 정치군인 전두환에게 절호의 기회를 만들어낼 수 있는 도구였다. 더구나 당시 보안사는 전두환이 위관 장교 때부터 조직해온 군내 정치장교 집단인 하나회의 할거처였다.

전두환을 수괴로 한 이들 정치군벌 하나회가 10·26 직후 12·12 군사반란으로 군권을 장악한 뒤 1980년 5월 광주시민항쟁을 살상 진압하고 국가 권력을 찬탈한 신군부의 실체다. 이 같은 전두환과 신군부의 국권 찬탈은 일련의 내란 과정으로 대법원이 최종 판결한 바 있다.

그 후 12·12 군사반란과 5·18 광주항쟁 살상 진압의 주모자들로 정치군벌 하나회 소속인 전두환, 노태우, 정호용과 박희도, 최세창 등1은 사법 처리됐고, 관련 장교들 다수가 숙정됐다. 이제는 실증 자료

---

1 1979년 10·26 박정희 사거 이후 실질적 국가 권력의 공백기에 전두환을 수괴로 한 정치군벌 하나회 집단은 물리적 힘을 가진 군부를 장악하기 위해 12·12 군사반란을 일으켰고, 그 후 주모자들은 권력자로 부상했다. 전두환은 중앙정보부장 서리와 국가보위 상임위원장을 거쳐 체육관 선거로 대통령에, 노태우는 수경사령관과 보안사령관을 거쳐 6공화국 대통령, 정호용은 특전사령관과 국방장관, 박희도는 특전사령관과 육군참모총장, 최세창은 3군사령관과 합참의장을 거쳐 국방장관으로 각각 출세 가도를 달렸다. 이들은 12·12 군사반란과 1980년 5·18 광주시민항쟁 때 살상 진압 등으로 모두 실형 선고를 받았다. 12·12 군사반란에 관해서는 다음 책을 참조. 김재홍, 『군 1: 정치장교와 폭탄주』 (서울: 동아일보사, 1994), 66-173.

에 근거한 역사 기록과 객관적 평가를 위해서 하나회와 신군부에 대한 군대사회학적 분석과 함께 그들의 정권 찬탈 과정에 대한 정치학 이론의 적용이 필요할 것이다.

신군부라는 용어는 구세대 군부와 구분 지어지는 정치군인 집단을 지칭하는 것으로 언론에 의해 명명됐다. 박정희를 중심으로 한 5·16 쿠데타 세력이 구세대 군부에 속한다. 군부 선후배라는 인맥의 연속선상에서 보았을 때 구세대 군부와 신군부의 명확한 구분 경계선은 정규 4년제 육사 출신인지 여부이다. 구세대 군부는 박정희 소장과 함께 5·16 쿠데타를 주도했거나 그 이후 군 출신으로 제3, 4공화정에서 정치권 및 행정부 등의 권력 요직에 오른 인사들을 말한다. 5·16 쿠데타 주체세력으로 중도에 숙정당하지 않고 권력 요직에 오른 군 출신 인사라면 박정희, 김종필, 정일권, 이후락, 박종규, 김계원, 차지철, 김형욱 등을 꼽을 수 있다.

그러나 정치사회학적으로 구세대 군부를 범주화할 때는 대체로 단기육사 5기와 8기가 핵심이었다. 육사 2기인 박정희 소장의 동기생으로는 이한림 전 야전군사령관과 한신 전 1군사령관(내무장관 역임) 그리고 김재규 전 중앙정보부장이 있다. 김재규 전 중정부장을 제외하고는 이 그룹의 정치권 진출은 그다지 많지 않았다.

육사 5기는 정치권에 진출한 인사는 별로 없었고, 군에 많이 남았다. 대표적 인물이 12·12 당시 체포된 육군참모총장 정승화와 주월군사령관을 지낸 채명신이다. 그래서 12·12 군사반란을 단기육사 출신에 대한 정규육사 장교들의 하극상이며, 구세대 군부에 대한 신군부의 권력 박탈이라고 보기도 한다.

5·16 쿠데타의 실질적인 주도 세력은 육사 8기였고, 그 이후 이

그룹이 권력 요직 진출도 가장 많았다. 김종필을 비롯해 김형욱, 오치성, 길재호, 홍종철, 윤필용, 강창성 등이 8기 출신이다.

정규 육사 출신 장교를 모두 신군부라고 부르지 않음은 물론이다. 신군부라는 용어에는 정치군인 집단이라는 의미가 내포돼 있었다. 정규 육사 출신 장교들 중에서 정치군인은 전두환, 노태우, 정호용, 손영길 등이 5·16 쿠데타 직후 조직한 '하나회'를 뜻한다. 그들은 젊은 일선 장교로 한창 뛰어야 할 대위 시절에 군내 지하 사조직을 결성했다.[2]

대통령 박정희의 친위대로 키워진 하나회가 바로 1979년 10·26 사건 이후 12·12 군사반란과 1980년 5월 광주시민항쟁에 대한 살상 진압을 거쳐 내란 정권을 수립한 신군부의 실체라 할 수 있다. 이들은 12·12 군사반란으로 군권을 장악한 후 12월 말 전두환 보안사령관이 법으로 금지돼 있는 중앙정보부장 겸직을 강행함으로써 사실상 국가 중추 권력을 찬탈했다. 당시 보안사령부는 사령관 전두환을 비롯해서 비서실장 허화평, 인사처장 허삼수, 보안처장 정도영, 대공처 수사국장 이학봉 등 하나회 장교들이 포진해 있어서 하나회의 할거처였다. 국가 권력의 조정기구 역할을 했던 중앙정보부가 대통령 살해 집단으로 전락하자 보안사가 그것을 접수함으로써 사실상 군내 사조직인 하나회가 국가 권력을 장악한 것이나 다름없는 상황이 돼버린 것이다.

이 논문은 박정희가 사거한 후 민주 회복이 이루어지지 않고 박정희 없는 유신 체제인 전두환의 유신 2기가 이어진 배경을 규명하기

---

2 군내 지하 사조직 하나회의 배태 과정과 전두환 노태우 정호용 박희도 최세창 등 1세대(육사 11-20기) 및 2세대(육사 20-36기)의 총명단 그리고 그 정치군벌화 과정에 관해서는 아래 책에 상세히 기록돼 있다. 김재홍, 위의 책, 258-378; 김재홍, 『군 2: 핵개발 극비작전』(서울: 동아일보사, 1994), 322-359.

위한 것이다. 전두환의 군권 탈취와 국권 찬탈 내란의 씨앗이 된 '하나회' 장교들의 사조직 결성부터 이들이 정치군벌화하고 10·26 이후 폭력을 수단으로 국가 권력을 장악하기까지의 과정을 기존의 정립된 정치사회학 이론에 비추어 실증적으로 평가할 것이다. 실증의 근거로 하나회 장교들의 개인적 특성과 사회적 배경, 그들의 행동들, 당시 상황의 전후 사실관계 등을 제시하고자 한다. 또한 전두환의 집권 후 그 통치 내용은 박정희 유신 체제와 동질적임을 입증하는 데 초점을 맞출 것이다.

2. 정치군벌 하나회, 5·16 쿠데타의 '2세'
― 군내 사조직과 군 직업주의 일탈

군부 내 정치장교 사조직인 하나회의 성격을 제대로 정리하기 위해서는 이들의 사회적 출신 배경과 육사 재학 시의 생도 생활, 군부대 재직 시 근무 상황 그리고 그들이 정권을 수립하기 전후의 정치적 지위와 역할 등을 분석해야 한다. 이들이 1980년 5월 광주시민항쟁 당시 드러낸 행동의 배경을 구성하는 요인은 그런 다차원적 분석을 통해 추출할 수 있을 것이다.

하나회는 당초 1950년대 초 이들이 육사 재학 시절 대구와 경북 출신의 친목 모임에서 비롯됐다. 정규 4년제 육사를 창설한 대통령 이승만과 주한미군 군사고문단 그리고 육사 간부들의 교육 목표는 근대화된 엘리트 장교를 양성하는 것이었다. 그러나 미국식 커리큘럼과 복제(服制), 제식훈련 등으로도 생도들의 내면에 깊숙이 박혀 있는 지연 의식을 근대화시키지는 못했다. 이들은 일과가 없는 주말 휴게실이나 구내 PX에 동향 출신끼리 모였다. 진해 육사 시절부터 특히 영남 출신 생도들의 응집력은 유달리 눈에 띄었다.

육사 11기는 재학 중 전두환, 노태우, 김복동, 최성택, 박병하 등 영남 출신 단짝들이 5성회를 결성했다. 이들이 임관한 뒤 5·16 쿠데타가 일어나자, 박병하가 1년 늦게 졸업하는 바람에 빠지고 역시 영남 출신인 손영길, 권익현, 정호용이 가담해 7성회로 이름을 바꾸었다. 7성회 장교들은 5·16 이후 국가재건최고회의나 중앙정보부에 근무하면서 군정에 대한 토론회를 수시로 가졌다. 장소는 주로 전두환의 사저였다.[3]

육사 8기 5·16 주체, 영남 출신 없고 4대 의혹사건 등으로 하나회가 백안시

5·16 쿠데타 이후 정규육사 출신 7성회는 비밀 모임에서 공화당 사전 창당의 비자금을 만들기 위한 주가조작 사건과 파친코 허가 등 4대 의혹사건으로 육사 8기 중심의 구세대 군부가 군사혁명의 대의명분에 먹칠을 가했다고 규탄했다. 더욱이 군사혁명의 지도자 박정희 소장은 동향이었으나 그 아래 8기 출신 5·16 주체들은 대부분 경기와 충청권 출신으로 우연찮게도 영남 출신이 없었다. 이것이 그들에게 권력 접근의 장애로 여겨졌고, 이들은 그래서 '군사혁명'에서 소외됐다고 생각했다. 이들은 시국 문제를 논의하고 군사혁명에서 일정 역할을 확보하기 위한 서클을 조직하기로 한 것이다.[4] 이런 점에서 정치

---

3 김재홍, 『軍 1: 정치장교와 폭탄주』, 262.
4 위의 책, 264.

군벌 하나회는 5·16 군사 쿠데타가 낳은 '2세'였다고 평가할 수 있다.

이에 따라 1963년 2월, 전두환 소령의 집에 모인 7성회 장교들은 기존 회원에다 3명을 더 보태 10명으로 일심회를 결성한다. 이들은 영남 일색을 탈피하기 위하여 전두환의 추천으로 전남 장흥 출신의 노정기(소장 예편, 전 필리핀 대사)를 포함시키기도 했다. 이 일심회가 한마음회로 바뀌었다가 하나회라는 명칭으로 고정된 것이다.[5]

하나회는 그 후에도 호남 출신과 충청 출신을 구색 갖추기로 끼워넣어 영남 일색이 아니라는 위장 전술을 썼다. 호남 출신으로 하나회에 가입한 고명승이나 장세동이 그런 경우에 속한다.

육사 입교로 6·25 전쟁 중 전선 투입은 면제

육사 11기인 하나회의 조직자들은 6·25 전쟁 중인 1951년 진해에서 입교했다. 전두환, 노태우, 정호용 등이 현역 사병이었고, 박정희 장군의 당번병이었던 박갑룡(대구 출신, 하나회 초기 일심회 회원. 수경사 30대대장 역임)도 함께 입교했다. 당시 새로이 모집하는 정규육사생도들에게는 특전이 많았다. 국비로 대학 공부를 할 수 있다는 것과 4년 졸업 후 소위 임관 및 이학사 학위, 외국 유학에 우선권 등이었다. 무엇보다도 현역 복무 중 전쟁을 만난 사병들로서는 전투 위험을 피하면서 공부할 수 있다는 일석이조의 특혜였다. 이는 장교가 된 후 군인 정신과 국가에 대한 사명감을 유난히 내세운 하나회 장교들에게 외양과 다른 모습으로 평가할 수밖에 없을 것이다.

이들의 육사 재학 시절에 생도들은 크게 3개 부류로 나뉘었다. 첫

---

5 위의 책, 265.

째는 생도 시절부터 성적이 우수한 학구파다. 서울 출신이 이 부류의 다수였으며 이 중에 과학기술 전문가와 정치학자도 상당수 배출됐다. 둘째, 공부보다도 스포츠에 주력해 럭비나 축구, 핸드볼 선수로 활동한 부류가 있다. 하나회는 대부분 이 운동선수 출신이었다. 셋째는 이른바 침묵의 다수로 별 특색 없이 정진하는 평범한 생도들이며, 대부분 야전 지휘관의 길을 걸었다.

임관 후 이들 육사 출신의 군대 근무 보직을 보면 역시 3가지로 분류할 수 있다. 첫째, 학구파는 임관과 동시에 육사 교수부로 들어갔다. 둘째, 정치적인 성향이 있는 장교들은 인사와 내사(內査) 감찰 등의 자리로 보임됐다. 예를 들면 육군본부에서는 수수한 직업군인이라면 작전참모부(G3)나 정보참모부(G2)가 제격이었다. 그러나 하나회 장교들이 눈독을 들인 곳은 인사참모부 진급과나 보안부대 보안처 내사과였다. 이들은 지휘관 보직도 대부분 청와대 경호실 예하부대나 수도방위사령부에서 지냈다. 셋째, 육사 출신 장교들 다수는 일반적으로 수도권 부대보다도 일선 야전군의 지휘관이나 육군본부의 G2, G3 부서를 선호했다.

하나회의 '평생동지'류의 응집력

하나회가 비록 정치장교 사조직이었지만 12·12 군사반란이나 5·18 광주시민항쟁 진압에서 보는 것처럼 강력한 응집력을 가질 수 있었던 배경이 무엇인지 찾아내는 것이 중요하다. 무엇보다도 젊은 장교 시절에 겪은 하나회의 가입의식이 매우 지속적인 영향력을 지닐 것이며, 그 후 진급 보직에서 회원 선후배 간에 주고받는 상호 유대가 형성됐다.

하나회의 가입 선서를 받는 대상은 보스인 전두환과 시기별로 바뀐 총무 그리고 가입 추천자였다. 다음과 같은 4개항의 가입 선서는 하나회의 응집력을 만드는 기반이라 할 수 있다.

— 국가와 민족을 위하여 신명을 바친다.
— 하나회의 선후배 동료들에 의해 합의된 명령에 복종한다.
— 하나회 회원 상호 간에는 경쟁하지 않는다.
— 이상의 서약에 위반할 시는 '인격 말살'을 감수한다.

가입자는 오른손을 어깨높이로 들고 엄숙하게 선서문을 낭독한다. 장교 임관 때 국가와 국민 앞에 선서하던 것과 같은 자세로 사조직에 대해 충성을 서약하는 것이다. 그 가입 의식이나 "인격 말살을 감수한다"는 내용의 배신 방지 조항으로 미루어 하나회는 사실상 마피아 조직과 다를 바 없었고, 그런 응집력을 유지했다.

3. 12 · 12 군사반란으로 국권 찬탈 문턱 넘어
— 정치적 위혁(blackmail)의 단계

1980년 신군부의 행동과 성격 규정을 위해서는 10 · 26 사건 직후부터 분석해야 한다. 대통령 박정희가 살해됐다는 사실을 당시 궁정동 안가 연회장에 동석한 권력자들 이외에 가장 먼저 인지한 사람이 바로 보안사령관 전두환 소장이었다. 그런 정보력이 그의 권력 장악에 가장 큰 기회가 된 것이다. 곧바로 계엄령이 선포되었고, 보안사령관은 계엄 아래서 군·검찰·경찰 등 국가 수사기관들로 구성되는 합동수사본부의 본부장을 맡는다. 대통령이 총격으로 숨진 현장에 청와대 비서실장과 경호실장 그리고 총을 쏜 중앙정보부장 등 당시 최고의 권력자들이 동석했으며 사건에 대한 수사권이 합수부에 있었다는 상황적 구조가 합수부장 전두환의 권력 장악을 거의 필연적으로 만들었다고 보아야 할 것이다.

계엄사령관을 불법 체포

합수부는 육군참모총장 정승화가 사건 당시 연회장 건물의 경내에 있었다는 이유로 12월 12일 저녁 그를 총격 체포했다. 그러나 육군참모총장은 계엄령 아래서 계엄사령관 신분이며, 합수부장에게 계엄사령관은 직속상관이다. 합수부가 수사 목적이라 해도 계엄사령관을 체포하려면 사전에 국방부장관 승인과 대통령 권한대행의 결재를 얻어야 한다. 이런 합법적인 절차를 거치지 않은 채 사전에 불법 구금해 놓고 사후에 국방장관과 대통령에게 승인을 요구한 것이다.

어떻게 보면 수사를 위해서 체포한 것이 아니라 군권 쟁탈전을 벌인 뒤 이를 정당화하기 위해서 승인 절차를 밟은 것이라는 분석도 가능하다. 이때부터 정치군벌 하나회 중심의 신군부가 국법 농단과 국가 권력 찬탈 행위를 본격화했다.

중앙청-국방부-수경사령부-특전사령부 총격 점거

합수부가 육군참모총장 공관에서 정 총장을 체포한 시각에 서울의 중앙청과 국방부, 군 수뇌부가 하나회 장교들에 의해 총격 체포되고 점거당했다. 중앙청은 전방에서 허가 없이 불법 이동해온 노태우 소장의 9사단 병력이 점령했다. 국방부는 공수1여단장 박희도 준장이 끌고 온 군부대에 의해 총격전 끝에 점령당했다. 합참과 육군본부 지휘부가 피신해 있던 수도경비사령부는 수경사 헌병단장 조홍 대령의 지령에 따라 부단장 신윤희 중령이 강제로 제압했다. 두 사람 모두 하나회였다. 여기서 합참본부장 문홍구 중장, 수경사령관 장태완 소장, 육본 작전참모부장 하소곤 소장이 불법 구금당했고, 하 소장은 가슴에 관통상을 입어 평생 장애인으로 지내야 했다.

12·12 군사반란에서 가장 비극적이고 반인륜적인 하극상 총격은 특전사령부에서 벌어졌다. 전두환 보안사령부로부터 지령을 받은 3공수여단장 최세창 준장은 예하 대대장 박종규 중령에게 직속상관인 특전사령관 정병주 소장을 체포하라고 명령한다. 박 대대장은 사령관실에 병력을 투입, 총격전을 벌였고 이 과정에서 사령관 비서실장 김오랑 소령이 현장에서 쓰러져 병원으로 이송됐으나 과다출혈로 사망했다. 정 사령관도 총상을 입은 채 체포당했다.

이런 일련의 군사반란 과정에서 지령을 내린 본부는 하나회 수뇌들이 보임돼 있던 보안사령부였고, 수도권 주요 부대에 포진된 하나회 소속 장교들이 그 지령을 받고 하극상 총격을 감행한 행동대장 노릇을 했다. 사조직인 하나회가 군의 정규 지휘체계를 파괴한 군사반란이었다.

군사반란의 지령자와 행동대장은 모두 하나회

12·12 군사반란은 대부분 수도권 부대의 지휘관을 맡고 있던 군내 사조직 하나회 장교들이 육군본부, 수도경비사령부, 특전사령부에서 자신들의 직속상관들을 총격으로 살상하고 불법 체포한 반인륜적인

행위였다. 12월 13일 아침 신군부는 국방부 장관, 육참총장, 1군과 3군 사령관, 수경사령관, 특전사령관을 모두 자기 계열로 임명해 군권을 장악했다. 이것이 다음 해인 1980년 신군부의 정권 찬탈과 광주시민항쟁 살상 진압을 자행하게 한 물리력의 배경이 됐다.

4. '서울의 봄'을 짓밟다 — 1980년 정치권 유린

10·26 박정희 사거 후 조심스럽게 관망하던 정치권과 시민사회는 1980년 새해가 되자 자유화 분위기를 북돋웠다. 이른바 '서울의 봄'이었다. 1968년 소련 공산당의 지배에 저항하고 동유럽 자유화의 깃발을 든 체코 '프라하의 봄'에서 연유한 시대어였다. 소련 공산당에 반기를 든 동유럽 역사와 동일 반열에 박정희 유신독재의 종식을 자리매김하는 의미였던 셈이다. 김영삼, 김대중, 김종필 씨 등 3김씨의 정치 활동이 국내외 언론의 조명을 받았다. 유신헌법의 폐기와 민주 헌정의 회복이 공론화되기도 했다.

그러자 군부의 강경파 장성들이 특정 정치인에 대한 비토 발언을 내놓았다. 사상과 정치노선에 문제가 있다는 내용이다. 강경파 장성들은 모두 정치군벌 하나회 회원이었으며, 신군부에 소속했다. 이들의 정치적 발언은 언론과 시민사회에 커다란 파문을 몰고 왔으며 정치권을 위축시켰다.

5월 14~15일 서울 시내에서 대학생 연합시위가 대규모로 벌어졌다. 학생 시위대는 대학가로부터 광화문과 서울역으로 진출해 전두환의 퇴진과 조속한 민주 회복을 요구했다. 하나회 신군부는 이것을 '사회 혼란'으로 부각시키고 군대 동원의 명분으로 삼았다.

보안사령관 겸 중앙정보부장 서리 전두환은 학원소요 근절을 위해 배후 조종하는 정치인과 재야인사, 학생운동가들을 검거하는 방안을 보안사 대공처장 이학봉 대령에게 지시했다. 이 대령은 권정달 보안사 정보처장의 협조를 받아 이른바 국가 기강 문란자와 권력형 부정축재자 명단을 작성했다. 여기에 김대중, 김동길, 김종필, 이후락, 박종규, 김치열 등이 포함됐다.[6] 민주 헌정 회복운동을 벌이는 정치권 및 재야인사들을 구여권 권력자들의 부패 비리 혐의와 함께 묶는 공작 정치 수법이었다. 신군부의 할거처인 보안사령부가 계엄 아래서 합동수사부의 직권을 이용해서 국가 권력을 자의적으로 구사한 것이다.

합수부는 5월 17일 밤 김대중 국민연합 공동의장과 김종필 공화당 총재, 김상현 의원 등 정치인과 전남대 복학생 정동년 씨 등을 체포했다. 이 외에도 합수부는 이화여대에서 회합 중이던 전국 대학 총학생회장 10여 명을 검거했다. 군을 장악한 신군부가 이제 정치권과 민주 세력에 대한 징벌에 나선 것이다.

5. 광주시민항쟁의 살상 진압 — 국민을 겨눈 발포

신군부가 합수부를 내세워 야당 정치인과 학생운동가들을 체포한 것이 곧바로 민심을 폭발시킨 직접적인 원인이었다. 특히 김대중, 김상현 씨와 전남대 복학생 정동년 씨 등 광주 출신 인사들의 구금은

---

6 대한민국재향군인회, 『12 · 12, 5 · 18 實錄』 (서울: 1997, 대한민국재향군인회), 237.

광주 시민 학생들을 격분시켰다. 이것이 광주시민항쟁의 도화선이 됐다. "계엄을 해제하라. 김대중을 석방하라. 전두환은 퇴진하라"는 광주 시위대의 구호가 그것을 말해 준다.

5월 초부터 산발적인 시국성토대회와 가두시위를 벌여오던 광주 지역 7개 대학 학생회는 18일 대규모 시위에 나섰다. 신군부는 초기 대처로 3개 공수여단을 보내 진압에 나섰다. 이때 공수부대는 대학생과 청년들에게 무자비하게 곤봉 세례를 가하고 폭행하였다. 공수부대원들은 시위대를 포위하고 도주하는 학생들을 골목이나 건물 안까지 추적하여 체포했다. 이들은 시위대와 시민들을 진압봉으로 가격하고, 옷을 벗기고 머리를 땅에 처박는 잔혹 행위도 자행했다. 뿐만 아니라 흥분한 공수부대원들이 골목을 누비며 눈에 띄는 젊은이는 시위 참여 여부를 가리지 않고 닥치는 대로 폭행한 후 트럭에 실어 연행했다.

신군부의 진압 작전은 시위대 해산에 목적이 있는 것이 아니라 화풀이와 과잉 보복 행동으로 시민의 군중 반발심리를 자극하려는 것으로 분석되기도 했다. 광주 일원에 폭력시위를 유발함으로써 질서 유지와 국가 안보를 위하여 군부가 나서야 한다는 여론을 형성하려는 의도된 과잉 진압이었다는 것이다.

광주에 투입된 진압군은 정치군벌 하나회의 핵심들이 지휘관인 특전사 예하 공수여단으로, 박정희와 전두환이 함께 정치적 목적을 위해 동원한 부대였다. 박정희 정권은 1979년 10월 부산과 마산을 중심으로 반독재 시민항쟁이 불붙자 1공수여단장 박희도, 3공수여단장 최세창, 5공수여단장 장기오를 진압군과 함께 지휘관으로 급파했다. 이때 진압군은 대학 등 시위의 주요 거점에 전차를 세워놓는 등의 무력 과시로 시민항쟁 분위기를 제압했으며, 발포는 하지 않았다. 시민 시위에 대한 발포 여부를 박정희에게 건의하는 역할은 당시 중앙정보부장 김재규와 보안사령관 전두환이었다. 그로부터 7개월 후 광주시민항쟁 현장에도 1, 3, 5공수여단과 동일한 여단장이 진압군으로 파견됐다. 광주에서는 부산 마산과 달리 진압군의 무자비한 폭력 진압에 이어 결국 발포가 자행됐다. 광주에서 발포는 아직 그 책임자가 규명되지 못했으나 당시 국가 권력을 찬탈한 전두환과 정치군벌 하나회 내부에서 가려져야 할 것이다. 당시 중요한 결정과 실행은 하나회의 수뇌급으로 보안사령관 전두환, 수경사령관 노태우, 특전사령관 정호용과 1공수여단장 박희도 등에 의해 이루어졌다. 이들은 훗날 모두 정권 찬탈을 위한 일련의 내란 행동으로 실형을 선고받았다.

이 중 박희도는 특히 전두환의 밀령을 수행하는 수족 노릇을 했다. 부마시민항쟁 와중에 10·26 박정희 살해사건이 일어나자 전두환은 군권 장악을 위한 12·12 군사반란 전야에 부마시민항쟁 진압군으로 내려가 있던 1공수여단장 박희도 준장을 은밀히 서울로 불러올린다. 공수여단의 직속상관은 특전사령관 정병주 소장이었으나 그가 총격 체포되기 전에도 박희도 여단장을 움직인 것은 하나회 보스 전두환의 밀령이었다. 급거 상경한 박희도 여단장은 전두환의 밀령에 따라 12·12 당일 공수부대 병력을 이끌고 한강 다리를 넘어 국방부와 육군본부를 총격 점령한다.

육참총장으로 계엄사령관인 정승화 대장은 한남동 공관에서 보안사 인사처장 허삼수 대령 일행에 의해 총격 납치됐고, 군 수뇌부와 정규지휘체계가 불법 점거당했으며, 정부 중앙청은 노태우 9사단장의 지시를 받은 예하 29연대장 구창회 대령의 병력이 장악함으로써 군사반란이 종료되는 것이다. 1980년 5월 광주시민항쟁이 터지자 박희도는 다시 광주 현장에 진압군으로 파견된다. 그는 전두환 정권 아래서 1군사령관을 거쳐 육참총장을 역임하면서도 군 지휘관들에게 야당 정치인에 대한 정치적 비판서의 독후감을 전파시키기도 했다.[7]

광주시민항쟁에 대한 하나회 신군부의 진압 작전은 처음부터 몇 가지 문제를 안고 있었다.

첫째, 적지에 투입해 사살 폭파 등 특수임무를 수행하도록 훈련된 공수부대를 시민과 학생들의 시위에 대한 진압용으로 보낸 것은 이해하기 어려운 일이다. 현장에서 공수부대원들이 보인 이른바 진압 작전은 시위 진압이라기보다는 전쟁에서 적군에게나 가하는 보복 행동이었다. 적개심이 극에 차지 않고서는 나타날 수 없는 비인간적인 폭력을 구사했다.

둘째, 광주에 투입된 공수부대가 정규 지휘체계에 맡겨지지 않고 하나회 사조직의 수뇌 장성들이 실질적으로 지휘했다. 광주 현장에 파견된 부대의 지휘체계는 계엄사령관 - 2군사령관 - 전투교육사령관 - 31사단장에게 맡겨져야 한다. 그러나 실제로 현장 공수여단장들은 발포와 시위의 격화 상황 등을 정규 지휘계통에 보고하지 않고 특전사령관 정호용에게만 보고한 것으로 드러났다.[8]

특전사령관 정호용은 현지 진압군의 보고 내용을 전두환 보안사령관 및 노태우 수경사령관과 협의하고, 공수여단장에게 자위권 발동을 지시했다. 군의 지휘체계 같은 것은 이미 정지상태였고, 하나회 수뇌들끼리 상의해서 정국과 시민항쟁 상황을 대처하고 있었다. 군의

---

7 "박희도의《김대중 정치방황 30년》매도," 김재홍, 『군 1: 정치장교와 폭탄주』, 315-320.
  군내에서 야당 정치인을 매도하는 정치 공작과 정권의 사병 역할에도 하나회가 앞장선 자료임.
8 대한민국재향군인회, 『12 · 12, 5 · 18 實錄』, 272-273.

지휘권 문란을 감행하면서 시위 상황을 정치적으로 조작하고 이용할
수 있는 구조였다.

6. 광주 살상 진압 이후 하나회 신군부의 권력 독점
      — 국권 찬탈(usurpation) 내란의 단계

12·12 군사반란을 감행한 신군부는 곧바로 12월 13일 새벽 군
수뇌부를 개편함으로써 군 지휘권을 인수했다. 육군참모총장에 이희
성, 수도경비사령관 노태우, 특전사령관 정호용이 13일 새벽 6시 일
제히 취임식을 가졌다. 신군부의 실권자 전두환은 보안사령관직을
그대로 유지했다. 이들은 취임사에서 공통적으로 "과도기에 불미스
러웠던 일들을 묻어버리고 국가 위난을 극복하기 위하여 화합과 단결
을 이루자"고 화합을 강조했다.

서울의 군수뇌부 요직을 차지한 신군부는 이어 국방부장관과 야
전군 지휘부 개편 인사도 단행한다. 노재현 국방장관은 주영복 전 공
군총장으로 교체됐으며, 1군사령관에 윤성민, 3군사령관에 유학성,
육군참모차장에 황영시가 임명됐다. 하나회 수뇌들은 서울의 실세
부대를 장악했고, 자신들보다 서열이 위인 보직에는 하나회에 협조적
이거나 군에 기반이 약한 장성들을 임명했다.

광주시민항쟁에 대한 살상 진압을 자행한 신군부는 1980년 9월
전두환이 대통령 권한대행에 오름으로써 정권 찬탈을 사실상 마무리
한다. 이후 내란 정권인 5공의 국정은 신군부 출신들이 주고받으면서
독점한 권력 기구에 의해 수행됐다.

박정희 정권 시기의 국무총리, 국회의장, 집권 여당 대표, 청와대 비서실장, 중앙정보부장이라는 권력의 5대 기둥은 신군부에 의해 실질적인 군정 기구로 대체됐다. 특히 5공 초기에는 대통령 경호실장과 보안사령관이 전두환의 군 출신 측근으로서 최고 실세였다. 정치권에서도 민간에서 영입한 민정당 대표보다도 신군부 출신인 당 사무총장이 총재인 대통령의 지시를 받아 그것을 실행하는 실권자였다. 또 어떤 경우에는 당 사무총장이나 원내총무보다도 대통령 전두환의 지시를 수시로 수령하고 이행하는 보안사 문관 출신의 사무차장이 더 실력자 노릇을 하는 바람에 당내 반발을 사기도 했다. 신군부 내에서도 권력이 더 좁게 사유화하는 양상이었다. 이 점에서 박정희 유신 체제보다도 전두환의 유신 2기 체제가 더 군사독재 측근정치로 집중화했다고 평가된다.

보안사령관 외에도 육참총장이나 수도방위사령관이 상당한 영향력을 행사했으며 5, 6공 아래서 이 자리는 모두 하나회 장성들이 인수인계하며 독점했다. 육참총장을 보면 이희성(1979~81년)과 황영시(1981~83년) 이후에는 정호용-박희도-이종구-이진삼-김진영 등 한결같이 하나회 장성들만의 차지였다.

보안사령관의 경우는 전두환에 이어 노태우-박준병-안필준-이종구-고명승-최평욱-조남풍-구창회-서완수 등으로, 아예 하나회 장성이 아니면 임명되지 않았다. 보안사령관에 이어 청와대의 친위대 역할을 하는 수방사령관도 노태우-박세직-최세창-이종구-고명승-권병식-김진영-구창회-김진선-안병호 등 모두가 하나회였다.[9]

---

9 김재홍, 『군부와 권력』 (개정판; 서울: 나남, 1993), 81-82.

언론인 강제해직은 박정희 유신과 전두환 유신 2기의 동질성 지표⋯

전두환 사회정화위원회는 박정희 국가재건국민운동의 답습

삼청교육대, 강제 징집 녹화선도공작 등 전체주의적 사회개조 흉내

군의 선배 상관을 향한 하극상 총격과 시민 시위대를 향한 무자비한 폭행과 발포로 얻은 하나회 신군부의 전리품은 군과 정치권에서의 권력이었고 위세였다. 이들은 1980년 5월 이후 비판적인 언론인들을 체포 구금하고 대량 강제해직시켰다. 언론사를 통폐합하기도 했다. 정치사회적으로 주류 역할을 해온 언론계에 지각변동을 일으켜 자신들의 위세를 높인 것이다. 1980년 전두환의 유신통치 2기 아래 감행된 비판적 언론인 강제해직과 언론사 통폐합은 1975년 박정희 유신 체제에서 동아일보와 조선일보의 언론인 강제해직과 동질적인 독재 정권의 언론탄압이었다.

또 모든 민관 직장 단위에 이른바 사회정화위원회를 조직한 것은 5·16 쿠데타 직후 박정희가 내세운 국가재건국민운동의 답습이었다. 사회정의를 구호로 내세워 대중적 지지기반을 도모하기도 했다. 부유층과 기득권 세력에 대한 대중의 반감을 이용하려는 경향을 보였다. 병원의 진료비 부담 능력에 따른 진료 거부행위나 사채업자들의 횡포를 처벌함으로써 대중적 인기를 얻으려 시도했다. 조직폭력배와 악덕 사채업자를 삼청교육대에 수용하여 교화 훈련을 가한 것은 전체주의적 사회개조를 흉내 낸 사회정화 포퓰리즘에 속하는 아이템으로 평가된다. 대학가 학생운동권에 대해 강제징집 녹화선도 공작을 감행한 것도 박정희 정권이 1971년 대학가에 위수령을 선포하고 학생운동가들을 학사 제적시켜 군에 강제 입영 조치한 사례를 본떠 더 강화한 것이다.

7. 결어: 박정희 유신과 전두환의 유신 2기 독재정치

박정희·전두환 두 사람의 개인적인 성품이나 자질엔 차이가 있지만, 박정희 유신과 전두환의 유신 2기 정치 체제와 통치 방식은 매우 동질적인 것으로 분석된다.[10]

첫째, 통치술 면에서 자유주의 정당정치가 아니라 정보기관인 중앙정보부와 군 보안사령부를 도구로 삼은 권위주의적 정보공작정치 방식이라는 점이 동질적이다. 두 체제의 집권 세력은 항상 야당을 정치 공작으로 순치시켰으며, 그것을 주 임무로 하는 국가정보기관이 중앙정보부라고 10·26 군사재판에서 김재규 중앙정보부장이 증언한 바 있다.

둘째, 무엇보다도 박정희 유신과 전두환의 유신 2기의 헌법은 본질적으로 동일했다. 유신헌법에 규정해놓은 대통령의 국가비상대권과 긴급조치권이 박정희 전두환의 군사독재를 뒷받침했다. 전두환 정권은 국민의 민주 헌정 회복 요구가 워낙 강했기 때문에 최소한의 헌법개정을 하지 않을 수가 없었지만, 대통령 임기 7년 단임제와 국회 유정회 의원을 폐지한 것이 전부였다. 전두환 내란 집단은 1980년 서울의 봄을 짓밟아버리고 박정희 유신헌법의 기본 골격을 온존시킴으로써 '박정희 없는 박정희 체제'의 연속성을 지켰다. 이런 점들을 종합해보면 전두환은 박정희의 정치 행태를 배우고 그대로 답습했다고 보아야 할 것이다.

---

10 아래 논문의 결론 부분을 재정리한 것임. 김재홍, "박정희-전두환의 유신군부독재 (1971~1987) 해부," 2021년 6월 4일, 유신청산민주연대·5·18기념재단 공동주최 심포지엄의 기조발표 논문.

셋째, 박정희·전두환은 언론에 대한 정권의 통제와 비판적 언론인의 강제해직을 똑같이 자행했다. 이 같은 철저한 언론통제는 박정희 유신과 전두환의 유신 2기 통치의 동질성을 확인시켜주는 지표에 해당한다.

넷째, 정책 면을 보더라도 민간 기업이나 전문가 중심의 자율성 존중과 이에 대한 정부의 지원이 아니라 정부 주도로 강제했다. 대표적으로 내자 동원과 외자의 분배 등이 거의 정부가 주도하는 관치경제로 이루어졌다.

다섯째, 두 군사정권은 모두 민간 기업으로부터 거액의 불법 통치 비자금을 받았다. 10·26 박정희 살해사건을 수사하기 위해 청와대를 수색한 보안사와 합수부 요원들이 청와대의 철제 금고에서 발견한 돈이 9억여 원이었다. 지금의 화폐가치로 치면 수백억 원대의 현금이 청와대 대통령 집무실에 항상 있었다는 얘기다. 1995년 체포돼 구속 기소된 전두환은 법정 진술에서 수천억 원대의 비자금을 축재한 경위에 대해 "관행에 따른 것이었다"고 말했다. 그 관행이란 박정희 체제 때부터 내려온 군사독재자의 행태였다는 뜻이다. 군인 정치인들의 부패상은 전두환·노태우 때 갑자기 생긴 일이 아니며, 박정희 시대에 이미 만연돼 있었다.

여섯째, 두 독재자가 사회계층적으로 농촌 출신이며 육군사관학교 출신 군인이라는 사실 또한 강력한 동질성으로 이어지고 있다. 박정희와 전두환 정권은 한마디로 군사독재 체제의 연속선상에 있는 것이다.

참고문헌

김재홍. 『군부와 권력』 (서울: 나남, 1993)
_____. 『軍 1: 정치장교와 폭탄주』 (서울: 동아일보사, 1994)
_____. 『軍 2: 핵 개발 극비작전』 (서울: 동아일보사, 1994)
_____. 『박정희의 유산』 (서울: 푸른 숲, 1998)
_____. 『누가 박정희를 용서했는가』 (서울: 책보세, 2012)
_____. 『박정희의 후예들』 (서울: 책보세, 2012)
_____. "군 개혁의 현황과 전망," 『계간 비판』, 1993년 가을호.
_____. "군정 권력기관의 탈바꿈," 『계간 비판』, 1993년 겨울호.
_____. "한국 군사권위주의 체제(1961~92)가 남긴 유산," 1999년 7월 14일 세종연구
　　　소·미국 민주주의재단 공동주최 데모크라시 포럼 제1차 국제학술회의 주제
　　　발표 논문.
_____. "1980년 신군부의 정치사회학: 정치군벌 하나회의 정권 찬탈 내란과정," 2010
　　　년 5월 18일 민주화운동기념사업회 주최 5·18민중항쟁30주년기념 학술토론
　　　회 주제발표 논문.
_____. "촛불집회와 민주주의," 2017년 11월 27일 (사)한국정치평론학회·경희대
　　　공공대학원 공동주최 학술대회 기조발제 논문.
_____. "부마민주항쟁의 역사적 배경과 의미: 부마항쟁과 2016 촛불의 역사적 동질
　　　성," 2017년 11월 10일 부마민주항쟁기념사업회 주최 학술심포지엄 주제발
　　　표 논문.
_____. "3·1운동과 2016 촛불의 국민주권 사상," 2019년 4월 3일 (사)한국정치평론
　　　학회 주최 3·1운동 100주년 기념 학술회의 기조발제 논문.
_____. "10·26 사건 수사권 발동의 기억," 매일경제, 2019년 10월 11일자.
_____. "국민주권 역사, 3·1과 촛불의 동질성," 매일경제, 2019년 1월 25일자.
_____. "국민주권 역사, 3·1과 촛불의 동질성(2)," 매일경제, 2019년 3월 1일자.
_____. "국민주권 역사, 3·1과 촛불의 동질성(3)," 매일경제, 2019년 4월 12일자.
_____. "김재홍 칼럼: "남산의 부장들과 정치군벌 하나회," 매일경제, 2020년 2월
　　　24일자.
_____. "김재홍 칼럼: "5·18광주, 정치군벌 하나회를 생각한다," 매일경제, 2020년

5월 15일자.

_____. "유신선포의 내란 성격에 관한 고찰," 유신청산민주연대 편, 『박정희 유신독재 체제 청산: 한국 현대사의 망령』 (서울: 도서출판 동연, 2020)

_____. "박정희의 정치적 유산과 그 청산," 유신청산민주연대 편, 『박정희 유신독재 체제 청산: 한국 현대사의 망령』 (서울: 도서출판 동연, 2020)

_____. "한국 정치리더십의 세대별 변화와 정치문화," 71동지회 50년위원회 편, 『변혁의 시대 1971~2021: 한국사회 50년과 더불어』 (서울: 도서출판 동연, 2021)

71동지회 편. 『나의 청춘, 나의 조국』 (서울: 나남출판, 2001)

71동지회 50년위원회 편. 『변혁의 시대 1971~2021: 한국사회 50년과 더불어』 (서울: 도서출판 동연, 2021)

강창성. 『일본/한국 군벌정치』 (서울: 해동문화사, 1991)

유신청산민주연대 편. 『박정희 유신독재 체제 청산: 한국 현대사의 망령』 (서울: 도서출판 동연, 2020)

이한림. 『세기의 격랑』 (서울: 팔복원, 1994)

장태완. 『12·12 쿠데타와 나』 (서울: 명성출판사, 1993)

정상용·조홍규·이해찬 외. 『광주민중항쟁』 (서울: 돌베개, 1990)

지병문·김용철·천성권. 『현대 한국정치의 새로운 인식』 (서울: 박영사, 2001)

Finer, Samuel E. *The Man on Horseback: The Role of the Military in Politics* (London: Pall Mall Press, 1962).

Huntington, Samuel. *The Soldier and the State: The Theory and Politics of Civil-Military Relations* (New York: Vintage Books, 1957).

Janowitz, Morris(ed.). *The New Military: Changing Patterns of Organization* (New York: The Norton Library, 1969).

Lasswell, Harold. *Power and Personality* (New York: W.W.Norton, 1948).

박정희 '4공화국'과 전두환 '5공화국'의 헌법적 연속성 및 불법성

오동석

(아주대학교 법학전문대학원 교수)

1. 서론

대한민국은 민주공화국이다. 1948년 헌법 제정 이래 헌법은 대한민국의 국가 형태를 민주공화국으로 규정하고 있다. 우리는 민주공화국의 의미를 제대로 알고 있는 것일까? 국순옥(2015: 483)은 근대 시민혁명에 따라 특수한 의미를 각인한 고도의 실천적 개념으로 공화국을 이해한다. 공화국은 "자유 평등 우애의 또 다른 이름이며, 민주주의 그 자체"(국순옥, 2015: 485)다. '검찰공화국' 또는 '삼성공화국'이라는 표현은 공화국을 모독하는 일이다.[1] '검찰독재정' 또는 '삼성전제정'이라

---

[1] 일찍이 국순옥(2015: 483)은 "공화국 모독죄의 신설이 시급하다"고 일갈한 적이 있다.

표현하는 게 옳다.

한때 행정부 수반의 교체에 따라 공화국 순차를 붙였다. 어느 순간 그러한 공화국 차수는 중단되었다. 헌법개정에 따라 공화국의 순차를 변경하기도 했다. 그런데 대한민국은 언제나 민주공화국이었을까? 헌법의 텍스트만으로는 민주공화국이었는지 확인할 수 없다.

칼 뢰벤슈타인(Löwenstein, 1991)은 헌법을 옷에 비유했다. 헌법 현실의 측면에서 헌법 규범을 평가했다. 개인의 자유와 권리를 보장하고 현실의 권력과정을 규율함으로써 실효성(實效性)을 발휘하고 있는 헌법이 규범적(normative) 헌법이다. 이는 몸에 꼭 맞는 옷과 같다. 형식적으로 헌법전이 존재하지만, 실제로는 제대로 규범력을 발휘하지 못하는 헌법은 명목적(nominal) 헌법이다. 이는 옷이 너무 커서 몸이 자랄 때까지 기다려야 하는 경우다. 권력의 민주적 구성 및 권력 제한 규범으로서 헌법의 의미를 상실한 채 권력자의 지배를 유지하는 단순한 장식물(accessory)에 불과한 헌법은 의미론적(semantic) 헌법에 불과하다. 이는 옷이 아니라 장식물에 불과한 경우다.

따라서 민주공화국 여부를 판단하려면 헌법전의 내용, 헌법 규범의 구현 여부, 헌법의 제정 과정 등을 함께 들여다봐야 한다. 개헌할 때마다 공화국 순차를 변경하는 것이 아니라 개헌의 핵심 요소와 개정 범위 등에 따라 구별해야 한다. 통상적인 제1공화국과 제2공화국의 차이는 4·19 혁명이 양자를 가르고 정부 형태가 변화한 것에 있다. 뢰벤슈타인(Löwenstein)은 이승만 정권을 신대통령제로 분류하여 민주공화국이 아니라 전제주의 정치 체제로 분류했다(1973).

한편 현 체제의 다음 체제를 제7공화국으로 부름으로써 현 체제를 명시적으로 또는 암묵적으로 제6공화국으로 전제하기도 한다(노회찬:

장석준, 2019 참조).[2] 공화국의 순차를 정하는 것의 그 자체 의미를 되짚어봐야 한다. 박정희 '4공화국'과 전두환 '5공화국'이 성립할 수 있는지 여부다. 민주공화국은 헌법 규범이고, 그것이 현실에서 실현되었는가에 따라 공화국 순차를 정할 수 있다. 박정희 '4공화국'과 전두환 '5공화국'은 불법성이 먼저고, 헌법적 연속성이 다음이다. 결국 공화국 판단기준이 문제다.

2. 공화국의 순차 문제와 헌법 체제

공화국의 순차 문제를 처음 제기한 이는 국순옥이다(1993: 29-40).[3] 국가 유형과 국가 형태 그리고 정부 형태라는 기준 개념을 사용했다. 국가 유형은 국가의 역사적 본질과 계급적 성격을 묻는 범주로서, 이를 규정하는 결정적 요인은 한 사회의 지배적 생산 관계다. 예를 들면 노예제 국가, 봉건제 국가, 자본주의국가, 사회주의국가 등이다(국순옥, 2015: 488). 국가 형태는 국가 유형에 비하여 국가 권력을 둘러싼 계급투쟁의 양태를 좀 더 구체적으로 표현해주는 범주다. 예를 들면 군사독재 국가, 보나파르티즘 국가, 파시즘 국가 등이다(2015: 489). 정부 형태는 국가기구의 최상층에 자리한 정치적 집행기관, 즉 좁은 의미의 정부가 어떻게 구성되는지를 나타내는 범주다. 예를 들면 의

---

2 최근 손학규는 대통령 출마를 선언하면서 "개헌으로 87년 체제를 청산하고 제7공화국을 열겠다"고 했다. 프레시안 2021. 11. 29. https://www.pressian.com/pages/articles/2021112915350427499, 검색일: 2021.11.30.

3 이 글에서는 국순옥, 2015: 483-499에 따랐다.

원내각제, 대통령제 등이다(2015: 488).

국순옥의 기준에 따르면 1972년 유신독재 체제는 공화국이 아니다. 이승만 정권의 시기와 1962년 박정희의 군사반란(내란)에 따른 박정희 정권의 시기를 넓은 의미에서 공화국으로 볼 수 있기도 하다. 유신독재 체제 이후 1980년 전두환·노태우의 군사반란(내란)에 따른 체제를 어떻게 볼 것이냐의 문제도 있다. 2021년 한달이 되지 않는 새 사망한 전두환·노태우의 공화국 모독에 대해 국순옥은 이렇게 말했다(2015: 484).

하기야 총과 칼로 정권을 탈취한 전두환 패거리도 비명에 간 원혼들의 주검 위에 전대미문의 폭력 정권을 차려놓고 거기에다 제5공화국의 면류관을, 그것도 대한민국 헌법의 이름으로 얹어놓지 않았던가. 그리고 그 뒤를 이은 노태우 정권도 정시적 사술의 극치인 이른바 6·29 선언을 빌미로 스스로를 제6공화국이라고 미화하여오지 않았던가.

국순옥은 공화국 순차 변경의 기준으로 통치 방식을 제안했다(2015: 494). 폭력적 통치 방식이 본격적으로 시작한 것은 1961년 박정희의 군사반란(내란) 이후 한미방위협정과 국가보안법을 기축으로 한 안보법체계가 한층 정교해지면서부터라고 주장한다(2015: 495). 박정희는 1971년 유신으로 가는 길목에서 '국가보위에 관한 특별조치법'을 제정하고, 1972년 유신헌법을 통해 긴급조치권을 틀어쥐었다. 국순옥에 따르면, 법적 측면에서는 신식민지 파시즘 체제가 안보법체계의 법적 헤게모니 아래 완성되었다(2015: 496). 국순옥은 이처럼 유신체제의 이중국가 현상을 특징으로 제시한다(2015: 497).

… 안보 관련 기구들이 사회 전 영역에 걸쳐 주요 국가정책의 결정 및 집행 과정에 깊숙이 개입하게 되고, 이로 말미암아 국가 안의 국가가 머리를 내미는 이른바 이중국가의 현상이 나타나게 된다. 이것은 공식국가가 비공식국가에 자리를 내주고, 양지의 국가가 음지의 국가에 밀리는 무정부적인 국가 해체의 과정이기도 하다. 그 결과 헌법 하위법에 의하여 설치된 안보 관련 기구들이 초헌법적 주권 기관으로 군림함으로써 공식 국가기관들은 박제된 명목상의 존재로 전락한다.

전두환 정권의 등장은 안보 관련 기구들이 입지를 강화하고, 특히 군사정보기관이 약진하는 결정적인 계기였다는 것이다(2015: 497). 국순옥의 공화국 순차(2015: 498)는 〈표 1〉과 같다.

〈표 1〉 국순옥의 공화국 순차 이해

이승만 정권	장면 정권	박정희 군사정권	유신 이전 박정희 정권	박정희 유신 정권	전두환 정권	노태우 정권	김영삼 차기 정권
제1공화국	제2공화국		제3공화국	유신 제1기 정권	유신 제2기 정권	유신 제3기 정권	?

박정희의 5·16 군사반란(내란) 체제는 공화국이 아니다. 비상계엄을 선포하고 국회를 해산한 결과 국가재건최고회의가 입법권을 찬탈했다. 1962년 헌법 체제를 제3공화국으로 부를 수 있냐의 문제는 군사반란(내란) 세력이 권력을 장악한 후에 민간인 복장을 하고 통치 체제를 구축했을 때, 그것을 어떻게 볼 것인가의 문제이기도 하다. 그 이후의 통치 방식에 따라 사후적인 판단도 필요하다.

1980년 헌법 체제는 내란 행위의 결과물이고, 헌법 체제의 운용 또한 민주적이지 않았다. '제5공화국'은 내란 정권이 강요한 작명이다. 1987년 민주화운동의 성격 규정 또한 다시 공화국 순차 변경의 문제를 낳는다. 내란죄의 주범인 노태우가 대통령이 되었기 때문이다. 1987년 민주화 시기를 공화국 체제로 인정한다면, 일시적인 임시적 헌법 체제를 제3공화국이라 부를 수 있다. 노태우 정권 시기는 다시 독재정으로 회귀가 될 것이다.

몇 가지 기준을 설정할 수 있다. 첫째, 헌법에서 권력을 적정하게 배분하고 있는가의 문제다. 헌법적 불법이 있을 수 있다는 점은 중요하다. 둘째, 인권 보장의 문제다. 특히 대량의 인권 침해가 존재했는가는 중요한 판단 기준이다. 셋째, 헌법 운영에서 실질적으로 권력을 분립하고 있는지의 문제다. 특히 권력의 획득 방식 그리고 권력 기관의 권한과 그 운용이 관심 대상이다. 권력 기관 차원에서는 군, 비밀정보기관, 경찰, 검찰 등이 어떻게 작동했는가가 평가 대상이다. 마지막으로 구정권과 실천적 · 제도적 단절과 그것을 뒷받침하는 개혁의 성과가 결정적이다. 그것은 과거 청산의 문제이자 이행기 정의 또는 전환적 정의의 문제다. 여기에서는 저항자 또는 생존자(피해자)를 어떻게 처우했는가 또한 매우 중요하다.

3. 박정희 독재정(제4공화국)과 전두환 독재정(제5공화국) 의 비교

1) 헌법의 권력분립 비교

독일의 법철학자 구스타프 라드브루흐(Gustav Radbruch)는 '법률적 불법과 초법률적 법'4을 말한 바 있다. 법률로써 불법을 저지르거나 또는 그 반대로 초법률적 법으로써 정의를 실현하고자 하는 태도의 위험성을 지적한 것이다. '헌법적 불법성'이란 그로부터 따온 말이다. 그것은 헌법으로써 불법을 저지른 것을 말한다. 대한민국 헌정사에서 대표적인 헌법적 불법의 예는 1972년의 이른바 '유신헌법'이다. 이재승은 이러한 용어를 써서 유신헌법을 평가한 바 있다. "유신헌법 전체가 법의지, 법감각을 결여하고 있다는 의미에서 법률적 불법(gesetzliches Unrecht) 대신에 헌법적 불법(verfassungsrechtliche Unrecht)이라고 부르는 것이 합당하다." 즉, "헌법의 형식을 취했으되 그 본질은 범죄이고 불법"이다(이재승, 2009: 232의 주 44). 유신헌법의 제정은 독일 최초의 민주공화국이었던 바이마르공화국 헌법 체제를 '불법적 법률'로써 나치 체제로 왜곡한 히틀러의 지배와 구별된다.5

신대통령제(Neopräsidentialismus, neopresidential system)는 대통령이 국가원수인 동시에 집행부 수반으로서 의회나 사법부에 대해 절대적으로 우월한 지위에 있는 정부 형태다. 어떠한 국가기관도 대통령의 헌법규정상 또는 사실상 권력 독점에 대항하거나 그 권력 행사를 견제할 수 없다.

'유신헌법'은 대통령을 무소불위의 독재자로 만들어 권력 통제 규범으로서의 헌법적 의미를 완전히 상실했다. 대통령은 국회의 동의나 승인을 필요로 하지 아니하는 사전적·사후적 긴급조치권을 비롯하여 국회해산권 등 절대권력을 행사할 수 있었다. 대법원장을 비롯한 모

---

4 이에 대한 상세한 역주가 달린 옮긴 글로는 Radbruch, 2009: 1-26.

5 나치의 수권법에 빗대어 '수권헌법'으로 보는 이는 김선택, "유신헌법의 불법성 논증," 「고려법학」 제49권(2007), 183.

든 법관을 대통령이 임명 또는 보직하거나 파면할 수 있게 함으로써 사법부의 독립을 기대할 수 없었다. 국회는 회기가 단축되고 국정감사권이 부인되는 등 대통령을 견제할 수단을 제대로 가지지 못했다. '유신헌법' 체제는 이승만의 신대통령제를 능가하는 전제적 신(新)군주제였을 뿐 전혀 입헌민주주의 헌법 체제가 아니었다. 1980년 헌법은 헌법조문에서 차이가 없지 않지만, 본질적인 차이는 없었다.

〈표 2〉1972년 헌법과 1980년 헌법 비교

	1972년 헌법	1980년 헌법
비상대권	제53조 ① 대통령은 천재·지변 또는 중대한 재정·경제상의 위기에 처하거나, 국가의 안전보장 또는 공공의 안녕질서가 중대한 위협을 받거나 받을 우려가 있어, 신속한 조치를 할 필요가 있다고 판단할 때에는 내정·외교·국방·경제·재정·사법 등 국정 전반에 걸쳐 필요한 긴급조치를 할 수 있다. ② 대통령은 제1항의 경우에 필요하다고 인정할 때에는 이 헌법에 규정되어 있는 국민의 자유와 권리를 잠정적으로 정지하는 긴급조치를 할 수 있고, 정부나 법원의 권한에 관하여 긴급조치를 할 수 있다. ③ 제1항과 제2항의 긴급조치를 한 때에는 대통령은 지체없이 국회에 통고하여야 한다. ④ 제1항과 제2항의 긴급조치는 사법적 심사의 대상이 되지 아니한다. ⑤ 긴급조치의 원인이 소멸한 때에는 대통	제51조 ① 대통령은 천재·지변 또는 중대한 재정·경제상의 위기에 처하거나, 국가의 안전을 위협하는 교전상태나 그에 준하는 중대한 비상사태에 처하여 국가를 보위하기 위하여 급속한 조치를 할 필요가 있다고 판단할 때에는 내정·외교·국방·경제·재정·사법 등 국정 전반에 걸쳐 필요한 비상조치를 할 수 있다. ② 대통령은 제1항의 경우에 필요하다고 인정할 때에는 헌법에 규정되어 있는 국민의 자유와 권리를 잠정적으로 정지할 수 있고, 정부나 법원의 권한에 관하여 특별한 조치를 할 수 있다. ③ 제1항과 제2항의 조치를 한 때에는 대통령은 지체없이 국회에 통고하여 승인을 얻어야 하며, 승인을 얻지 못한 때에는 그때부터 그 조치는 효력을 상

	령은 지체없이 이를 해제하여야 한다. ⑥ 국회는 재적의원 과반수의 찬성으로 긴 급조치의 해제를 대통령에게 건의할 수 있 으며, 대통령은 특별한 사유가 없는 한 이 에 응하여야 한다.	실한다. ④ 제1항과 제2항의 조치는 그 목적을 달성할 수 있는 최단기간 내에 한정되 어야 하고, 그 원인이 소멸한 때에는 대통령은 지체없이 이를 해제하여야 한다. ⑤ 국회가 재적의원 과반수의 찬성으 로 비상조치의 해제를 요구한 때에는 대통령은 이를 해제하여야 한다.
법관독립	제104조 ① 법관은 탄핵·형벌 또는 징계 처분에 의하지 아니하고는 파면·정직· 감봉되거나 불리한 처분을 받지 아니한다.	제107조 ① 법관은 탄핵 또는 형벌에 의하지 아니하고는 파면되지 아니하 며, 징계처분에 의하지 아니하고는 정 직·감봉 또는 불리한 처분을 받지 아 니한다.
대통령선거	제45조 ① 대통령의 임기가 만료되는 때에 는 통일주체국민회의는 늦어도 임기만료 30일 전에 후임자를 선거한다. 제39조 ① 대통령은 통일주체국민회의에 서 토론 없이 무기명투표로 선거한다. ② 통일주체국민회의에서 재적대의원 과 반수의 찬성을 얻은 자를 대통령당선자로 한다.	제43조 ① 대통령의 임기가 만료되는 때에는 대통령선거인단은 늦어도 임기 만료 30일 전에 후임자를 선거한다.
국회의원	제40조 ① 통일주체국민회의는 국회의원 정수의 3분의 1에 해당하는 수의 국회의원 을 선거한다. ② 제1항의 국회의원의 후보자는 대통령 이 일괄 추천하며, 후보자 전체에 대한 찬 반을 투표에 붙여 재적대의원 과반수의 출 석과 출석대의원 과반수의 찬성으로 당선	

	을 결정한다. ③ 제2항의 찬성을 얻지 못한 때에는 대통령은 당선의 결정이 있을 때까지 계속하여 후보자의 전부 또는 일부를 변경한 후보자 명부를 다시 작성하여 통일주체국민회의에 제출하고 그 선거를 요구하여야 한다. ④ 대통령이 제2항의 후보자를 추천하는 경우에, 통일주체국민회의에서 선거할 국회의원 정수의 5분의 1의 범위안에서 순위를 정한 예비후보자명부를 제출하여 제2항의 의결을 얻으면, 예비후보자는 명부에 기재된 순위에 따라 궐위된 통일주체국민회의선출 국회의원의 직을 승계한다.	
개헌	제41조 ① 통일주체국민회의는 국회가 발의·의결한 헌법개정안을 최종적으로 의결·확정한다. ② 제1항의 의결은 재적대의원 과반수의 찬성을 얻어야 한다.	
임기	제47조 대통령의 임기는 6년으로 한다.	제45조 대통령의 임기는 7년으로 하며, 중임할 수 없다.
국가범죄은폐	제4조 1972년 10월 17일부터 이 헌법에 의한 국회의 최초의 집회일까지 비상국무회의가 대행한 국회의 권한은 이 헌법 시행 당시의 헌법과 이 헌법에 의한 국회가 행한 것으로 본다. 제7조 비상국무회의에서 제정한 법령과 이에 따라 행하여진 재판과 예산 기타 처분 등은 그 효력을 지속하며 이 헌법 기타의 이유로 제소하거나 이의를 할 수 없다. 제9조 1972년 10월 17일부터 이 헌법 시행	제6조 ① 국가보위입법회의는 이 헌법에 의한 국회의 최초의 집회일 전일까지 존속하며, 이 헌법시행일로부터 이 헌법에 의한 국회의 최초의 집회일 전일까지 국회의 권한을 대행한다. ② 국가보위입법회의는 각계의 대표자로 구성하되, 그 조직과 운영 기타 필요한 사항은 법률로 정한다. ③ 국가보위입법회의가 제정한 법률과 이에 따라 행하여진 재판 및 예산 기타

	일까지 대통령이 행한 특별선언과 이에 따른 비상조치에 대하여는 제소하거나 이의를 할 수 없다. 제11조 ① 특수범죄처벌에관한특별법·부정선거관련자처벌법·정치활동정화법 및 개혁 조치처리법과 이에 관련되는 법률은 그 효력을 지속하며 이에 대하여 이의를 할 수 없다. ② 정치활동정화법 및 부정축재처리법과 이에 관련되는 법률은 이를 개폐할 수 없다.	처분 등은 그 효력을 지속하며, 이 헌법 기타의 이유로 제소하거나 이의를 할 수 없다. ④ 국가보위입법회의는 정치풍토의 쇄신과 도의정치의 구현을 위하여 이 헌법 시행일 이전의 정치적 또는 사회적 부패나 혼란에 현저한 책임이 있는 자에 대한 정치활동을 규제하는 법률을 제정할 수 있다.
지 방 자 치	제10조 이 헌법에 의한 지방의회는 조국통일이 이루어질 때까지 구성하지 아니한다.	제10조 이 헌법에 의한 지방의회는 지방자치단체의 재정자립도를 감안하여 순차적으로 구성하되, 그 구성시기는 법률로 정한다.

2) 인권 보장 문제

과거의 인권 침해에 관한 진상규명 등의 활동은 국민의 생명과 인권을 보호해야 할 공권력이 권위주의 정권의 유지를 위해 인권을 유린했던 과거를 밝혀낸 성과가 있었다. 그러나 여전히 저항자 또는 생존자(피해자)에 대한 배·보상은 입법을 통해 해결하지 못하고 있다. 인권 침해에 대한 회복적 정의 차원에서 과거 청산의 이행기 정의 실현은 여전히 숙제로 남아 있다.

〈표 3〉 1960년, 1962년, 1972년 헌법의 주요 기본적 인권 조항의 비교

1960년 헌법	1962년 헌법	1972년 헌법
제13조 모든 국민은 언론, 출판의 자유와 집회, 결사의 자유를 제한받지 아니한다. 정당은 법률의 정하는 바에 의하여 국가의 보호를 받는다. 단, 정당의 목적이나 활동이 헌법의 민주적 기본질서에 위배될 때에는 정부가 대통령의 승인을 얻어 소추하고 헌법재판소가 판결로써 그 정당의 해산을 명한다.	제18조 ① 모든 국민은 언론·출판의 자유와 집회·결사의 자유를 가진다. ② 언론·출판에 대한 허가나 검열과 집회·결사에 대한 허가는 인정되지 아니한다. 다만, 공중도덕과 사회윤리를 위하여는 영화나 연예에 대한 검열을 할 수 있다. ③ 신문이나 통신의 발행시설 기준은 법률로 정할 수 있다. ④ 옥외집회에 대하여는 그 시간과 장소에 관한 규제를 법률로 정할 수 있다. ⑤ 언론·출판은 타인의 명예나 권리 또는 공중도덕이나 사회윤리를 침해하여서는 아니된다.	제18조 모든 국민은 법률에 의하지 아니하고는 언론·출판·집회·결사의 자유를 제한받지 아니한다.
제22조 모든 국민은 법률의 정한 법관에 의하여 법률에 의한 재판을 받을 권리가 있다.	제24조 ① 모든 국민은 헌법과 법률에 정한 법관에 의하여 법률에 의한 재판을 받을 권리를 가진다. ② 군인 또는 군속이 아닌 국민은 대한민국의 영역 안에서는 군사에 관한 간첩죄의 경우와, 초병·초소·유해음식물공급·포로에 관한 죄 중 법률에 정한 경우 및 비상계	제24조 ① 모든 국민은 헌법과 법률에 정한 법관에 의하여 법률에 의한 재판을 받을 권리를 가진다. ② 군인 또는 군속이 아닌 국민은 대한민국의 영역 안에서는 군사에 관한 간첩죄의 경우와, 초병·초소·유해음식물공급·포로에 관한 죄 중 법률에 정한 경우 및 비상계

	엄이 선포된 경우를 제외하고는, 군법회의의 재판을 받지 아니한다.	엄이 선포되거나 대통령이 법원의 권한에 관하여 긴급조치를 한 경우를 제외하고는 군법회의의 재판을 받지 아니한다.
제27조 ① 공무원은 주권을 가진 국민의 수임자이며 언제든지 국민에 대하여 책임을 진다. 국민은 불법행위를 한 공무원의 파면을 청원할 권리가 있다. ② 공무원의 정치적 중립성과 신분은 법률의 정하는 바에 의하여 보장된다. ③ 공무원의 직무상 불법행위로 인하여 손해를 받은 자는 국가 또는 공공단체에 대하여 배상을 청구할 수 있다. 단, 공무원 자신의 민사상이나 형사상의 책임이 면제되는 것은 아니다.	제26조 공무원의 직무상 불법행위로 손해를 받은 국민은 국가 또는 공공단체에 배상을 청구할 수 있다. 그러나, 공무원 자신의 책임은 면제되지 아니한다.	제26조 ① 공무원의 직무상 불법행위로 손해를 받은 국민은 법률이 정하는 바에 의하여 국가 또는 공공단체에 배상을 청구할 수 있다. 그러나, 공무원 자신의 책임은 면제되지 아니한다. ② <u>군인·군속·경찰공무원 기타 법률로 정한 자가 전투·훈련 등 직무집행과 관련하여 받은 손해에 대하여는 법률이 정한 보상 이외에 국가나 공공단체에 공무원의 직무상 불법행위로 인한 배상은 청구할 수 없다.</u>
제18조 근로자의 단결, 단체교섭과 단체행동의 자유는 법률의 범위 내에서 보장된다. 영리를 목적으로 하는 사기업에 있어서는 근로자는 법률의 정하는 바에 의하여 이익의 분배에 균점할 권리가 있다.	제29조 ① 근로자는 근로조건의 향상을 위하여 자주적인 단결권·단체교섭권 및 단체행동권을 가진다. ② <u>공무원인 근로자는 법률로 인정된 자를 제외하고는 단결권·단체교섭권 및 단체행동권을 가질 수 없다.</u>	제29조 ① 근로자의 단결권·단체교섭권 및 단체행동권은 법률이 정하는 범위 안에서 보장된다. ② 공무원인 근로자는 법률로 인정된 자를 제외하고는 단결권·단체교섭권 또는 단체행동권을 가질 수 없다. ③ 공무원과 국가·지방자치단체·국영기업체·공익사업

		체 또는 국민경제에 중대한 영향을 미치는 사업체에 종사하는 근로자의 단체행동권은 법률이 정하는 바에 의하여 이를 제한하거나 인정하지 아니할 수 있다.
제64조 대통령은 국무회의의 의결에 의하여 계엄을 선포한다. 계엄의 선포가 부당하다고 인정될 때에는 대통령은 국무회의의 의결에 불구하고 그 선포를 거부할 수 있다. 계엄이 선포되었을 때에는 법률의 정하는 바에 의하여 국민의 권리와 행정기관이나 법원의 권한에 관하여 특별한 조치를 할 수 있다.	제75조 ① 대통령은 전시·사변 또는 이에 준하는 국가비상사태에 있어서 병력으로써 군사상의 필요 또는 공공의 안녕질서를 유지할 필요가 있을 때에는 법률이 정하는 바에 의하여 계엄을 선포할 수 있다. ② 계엄은 비상계엄과 경비계엄으로 한다. ③ 계엄이 선포된 때에는 법률이 정하는 바에 의하여 영장제도, 언론·출판·집회·결사의 자유, 정부나 법원의 권한에 관하여 특별한 조치를 할 수 있다. ④ 계엄을 선포한 때에는 대통령은 지체없이 국회에 통고하여야 한다. ⑤ 국회가 계엄의 해제를 요구한 때에는 대통령은 이를 해제하여야 한다.	제54조 ① 대통령은 전시·사변 또는 이에 준하는 국가비상사태에 있어서 병력으로써 군사상의 필요 또는 공공의 안녕질서를 유지할 필요가 있을 때에는 법률이 정하는 바에 의하여 계엄을 선포할 수 있다. ② 계엄은 비상계엄과 경비계엄으로 한다. ③ 비상계엄이 선포된 때에는 법률이 정하는 바에 의하여 영장제도, 언론·출판·집회·결사의 자유, 정부나 법원의 권한에 관하여 특별한 조치를 할 수 있다. ④ 계엄을 선포한 때에는 대통령은 지체없이 국회에 통고하여야 한다. ⑤ 국회가 재적의원 과반수의 찬성으로 계엄의 해제를 요구한 때에는 대통령은 이를 해제하여야 한다.
제83조의2 군사재판을 관할	제106조 ① 군사재판을 관할	제108조 ① 군사재판을 관할

하기 위하여 군법회의를 둘 수 있다. 단, 법률이 정하는 재판사항의 상고심은 대법원에서 관할한다. 군법회의의 조직, 권한과 심판관의 자격은 법률로써 정한다.	하기 위하여 특별법원으로서 군법회의를 둘 수 있다. ② 군법회의 상고심은 대법원에서 관할한다. ③ 비상계엄하의 군사재판은 군인·군속의 범죄나 군사에 관한 간첩죄의 경우와, 초병·초소·유해음식물공급·포로에 관한 죄 중 법률에 정한 경우에 한하여 단심으로 할 수 있다.	하기 위하여 특별법원으로서 군법회의를 둘 수 있다. ② 군법회의 상고심은 대법원에서 관할한다. ③ 비상계엄하의 군사재판은 군인·군속의 범죄나 군사에 관한 간첩죄의 경우와, 초병·초소·유해음식물공급·포로에 관한 죄 중 법률에 정한 경우에 한하여 단심으로 할 수 있다.
제84조 대한민국의 경제질서는 모든 국민에게 생활의 기본적 수요를 충족할 수 있게 하는 사회정의의 실현과 균형있는 국민경제의 발전을 기함을 기본으로 삼는다. 각인의 경제상 자유는 이 한계 내에서 보장된다.	제111조 ① 대한민국의 경제질서는 개인의 경제상의 자유와 창의를 존중함을 기본으로 한다. ② 국가는 모든 국민에게 생활의 기본적 수요를 충족시키는 사회정의의 실현과 균형있는 국민경제의 발전을 위하여 필요한 범위 안에서 경제에 관한 규제와 조정을 한다.	제116조 ① 대한민국의 경제질서는 개인의 경제상의 자유와 창의를 존중함을 기본으로 한다. ② 국가는 모든 국민에게 생활의 기본적 수요를 충족시키는 사회정의의 실현과 균형있는 국민경제의 발전을 위하여 필요한 범위 안에서 경제에 관한 규제와 조정을 한다.

3) 권력분립의 실제

(1) 권력의 장악 과정

박정희의 불법적인 헌법개정은 5·16 군사반란(내란)과 그 이후의 헌법개정 과정에서부터 드러났다. 1962년 헌법은 1960년 헌법(제2공화국 헌법)의 개정 형식을 취했다. 1960년 헌법의 개정 절차에서 국회의 재적의원 3분의 2 이상의 의결을 거친 개헌안은 국민투표로써 개정하도록 했다. 군사정부의 경우에는 국회가 없었다. 국가재건최고회의가 법률을 개정하여 그 근거를 마련하고, 그에 따라 국민투표로 헌법개정을 확정했다. 1962년 헌법은 그 성격 및 내용에서 새로운 헌법이었다. 그러나 제5차 개헌은 헌법상의 개정 절차를 따르지 아니하고 국가비상조치법이 규정한 국민투표에 따라 개정했다는 점에서 위헌이었다.

유신독재 체제의 출범도 마찬가지였다. 박정희는 1972년 10월 17일 전국에 비상계엄을 선포하고 '10월 유신'의 비상조치를 선포했다. 국회를 해산하고 정당 활동을 금지했다. 당시 헌법에는 대통령의 국회해산권이 없었기 때문에 대통령의 국회 해산은 헌법을 참절하는 박정희의 두 번째 쿠데타였다. 비상국무회의는 10월 23일 '비상국무회의법'을 통과시켰다. 그 주요 내용은 다음과 같다. ① 비상국무회의는 대통령·국무총리·국무위원으로 구성되며, 대통령이 의장, 국무총리가 부의장이 된다. ② 비상국무회의는 해산된 국회에 제출되었던 법안, 예산안, 조약의 체결·비준에 대한 동의안, 국채의 모집 또는 예산 외에 국가의 부담이 될 계약 체결에 대한 동의안은 이미 처리된 것을 제외하고 모두 비상국무회의에 제출된 것으로 본다. ③ 의안은 대통령 및 국무총리가 제출한다. 또한 '국민투표에 관한 특례법'과 '선거관리위원회에 관한 특별법'을 의결·공포하였다.

그 결과로 등장한 유신헌법은 아예 대통령 연임 제한 규정을 두지 않음으로써 박정희의 종신 집권이 가능한 체제였다. 더욱이 통일주체국민회의를 설치하여 대통령을 선출케 하고, 국회의원 정수의 3분의 1에 해당하는 국회의원을 대통령의 추천으로 선출하게 했다. 사실상 대통령이 국회의원 3분의 1을 임명하는 것이었다. 총선에서 과반수만 획득하면 여당은 언제든지 헌법을 농단할 수 있는 구조였다.

전두환은 1980년 8월 27일부터 1988년 2월 25일까지 7년 6개월 동안 대통령으로 재임했다. 1961년 5·16 군사반란 직후 국가재건최고회의 의장실 민원비서관이었다. 1979년 10월 26일 박정희 피살 후 '하나회' 중심의 군부 세력을 이용하여 계엄사령부 합동수사본부장이 되었다. 11월 6일 수사 내용을 발표하면서 대중 앞에 나타났다. 12월 12일 당시 계엄사령관인 정승화 육군참모총장을 강제 연행하여 군사반란을 통해 권력을 잡았다. 1980년 5월 17일 전국으로 비상계엄을 확대했다. 5월 18일부터 시작된 광주시민의 저항권 행사를 무력으로 진압했다(~5월 27일). 8월 27일 통일주체국민회의의 대통령 간선제를 통해 제11대 대통령이 되었다. 9월 29일 전두환은 임기 7년 단임과 간선제에 의한 대통령 선출을 골자로 한 헌법개정안을 공고했다. 10월 22일 국민투표를 거쳐 27일 헌법을 공포했다. 1981년 1월 15일 창당한 민주정의당 총재로서 2월 25일 대통령선거인단의 간접선거로 제12대 대통령선거에서 당선되었다. 3월 3일 임기 7년의 제12대 대통령으로 취임해 1988년 2월 25일 퇴임했다.

(2) 내란죄의 죄책

내란죄는 폭동에 의하여 불법으로 국가조직의 기본제도를 파괴함으로써 국가의 존립을 위태롭게 하는 범죄다(오경식, 2015: 113). 내란죄의 보호법익은 국가의 존립과 헌법 질서, 국가의 내적 안전 등이다. 국가는 일정 범위 영토에 거주하는 주민집단의 정치적 조직체인 국가다(오경식, 2015: 112). 일정 범주의 국민 일부도 내란죄의 보호법익이 될 수 있다. 헌법은 국가에게 불가침의 기본적 인권을 확인하고 보장할 의무를 부과하고 있기 때문이다. 국가기관이 기본권의 본질적 내용을 침해하는 것은 국가의 존재 이유를 부정하고 헌법 질서를 파괴하는 것이기 때문이다. 헌법 질서를 파괴하는 것은 범죄의 주체는 제한이 없으나 상당히 조직화된 다수인이다(오경식, 2015: 112). 그 역할에 따라 수괴, 모의참여자, 지휘자, 중요임무종사자와 부화수행자, 단순가담자로 구분하여 그 처벌을 달리한다(오경식, 2015: 112).

대법원은 전두환·노태우 등의 군부반란에 대해 헌법적 평가 기준을 제시했다. 먼저 정권 장악의 문제다. 군사반란과 내란을 통해 폭력으로 헌법적 국가기관의 권능 행사를 사실상 불가능하게 하고 정권을 장악한 후 국민투표를 거쳐 헌법을 개정하고 개정된 헌법에 따라 국가를 통치했다고 하더라도, 그 군사반란과 내란을 통하여 새로운 법질서를 수립한 것이라고 할 수 없다고 본다. 헌법 질서 아래에서는 헌법에 정한 민주적 절차에 의하지 아니하고 폭력에 의하여 헌법기관의 권능 행사를 불가능하게 하거나 정권을 장악하는 행위는 어떠한 경우에도 용인될 수 없다는 것이다. 그 군사반란과 내란 행위는 처벌의 대상이 된다.[6]

대법원은 내란죄의 구성요건인 폭동의 내용으로서의 폭행 또는 협박은 일체의 유형력의 행사나 외포심을 생기게 하는 해악의 고지를 의미하는 최광의의 폭행·협박으로 이해한다. 이를 준비하거나 보조하는 행위를 전체적으로 파악한 개념이고, 그 정도가 한 지방의 평온을 해할 정도의 위력이 있음을 요한다고 해석한다.[7]

그런데 비상계엄의 선포는 필연적으로 국민의 기본권을 제약하게

---

6 대법원 1997. 4. 17. 96도3376.
7 대법원 1997. 4. 17. 96도3376.

되므로, 계엄령 그 자체만으로 국민에게 기본권이 제약될 수 있다는 위협을 주는 측면이 있다. 민간인인 국방부장관은 계엄 실시로 인하여 계엄사령관에 대하여 가지고 있던 지휘감독권을 잃는다. 군부를 대표하는 계엄사령관의 권한이 더욱 강화됨은 물론 국방부장관이 계엄 업무로부터 배제됨으로 말미암아 계엄 업무와 일반 국정을 조정 통할하는 국무총리의 권한과 이에 대한 국무회의의 심의권마저도 배제된다. 이러한 결과가 법령과 제도 때문에 일어나는 것이라고 하더라도, 이러한 법령이나 제도가 가지고 있는 위협적인 효과가 국헌문란의 목적을 가진 자에 의하여 그 목적을 달성하기 위한 수단으로 이용되는 경우 비상계엄은 내란죄의 구성 요건인 폭동의 내용으로서의 협박 행위가 된다. 따라서 계엄령은 내란죄의 폭동에 해당하고, 그것은 전국의 평온을 해하는 정도에 이르렀음을 인정할 수 있다.[8]

아직도 계엄 선포를 통치행위로 옹호하는 견해가 있다. 대법원과 헌법재판소는 여전히 통치행위론을 동원하여 헌법적 판단을 유보하기도 한다. 그리고 소극적이다.

전두환·노태우 등의 군사반란에 대한 대법원 판결에서도 대통령의 비상계엄의 선포가 고도의 정치적·군사적 성격을 지니고 있으므로 사법부가 판단하기 어렵다는 의견이었다. 예외적인 경우는 "그것이 누구에게도 일견하여 헌법이나 법률에 위반되는 것으로서 명백하게 인정될 수 있는 등 특별한 사정이 있는 경우"다. 그렇지 않으면, "계엄 선포의 요건 구비 여부나 선포의 당·부당을 판단할 권한이 사법부에는 없다는 것"이다. 다만 비상계엄의 선포나 확대가 국헌문란의

---

8 대법원 1997. 4. 17. 96도3376.

목적을 달성하기 위한 것인 경우, 법원은 그 자체가 범죄행위에 해당하는지를 심사할 수 있다고 판결했다.[9]

박정희는 1961년 5·16 군사 쿠데타를 통해 군사반란을 일으켜 정권을 잡았고, 1972년 비상계엄 선포를 통해 내란을 통해 민주공화국 체제를 무너뜨린 것이다. 1972년 계엄령이 내란죄에 해당함은 대법원 판결을 통해 확인할 수 있다. 대법원은 1980년의 군사반란이 내란에 해당하는 것임을 분명히 했다.

(3) 이중국가와 비밀정보기관

이중국가(Doppelstaat, dual state)는 에른스트 프랭켈(Ernsr Fraenkel)이 1940년 출판한 책에서 사용한 용어다(Fraenkel, 1974; Fraenkel, 2006). 이중국가는 나치스의 국가사회주의국가에서 '조치(措置) 국가'(Maβnahmenstaat)와 규범 국가의 병존을 표현한 개념이다. 조치 국가의 의미는 파시즘 국가의 헌법 체제를 설명함에 있다. 조치국가 용어는 유신헌법의 긴급조치 또는 1980년 헌법의 비상조치를 떠올리면 될 것이다.[10]

비밀정보기관은 대통령의 뜻에 따라 일반행정기관 위에 군림하면서 '국가 안의 또 다른 국가'로서 겉으로 드러난 입헌주의국가를 지배했다. 범죄의 흔적 또는 진실의 실마리는 어딘가에는 남아 있고, 언젠가는 그것이 드러난다. 이명박 정권 시절 청와대, 국가정보원, 고용노동부 등은 대대적인 노조파괴 공작을 벌였다. 2010년 2월부터 12월

---

9 대법원 1997. 4. 17. 96도3376.

10 일본어 번역본은 '대권(大權)국가'(Fraenkel, 1994)라고 옮겼으며, 영어판은 *prerogative state* (Fraenkel, 2006)로 옮겼다.

까지, 11개월 동안 176건의 노조파괴 문건을 주고받았다. 청와대가 국정원에 자료를 보내면, 국정원이 이를 토대로 문건을 만들어 청와 대에 보고하는 식이었다.[11] 작은 실마리를 어렵게 찾아내어 그 진상의 상당 부분을 드러낸 노조파괴 관련 국가배상청구소송 변호인단의 노 고가 있었다. 그러나 현재 상황에서는 안타깝게도 진실의 문을 열기 는 쉽지 않다. 그렇다고 국정원의 노조파괴 공작이 가지는 헌법적 범죄 성을 덮을 수는 없다. 청와대가 국정원을 수하 삼아 일반행정부처와 시민사회를 쥐락펴락한 반민주적 메커니즘을 헌법적으로 평가해야 할 것이다.

박근혜 정권에서 청와대, 국가정보원, 문화체육관광부 그리고 산 하 공공기관 등은 합법과 불법의 경계를 넘나들면서 문화예술계 블랙 리스트 사건을 통해 전체주의적인 검열과 배제의 국가범죄를 저질렀 다.[12] 역사교과서 국정화 사건은 청와대, 국가정보원, 교육부 그리고 산하 공공기관 등의 합작품이다. 과거 정권에서 국가정보원의 불법사 찰 문제가 나중에 또 불거졌다. 국가정보원이 2008년에서 2010년 사이에 4대강 사업에 반대한 시민사회계·종교계·학계·언론계 등 민간인을 불법 사찰한 정황이 담긴 문서를 '청와대 요청'으로 정무·

---

11 참세상 2020. 5. 12., "MB국정원 작성 노조파괴 문건 '176개' 드러나: 노조 조직률 상승 억제 계획도 세워," http://www.newscham.net/news/view.php?board= news&id= 69107(검색일 2021. 1. 19.); 참세상 2020. 6. 1., "MB정부-국정원의 '노조파괴' 수사 기록 보고서: 2009-2011년 이어진 노조파괴 전말… 검찰 수사기록 입수," http://www.newscham.net/news/view.php?board=news&id=69182 (검색일 2021. 1. 18.).
12 문화예술계 블랙리스트 진상조사 및 제도개선위원회(2019). 문화예술계 블랙리스트 진 상조사 및 제도개선위원회 백서 3: 블랙리스트 방지를 위한 제도개선 종합보고서. 문화예 술계 블랙리스트 진상조사 및 제도개선위원회. 2019. 2.

민정·국정기획·경제·교육문화수석, 대통령·국무총리실장 등에게 배포한 것이 드러났다는 것이다.[13] 박지원 국가정보원장은 "이명박 정부 때는 정권 차원에서 지시했고, 박근혜 정부 때는 지시 여부는 아직 모르지만 국정원이 청와대에 보고한 내용은 있다"고 말했다. 또 "김대중 정부 때는 정권 차원에서는 하지 말라고 했는데 직원들의 개인적 일탈로 이런 관행이 이뤄졌다"면서 "김대중·노무현 정부 때 국정원이 청와대에 보고한 내용은 아직 보지 못했다"고 말한 것으로 전해졌다.[14]

4) 이행기 정의의 실천

(1) 군사 통치의 계속성

대한민국 헌법은 아직도 '계엄헌법'이다(오동석, 2018). 헌법에서조차 군사 쿠데타의 잔재를 털어내지 못하고 군사 통치의 가능성을 넓게 열어놓고 있다. 군인 아닌 국민이 평시에도 군사법원의 재판을 받을 수 있게 하는가 하면(헌법 제27조 제2항), 비상계엄 아래에서는 언론·출판·집회·결사의 자유 등 국민의 기본권에 대해 특별한 조치를 할 수 있게 하고(헌법 제77조 제3항), 사형 선고 외에는 단심으로 재판을 종결할 수 있게 하고 있다(헌법 제110조 제4항).

설령 헌법이 그렇다 하더라도 관련 법률을 잘 정비하면 군사 통치의 잔재를 걷어낼 수 있을 텐데 법 현실은 그렇지 못하다. "계엄법"은

---

13 연합뉴스 2021. 3. 15. https://www.yna.co.kr/view/AKR20210315075500004, (검색일 2021. 3. 16.); 한겨레 2021. 3. 16. "MB국정원, 4대강 반대 불법사찰… 박형준 청 홍보기획관 관여".

14 연합뉴스 2021. 3. 15. https://www.yna.co.kr/view/AKR20210315149151001, (검색일 2021. 3. 16.)

비상계엄시 계엄사령관이 계엄 지역의 모든 행정사무와 사법사무를 관장하게 한다(법 제7조 제1항). '군형법」은 일정한 범죄에 대하여 군인 아닌 일반 국민에 대해서도 적용한다(법 제1조 제4항). 군대에서 성폭력 사건이 드러나자 2021년 9월 24일 '군사법원법'을 개정하긴 했지만, 즉자적으로 성폭력 관련 범죄에 한정하여 일반 법원에서 관할할 뿐이다(법 제2조 제2항). 전시 아닌 평시임에도 불구하고 군은 권력분립 원칙을 위배하여 사법권을 관장하는 것이다. 사법권까지 틀어쥐고 있어야 군기를 확립할 수 있다는 군의 태도는 군의 지휘 역량이 취약함을 자백함과 아울러 세상의 민주주의적 변화에 적응할 용기가 없음을 고백하는 것이라 해석할 수밖에 없다. 장병 전체보다는 소수의 고위 지휘관의 통치 권력을 유지하기 위하여 군사 쿠데타의 잔재를 유지하고자 함이다.

(2) 국가범죄 대응법과 인권 침해 생존자(피해자)의 권리

"중대한 인권 침해 행위로서 범죄임에도 불구하고 국가범죄성을 부인하거나 회석시키기 위하여 그 사건에 대한 법적 책임을 회피하고 막연히 도덕적인 죄나 형이상학적 죄를 거론하는 것은 죄와 책임의 문법을 파괴하는 언동이다. 행위의 중대성에서 보자면 법적인 죄(책임)가 다른 어떤 죄(책임)보다 논리적 우선성을 갖는다"(이재승, 2014b: 228).

국가가 폭력의 책임을 회피하고 희생자를 매도하는 2차 폭력을 가하는 것은 국가범죄를 저지른 나쁜 국가의 전형적인 행동 패턴이다(이재승, 2016: 147 참조). 불법의 시대에 국가범죄에 가담하거나 방관했

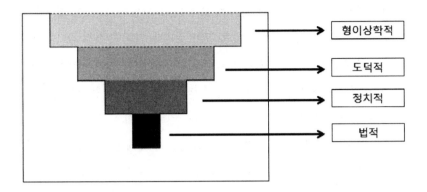

<그림 1> 죄의 단계(이재승, 2014a: 187)

던 검찰과 법원은 피해자를 대리한다. 하지만 엄격하게 말하면 그들은 오히려 공동피고다. 정의가 필요할 때 정의의 역할을 하지 못했기 때문이다. 기계적으로 법을 해석하고 적용하는 태도는 2차 가해이자 국가범죄를 은폐하는 범죄다.

　유엔 총회의 '인권피해자 권리장전'을 구체화함으로써 입법화해야 한다. 전환기 정의(transitional justice) 원칙은 인권 침해 사건의 진실 규명, 가해자의 처벌과 징계, 피해자에 대한 배상과 원상회복, 치유와 재활 조치, 재발 방지를 위한 제도 개혁과 공직자ㆍ미디어 종사자ㆍ공공기관 종사자 등에 대한 인권 교육, 시민에 대한 일반적인 인권 교육을 포함한 만족과 사죄 등을 담고 있다. 이것은 형사처벌이나 금전배상과 같은 법적 수단으로 환원할 수 없는 적극적인 정치적 열망을 표현하고 있으며, 인간의 정신적 정화와 사회 제도의 근본적 변혁을 추구한다. 이를 통해 과거 국가범죄에 대해 공동체가 지는 책무는 엷은 의무가 아니라 두터운 의무다(이재승, 2014a: 184).

　피해자는 개인적 배ㆍ보상과 명예회복을 넘어 사회적 배ㆍ보상과 명예회복 그리고 사회적 기억을 요청한다. 피해자 개인이 개별적인 법적 배·보상 소송을 하게 하지 않고 입법에 의한 일괄적 배·보상이 가능해야 한다. 피해의 범위가 법적 피해의 범위를 넘어 사회적·정치적 피해로 확장해야 한다(오동석, 2019: 8). 원상회복은 불가능하다. 피해와 상처가 사라지지 않기 때문이다. 기억을 지울 수도 없다. 마치 피해자 명예회복 관련 정책이나 금전적인 피해배상이나 보상으로 할 일을 다 한 것처럼 구는 것이야말로 또 다른 가해다. 회복적 정의는 국가범죄의 상처를 회복하는 인권과 민주주의를 보장하는 헌법 체제의 원기를 회복하는 일이어야 한다(오동석, 2019: 9).

피해자를 피해자로만 남아 있지 않게 하는 일이 회복적 정의다. 피해자가 민주시민으로 돌아오게 하기 위해 동료 민주시민이 해야 할 일이기도 하다. 피해자의 요구이자 권리다. 국가폭력은 피해자를 넘어 공중 일반에 대한 폭력이다. 국가는 무엇이 범죄이고 형벌인지 정하고, 범죄자를 수사·기소하며, 범죄 여부와 형벌 여하를 판단·결정하고, 형벌을 집행하는 전능한 존재이기 때문이다. 누구든지 언제든지 무엇이든지 범죄가 되고 처벌 받을 수 있는 가능성이 열리기 때문이다. 아주 예외적인 경우가 아니면 도망칠 수 없는 질곡이다. 재발 방지는 공중에 대한 국가폭력의 회복적 정의다. 피해자 개인은 시민으로서 재발 방지에 동참한다. 동료 시민과 협동하면서 시민성을 회복한다. 헌법적 정의를 실현하는 과정이다. 블랙리스트 사건 관련자를 단죄하고 국가 체제 자체를 개혁하는 일이 중요한 까닭이다. 세밀하고 다양한 입법과 제도가 필요하다. 회복적 정의는 처벌과 배상 그리고 회복을 넘어 사회구조의 혁신을 정면으로 추구하는 변혁적 정의(transformative justice)다(오동석, 2019: 9).

4. 결론: 헌법 체제의 연속성과 단절성 그리고 불법성

1) 헌법의 존재 의의

헌법은 국민[민중]의 법으로서 국가 권력에 관한 법이다(오동석, 2013). 첫째, 헌법은 국가 권력을 구성하고 조직하며 통제함으로써 정당한 폭력과 그렇지 않은 폭력을 구별하는 폭력판별법이다. 국가가 물리력[폭력]을 독점할 수 있는 합법성은 이러한 헌법으로부터 나온다. 그렇기 때문에 국가 권력의 구성은 항상 정당성 물음에 직면한다. 합법성과 정당성을 갖춘 헌법이 작동하지 않는 국가는 조직폭력배가 장악한 불법 기구일 뿐이다.

둘째, 헌법은 권력의 집행 기준이자 그 한계를 정한 인민권[인권 또는 기본권]법이다. "인간의 존엄과 가치"(헌법 제10조)를 훼손하거나 인민권의 "본질적 내용"(헌법 제37조 제2항)을 침해하는 정치적 · 경제적 · 사회적 · 문화적 권력의 행사를 금지한다. "사람"[인간]이라는 점밖에는 내세울 게 없는 사람들의 권리가 어떠한 권력에 의해서도 침해되어서는 안 되며, 그들이 곧 권력을 심판함으로써 주권자 인민임을 선언하는 인민의 법이다.

셋째, 헌법은 기존의 헌법 질서를 끊임없이 여과하여 새로 써 나가는 과거 청산법이다. 현행 헌법 부칙 제5조와 같은 조항을 필수적으로 두고 있기 마련이다. "이 헌법 시행 당시의 법령과 조약은 이 헌법에 위배되지 아니하는 한 그 효력을 지속한다." 이전의 헌법 또한 새로운 헌법에 따라 심판해야 한다.

마지막으로 헌법은 권력자를 단죄하는 특별 형법이다. 기존의 헌법이 새로운 헌법의 심판을 받아야 한다면, 권력자에 대한 심판은 당연하다. '실패한 쿠데타'는 내란 등의 죄로 형법에 따라 처벌 받는다. 그런데 '성공한 쿠데타'는 어떠한가? 쿠데타 세력이 집권하고 있는 동안 형법은 침묵한다. 그러나 주권자는 인권과 민주주의를 기준 삼아 심판을 벼른다. 마침내 일정한 시점에서 주권자는 새로운 헌법을 만들면서 때로는 특별 형법을 제정해서라도 '성공한 쿠데타 세력'에 대한 심판권을 발동하는 것이다.

2) 변혁적 정의의 과제

민주화는 이행기 정의를 요청한다. 이행기 정의의 구체적 청산 또는 해소 대상은 구헌법 또는 구헌법 체제에서 일어난 국가범죄(Regierungskriminalität) 또는 국가폭력이다. 이재승(2014a: 185)은 이행기 정의에서 가해자와 피해자의 범주에 딱 들어맞지 않는 보통 사람들의 각성과 참여를 강조한다. 과거 청산은 이들로 하여금 주체로 각성케 하여 국가범죄를 일삼는 국가를 재탄생시키는 과정이라는 것이다. 그것은 현행 헌법에 비추어 과거 국가의 잘못을 지속적으로 갱신하는 과정으로서 이행기 정의 개념을 확장할 것을 요한다.

이행기 정의에서 '과거 · 현재 · 미래는 하나의 통일체'다(신영복 · 김동춘, 2006: 206 재인용). 과거 국가 권력의 '범죄 행위'를 드러냄으로써, 과거의 굴절된 정의를 현재에 바로잡음으로써 민주주의를 공고히 하고 사회정의를 세우며 사회통합을 이루는(김동춘, 2006: 206 참조) 헌법 규범을 정립해 나가는 과정이다. 그런 점에서 이행기 정의의 구현 정도는 헌법 규범과 헌법 현실의 현 위치 관계를 보여주는 좌표이기도

하다.

조동은(2021)은 헌법 규범, 법체계, 국가 차원에서 연속과 불연속의 문제를 분석했다. 그런데 이것만으로는 헌법 체제의 연속성과 단절성 그리고 불법성이 드러나지 않는다. 불법적인 국가범죄는 대규모 인권피해자를 낳는다. 국가범죄의 불완전한 과거 청산은 끊임없이 한 사회의 미래를 갉아먹는다. 그 폐해가 현재에 누적되어 또 다른 청산의 과제를 쌓기 때문이다. 그 사회는 점점 사람이 살 수 없는 곳이 되어간다. 한국 사회가 해결해야 할 대규모 인권 침해 사안이 점점 많아지고 있다. 이것을 해결하지 않으면 현재는 불법적 과거의 연장일 뿐이다.

진상규명은 국가범죄의 양상과 내용을 밝히는 것이다. 피해자가 개인적 고통을 딛고 사회적으로 국가범죄를 고발한 기소자로서 발언하게 해야 한다. 가해자의 처벌과 징계는 최소한의 당연한 조치다. 그런데 가해자에 대한 제재는 국가범죄의 속성상 형법과 행정법의 영역보다 넓게 이뤄져야 한다. 법망을 피했던 '가해자들'에게 정치적 책임을 묻는 과정이 필요하다. 통상 '가해자의 사과' 형태를 취하지만, '사과한다는 말'로 해소될 수 없다(오동석, 2019: 8).

국가기관이 범죄자라면 어떻게 처벌할까? 쉽지 않은 일이다. 그렇지만 과거 청산을 통해 이행기 정의를 실현하는 정식이 있다. 그중 하나로 대통령 혹은 상징적 권위를 가진 사람이 과거 국가폭력을 공식적으로 인정하고 '사과'하는 것은 정의로운 평화를 위한 가장 중요한 실천이다. 이른바 '공적 사죄'(public apology)다.[15] 그것은 피해자의 개

---

15 위의 글, 118.

인적 치유의 시작이다. 개인 트라우마에 대한 치유가 가능해진다. 사적 피해가 아니라 공적 피해로 인정받았기 때문이다. 그것이 공적 피해라면, 피해자 개인에 대한 국가의 배상은 필수다.

국민을 대표하여 국정을 운영하는 헌법기관으로서 대통령의 사과는 국가범죄에 대한 진실 규명과 문책 그리고 재발방지책 등을 통해 계속해서 국정 체제를 갱신하여 탈바꿈하는 행동을 요구한다. 국가범죄는 과거의 폐단이 하루아침에 이뤄진 것이 아니라 누적해서 쌓인 것이기 때문이다. 과거에서 현재에 이르기까지 피해를 받은 시민이 많고, 대통령이 아무 조치를 하지 않으면 앞으로 더 많은 시민이 피해를 받을 것이기 때문이다. 대통령의 사과는 법과 제도 그리고 정책과 결부되어야 한다. 새 술을 새 부대에 담기 위해 지난 정권의 수하였던 공무원 조직을 인적 차원에서 물갈이할 수는 없지만, 국가기관 간 권력 배치와 권한 행사 방식을 바꿀 수 있다. 여기에서 다시 과거 정권과 단절이 필요하다.

참고문헌

국순옥(1993). 공화국의 정치적 상품화와 순차 결정의 과학적 기준. 공화국 구분을 위한 과학적 기준(한국공법학회 제34회 학술발표회 논문집). 한국공법학회. 1993. 2. 20. 29-40.

_____(2015). 공화국의 정치적 상품화와 순차 결정의 과학적 기준. 국순옥(2015). 민주주의 헌법론. 아카넷. 2015. 4. 483-499.

김동춘(2006). 해방 60년, 지연된 정의와 한국의 과거청산. 시민과세계 8. 2006. 2. 203-224.

성낙인(2005). 한국 헌법사에 있어서 공화국의 순차(序數). 서울대학교 법학 46(1). 서울대학교 법학연구소. 2005. 3. 134-154.

_____(2011). 헌법과 국가정체성. 서울대학교 법학 52(1). 서울대학교 법학연구소 2011. 3. 101-127.

오동석(2013). 유신헌법의 불법성. 학술단체협의회 기획(2013). 배성인 외 공저. 유신을 말하다. 나름북스. 2013. 3. 133-164.

_____(2019). 블랙리스트 피해자 명예 회복 및 사회적 기억의 원칙과 방향. 팝업씨어터 공개사과 이후: 블랙리스트 피해자 명예회복과 사회적 기억사업을 시작하며(문화체육관광부·한국문화예술위원회 주최). 대학로예술극장 씨어터 카페. 2019. 12. 2. 8-12.

이재승(2009). 다시 리바이어던의 뱃속으로: 조용수 사건의 재심판결(2007재고합 10). 민주법학 39. 민주주의법학연구회. 2009. 3. 209-236.

_____(2014a). 국가범죄와 야스퍼스의 책임론. 사회와역사 101. 2014. 3. 183-217.

_____(2014b). 국가범죄와 야스퍼스의 책임론. Jaspers, Karl(야스퍼스, 칼). 죄의 문제: 시민의 정치적 책임. 엘피. 2014. 11. 219-270.

_____(2016). 세월호 참사와 피해자의 인권. 민주법학 60. 민주주의법학연구회. 2016. 3. 145-179.

장석준(2019). 노회찬이 남긴 꿈, 제7공화국. 한겨레 2019. 7. 18. https://www.hani.co.kr/arti/opinion/column/ 902404.html, 검색일: 2021. 11. 30.

조동은(2016). 1962년 헌법제정론과 헌법개정론의 논쟁에 대한 연구. 법학연구 49.

전북대학교 법학연구소. 2016. 8. 57-97.

_____(2021). 연속과 불연속: 5·16 쿠데타와 헌법적 단층. 헌법학연구 27(3). 한국헌법학회. 1-46.

Fraenkel, Ernst(1974) Der Doppelstaat. Frankfurt am Main: Europäische Verlagsanstalt.

_____(1994). 中道壽一 옮김. 二重國家. 東京: ミネルヴァ書房.

_____(2006). Clark, N. J. 옮김. The dual state: a contribution to the theory of dictatorship. The Lawbook Exchange.

Löwenstein, Karl(1973). 김기범 옮김. 현대헌법론. 교문사.

_____(1991). 김효전 옮김. 비교헌법론. 교육과학사.

Radbruch, Gustav(2009). 이재승 옮김. 역주: 법률적 불법과 초법률적 법. 법철학연구 12(1). 한국법철학회. 1-26.

유신독재 체제의 구조적 청산과
K-데모크라시의 전망*
— 외국 청산 사례와의 비교 평가와 '대한민국 이행기 정의'의 완성

홍윤기

(동국대학교 철학과 교수)

1. 두 아픔: 아픈 사람에게 아프다고 하지 말라고 할 권리는 그 누구에게도 없다

오래전에 당한 일 때문에 아파하는 사람에게 흔히들 다음과 같이 말하는 사람들이 있다.

---

* 이 발제는 한국연구재단(NRF)의 '2018년도 중견연구자지원사업(인문사회)'이 지원하는 "대한민국 헌법 규범력에 상응하는 헌법현실의 창출을 담보하는 헌법교육/민주시민교육의 철학적 근거정립"(과제번호 2018S1A5A2A01039624)의 연구 과정에서 창출된 것이며, 본문의 내용은 '유신청산민주연대'가 연 일련의 회의 중 송병춘 변호사님과 나눈 논담에서 시사받은 바가 컸음을 밝혀둔다.

이제 잊었을 법도 한데, 아무리 속 쓰리고 가슴 아파도, 반세기 전, 오십 년 전의 일인데, 그런 일을 지금 들춰내서 어쩌자는 것인가?

그리고 설사 그 당시 해를 입혔다고 해도 세월(歲月)이 갈 만큼 갔고,

당한 사람도 이제껏 살 만큼 살았으면 살았던 것인데

뭘 더 살 것이 있다고 오십 년 전 일을 여태껏 속에 담아두고 계속 말하고 따져야 하는가?

반백 년 지났다고 하면 세월도 지날 만큼 지났으니

예전 일은 그냥 두거나 잊고

남은 인생 마저 살고 가면 되지 않을까?

동서양에 걸쳐 인간의 인생 경험이라는 것은 천차만별로 다양하지만, 그 반대로 뜻밖에 똑같은 일도 있다. 하나마나한 동어반복이겠지만, '내 인생'의 어떤 순간 '나의 아픔이 된 것들' 가운데, 어떤 아픔들은 그야말로 세월이 지나가면 저절로 낫거나 자기 혼자 힘으로 없앨 수 있는 것이지만, 그 반면 아무리 세월이 지나가고 또 혼자서 온갖 애를 써봐도 없앨 수 없는 상태에서 '계속 나의 아픔으로 남아 그 자체가 나의 삶이 되는 그런 아픔들', 즉 '나의 아픈 삶'으로 살아지는 그런 아픔들이 있다. 우선 다음과 같은 사람에게 위와 같이 말할 수 있을지 우선 살펴보자.

[아픔 1] 내내 아파하던 사람과 그와 같이 살아야 했던 사람의 과거의 아픔

"지난(2022년 1월: 필자) 6일 간첩조작 피해자 유족이 고문 기술자로 알려진 이근안과 대한민국을 상대로 손해배상 청구소송을 제기했다. 이 간첩조작 피해자는 1965년 북한 경비정에 의해 나포되었다가 가

까스로 살아 돌아왔다. 그러나 13년이 지난(1978년: 필자) 어느 날 갑자기 간첩 혐의로 불법 체포되었고, 당시 그에게 고문을 주도했던 자가 바로 이근안이다.

피해자는 이근안에 의해 불법 구금과 고문으로 하루아침에 간첩이 되었고, 7년의 시간을 감옥에서 보내야 했다. 43년이 지난 2021년 6월 그 피해자는 재심에서 무죄를 받았다. 당시 이근안과 국가기관이 불법 구금과 고문으로 죄 없는 시민을 간첩으로 만들어 버렸음이 밝혀진 셈이다.

그럼에도 이근안은 지난 2013년 자서전을 통해 이 피해자에 대해 북한의 지령을 받은 간첩이었다고 주장하고 있다. 고문 가해자인 그는 반성과 사과는 온데간데없고 여전히 자신의 불법적이고 반인륜적인 범죄를 합리화하는 데 급급하다.

이 피해자(그는 2006년 패혈증으로 세상을 떠났다)의 유족이 이근안과 대한민국을 상대로 손해배상 청구소송을 제기했다. 그러나 이 소송은 근본적인 한계를 내재하고 있다. 수많은 피해자가 존재하지만 고문 가해자는 언제나 이근안 한 사람이라는 점이며, 다른 하나는 현행법상 고문 가해자에 대한 법적 책임은 형사소송의 테두리가 아닌 민사소송에서만 가능하다는 점이다. 우리는 왜 고문 피해자는 알면서도 고문 가해자는 알 수 없는 걸까. 또한 우리 현행법은 왜 고문 가해자를 처벌하지 않고 있는 걸까. 이같이 잘못된 문제를 해결하기 위해서는 크게 두 가지가 해결돼야 한다.

첫째, 고문 가해자가 누구인지 알아야 한다. 2021년 10월 기준, 국가기관에 의해 간첩조작으로 사형, 무기징역, 실형을 선고받았지만, 수십 년이 흘러 재심을 통해 무죄를 선고받은 사람만 449명에 이른다. 이는 재심이라는 과정을 통해 드러난 수치이며, 여전히 드러나지 않은 수많은 간첩조작 고문 피해자들의 수는 추정조차 불가능하다.

이렇게 피해자는 존재하지만 가해자가 누구이고 어디에 있는지 알 수 없는 것이 현실이다. 여전히 우리가 알고 있는 고문 가해자는 '고문 기술자' 이근안밖에는 없다. 이근안은 수많은 고문 가해자 가운데 한 사람일 뿐이다. 1970~80년대, 고문을 통해 간첩을 조작해냈던 수사기관인 중정·안기부(현 국정원), 보안사(현 군사안보지원사령부), 치안본부(현 경찰청) 등에 대한 대대적인 조사가 필요한 이유다."[1]

1965년이면 2022년 1월 현재부터 57년 전이다. 위의 아픔의 주인공은 그때 북한 경비선에 나포되었다가 "가까스로" 돌아왔는데(사실 이것도 그다지 작은 사건은 아니었겠지만 그럼에도 불구하고), 나포되었다가 다시 귀환한 당시에는 아마도 별다른 큰 고초는 겪지 않았던 모양이다. 그러다가 13년이 지났다면 1978년인데, 이 시기는 영구집권 중이

---

1 박민중(skek3846), "간첩조작 피해자 유족은 왜 이근안에게 소송을 했나 [주장] 고문 피해자와 고문 가해자 사이 여전히 '기울어진 운동장'", 〈오마이뉴스〉 ('22.01.15 17:58, 최종 업데이트 22.01.15 17:58. http://omn.kr/1wug0) 강조 필자. 이 기사에는 이근안 건을 보도한 KBS1-TV의 다음 화면이 캡처돼 있다.

었던 당시 대통령 박정희의 공포정치(terrorism)가 작렬하던 때였다. "불법 구금과 고문으로" 간첩으로 조작된 위의 피해자는 무고하게 7년 징역을 살고, 전두환의 이른바 5공 군부독재가 여전히 위력을 떨치던 1985년에야 나올 수 있을 터였다. 이 피해자가 석방되었던 때로부터 2년이나 더 지나면서 고문기술자 이근안이 박종철을 더 때려죽이고 나서야 군부독재를 축으로 하는 유신독재 체제가 그 집권 세력 차원에서는 붕괴했지만, 그러고도 34년이 지난 작년 2021년에야 피해 당사자는 무죄를 받는다. 하지만 이때는 이 무고한 피해자가 사망한 지 15년이나 지난 뒤였고, 따라서 무죄는 "없는 그 한 사람"(the one absent person)에게 내려졌다. 당사자는 자신이 무죄라는 데서 오는 환희의 순간을 영원히 직접 체험할 수 없다. 아주 명확하게 단언하면, '늦은 정의는 평생 아파했던 사람의 아픔을 전혀 치유해 주지 못했다.'

너무나 애통하다!!! 없는 사람에 대한 이 뒤늦은 정의는 이렇게 허망하고 무의미하게 느껴진다.

그런데 이분에게는 그래도 자신의 아픔을 옆에서 같이 살아준 '유족'은 있다. 그나마 유족이라도 이 아픔에 대한 보상을 위해 소송을 제기할 수 있는데, 문제는 소송 상대자가 '고문 기술자 이근안 개인' 그리고 (박정희)유신1기~(전두환)2기에 걸쳐 이근안을 국가공무원으로 채용했다는 '대한민국 국가'로서, 이들은 형사가 아니라 민사소송의 대상이다. 그렇다면 무고한 어부를 간첩 용의자로 고문하고 기어코 간첩으로 만들어 버린 이근안이나 대한민국은 그 어떤 공적 주체가 아니라 민간인 개인 신분으로 사적인 린치, 단순 폭행을 가했다는 것인가? 설사 그렇더라도 이런 폭력과 사적 감금 자체는 형사 사건인데,

왜 유족들은 이런 가해자 이근안과 대한민국을 형사 고발하여 보상(報償, compensation)을 받아내지 못하는가?

그런데 이 [아픔 1]은 그래도 2022년 현재 대한민국의 영토적·사회적 공간 안에 바로 나의 인생 시간과 생애가 근접하고 있다는 밀접관계 안에서 공(共)체험의 접속 부분이 있다. 하지만 2022년 현재에서 그 어떤 생애 공시성도 가질 수 없는 다음의 과거사에 대해 과연 아픔을 느끼는 것이 가능한가를 우리 자신들에게 의식실험을 시도해 봐야 한다.

[아픔 2] 일말의 공시성도 없는 과거 사람들의 과거의 아픔

"마녀재판에서 억울하게 처형 당한 피해자들이 수백 년 만에 사면받을 수 있을까."

영국 「선데이타임스」(*Sunday Times*)는 2021년 12월 19일(현지 시간) 스코틀랜드 의회 최다석을 차지한 국민당원을 수반으로 한 스코틀랜드 정부가 마녀사냥법을 적용받아 무고하게 기소당했던 피해자들을 사면하는 법안에 대한 지지를 표명했다고 보도했다. 현재 스코틀랜드 의회 129석 중 국민당은 64석, 연정을 이루고 있는 녹색당은 7석을 차지하고 있다. 해당 법안이 의회를 통과하면 영국 최초로 마녀사냥 피해자들의 유죄 기록이 없어지게 된다.

1563년 만들어져 173년간 시행된 '마녀법'(Witchcraft Act)에 따라 스코틀랜드 곳곳에서는 마녀사냥이 자행됐다. 마녀로 몰린 주요 대상은 지위가 낮은 여성들이었다. 지난 2년간 마녀법 피해자 사면 운동을

펼쳐온 시민단체 '더위치스오브스코틀랜드'(the Witches of Scotland)는 3,837명이 마녀법을 적용받아 기소됐으며, 이 중 84%가 여성이었다고 밝혔다. 기소된 인원의 3분의 2가량은 형장의 이슬로 사라졌다.

마녀사냥 연구자 브리짓 마샬은 「더컨버세이션」(*The Conversation*) 기고에서 "아이를 낳고 자녀를 양육하고 가정을 관리하는 정해진 역할을 벗어난 여성이 주로 마녀사냥의 표적이 됐다"고 썼다.

당시 마녀로 몰린 사람들은 황당한 이유로 기소됐다. 1629년 에든버러 성에서 처형된 소작농의 아내 이사벨 영은 올빼미로 변신한 혐의로 기소됐다. 이 외에도 악마를 만난 혐의, 이웃의 숙취를 유발하는 주문을 건 혐의 등으로 체포됐다. 당시 스코틀랜드 사법부는 마녀로 몰린 사람을 대상으로 손톱을 뽑거나 바늘로 찌르는 등의 고문을 자행했다. 감금된 피해자들은 고문 행위를 버티지 못해 자신이 마녀라고 거짓 자백하기도 했다.

유럽 마녀사냥 물결은 15세기 이후 이교도의 침입과 종교개혁으로 분열된 상황에서 시작됐다. 종교전쟁, 전염병 창궐, 기근 등으로부터 '탓할 거리'를 만들기 위해 마녀법을 만들었다는 분석도 나온다. 유럽 사회에서 마녀사냥은 논리적 타당성을 중시하는 합리주의가 번진 17~18세기 이후 점차 사라졌다. 하지만 중동, 아시아, 아프리카 등 일부 지역에서는 여전히 요술을 부린다는 이유로 유죄 선고를 하는 마녀사냥이 이어지고 있다.

영국에서는 20세기 들어 수차례 마녀사냥 피해자 사면 운동이 진행됐지만, 주요 정치인들의 반대로 법안 통과는 이뤄지지 못했다. 1998년 영국 내무장관이던 잭 스트로는 "당시 법안에 따른 판결"이라며 사면론에 반대했다. 앞서 미국 매사추세츠주는 2001년 세계 최초로 마녀사냥 피해자를 사면했다.

마녀사냥 사면운동가들은 이번 법안이 현대 사회에서도 시사하는 바가 크다고 말한다. 사면안을 발의한 국민당 나탈리 돈 스코틀랜드 의회 의원은 "마녀사냥 판결이 바로잡히면 사회에 남은 가부장적 사고방식에 도전하는 것에 영향을 미칠 수 있다"고 설명했다.[2]

위의 기사는 한국 대중에게도 결코 낯설지 않은 '마녀사냥'(witch-hunt)이 유럽 중세에서 현대 초기로의 이행기에 조성된 종교적·정치적 격변 상황을 배경으로 전개된 현실적 실행이었음을 보여주는데, 사실 마녀사냥에 대한 이 정도의 역사적 정보는 그다지 새로운 것이 아니다.

그런데 지난 2021년 12월 19일 영국 유력 일간지들의 스코틀랜드 지면을 일제히 장식했던 위 기사의 주 내용, 즉 2022년 현재부터 459년 전인 1563년에 제정되어 173년간 시행되다가 1736년, 지금부터 286년 전에 폐지되기까지 '마녀법'에 의해 처형되었던 대략 300년 전의 피고인 3,837명(그 가운데 84%인 3,224명이 여성)에 대해[3] 스코틀랜드

---

2 윤기은 기자(energyeun@khan.kr), "(플랫) '마녀법'으로 처형당했던 여성들, 수백 년 만에 누명 벗을까," 「경향신문」 (입력: 2021.12.22 13:59 수정: 2021.12.22. 14:01. https://www.khan.co.kr/world/world-general/article/202112221359001) 강조 필자. 본문의 기사에 나온 영문 단어들은 이 기사와 동일한 내용을 보도한 영국 「가디언」지의 다음 기사를 참조하여 보완했다. Caroline Davis, "Women executed 300 years ago as witches in Scotland set to receive pardons," in: The Guardian (Sun 19 Dec 2021 16.10 GMT.
  https://www.theguardian.com/uk-news/2021/dec/19/executed-witches-scotland-pardons-witchcraft-act).

3 현대 초기에 들어서는 시기 스코틀랜드 왕조의 '마녀법'에 의해 마녀로 몰려 처형당한 피해자들의 인명부는 영문판 〈위키피디아〉에 실린 "List of people executed for witch-craft"(https://en.wikipedia.org/wiki/List_of_people_executed_for_witch-craft, last edited on 28 December 2021, at 04:25(UTC))에서 자세하게 확인된다.

의회가 무죄를 선언하고 공적으로 사과하는 사면법이 스코틀랜드 정부 주도로 상정되어 통과될 전망이라는 점을 필자가 알게 되었을 때, 일단은 300년이나 먼 옛날 일이지만 무고하게 마녀로 몰린 사람들에 대한 때늦은 사면이라도 올바른 조치라는 생각이 들면서도 곧바로 300년 전의 일에 대해 300년이나 지나 사면한다는 것이 무슨 의미가 있는지 의아한 생각이 들었다.

다시 말해 우리 식으로 말하자면 조선왕조 명종 대에 을사사화로 억울하게 내쳐진 사람들에 대해 대한민국 국회가 사면법을 제정하여 무죄 방면하고 공식 사과하는 격이 된다. 물론 그런 의회 행위를 의지하지 못할 이유가 전혀 없지는 않겠지만, 조선의 왕조 통치와 현재 대한민국의 국민국가 통치 사이의 직접적인 현실 역사적 연계성이 부재한다고 했을 때 조선 시대의 부정의한 처사에 대해 현대의 기준을 적용하는 것은 어느 모로 보나 당사자적 정합성이 부족하다고 할 것이다. 세조 시대 사육신의 의거에 대해서도 초역사적 도덕성에 근거한 역사 심판은 가능하겠지만, 대한민국 국회가 사육신에 대한 사면과 공적 사과를 행하는 입법 행위를 하는 것은 아무래도 합당성이 부족하다.

바로 이런 점에서 300년 전 폐지된 스코틀랜드 왕조의 마녀법에 대해 현재의 스코틀랜드 의회가 사면법을 제정하여 이 악법에 따라 마녀로 몰린 당시의 피해자, 특히 여성 피해자들에 대해 무죄를 선고하고(aquit) 공적으로 사죄(official apology)하는 것이 일단은 그다지 정합적인 의회 행위로 간주되지 않았다. 사람에 따라서는 역사에 대한 서구 의회민주주의의 과잉 정의감으로 보일 수도 있는 일이었다. 따라서 중세 시대 왕조가 반포한 율령의 3백 년 전 피해자들에 대해 현대 국민국가의 지방자치단체 의회가 나서서 사면법을 제정해야 하는 합

당한 이유임과 동시에 법적으로 정당화 가능한 논거가 과연 있기나
한 것인지 살펴볼 필요가 절실했다.

　이런 문제의식에 따라 앞의 「경향신문」 기사의 영국판 원천을 살펴
보자 한국 쪽 기사에서는 여러 정보들 안에서 한 번 언급하는 정도에
그쳤지만, 스코틀랜드 현지에서는 지난 2년 동안 지역의회의 입법을
이끌어 낸 '마녀법 피해자 사면 운동'의 추동체로서 '스코틀랜드의 마녀
들'(the Witches of Scotland)의 활약상과 문제의식이 두드러지게 부각되
어 있었다. 2019년 활동을 개시한 이 단체는 '스코틀랜드 마녀 조사연
구'(Survey of the Scottish Witches)를 통해 1563~1736년간 3,847명의
마녀법 피해자 명부를 작성하였고, '역사 정의'(historical justice)의 원칙
에 입각하여 고문, 화형, 수장 등에 의해 사망에 이른 피해자들의 구체
적 피해와 '악마학'(Daemonology)이라는 사이비 학문까지 가동하여 이
런 피해를 유발한 가해 기제를 명확하게 파악하였다.4

　이렇게 마녀사냥의 피해자 가운데 여성이 압도적 다수를 차지하
는 현상을 포착하고 그 원인을 파악하는 과정에서 비록 300년 전에
발생하고 완결된 것처럼 보이는 마녀사냥의 역사적 결과물이 그 이후
현대 생활사에서 양성 관계(gender relation)를 규정한다는 중대한 사
실이 규명되었다. 즉, "1960년대 들어 유럽의 마녀사냥에 대한 문화
적 재평가가 시작되자 당시 2세대 여성주의 연구자들은 여성이 압도
적으로 박해당한 당시의 여성 박멸의 역사가 현대 가부장제의 '원죄'
(original)임을 밝혀낸 것이다.

---

4 "Witsches of Scotland," From: Wikipedia, the free encyclopedia
　https://en.wikipedia.org/wiki/Witches_of_Scotland This page was last edited
　on 16 January 2022, at 00:58 (UTC).

3세기에 걸친 잔혹한 마녀사냥은 산파업에서부터 맥주 양조에 이르기까지―현대에서는 동화적 상상력 속에서 뾰족한 고깔모자를 쓰고 망토를 입고 맥주 창고에 몰리는 쥐들을 쫓기 위해 고양이를 기르면서 빗자루질을 하는 마녀의 모습은 본래 이 맥주 양조에 종사하던 여성들의 작업 복장이었다― 고대 이래 여성의 고유 업종으로서 여성의 고유한 소득원이었던 분야를 여성으로부터 폭력적으로 탈취하여 남성으로 이전시키면서, 결국 수공업 장인과 농민들로 이루어진 민중(folk)을 그 생산수단으로부터 분리시켜 자본주의 임금노동자로 전락시킴과 동시에 자립적 노동 활동을 하는 여성들을 불타는 장작 위에 올려 화형시킴으로써 가사에 충실한 순종적 여인이라는 부르주아적 여성상을 주조해낸 '여성들의 역사적 대패퇴'(women's great historic defeat)에 다름 아니었다.5

결국 300년 전에 발생하여 역사적으로 이미 종결되어 21세기 현재인들의 삶과 아무 연관성이 없어 보이는 16~18세기의 마녀사냥의 역사는 양성 불평등으로 고착된 현대 젠더 관계의 직접적 원인으로 '규명'(investigate)되면서, 현대 국민국가를 통치하는 입법기관이 '역사 정의'(historic justice)를 균정하는 입장에서 '사면과 사과'(pardon and apology)를 행하여 바로 지금 여기에서 자행되는 '현재적이고도 현실적인 부정의한 적폐들'(present and real, unjust abuses)이 드러나 주목(attentions)을 끌도록 하여 마음이 움직이는(moving) 이들이 결집

---

5 Sally Howard, "Why the witch-hunt victims of early modern Britain have come back to haunt us," *The GUARDIAN* (Sun 24 Oct. 2021. 10.15) BST.
https://www.theguardian.com/uk-news/2021/oct/24/why-the-witch-hunt-victims-of-early-modern-britain-have-come-back-to-haunt-us).

(concentrate)하는 실천적 계기(practical motive)를 제공한다.

지금까지 고찰한 두 아픔을 통해 분명해지는 것은 아픔은 일단 약을 발라 당장의 아픔을 줄이거나 없애야겠지만, 그와 동시에 그 아픔의 역사적·사회적·정치적 인과관계(歷史的·社會的·政治的因果關係)들을 투시(透視)하고 그 규범 가치를 측정(規範價値測定)하면서 그런 아픔이 서로에게 생기지 않도록 하는 인간 상호관계와 관계망(mutual human relations and human networks)을 설계하는 것이 필수적이라는 점이다. 그리고 이런 투시와 주목과 설계가 시민사회와 (의회)정치권에서 공유되고 입법적 공감을 창출할 수 있어야 할 것이다. 이런 점에서 볼 때 [아픔 1]은 [아픔 2]처럼 아픔의 인과관계가 아직은 명료하게 규명되지 않아 그 통증이 시민사회와 의회정치권에 실감나게 전달되지 않고 상처를 그대로 간직하게 되는데, 그것은 곧 [아픔 1]의 상처를 준 '가해의 세력 집단과 세력 구조', 즉 대한민국 국가 작동 구조에서는 아마도 거의 틀림없이 그 일단이 닿게 될 '유신독재 체제'의 구조와 그 구성원들을 샅샅이 탐색하지 않으면 제대로 밝혀지지 않을 것이다.

2. 유신독재 체제의 구조: '(박정희)1기 유신'과 '(전두환)2기 유신'의 건립과 불완전한 해체

1) '(박정희)1기 유신'의 구조 확립

1인 지배의 전체주의적 '종신 집권'의 등장과 '박정희 유신독재 체제의' 출현: 기획자, 협력자, 피해자의 포진과 한국사회 구성에서 암적 억압 기제의 밀집성형 그리고 라드브루흐 공식의 의미

(1) 종신 집권을 위한 정권 거수기로서 '통일주체국민회의'의 설정

유신헌법에 따르면 대통령 직선제는 폐지되어 대통령선거는 더 이상 예측 불가능하고 통제 불가능한 국민 의사(national will)와 무관하게 대한민국의 정치, 경제, 사회, 문화 등 각 생활 영역에서 자신에게 충성을 맹세한 정치인과 경제 권력, 사회 권력, 문화 권력을 잡은 인사들을 결집하고, 지역의 촌락 단위로 유지급과 새마을운동 지도자 등을 2,300여 명이나 다수 참집하여 '통일주체국민회의' 대의원으로 만들어 이들로 하여금 대통령뿐만 아니라 국회의원 정수의 1/3을 선출하도록 함으로써 '대통령 박정희 1인'에게 행정권과 아울러 입법권까지 그야말로 죽을 때까지 극히 안정적으로 장악하도록 구조화시켰다. 따라서 10월유신 1년 전과 같이 단지 대통령의 '권한'을 강화하는 것이 아니라 '권력'을 영구적으로 장악하려면 그것을 정당화해주는 법적 장치로서 '새로운 공화국', '새로운 헌법'이 필요할 수밖에 없었다.

(2) 3권통합을 통해 명실상부한 1인 지배의 독재 권력 장악

통일주체국민회의를 통해 영구적으로 종신 집권이 가능한 헌법적 거점을 마련한 다음 실제 10월유신을 단행하면서 당장의 취해야 할 조치는 당시 현존했던 국회, 즉 '대한민국 제8대 국회'를―제3공화국 헌법상― 불법으로 해산하고, 박정희 유신의 의도에 부합하는 쪽으로 국회를 새로 만드는 것이었다. 국회가 아무리 당시 여당인 공화당이 다수였던 상태였어도 10월유신 1년 전에 있었던 10 · 2 항명파동을

악몽으로 기억하고 있던 박정희는 자기와 다른 의견을 가지는 쪽을 자기와 정적이든 동료든 수용할 수 있는 폭은 전혀 갖고 있지 않았다. 이런 상태에서 아무리 1인 지배 치하라고 하더라도 국회가 대통령과 동등한 위상대로 3권분립의 한 축일 경우 국회를 거점으로 반대파나 반대 의견이 형성될 여지는 상존하고 있었다.

따라서 박정희 유신 기획에서 대통령은 역시 통일주체국민회의를 활용하여 의원 정수의 1/3을 대통령이 지명하여 단순 찬반으로 통일주체국민회의에서 전원 선출하도록 함으로써 국회 안에 자신이 수족처럼 통제할 수 있는 의원들을 포진시켜 국회를 완전 장악하고, 단지 여당뿐만 아니라 야당도 장악할 수 있도록 하였다. 이로써 국회를 아예 폐지할 수는 없는 상황에서 제도정치권 내에서 유의미한 정치적 저항이 나올 여지가 있는 국회의 위상을 입법부(立法府)가 아니라 통법부(通法部)로 만들었다. 3권분립의 골격 안에서 이루어지는 민주주의적 정치과정에서 헌법상으로는 대통령의 행정부보다 우선권을 점하는 입법부의 위상은 유신헌법 안에서 대통령 아래로 격하되고, 사법부 역시 행정부와 연계시켜 대통령의 의지가 '입법-행정-사법' 순으로 일관공정으로 관철되도록 만들었다.

(3) 국민 생활 영역 전반에 대한 전방위 감시와 긴급조치의 상시화를 통한 전 국민에 대한 전체주의적 1인 직접 지배의 독재 권력 장악과 가동 그리고 인간으로서의 국민기본권의 상시적 침해

통일주체국민회의를 통해 국민, 나아가 시민사회를 선거에서 완전 배제한 다음 박정희는 보안사와 헌병대를 통해 통제하고 있던 군부의 무력을 배경으로 중앙정보부, 보안사, 헌병대 그리고 전국의 경찰

력 등 국가 공권력을 대거 투입하여 정치적으로 활성화될 여지가 있는 기존 제도권 정치계와 대한민국 생활 영역에서 제기될 가능성이 있는 일체의 저항이나 항의를 전면적이고도 원천적으로 일일이 봉쇄하고 소탕한다는 권력망을 설계하였다. 따라서 정치적 행위로 발전할 수 있는 국민의 기본권 행사에 일일이 법률 유보조항을 붙여 자신에게 정치적으로 부담스러운 행위들, 즉 언론, 출판, 집회, 결사의 행위뿐만 아니라 거주 이전, 직업 선택, 주거, 통신의 자유까지 깨알같이 세심하게 지적하여 그 탄압을 '성문 형태의 헌법'으로 정당화하였다.

결국 유신헌법은 대통령 박정희가 청와대에 앉아 모든 국민을 예외 없이 일거수일투족을 일대일로 직접 감시하고 구속할 수 있는 '전체주의적 1인 직접 지배 체제'를 설계하고 헌법의 외양을 씌워 정당화함으로써 전체 국민에게 항상 주입시켜 의식화하는 '이데올로기 장치'였던 셈이다.

대한민국의 민주공화국 기산에서 대한민국 국체를 민주공화국의 진화라는 관점에서 보자면, 국가적 차원에서의 민주 의식이—1919년 3·1혁명의 연장선상에서 대한민국 최초의 헌법으로서 '임시정부 제1호 법령'으로 공포된 대한민국 임시헌장 이래 그 어떤 정부와 비교해도— 박정희 유신독재 체제가 무력으로 강점했던 '대한민국 제4공화국'에서만큼 완전히 무시되고 압제 받은 적이 없었다. 바로 이런 의미에서 제4공화국은 대한민국에서 민주주의가 완전히 피폭되어 폐허가 된 '대한민국 민주주의 그라운드 제로'였다.

무엇보다 주목해야 할 것은 당시 무력으로 대한민국을 강점한 대통령 박정희는 군부를 핵심 폭력으로 확보해 자신을 정점으로 하는 유신독재 체제의 하수 기관으로 모든 국가 권력 기구를 포섭, 체계화시키는 한편, 정치뿐만 아니라 경제, 사회, 문화, 나아가 대외관계까지 감시망을 투입하고, 중요하거나 문제 소지가 있는 인물들을 추적하여 개인 단위로 밀착 감시를 펼침으로써 유신 시절의 '박정희'는 대한민국 모든 국민 개개인의 생활 안으로 침투하여 '일상적으로 실시간 현전'할 수 있도록 '감시와 폭력이 일체화된 전체주의적 통제망'을 구축했다는 것이다. 이로써 박정희는 5·16 군사 쿠데타로 자신이 처음 손상시킨 대한민국의 자유·민주적 정통성을 그나마 어느 정도 보충했던 제3공화국 체제에서, 집권 연장을 시도하는 과정에서 '타락 군주'의 길을 걷다가 그 취약한 정통성의 기반을 스스로 무너뜨리고 '전제적 폭군'으로 전락하였다.

그런데 더욱 주목할 것은 '박정희 유신독재 체제'는 이런 감시와 폭력을 일체화시킨 전체주의적 1인 지배 체제를 통하여 내부적으로 국가기구 전체를 전 국민에 대해 감시와 폭력이 일체화된 탄압을 가하면서 그와 나란히 ① 초등학교에서 대학교에 이르는 학교 교육체계 전반에 대해서는 교련과 국민교육헌장을 원칙으로 하는 '국민정신교육'을6 ② 그리고 나아가 1970년대부터 농촌 환경 개선과 농촌 소득 증가를 위해 박정희 정부가 추진한 지역개발사업인 새마을운동7을

---

6 '국민교육헌장'을 기축으로 반공·도덕교과를 재편한 '국민윤리' 교과를 수위 과목으로 하여 학교 교육 전체를 '국민정신교육'의 장으로 전형시키려는 유신 및 5공 체제에서의 교육정책과 그 교육 콘텐츠에 대한 연구서로는 전국철학교육자연대회의 펴냄, 홍윤기 편집, 『한국 도덕·윤리 교육백서』(한울, 2001. 4.).

7 "[282회] 역사저널 그날. 농촌 민심을 잡아라! — 새마을운동" (KBS1-TV. 2020.10.06. 22:00-22:50. 다시보기 http://vod.kbs.co.kr/index.html?source=episode& sname=vod&stype=vod&program_code=T2013-0571&program_id=PS-2020150446-01-000&broadcast_complete_yn=N&local _station _code= 00&section _sub_code=08.

농촌뿐만 아니라 도시 및 산업현장의 모든 활동 영역, 심지어는 학술 연구 분야에까지 확산시켜8 박정희를 정신적 지주로 승화시키면서 국가우선주의를 내용으로 하는 생활형 국민정신교육으로서 '새마을 교육'을 전방위적으로 실시함으로써, '박정희 유신독재 체제'를 정신 적으로 내면화시키는 작업도 체계적으로 강력하게 실시하였다.

따라서 박정희 유신독재 체제는 국가 권력이 확보하고 있는 모든 제도적·인적 자원을 동원하여 국가시민의 생활세계 전체를 감시하고 폭력적으로 원천 제압하려고 했던 권력 행사의 외적 측면뿐만 아니라 대내외적으로 대화의 상대자로 공식 인정하고 실제 대화를 진행하는 와중에서도 북한을 끊임없이 가상적 적대자로서 그 표상을 재생산하 는 반공·안보(反共安保)의 의식, 경제성장과 그에 따른 소득 증대를 최우선시하는 환금주의(換金主義, cashism) 그리고 이른바 '하면 된다' 는9 정신자세를 핵심으로 하는 '근로에 대한 과잉 의지' 등을 각인시키 는 내적 측면까지 포괄하는 권력 이데올로기 복합체로 파악되어야 한다.

그러면서 이 박정희 유신독재 체제는 북한의 김일성 측과 아직도 그 내용을 상세히 알 수는 없는 상호양해의 분위기 안에서 서로가 각

---

8 도시에서는 지역마다 '도시 새마을운동'이 그리고 공장에서는 '공장 새마을운동'이 조직되면 서, 자본주의 시장경제에서 발생하기 마련인 빈부갈등과 노사갈등을 '가부장적 가족 이미지' 안에서 온정적으로 무마하면서 소득 증대를 위해 근로 의욕을 고취하는 구호성 내지 주입식 교육이었고, 박정희 집권 시절 해외 유학생들이 귀국하여 대학교나 기타 국내 학술기구에 취업할 경우에는 전공을 막론하고 '정신문화연구원'(현 '한국학중앙연구원'의 전신)에서 합 숙하면서 연수 형식으로 유신독재 체제의 정당성을 주조로 하는 연수를 '새마을교육'이라는 이름으로 실시하였다.

9 새마을운동을 분석한 미국 경제학자 제프리 삭스는 '하면 된다'라는 구호로 요약되는 새마을 운동의 멘탈리티를 '캔두이즘(can-do-ism)'이라고 지칭하였다. 앞의 KBS1-TV(2020) 프로그램 참조.

자의 체제 안에서는 결속력을 극대화할 수 있도록 상대측의 적(敵) 이미지로 활용되는 것을 묵인하면서 전면 충돌은 벌어지지 않도록 조작하여 각자의 체제 안정성을 서로 확보하여 상호 방관 조건하에서 각자를 1인 지배자로 하여 자의적 권력을 극대화하는 전체주의적 체제 병존을 확정하였다.

겉으로는 적대관계를 유지하는 듯하면서도 이 적대관계를 상호 대결이 아니라 각자 내부적 독재화에 전용하는 이런 권력 기회주의는 한국형 분단 체제의 특성으로서, 분단으로 인한 전쟁을 회피하는 긍정적 측면은 분명히 있지만 분단으로 고통 받는 남북한 국민 고통은 외면한 채 분단이 남긴 상호 적대감을 체제 유지용으로 남용하는 최악의 분단 관리였다.[10] 따라서 단 하루의 차이를 두고 유신 체제와 동시에 성립한 북한의 유일 체제는 다음 [도표 1]에서 보듯이 대한민국의 유신 체제가 전체주의적 1인 지배 체제를 가동시키는 데 필수적인 체제요인으로 고착되었다.

---

10 "1976년 8월 18일 이른바 판문점 도끼 만행 사건 당시 대한민국은 박정희 대통령의 지시로 특전사 제1 공수특전여단 김종헌(金鍾憲) 소령을 지휘관으로 하고 64인의 특전사 대원들로 구성된 결사대가 편성되어 보복 작전이 실시됐다. 화기가 없이 곤봉으로 무장을 하며 태권도 유단자들 투입을 예상하였으나 M16 소총, 수류탄, 크레모아 등을 트럭에 숨기고 카투사로 위장한 64명의 특전사 요원들은 공동경비구역 내에서의 폴 버니언 작전에 투입되어 조선인민군 초소 4개를 파괴하였다. 조선인민군이 이에 무력대응할 경우엔 과감히 사살하여 보복을 완료한다는 계획이었다. 그러나 조선인민군이 이에 대응하지 않고 물러서서 더 이상의 무력사태로까지 확대되진 않았다."(강조 필자. "판문점 도끼 만행사건"; 〈위키백과〉 2021년 12월 28일 01:15에 마지막으로 편집. https://ko.wikipedia.org/wiki/%ED%8C%90%EB%AC%B8%EC%A0%90_%EB% 8 F %84%EB%81%BC_%EB%A7%8C%ED%96%89_%EC%82%AC%EA %B1%B4). "미친 개에게는 몽둥이가 약이다"라는 박정희의 유명한 발언을 남긴 이 사건의 진행 과정을 보면 남·북한 독재자 모두 자신의 권력 기반을 통째로 위기에 빠트릴 전쟁 가능성은 절대적으로 절제하고 있음을 알 수 있다.

[도표1] '박정희 유신독재 체제'의 전체주의적 통제 체제: 6통 체제

5・16 군정기 - 제3공화국 (1962~1972) → 3선개헌(1969. 10. 21.) → 위수령(1971. 10. 15.) → 7・4 남북공동성명 (1972. 7. 4.) → 국가비상사태 선언, '10월유신' 단행(1972. 10. 17.)

→ 박정희 제8대 대통령 취임, 유신 체제 성립(1972. 12. 27.~1979. 10. 26.) 0. 통치원칙: 헌법파괴 헌법으로서 유신 헌법 1. 통령(종신 대통령으로서 박정희): 타락 군주에서 전제 폭군으로, 정치의 종식, 도덕의 마비, 일체의 사법심사가 면제된 비상대권으로서 긴급조치 남발 2. 통제부(청와대): 중앙정보부(정부 및 민간)+비서실+경호실+보안사(군부)+치안본부(경찰) 등을 통해 국민의 모든 생활 영역 밀착 감시 3. 통일주체국민회의: 주권 점탈과 동결에 따른 정권 거수기 4. 통치부 4.1. 정부 4.2. 국회 장악: 공화당 외에 유정회 통해 정치과정 통제 4.3. 사법 장악: 검찰+법원+헌법위원회 5. 통제사회: 시민사회(市民社會 civil society)에서 병영사회(兵營社會 barracks society)로 전형하면서 한국사회 구성에서 암적 억압 기제 밀집 5.1. 가산 경제: 통제된 시장경제에 기초한 정경유착과 재벌 체제의 구조화, 관치 금융, 노조 억압 5.2. 권언유착: 통제된 언론 체제 5.3. 교육 통제: 교실, 교사, 학생, 교과, 교련	북한 김일성 국가 주석 취임, 유일 체제 성립(1972. 12. 27.~2022년 현재) ─────── 비교전(非交戰) 적대관계 속에서 상호묵인의 외적 공존과 내부화되고 가상화된 내부 결속용 적대상

5.4. 문화통제: 예술, 대중문화 전반(가요, 영화 등)에 걸친 검열제도의 정착과 풍속 단속 5.5. 종교 조작: 조찬기도회, 예불 참석 등과 아울러 종교 사찰 5.6. 생활 통제: 반상회 6. 정신 통제 6.1. 국민교육헌장을 교육이념으로 하는 '국민정신교육' 체계: 국민윤리를 수위 과목으로 하는 교과 통제 6.2. 새마을운동으로 박정희를 정신적 지도자로 승화시키는 '새마을교육' 정례화: 마을 단위 지도자 육성	

2) '(전두환)2기 유신': 1기 유신의 계승

[도표2] '전두환 2기 유신'의 전체주의적 통제 체제: 박정희 6통 체제 계승

10·26(1979) 박정희 격살 → 12·12(1979) → 제10대 대통령 최규하 (1979. 12. 6.~1980. 8. 16.) → 5·18 광주민주화운동 → 국보위(1980. 5. 31.) → [통대] 제11대 대통령(1980. 9. 1.) / [선거인단] 제12대 대통령(1981. 3. 3.~1988. 2. 25.) 전두환 박종철 고문치사 / 이한열 → 6월 국민항쟁(1988. 6.)	
0. 통치원칙: 헌법파괴 헌법으로서 5공헌법 1. 통령(단임 대통령으로서 전두환. 1980. 9. 1. ~1988. 2. 25.): 전제폭군으로서 국가보안법과 집시법으로 통치 2. 통제부(청와대): 안전기획부(정부 및 민간)+비서실+경호실+보안사(군부)+치안본부(경찰) 등을 통해 국민의 모든 생활 영역 밀착 감시 3. 통일주체국민회의/대통령선거인단: 주권 점	북한 김일성, 국가 주석 취임, 유일 체제 성립 (1972. 12. 27.~2022 년 현재) 비교전(非交戰) 적대 관계 속에서 상호묵인의 외적 공존과 내부화

탈과 동결에 따른 정권 거수기 4. 통치부 4.1. 정부 4.2. 국회 장악: 공화당 외에 유정회 통해 정치 과정 통제 4.3. 사법 장악: 검찰+법원+헌법위원회 5. 통제사회: 병영사회(兵營社會 barracks society) 유지, 한국사회 구성에서 암적 억압 기제 가동 5.1. 가산 경제: 통제된 시장경제에 기초한 정경유착과 재벌 체제의 구조화, 관치 금융, 노조 억압 5.2. 권언유착: 통제된 언론 체제와 기득권 언론 결집 5.3. 교육 통제: 교실, 교사, 학생, 교과, 교련 5.4. 문화 통제: 예술, 대중문화 전반(가요, 영화 등)에 걸친 검열제도의 정착과 풍속 단속 5.5. 종교 조작: 조찬기도회, 예불 참석 등과 아울러 종교 사찰 5.6. 생활 통제: 반상회 6. 정신 통제 6.1. 국민교육헌장을 교육이념으로 하는 '국민정신교육' 체계 답습: 국민윤리를 수위 과목으로 하는 교과 통제 계속 6.2. 새마을운동으로 박정희를 정신적 지도자로 승화시키는 '새마을교육' 정례화: 마을 단위 지도자 육성	되고 가상화된 내부 결속용 적대상

3. 유신 통치 기구들의 헌법 파괴행위 규명과 반민주적 적폐들의 청산을 통한 '대한민국 이행기 정의'의 완성 을 전망하며

1987년 6월 국민항쟁 이래 유신 군부독재 시기에 대한 과거사 청산은 국가폭력의 피해자들을 위한 명예회복과 그 피해에 대한 배상과 보상을 우선하면서도 그 비극적 피해들의 발생 원인에 대한 근본적이고도 구조적인 규명은 사실상 등한시되어왔다.

예컨대 1990년 '광주 민주화운동 관련자 보상 등에 관한 법률'이 먼저 제정되었지만, 정작 '5·18 민주화운동 진상규명을 위한 특별법'은 광주 민주화운동 28년, 6월 국민항쟁 21년이 지난 2018년에야 제정되었다. 또한 '민주화운동 관련자 명예회복 및 보상 등에 관한 법률' 역시 2000년에 먼저 제정되고 '진실·화해를 위한 과거사정리 기본법'은 그보다 4년 지난 2005년에 비로소 제정되었다.

5·16 쿠데타 뒤 민정 이양 후 10년도 안 돼 10·17 유신정변까지 두 차례 변란에서 주권자 국민을 보호하고 민주적 통치 기구를 보위해야 할 국군을 사적으로 동원하여 그때마다 '대한민국 헌법'을 파괴하고 국가기구를 폭력적으로 점거한 박정희 독재는 전체주의적 정보정치를 통해 반민주적 공포정치를 자행하고 뒤이어 전두환 도당의 12·12 군사반란과 광주 시민학살 그리고 이른바 5공 체제의 토대를 제공하였다.

5·16 쿠데타 이래 6월항쟁에 이르는 4반세기 동안 박정희와 전두환의 대를 이은 유신독재 체제는 비록 산업화에 일부 기여했지만, 군부 폭력을 토대로 정보기관, 사법기관, 사이비 입법기관 등 유신판 통치 기구들을 앞세운 이 두 독재자들의 변태적인 국가통치의 구조와

작폐를 철저하게 규명하는 과학적 조사와 정치적 책임 추궁을 병행하지 못한 결과, 이 부정의한 국가폭력의 억울한 피해자들이나 용기 있는 저항자들에 대한 배상이나 보상은 그 자체 완전하지도 않았거니와 마치 시혜를 바라고 한 행위였던 것처럼 왜곡하는 악의적 냉소의 빌미가 되기도 하였다.

이렇게 과거사 진실 규명이 소홀했던 가장 큰 원인은 민주화 과정에서 억압적 통치 기구들을 해체하거나 재구성한 것이 아니라, 그 안에서 악행을 저지른 주범들은 배제하고 그 추종 세력들과는 타협함으로써 정당정치의 틀 안에서 정치 세력의 인적 교체를 우선시했던 '이행기 정의'의 한국적 한계에서 찾아진다.

그리하여 박정희 유신 1기와 신군부 유신 2기는 1987년 6월항쟁으로 일단 종식되었지만, 당시 유신 통치 기구로서 반민주적 특권을 휘두르며 국민들 위에 군림하던 권력 기관들의 제도적 틀과 사회세력들의 습관적 행태는 유신독재기에 형성되어 지속적으로 잠재하다가 그 어떤 계기를 만나면 관행적으로 출몰한다.

특히 국회를 해산하고 정치 활동을 일체 금지한 가운데 사이비 입법기구를 통해 제·개정한 악법들이 여전히 잔존하면서 민주주의와 공정한 시장경제 발전에 질곡으로 작용하여 민주주의 내실화를 저해한다.

각종 국책사업과 정부 개발사업에서 투기적 수준의 이득을 취하고, 기업 집단의 경영권을 편법적으로 장악하여 노동자와 주주를 배제한 채 기업의 이익을 독점하는 재벌들의 행태가 군부독재 시기에 형성된 정경유착에서 비롯된 것임은 주지의 사실이다. 여론을 조작하고 정치를 농단하며 각종 이권에 무시로 개입하는 특권 언론의 작태 역시 언론통폐합으로 소수 언론사에 독점적 지위를 보장하고, 주요 언론사 기자들에게만 각종 개발정보와 정책정보에 접근할 수 있도록 특권적 지위를 제공한 데서 비롯된 것이었다.

사회적 약자에게 가혹하고 기득권 세력에 관대한 검찰과 사법 관료들의 편파성은 독재정권의 하수인으로서 노동운동을 탄압하고 무수한 공안사건을 조작한 대가로 민주적 통제 밖에서 폐쇄적인 특권적 지위를 보장받으면서 기득권화되어 이제는 정치의 사법화와 맞물려 법조 독재를 우려할 수준에 이르렀다.

국정 운영에 책임지는 역할을 못 하고 오히려 관료들에게 휘둘리는 정치인들 역시 과거 제왕적 대통령의 보조기구로서 기능했던 정당, 국회와 대통령의 관계에서 비롯되었다. 군부독재정권은 당원 중심의 풀뿌리 정치 활동을 금지하고 중앙당을 중심으로 한 하향식의 비민주적 정당 구조를 고착시켰다.

이와 같이 유신 군부독재 시기에 형성된 권력 기관과 그를 규율하는 제도·관행들이 우리나라 정치발전과 민주주의 발전을 계기적으로 저해하며, 특히 군부독재의 통치 기구로 기능하던 관료 권력 기구들이 재구성되지 않고 인적으로나 조직적으로 그 동일성을 유지하면서 낡은 법과 제도들을 재생산하고 있다. 더욱이 재벌, 보수언론, 특권 관료들이 연합한 기득권 세력이 민주주의 발전과 경제성장의 성과를 독점하고 급기야 특권 관료들을 앞세워 때마다 권위주의 시대로의 향수를 부추기고 그때로의 회귀를 노린다.

'유신50년청산위원회'는 '유신청산특별법' 제정으로 과거 유신 통치 기구들에 의해 자행된 헌법 파괴 행위와 국가폭력의 진실을 집중적으로 규명하고, 이를 토대로 정당, 국회, 법원, 검찰 등의 권력 기관과 재벌, 언론 등이 향유하는 반민주적 특권과 제도·관행들을 근본적으로 청산함으로써 6월항쟁 이래 한 세대 넘어도 미완 상태인 '대한민국 민주공화국의 이행기 정의'를 완성하는 실천적 계기의 창출을 목표로 한다.

이에 따라 '유신50년청산위원회'는 정당과 시민사회단체, 국회의 원과 시민운동가들이 연대하여 '유신청산특별법'을 제정함으로써 유신잔재를 청산하고 미완의 민주화 과제를 완수할 것이며, 우리 사회 각 분야에 잔존하는 억압적이고 권위적인 제도와 관행들을 청산함으로써 지속 가능한 경제성장과 민주주의 발전의 토대를 마련할 것이다.

따라서 개인적으로 '유신청산특별법'이 제정된다면 그 내용으로 다음과 같은 것을 포함하였으면 한다.

— 유신헌법과 제5공화국 헌법이 불법 무효임을 선언한다.
— 유신독재 세력에 의한 불법적 국회 해산 후 사이비 입법기구를 통한 위헌적 법령의 제·개정 등 헌법 파괴행위와 국가폭력에 대한 진실 규명을 위하여 국회에 '유신통치기구의 헌법 파괴행위와 국가폭력 진실규명위원회'를 설치한다.
— '민주주의 제로'의 유신독재 체제의 실상을 최저점(最低點)으로 하여 그 대척점(對蹠點)에서 '민주주의 극대화'의 대한민국판 민주주의, 즉 K-데모크라시의 지향점을 주권자 시민이 공동으로 개척해 가는 국가-시민-동반자형 민주시민교육 플랫폼을 구축한다.

권위주의 체제의 발전주의 유산과 노동 존중 민주주의의 가능성*

권영숙

(민주평등사회를 위한 전국교수연구자협의회 공동의장,
사회적파업연대기금 대표)

1. 노동 존중 민주주의라는 화두

2017년 대통령선거에서 당선된 문재인 대통령이 '노동 존중 사회를 만들겠다'는 공약을 내걸면서 한국 사회 노동 문제의 키워드는 '노동 존중'이라는 어휘로 수렴되었다. '노동이 존중받는 사회'를 만들겠다는 대통령의 약속은 역설적으로 한국 사회가 그동안 노동이 존중받지 못한 사회였다는 것을 드러낸다. 그런데 '노동 존중'이란 무엇이고,

---

* 이 발표문은 필자의 논문 "민주화 이행 이후 한국 노동운동의 역사적 전환과 시기구분, 1987-2006"(2017), "한국 노동권의 현실과 역사: 노동 존중과 노동인권에서 노동의 시민권으로"(2020) 등을 종합적으로 토대로 삼아 작성한 것이다.

노동이 존중받는 사회란 어떤 사회일까? 노동 존중이라는 어휘를 정치적인 수사어의 수준을 넘어서 제도적으로 정치적으로 정의하고 분석적인 층위에 놓을 수 있다면, 우리는 노동이 존중받는 사회의 모습을 현실에서 실현 가능한 제도적 형태로 구체화할 수 있을 것이다. 아마 노동 존중 사회의 반대말은 '노동 천시' 사회일 것이다. 사실 한국 사회는 겉으로는 노동을 신성하고 귀한 것이라고 강조하고 노동자를 '산업화의 역군'이라고 치하했지만, 실제로는 노동 천시와 노동 혐오가 만연한 사회다. 이는 민주화 이행 이후에도 오랫동안 달라지지 않은 현실이다. 초등학생들에게 "노동자라는 말에서 가장 먼저 떠오르는 이미지가 무엇인가"라는 질문을 던지면 부정적인 답변들 일색이며, 대표적으로는 "노가다", "더럽다"라는 답변이 나왔다는 언론 보도가 심심찮게 화제가 되기도 한다. 한국 사회가 노동을 존중하지 않으며 나아가 노동을 천시하고 혐오하는 사회라는 것은 초등학생들조차 익히 알고 있는 것이다.

그렇다면 노동을 존중하는 사회는 어떤 사회일까? 혹은 노동 존중의 제도적인 정의는 무엇일까? 노동 존중(그리고 노동 천시)은 단지 감성적인 인상 이상의 구체적이고 구조적인 노동 현실을 가리키고 있다. 하지만 이 어휘의 불확정성과 의미에 대한 혼란은 노동을 둘러싼 여러 논쟁들, 특히 현재 문재인 정부의 노동정책 기조에 대한 갑론을박의 원인이 되기도 했다.

이 글은 '노동 존중'을 단지 기술적인 명사나 정치적인 수사를 넘어서 엄밀한 사회과학적인 정합성을 가지는 개념으로 정의하고자 한다. 사회과학적인 개념적 정의에 근거를 둘 때 수사적인 표현에 불과한 노동 존중은 일종의 '시혜'적인 조처나 '존중'과 배려라는 추상적인 표현을 넘어서 사회과학적인 '분석수준'상에 위치 지워질 수 있을 것이다. 나아가 우리 정치 사회적 현실에서 구체적인 해법과 실천으로 구체화할 수 있을 것이다. 이 글은 노동 존중의 문제를 노동에 대한 '인정'(recognition)의 문제로 개념화하고, 이를 인권과 구분되는 노동의 시민권의 시각을 통해서 제시하고자 한다.

2. '노동 존중'의 사회과학적 제도적 의미

모든 존중은 존재에 대한 인정으로부터 출발한다. 즉, 존재에 대한 인정이야말로 모든 존중의 출발점이자 인정의 요체이다. 존재에 대한 인정 없이 어떤 인정이 가능할 것이며, 어떤 존재를 인정하지 않고서 어떻게 존중이 가능할 것인가. 그러므로 어떤 존재 혹은 한 사회 안의 특정한 사회 집단이나 사회적 범주에 대한 존중은 그 존재에 대한 가감 없는 인정으로부터 시작하는 것이다. 존중이라는 개념을 주관적이고 감정적인 수준을 넘어서서 현실 세계 관계의 좌표상에 위치 지울 때 가장 적절한 용어는 인정(recognition)일 것이다. 그러므로 '노동 존중'은 바로 노동이라는 존재에 대한 '인정'에서 출발한다. 페미니즘, 소수자 운동 등을 기반으로 정체성의 정치를 주장하는 이른바 '차이의 민주주의자들'은 정체성의 인정투쟁과 노동자들의 분배 투쟁을 이분법적으로 구분하지만, 사실은 그것은 지나치게 단순화한 접근이다.

근대 이후 전 세계 각국의 노동운동사를 보면, 노동자 운동 역시 처음에는 노동자로서 집단적 존재와 지위를 인정받기 위한 투쟁, 즉 인정 투쟁부터 시작한다. 노동조합이나 노동의 권리 역시 자본주의

안에서 처음부터 보장받거나 획득된 것이 아니다. 노동자들이 경제적 계급으로 존재한다고 해도 이것은 즉자적인 계급일 뿐이며, 운동으로 나아가기 위해서는 스스로 계급적 정체성을 자각하고 계급의식으로 각성하는 '정체성의 정치'를 반드시 거치게 된다. 이런 과정을 일컬어 자본주의 노동관계 내에서 경제적 위치를 넘어서는 '계급 형성'(working class formation)이라고 한다(Katznelson and Zolberg, 1986).

그렇다면 노동의 존재에 대한 인정(recognition)은 무엇일까? 이 개념을 더 정확히 규명하면 노동 존중의 의미도 더욱 분명해질 것이다. 이 글은 노동에 대한 인정을 세 가지 층위의 인정으로 제시하고자 한다: 첫째, 노동의 고유한 집단적 존재성의 인정, 둘째, 노동의 권리의 인정 그리고 셋째, 노동의 정치적 힘의 인정.

첫째, 노동이 존중, 즉 인정되려면 노동계급의 특수한 집단적 존재에 대한 인정이 먼저 이뤄져야 한다. 그리고 노동자의 집단적 존재를 인정한다는 것은 이 사회가 자본주의 사회임을 인정하는 것이고, 노동과 자본의 사회적 관계의 성격을 인정하는 것이다.

둘째, 모든 인정 투쟁이 그렇듯이 노동자 존재에 대한 인정은 노동자들의 권리를 인정하는 것이다. 바로 노동계급이라는 사회적 집단에 대해 한 사회와 국가가 자격과 권리, 즉 시민권(citizenship right)을 부여하는 것이다. 권리를 부여받지 못한 자는 존재의 정당성을 가지지 못한다. 노동자들이 사회계급적 존재로서 인정받게 되면, 그에 합당한 시민적 권리를 쟁취하고 그 권리를 사회정치적으로 인정받는 것이 수반된다. 그것을 여기에서는 '노동의 시민권'이라고 정의하고자 한다. 하지만 노동의 시민권은 노동자 개개인의 시민권이 아니라 노동계급이라는 사회적 집단이 가지는 집단적 권리이다. 이 점에서 노동의 시민권은 인간 개개인이 타고난 인권이나 시민 개인에게 부여되는 시민권과 질적으로 다르다.

셋째, 노동이 사회적 존재로서 인정받고 나아가 권리를 가진 존재로서 인정되면, 그다음은 정치 사회 안에서 공민권을 인정받는 것이 최종적인 인정이다. 프랑스 시민혁명 등을 통해서 애초에 귀족과 부르주아 유산 계급에게만 주어졌던 참정권을 노동계급 등으로 확대하여 보편참정권으로 가질 뿐 아니라, '정치적인 주체'(혹은 정치적 결사체)로서 정치 사회에서 인정하는 것이다.

여기까지 정리하면 노동자 계급의 고유한 시민적 권리, 헌법으로 보장된 노동권 혹은 노동의 시민권은 노동계급에게만 부여되는 특별한 '시민적 자유'(civil liberty)다. 자본에 대해 심각하게 '비대칭적인 권력관계'에 놓여 있는 노동자들에게 부여하는 특수한 시민적 권리인 노동권은 노동의 존재에 대한 인정을 전제로 한다. 제도적으로 이는 노동자들이 집단적인 결사체인 노동조합을 자유롭게 결성할 수 있는 단결권으로 실현된다. 그리고 노조라는 결사적 집단을 단위로 하여 자본에 대해 동등한 단체교섭권을 인정하고, 나아가 노동자들이 자본에 대해서 행사할 수 있는 유일한 대항권이자 단체행동권인 파업권을 인정한다. 이것이 바로 노동자들이 노동자 시민으로서 갖는 노동의 시민권의 핵심인 노동 3권이다.

하지만 근대 자유주의 정치철학을 배경으로 태동한 자유주의적 관점의 인권과 시민권 개념은 근대 자본주의적 민주주의하에서 노동계급의 요구를 담아내지 못하였다. 자유주의적 인권 및 시민권 개념은 노동자들뿐 아니라 여성 등 기타 소수 사회 집단들의 권리를 포괄하지 못하는 협소한 개념임이 점차 분명해졌다. 왜냐하면 시민권 개

념은 근대 자본주의 사회의 백인 부르주아 남자 개인의 시민적 권리에
기초하고 있었기 때문이다.

특히 정치적 민주주의가 허용하는 시민적 자유를 넘어서 사회경
제적 요구를 어떻게 권리화할 것인가라는 문제가 있었다. 19세기 후
반 들어 부르주아지에 맞설 정도로 프롤레타리아 계급이 성장하고
수적으로 우세해지면서, 노동자들은 점차 자유주의 이데올로기로부
터 독립하여 사회주의를 자신의 사상과 정치적 신조로 삼기 시작하였
다. 이런 시대의 변화를 반영하여 노동계급이 급진 세력이 되기 전에
마르크스주의적이지 않은 노동의 권리 개념이 필요하였다.

T. H. 마샬은 인권과 자유주의적 시민권 개념을 이어 새롭게 권리
개념을 재정의하고 분류하는 이론적 돌파구를 열었고, 이는 국제 인
권 체제의 형성에 지대한 영향을 미쳤다. 마샬은 "사회계급과 시민
성"(Social Class and Citizenship, 1964)이라는 논문을 통해서 기존의 자유
권은 노동계급의 이해와 권리를 대변하거나 보장할 수 없다면서 '노동
계급의 시민권'을 제안하였다. 그는 또 노동계급 역시 경제 투쟁만으
로는 지위의 향상이 불가능하므로 정치적 평등을 확대하는, 즉 정치
적 민주주의와 사회적 민주주의를 지향하는 시민권을 정립하는 것이
필요하다고 역설하였다. 마샬은 자유권적 시민권 대 사회권적 시민권
을 구분하여 자유권적 시민권의 협소함을 뛰어넘을 새로운 권리 개념
을 '사회권' 개념으로 정식화했고, 이는 노동자의 권리를 계급투쟁을
탈피하여 '인권'(권리) 담론으로 포섭할 수 있는 이론적인 가능성을 열
었다. 이후에 노동계급의 시민권 개념은 노동법의 입법화로 구체화되
었고, 나아가 '사회권' 개념은 국제인권협약 체제로 수용되었다.

하지만 자본주의적 민주주의(capitalist democracy)하에서 산업 평

화와 정치 체제의 안정을 위해서 노동계급을 산업 체제 내로 통합하고 정치 체제로 포섭하기 위해서 노동자 시민권의 부여와 노동자들의 전투성을 교환하는 '정치적 교환'은 국가마다 시차와 방식이 다양하게 진행되었다(Pizzomo, 1978; Przeworski, 1985).

그러므로 노동 존중 민주주의의 요체인 노동권의 형성 제도화의 과정은 찰스 틸리에 따르면 장기적 민주화의 정치적 과정 속에서 이뤄질 수밖에 없었던 민주주의 안에서의 계급투쟁의 과정, 즉 '민주적 계급투쟁'(democratic class struggle)이었다(C. Tilly, 1994). 그리고 각국의 노동자 운동은 획득한 노동의 시민권인 노동 3권을 무기로 하여 국가와 시민사회에서 계급 간 동맹과 계급 타협을 통하여 서유럽에서처럼 사회민주주의 복지국가 체제를 만들기도 했고, 영국과 미국의 앵글로색슨의 길처럼 자유주의적 민주주의의 경로를 개척하기도 했다. 혹은 러시아처럼 사회주의와의 결합의 길로 나서기도 했다. 그러므로 자본주의적 다양성만큼이나 노동 시민권 체제의 국가적 다양성이 있다(Ebbinghaus, 1995).

그렇다면 한국의 경우는 어떨까? 한국 역시 노동 존중 민주주의가 노동의 집단적 존재에 대한 인정을 기본으로 한 노동 3권의 보편적이고 포괄적인 확보에 의해서 가능하다는 일반성은 마찬가지다. 한국은 자립적인 근대국가의 길이 불가능했던 일제 식민지 시대를 거쳐 해방 공간 이후 자본주의 체제가 세계 정치경제 질서 속에서 구축되고, 통일된 국민국가가 아닌 '절반의 국민국가'이지만 자본주의적 민주주의 정치 체제로 확립되었다. 노동 존중의 민주주의로 나아가는 과정은 이후 한국 현대사에서 펼쳐진 장기적인 민주화의 정치과정과 떼려야 뗄 수 없는 경로를 밟았다.

필자는 특히 박정희 전두환 권위주의 체제가 남긴 역사적 유산이 어떻게 한국의 노동정책의 전개와 노동의 시민권 획득에 영향을 미쳤는지에 대해서 주목한다. 다음에는 이를 노동법의 변천사를 통해서 구체적으로 확인하고, 한국에서 노동 존중 민주주의의 가능성에 대해서 최종적으로 검토해보도록 한다.

3. 한국 노동권의 제도화와 노동 현실

1) 노동 존중의 법제도적 완비

일반적으로 시민권은 정치적 공동체(국가)에서 시민됨의 자격에 의해 부여되고, 실정법에 의해서 제도화된다. 노동의 시민권 역시 각국의 헌법과 법률에 의해서 명문화되고, 국가가 권리를 부여하고 집행을 보증하면서 실현된다. 여기서 첫째 조건은 법제도적 명문화이고, 둘째 조건은 '국가'(the authority)가 제도적인 권리의 집행을 준수하고 집행할 때 국가의 자의성을 배제하는 것이다.

한국에서 노동권은 해방 후 제헌의회 헌법으로부터 현재의 헌법까지 헌법적 권리로 일관되고 지속적으로 명문화되어 있다. 즉, 1948년 대한민국 수립 이후 제헌의회의 헌법부터 1987년 민주화 이후 개정된 1987년 헌법까지 일관되게 포함하고 있는 조항이 바로 노동 3권 조항이다. 그러므로 법제도적인 측면에서 보면 한국에서 노동자들의 권리는 추상적인 인권이나 자유권의 한계를 넘어서 사회 안의 특수한 집단으로서 노동자들에게 부여한 노동의 시민권이자 헌법에 명시된 헌법적인 권리로 확고하게 자리 잡고 있다.

1987년에 개정된 현행 헌법 33조는 노동자들의 단결권, 단체교섭권 및 단체행동권 등 노동 3권을 모두 명시적으로 명문화하고 있다.

헌법 제33조

① 근로자는 근로조건의 향상을 위하여 자주적인 단결권·단체교섭권 및 단체행동권을 가진다.

② 공무원인 근로자는 법률이 정하는 자에 한하여 단결권·단체교섭권 및 단체행동권을 가진다.

③ 법률이 정하는 주요 방위산업체에 종사하는 근로자의 단체행동권은 법률이 정하는 바에 의하여 이를 제한하거나 인정하지 아니할 수 있다.

또한 바로 위 조항인 헌법 32조는 이와 관련한 국가의 의무를 별도로 강조하고 있다.

헌법 32조

① 모든 국민은 근로의 권리를 가진다. 국가는 사회적 경제적 방법으로 근로자의 고용의 증진과 적정임금의 보장에 노력하여야 하며, 법률이 정하는 바에 의하여 최저임금제를 시행하여야 한다.

위의 헌법 33조와 32조 조항을 검토해보면 한국의 노동권은 다음과 같은 법제도적 특징을 보여주고 있음을 알 수 있다.

첫째, 헌법 33조에 규정된 노동의 단결권, 단체교섭권, 단체행동권은 일종의 사회적 기본권이라고 할 수 있다. 현행 헌법은 단체 결성에 대한 기본권을 이미 헌법 21조 1항 '결사의 자유' 조항을 통해서 보장하고 있다. 그런데 헌법 33조 1항에 근로자의 단결권을 별도로 규정한 것은 앞 21조 결사의 자유에 대한 일종의 특별 조항이라고 할 수 있다. 결국 노동자들의 단결권 혹은 결사의 자유를 단지 '자유주의적 시민권'이 아닌 '사회권적 시민권'으로 별도로 인정하면서 강조하고 있는 것이다.

둘째, 헌법 제33조 제1항은 노동 3권의 주체를 '근로자'로 한정하고 있다. 이 조항은 근로자의 자주적인 단결권 등을 언급함으로써 '근로조건의 향상'을 위한 노동자의 요구와 실현을 노동의 고유한 권리로 인정하고 있다. 헌법 어디에도 사용자의 단결권에 대한 언급은 따로 없기 때문에 노동에만 특수한 이 조항은 자본에 대항하는 사회적 약자인 노동자의 존재를 인정하는 의미를 가진다.

셋째, 헌법 제33조 제1항은 "근로자는 근로조건의 향상을 위하여 자주적인 단결권·단체교섭권 및 단체행동권을 가진다"라고 하여 노동 3권을 규정하고, 노동 3권은 근로조건의 향상을 위하여 보장된다는 전제가 붙어 있다.

마지막으로 이것이 매우 중요한데, 한국의 헌법 32조는 노동의 권리와 노동 조건 향상을 위한 '국가'의 역할을 따로 분명히 명시하고 있다. 시민권 집행과 보증의 주체로서 국가가 중요한데, 노동의 시민권에 대해서 특별히 이를 명문화하고 있는 것이다.

종합하면 한국에서 노동의 시민권은 일종의 사회적 시민권이며, 자유권과 구분하여 고유하게 인정되는 집단적 권리이다. 더구나 헌법에 노동자들의 단결권을 자유권 가운데 하나인 결사의 자유 조항과 분리하여 특별히 규정하고 있는 것은 외국의 입법례와 비교했을 때도 특이한 점이다(독일은 헌법에 결사의 자유 조항을 통해서 단결권을 보편적으로 규정하면서 특별히 근로자를 언급하지 않고 있다. 또한 미국의 경우 연방헌법에 결사의 자유만 규정돼 있을 뿐 노동 3권은 헌법적 조항에 포함돼 있지 않고 하위 법률에 의해, 그것도 연방법률과 주법에 따라 차별적으로 보장하고 있다).

결론적으로 헌법만 보면 한국은 노동권을 거의 완벽하고 적극적으로 제도화하고 명시하고 있다. 한국 헌법은 먼저 노동자가 자본주의 사회에서 가지는 특수한 위치와 자본에 대해서 약자라는 사실을 적극 인정하고 있으며, 둘째, 국가는 노사 간 힘의 불균형 가운데 자본에 대해서 약자인 노동자들의 지위 향상을 위해서 "사회적 경제적 방법으로" "노력하여야" 한다고 국가의 의무를 분명히 명기하고 있다.

그러나 과연 현실에서는 그러한가? 헌법에 비춰봤을 때 한국의 노동 현실과 노동권의 현실은 심대한 괴리 현상을 빚고 있다. 또한 노동권의 성격에 대한 오해와 혼란 그리고 국가 역할의 방기와 자의성도 심각하다. 이는 노동권이 시민권의 구성 요소들, 즉 노동의 권리가 모든 노동자들에게 차별 없이 포괄적이고 평등하게 보장되고 있는가의 문제와 국가가 과연 노동권 보장과 시행을 위해서 어떻게 균형자로서 역할을 다하고 있는가의 문제로 나타난다.

2) 법과 현실의 괴리

한국에서 노동의 시민권은 제대로 존중되지 못했다. 노동의 시민권은 제헌헌법부터 현행 헌법에 이르기까지 헌법적 권리로 명문화돼 왔으나 법대로 실현되지 못했다. 먼저 결사의 자유 혹은 노조할 권리는 노조를 부인하고 인정하지 않는 사용자 앞에서 무참히 꺾였다. 노동자의 단결권은 허약하거나 훼손되었고, 노동자들은 '노조'라는 집단적 무기를 통해서 자본에 대해서 동등한 교섭의 권리를 행사하지 못했다. 즉 노동자는 노조라는 집단적 주체로서 대등한 교섭 당사자로 나서지 못했으며, "근로자의 근로조건 향상을 위하여" 노동자들의 집단적 권리로 부여된 단체교섭권은 완전히 실현되지 못하였다. 마지막으로 단체행동권, 즉 파업권은 파업의 불법화와 형법적 민사적인 통제로 인해 거의 유명무실했다.

그리고 이런 노동권의 역사적 전개는 1987년 이행 이전까지, 즉 1960~70년대 군사독재와 권위주의 체제, 이어 1980년 광주학살과 군부 쿠데타로 권력을 잡은 뒤 민간정부로 탈바꿈한 전두환 정권까지 변하지 않은 현실이라고 할 수 있다.

먼저 1987년 민주화 이행 이전의 노동법 체제는 권위주의 체제와 발전 국가의 결합 속에서 한마디로 헌법으로 보장된 '노동시민권의 유보' 시기로 규정할 수 있다. 노동시민권에 관한 법조항은 사문화되었다. 노동의 현실과 노동시민권의 현실화는 1987년 민주화 이행과 노동자대투쟁을 기점으로 점진적이나마 변화가 시작되었다. 1987년 6월항쟁 이후 터진 노동자대투쟁을 통해서 해방공간 이후 처음으로 '민주노조운동'이라는 이름으로 독립적인 대중적 노조운동이 등장하면서 정치적 민주정체(the regime) 내로 노동계급의 집단적 통합과 유보된 노동시민권을 인정하는 과제가 현실적인 문제로 대두되었다. 6월항쟁이 정치적 민주화로 한정되었으나 그 직후 7월부터 터진 이른바 '노동자대투쟁'으로 민주노조운동이 등장하고 대중적 노조운동의 시대가 열린 것이다. 노동자대투쟁은 1980년 광주 민중항쟁의 '민중성'을 이어받아 1980년대 민주화운동 안에 분기했던 급진적 민주주의 운동과 변혁 운동과 결합하여 1987년 민주항쟁에 계급적 색채를 더하면서 민주주의의 체제적인 성격과 노동 존중의 문제를 화두로 던졌다.

하지만 노동자 운동의 등장에도 불구하고 민주화 이행 후의 민주주의는 정치적 민주주의로 국한되고 자유주의적 민주주의의 한계에 머물렀다. 정치적 민주주의는 사회적 민주주의로 나아가지 않았고, 형식적 민주주의는 실체적 민주주의로 확대되지 않았다. 즉, 민주주의 이행은 성공하여 집권 세력의 교체를 연속적으로 달성함으로써 이른바 '민주주의의 공고화'의 조건을 달성했지만, 민주주의의 '심화'라는 문제가 제기되었다.

그 결과 노동권은 계급 외부적으로나 내부적으로 '불균등 발전과 지체'의 양상을 보였다. 민주노조들 간에도 노동권은 불균등하게 인정되었으며, 대다수 노조들은 노동권을 포괄적이고 전면적으로 인정받지 못하였다. 그리하여 민주화 이행 이후 노동과 시민의 간극 그리고 노동 시민권과 일반 시민권의 간극은 점차 좁혀지고 해소되기는커녕 벌어지고 심지어 대립하기도 하였다(임현진 김병국, 1991; 권영숙, 2012).

결국 민주화 이행 후에도 노동권과 노동 현실을 둘러싼 사정은 약간의 점진적인 변화를 보였지만 '체제적' 변화라고 할 만한 큰 변화를 이루지 못했다. 그리고 1997년 외환위기가 터지면서 한국의 노동권 현실은 또 다른 변곡점을 그리게 되었다. 이행 이전과 다를 바 없이 법과 현실의 괴리 속에서 권리의 지연과 유보가 횡행하는 한편, 외환위기 이후 노동법 개정이 이뤄지면서 비정규직이라는 새로운 노동인구가 노동시장으로 대거 편입되면서 권리의 배제에 놓인 노동자들,

'권리의 사각지대'에 놓인 무권리 노동자들이 크게 증가하였다. 그런 가운데 IT 기술을 기초로 한 플랫폼 자본주의로 변화 속에서 노동권은 이제 노동자 없는 노동인구의 급증에 따른 노동계급 자체의 해체와 그 결과로서 노동의 권리 자체의 해체 위기에 직면해 있다.

4. 역사: 박정희, 전두환 권위주의 체제의 발전 국가 유산과 노동정책

1) 압축적 후발자본주의 발전경로와 노동정책(1987년 이전)

한국의 노동정책은 기본적으로 압축적 후발자본주의의 수출 주도 산업화의 발전 경로 속에서 국가 주도로 진행된 개발 전략하에 철저히 산업화의 하위 국가정책으로 편성 운영되었다. 이것이 바로 발전 국가(the developmental state)의 노동정책의 핵심이다. 일반적으로 민주주의 국가의 노동정책은 한편으로 노사관계를 규율하고 조정하고 중재하는 기능과 다른 한편으로 헌법상의 권리인 노동기본권을 부여하며 집행을 보증하는 균형자로서의 국가의 역할, 이 두 가지를 중심으로 구성되고 집행된다. 앞서 말한 대로 자본주의적 민주주의하에서 국가는 노동과 자본 관계에서 노동에게 현저히 불균형 상태에 균형자로서 역할을 하도록 요구받게 된다.

하지만 한국에서 노동정책은 '노사관계 고유'의 성격이나 노동기본권을 보증하고 집행하는 국가의 역할보다는 산업 및 경제정책의 하위 범주로서 성격이 중요했다. 이에 따라 노동 문제는 이른바 '국민

경제'적인 시각에서 접근하고, 노동정책은 해당 시기 경제발전 전략을 위한 정책으로 배치되었다. 이것이 전형적인 발전 국가의 노동정책 유형이다(Deyo, 1989; Cumings, 1987; Evans, 1987).

1960년 중후반대 시작된 발전 국가의 산업화 모델에 따라 국가는 경제개발 5개년계획을 수립하여 스스로 '경제발전'의 핵심적인 행위자이자 자본의 부양자로 나섰고, 노동정책은 이런 목표를 달성하기 위한 종속변수가 되었다. 경제개발 5개년계획에 연동하여 처음에는 농촌으로부터 값싼 노동력 공급을 위한 '이농' 촉진 캠페인과 2차례 대규모 이농을 통해 대대적인 인위적 프롤레타리아화(노동자 만들기)와 인구의 경제적 동원에 초점을 두었다. 이어 산업화가 본격화된 1970년대 이후 노동과 자본 간 집단적 노사관계를 규율하는 노동정책과 노동법은 국가의 일방적인 노동 억압, 자본을 위한 노동자 훈육 및 노동의 탈정치화에 초점을 두었다(최장집, 1997).

따라서 한국의 집단적 노사관계는 자유권론자들이 주장하듯이 노사 간의 시민적 영역에서의 자율적 영역이 아니라, 국가의 발전 전략을 위한 공적 영역에 위치 지워졌다. 그러면서 동시에 필요에 따라서 자본의 이해를 일방적으로 관철하는 '사적 영역'이라는 자기 모순적인 이중성 아래에 놓이게 됐다. 이런 성격으로 말미암아 한국의 노사분규 역시 한편으로는 사법화(민법화)되고, 다른 한편으로는 형법화(범죄화)되는 이중성 상태에 놓이게 된 것이다(권영숙, 2014).

결국 제헌헌법 이래 노동자의 노동권은 헌법상의 권리로 계속 명문화돼왔으나 노동의 실질적인 '시민권'은 '사문화'된 상태였다. 일방적으로 친자본 반노동적인 국가는 노동자의 단결권, 단체교섭권, 단체행동권 등 노동 3권을 보장하면서 감독해야 할 집단적 노사관계를 왜곡시키고 자본의 일방적인 힘의 우위를 가져왔다. 그 결과 노동권은 전체적으로 철저히 '유보' 상태에 머물렀다. 이것이 한국 노동권 혹은 노동 존중의 첫 번째 형상이었다.

이런 상황에서 1970년 서울 청계천 평화시장 피복공장 앞에서 노동자 전태일이 분신하면서 "근로기준법을 지켜라"라고 외치고, 그의 품 안에 노동법전을 안고 있었다는 것은 시사하는 바가 크다. 그만큼 한국에서 노동권은 헌법적 권리로 버젓이 명문화되어 있었고, 그 내용 역시 앞에 분석한 대로 자본주의국가 어디에 비교해도 손색이 없었으나 여전히 노동의 시민권으로 형성되지 못한 채 추상적이고 선언적인 문구, 즉 '사문화'된 상태였던 것이다.

하지만 전태일의 분신 이후 점차 국가와 자본으로부터 독립된 노조들이 이른바 '민주노조'라는 이름으로 자생적으로 출현하기 시작하였다. 국가의 직접적인 폭력과 억압에 의해 무시로 괴멸되긴 했지만, 자생적인 민주노조운동은 이후 1980년 광주항쟁 이후 들어선 전두환 정권하에서 다시 기지개를 켜기 시작하였다.

2) 민주화 이행 이후 노동권의 불균등한 지체(1987~1997년)

1987년 6월 민주화항쟁은 당시 여당인 민정당 노태우 대통령후보의 '6·29 선언'으로 이어졌고, 제도정치세력과 재야 세력은 직선제 개헌에 합의했다. 이에 따라 일반 시민적 권리와 정치적 자유에 대한 단계적 개방도 단행되었다. 하지만 민주화 시위가 6·29 선언으로 잦아들기도 전인 7월 5일 울산 현대엔진의 노조 결성과 파업을 시작으로 하여 노동자들의 파업 투쟁의 불길이 전국에서 타오르기 시작했다. 자생적인 파업 열기는 울산-거제-부산의 남동벨트를 휩쓸며 현대 삼성 대우 등 대기업 노동자들의 투쟁을 거쳐 8월 초에는 성남, 구로공단 등 전국적인 노동자 투쟁으로 번졌다.

이들은 '임금인상과 노동 조건 개선', '민주노조 쟁취', '인간적인 대우'를 주요한 요구로 내걸었고, 전국에서 3,300여 개의 공장에서 노사분규가 발생하였으며, 당시 한국 노동자들의 대략 1/3이 파업에 참여해 그 투쟁의 결과물로 2,500여 개의 신생 노조가 '민주노조'라는 이름으로 탄생했다. 이것이 바로 한국전쟁 이후 한국 노동운동의 역사에서 전대미문의 사건으로 뒷날 '노동자대투쟁'이라는 이름으로 불리게 된 노동자투쟁이다. 이 시점부터 한국은 대중적 노동조합운동의 시대로 돌입하였다(권영숙, 2017; 임영일 1988).

하지만 민주화 이행 이후 국가의 노동정책은 기본적으로 전두환 정권의 노동계급 통제 및 억압 전략에서 거의 달라지지 않았다. 이는 정치적 민주주의를 표방하면서 언론통폐합이 폐기되고(언론의 자유), 해직 교수들의 복직이 이뤄지는 등 정치적 자유와 일반 시민적 권리가 점차 허용되기 시작한 것과 매우 대조적인, 노동에게 주어진 '상대적인 정치적 기회구조'였다. '열린 공간'은 모든 국민에게 포괄적이고 평등하게 열리지 않았던 것이다. 사회 집단과 계급마다 정치적 기회구조는 달랐고 시민권의 포괄 범위도 달랐다. 특히 노동의 시민권에 대한 전면적인 개방과 포괄적인 접근성은 여전히 먼일이었다. 이것이야말로 민주화 이행 이후 시민권에서 핵심적인, 구체제로부터 청산되지 못한 역사적 유산이기도 하다. 동시에 민주화 이행 이후 민주주의가 사회적 실체적인 민주화로 나아가지 못한 내재적인 한계 탓이기도 하다.

이는 직선제 개헌 후 첫 대통령선거를 치르기도 전인 1987년 11월 28일 여야 합의로 이뤄진 노동법 개정에서 여실히 드러났다.[1] 1987년 노동법은 권위주의 체제를 붕괴시킨 민주화 이행 이후의 민주주의 사회에 걸맞게 노동시민권을 대폭 신장시키는 노동법 개정을 목표로 하였다고 보기에는 너무 졸속으로 개정됐고 내용도 초라했다. 1987년 노동법은 1980년 전두환 등 신군부 세력이 군사 쿠데타를 일으킨 후 개정한 1980년 노동법과 동일선상에 있었다.

내용을 보면 개정 노동법은 첫째 1980년 노동법에 비하여 기업 수준에서 집단적 노사교섭과 조합 결성을 용이하게 만들어서 노동자의 단결권과 단체교섭권을 부분적으로 신장하였다. 둘째, 전두환 정권이 1980년 노동법에 신설했던 노동 억압적 독소조항인 이른바 '3금'(three prohibitions) 조항을 고스란히 존치시켰다. 복수노조 금지, 제3자개입 금지 그리고 노조의 정치 활동 금지를 그대로 유지한 것이다. 결론적으로 1987년 개정 노동법은 기업별 수준의 노조 결성과 단체교섭을 인정하면서도 기업을 넘는 산별 전국적 집단화와 집단적 권리를 부인하여 기업별 노조주의를 강화하였고, 노동자의 집단적 단결권을 현저히 제한하였다. 한편으로 노동의 정치적 힘의 세력화는 아예 불법으로 간주되었다.

흥미로운 것은 1987년 11월 노동법 개정에 대해서 김대중·김영삼이 이끄는 제도정치 내 민주주의(자유주의) 정치 세력도 큰 반대 없이 동의했다는 사실이다. 이어 12월 '정초선거'에서 양김의 분열로 인하

---

[1] 대통령직선제 헌법개정 한달 후에 제도정치권이 가장 먼저 시도한 것이 노동법 개정이었다는 점도 시사적이다. 이는 헌법에 이어서 노동법이 체제 내에서 지니는 중요성을 드러내는 것이기도 하다.

여 집권당의 노태우 후보가 대통령으로 당선되면서 한국의 민주화 이행은 더욱 제한적인 유사 권위주의 체제의 성격을 띠었다. 하지만 1988년 국회의원 선거에서 야당 세력이 다수를 점해 이른바 '여소야대' 정국이 만들어졌다. 자유주의 야당은 노동법 개정안을 다시 조율하여 국회에서 통과시켰다. 이 개정안 역시 전면적인 노동권 인정과는 거리가 멀었지만, 교사의 단결권 등을 포함함으로써 법외노조였던 전국교직원노동조합(전교조)을 합법화하는 길을 열었다. 곧바로 노태우 대통령은 '거부권'을 행사하였다. 그러나 국회로 돌아온 노동법에 대해서 여소야대의 국회는 본회의에 회부하여 통과시키지 않았다. 본회의 재상정 시 대통령의 거부권 행사가 불가능함에도 불구하고, 국회의 다수당인 민주당 세력은 그 절차를 진행하지 않았다. 결국 민주화 이행 이후 2번째 노동법 개정은 물거품이 되었고, 노동법 개정은 1997년 외환위기 전까지 미뤄졌다.

하지만 기업별 노조만이 허용되고 모든 노사분규가 제3자개입 금지 등 온갖 사유를 붙여 '불법쟁의'로 간주되는 가운데 민주노조운동은 불법을 불사하면서 전투적 조합주의를 통해서 차츰 민주노조를 현실태로 전화시켰다. 즉, 민주노조운동은 협상이나 대리인을 통해서가 아니라 투쟁을 통해서 자신의 존재를 사회적으로 구축하는 인정투쟁을 시작하였다. 특히 민주노조운동은 사회적 재분배 투쟁에서는 괄목할 만한 성공을 거뒀다.

이리하여 1988~91년 사이에 노사분규는 세 자리 수를 기록할 정도로 폭발적으로 늘어났고, 실질임금 상승률은 1989년 기록적인 14.5%에 달하는 등 몇 년간 괄목할 만한 높은 증가율을 보였으며, 명목임금 상승폭은 매해 20%에 육박했다. 이에 따라 제조업 노동자와 사무직 노동자의 임금 격차도 빠른 속도로 감소하여, 1980년 제조업 노동자의 평균임금이 사무직 노동자의 47%에 불과하던 것이 1993년에는 75.3%에 이르렀다.

3) 민주화와 신자유주의의 변곡점(1997년 이후)

1995년 11월 민주노총이라는 내셔널 센터가 만들어진 후 민주노총은 줄곧 집단적 노사관계 관련 노동법을 개정하여 민주화 시대에 걸맞은 노동관계를 제도화하라고 요구했다. 그 핵심은 1987년 노동법의 독소조항인 복수노조 금지, 제3자개입 금지 등을 철폐하여 민주노총이라는 내셔널 센터와 산별 노조를 인정하고, 노사분규의 형사화 불법화를 막아 단체행동권(파업권 등)을 실질화하라는 것이었다. 반면 당시 김영삼 정부는 OECD 및 국제노동기구(ILO) 가입을 위해서 '국제노동기준'에 부합하지 않는, 노동의 단결권 등을 현저히 침해하는 집단적 노동관계법 개정이 필요하였고, 신자유주의적 세계화를 향한 개별적 노사관계의 구조조정이 필요하다는 점을 의식하고 있었다. 특히 후자는 이행 이후 발족한 대기업들의 단체인 전국경제인연합(전경련) 등 자본의 집요한 요구이기도 했다.

그 결과 김영삼 정부는 1996년 노동관계법개선위원회를 통해서 노사정 3자가 만나는 '사회적 대화'를 시도했다. 1년간의 지루한 공방에도 합의에 이르지 못하자 정부는 민주노총의 반발에도 불구하고 전경련 등 자본의 요구를 적극적으로 수용하여 노동 유연화를 위한 신설 조항을 끼워 넣는 것은 물론이고, 내셔널 센터와 산별 노조에 대한 승인마저 2년 유예하는 최악의 노동법을 1996년 12월 24일 국회에서 '날치기'로 통과시켰다. 이는 집단적 노사관계에서 노동 3권을 포괄적이고 전면적으로 개방하는 것은 유예하면서 고용 등 개별적 노사관계에 대해서는 신자유주의적인 노동정책을 전면적으로 도입하는 내용이었다. 이에 민주노총은 한국노총과 공동으로 그리고 이행 이후 처음으로 사회적 총파업을 총 26일간 단행하였고, 이는 유례없이 대중적 지지 속에 진행되었다.

하지만 1997년 3월 재개정된 노동법은 사실상 1년 전 날치기로 통과된 노동법과 별로 다르지 않았다. 다만 2년간의 유예 없이 전국적 산별 복수노조를 즉각 허용하기로 한 점이 달라진 것이었다. 그것은 바로 민주노총의 합법화를 의미하는 것이다. 그리하여 민주노총은 1998년 합법화되었다. 또한 노조의 정치 활동이 허용됨으로써 노동조합운동에게 선거 정치로의 길이 개방되었다. 하지만 동시에 개악과 독소조항들이 대거 삽입되었다. 특히 개별적 노사관계에서 대규모 정리해고를 허용하고, 아웃소싱과 파견근로 등의 노동 형태를 법적으로 도입함으로써 신자유주의적 노동정책과 비정규직 시대를 향한 큰 걸음을 내딛게 되었다. 또 간과할 수 없는 중요한 점은 공장 점거파업 금지, 비공식파업 금지, 무노동 무임금 조항의 도입 등 노동자의 단체 행동권, 즉 파업권을 통제하는 법조항들을 대거 포함하였다는 것이다. 또 개정 노동법은 조합원투표에 의한 단체교섭 승인이라는 이미 확립된 관습과 달리 노조위원장의 직권조인을 인정함으로써 조합원 총회 투표 등 평조합원 중심주의에 기초한 조합 민주주의의 조직적 관행을 후퇴시켰다(최장집, 1997; 권영숙, 2017).

결론적으로 1997년 노동법은 1987년 노동법에 비하면 노동의 집단적 존재 인정은 부분적으로 개선되었으나 노조의 단체교섭과 단체행동권에 대해서는 더욱 옥죄는 독소조항을 신설하였다. 그리고 집단적 노사관계에서 부분적으로 노조할 권리(단결권)를 허용하였지만, 개별적 노사관계에서 고용, 해고 등을 유연화함으로써 노동계급의 경제적인 단일성과 동질성은 이후 심각하게 해체되기 시작하였다. 민주화 이행 이후 1987년 노동법의 개악, 1988년 노동법 개정 시도의 불발 이후 처음 이뤄진 유의미한 노동법 개정 내용은 이렇듯이 부분적 일보 전진과 전면적인 이보 후퇴의 기묘한 노동법 개정으로 귀결되었다.

하지만 1997년 노동법은 개정한 지 1년이 채 안 된 1998년 2월 14일 다시 개정되었다. 1997년 12월 아시아 외환위기의 환란 가운데 김대중 대통령 당선자는 노사정위원회 구성을 제안하였고, 1998년 1월 김대중 당선자와 노사가 함께 '경제 위기 극복을 위한 사회적 합의서'를 체결하였다. 하지만 노동법 개정 사유에 대한 각자의 '동상이몽' 때문에 노동법에 대한 '사회적 대화'는 결렬됐다. 이후 민주노총이 사회적 대화에서 퇴장한 가운데 노동법은 1998년 2월 14일 다시 개정된 것이다.

1998년 개정 노동법의 내용을 요약하면 "집단적 노사관계에서 약간의 개량과 개별 노사관계에서 급진적인 개악"이라고 할 수 있다. 급진적 개악이라고 한 이유는 이 노동법이 바로 1997년 노동법이 2년 유보한 노동유연화 조항을 즉시 전면 시행하는 것을 개정의 핵심 취지로 삼았기 때문이다. 개정 노동법의 대부분은 노동시장에 대한 구조조정 조항이 차지했다. 첫째, 1997년 노동법에서 정리해고 도입을 2년간 유예하기로 한 조항을 즉각 폐기하고, 나아가 적용 사유도 경영상 위기와 인수 합병 등 두 경우로 확대하여 광범위하게 정리해고를 인정했다. 둘째, 다양한 형태의 비정규직이나 아웃소싱, 파견노동과

하청노동 등 새로운 고용 패턴을 도입했다.

이리하여 노동법 개정 이후 공공부문과 사기업에서 엄청난 정리해고 광풍이 불었고, 노동시장에서 비정규 노동자는 급속하게 증가했다. 개정 노동법의 백업과 집권 정당의 전폭적인 독려하에 노동시장의 유연화, 비정규직 도입이 급진적으로 이뤄졌다. 그 결과 법 개정 3년이 채 안 된 2000년에 한국의 노동시장은 비정규직이 전체 노동자의 거의 절반에 육박하게 되었다(김유선, 2004). 민주노총은 개정 노동법의 문제점 보완을 촉구하며 여러 차례 파업 선언과 노사정위 참가를 반복하면서 갈지자를 반복하였다. 이런 긴장과 적대적인 상황에도 김대중 정부는 만도기계 파업에 대한 공권력 투입을 시작으로 하여 신자유주의적 구조조정을 속전속결로 단행하였다. 결국 1992년 2월 민주노총은 노사정위원회를 "신자유주의 들러리기구"로 규정하며 최종적으로 탈퇴하여 그 조직적 동요에 마침표를 찍었다(노중기, 2000). 이후 2005년 비정규 입법 및 신노사관계 로드맵(복수노조 시행과 노조 전임자 규정) 논의 때까지 민주노총 등 민주노조운동은 사회적 대화정치로부터 거리를 두었다.

하지만 그런 행보에도 불구하고 민주노조운동은 1999년 민주노총이 중앙조직으로서 합법화된 것을 계기로 제도화의 길로 들어섰다. 민주노총은 다양한 노동위원회에 한국노총과 나란히 위원들을 파견하고 있으며, 최저임금심의위원회 등 노동 관련 위원회들에서 '조직노동'으로서 노동 지분을 행사하고 있다.

이런 점에서 민주노총을 필두로 한 민주노조운동은 더 이상 전투적 조합주의에 입각하여 법의 경계선에서 투쟁하는 전투적인 노조가 아니라, 일종의 '조직노동'으로서 이해집단 정치와 제도화의 길로 본격적으로 접어들었다고 할 수 있다. 조직노동만 고려한다면, 노동은 그 존재와 권리를 인정받는 '노동 존중'의 시대로 들어섰다고 여겨질 수 있다. 하지만 조직노동을 넘어서 노동계급 전체의 포괄적이고 평등한 존재의 인정과 노동의 권리의 인정이 이뤄지고 있는가? 이에 대해서는 매우 회의적이다.

5. 권위주의 체제의 유산: 발전 국가와 노동 배제 민주주의

한국의 민주화 이후 민주주의는 민주화 이행과 정치권력의 교체를 통한 민주주의의 공고화에도 불구하고, 노동기본권에서 급진적인 혹은 철저한 변화를 이루지 못했다. 변화는 제한적이고 점진적이었으며 차별적이었다.

노동법의 역사를 요약하면, 박정희 권위주의 체제에 이어 1980년 쿠데타로 집권한 전두환 정권에 와서 노동법 체제는 더욱 개악되었다. 유신 체제 노동법에서 어용노총 산하에 형식적인 집단적 노사관계의 단위였던 산별노조의 해체와 기업별 노조 체제를 완전히 명문화한 것이 바로 1980년 노동법이었다. 나아가 이른바 '3금'조항(복수노조 금지, 제3자개입 금지, 노조의 정치 활동 금지)을 제도적으로 정비하여 노동자들의 단결권과 단체교섭권, 단체행동권을 완전히 제도적으로 무력화했다.

나아가 외환위기 이후에 1997년 노동법 개정을 통해서 노동시장 유연화와 구조조정의 정치를 본격화하였다. 한국의 노동시장은 전 세계적으로 기록적이라고 할 만큼 가장 최단기간 안에 비정규노동이 노동자 인구의 절반을 차지하면서 노동시장의 분절화 경향이 가속화됐다. 급속한 노동시장 양극화의 결과는 노조 조직률에서도 드러난다. 한편으로 민주노총 등 조직노동은 정규직 대공장 중심으로 노조 가입률이 20%이지만, 비정규직 노동자들의 경우 가입률이 최근까지 2% 안팎을 맴도는 정도로 노조의 사각지대에 있다고 할 수 있다. 결국 노동자의 시민권 역시 대공장 정규직 중심으로 허용되고 있다. 하지만 그조차도 단체행동권에 대한 제약과 노조 활동에 대한 탄압 등이 진행되면서 조직노동과 정규직 대공장 노조와 노동자들도 노동 3권을 완전히 누린다고 보기 어렵고, 노동법의 적용 대상이 아닌 소규모 사업장들도 있다.

결국 민주화 이행 이후에도 한국의 국가는 노동정책의 입안과 노동법의 집행을 통해서 노동시민권을 노동계급 전체에 포괄적이고 평등하게 부여하고 보증하기보다는 발전 국가로서의 성격을 유지하고 있다고 할 수 있다.

특히 노동법 개정의 역사를 보면 1980년 노동법 개정과 1988년 노동법 개정 시도를 제외하면 모두가 보수-자유주의 정치 세력의 합의로 이뤄졌다는 점이 흥미롭다. 1987년 민주화 이행 직후 노동법 개정, 1997년 총파업 이후 노동법 개정, 1998년 외환위기 중 노동법 개정 그리고 2006년 파견법 등 노동시장에 관한 노동법 개정이 모두 여야 합의에 의한 노동법 개정이었다. 그만큼 노동에 관한 한 자유주의 정치와 보수 우익의 정치가 크게 차별성을 보이지 않았다. 오히려 노동자들의 권리 상태와 근로조건에 영향을 끼치는 굵직한 노동법 개정은 모두 우파 정권이 아니라 김대중, 노무현 그리고 현 문재인 정부로 계승되는 자유주의 정부하에서 단행되었거나 시도되고 있다는 점이다.

이리하여 정치적 민주주의와 노동의 시민권의 관계성을 함께 살펴보면, 한국의 정치적 민주주의는 빠른 시간 내에 공고화되었고, 탈민주화 혹은 권위주의로의 후퇴는 더 이상 상상할 수 없다고 간주되고 있으나 노동 통합적 민주화의 폭과 속도는 매우 느렸다. 국가는 헌법적 권리로서의 노동권에 대해서 보증하고 보장하는 균형자의 역할을 하기보다는 산업정책과 경제정책의 하위 범주로 노동기본권을 위치 지우고, 노동기본권을 유보시키고 지연시켰다. 그 결과 노동계급은 집단적 존재로 인정되지 않았고, 노동권은 노동자 집단에게 고유한 특수한 권리로 사회적으로 평등하게 인정되지 않았으며, 노동자의 정치적 진출은 다양한 방법으로 봉쇄되었다. 그리고 다수의 하위 법률과 단서조항으로 단결권, 단체교섭권, 단체행동권 등 노동의 기본권을 무력하게 만들고 있다.[2]

결론적으로 한국의 노동시민권은 한국 민주주의의 발전과 궤를 같이하면서 진화하지 못하였다. 이유는 바로 한국의 민주화 이행과 그 이후 민주화의 경로, 민주화 이후 민주주의의 성격과 관련이 있을 것이다. 정치권력을 보수세력이 잡거나 자유주의 세력이 잡거나 간에 민주화 이후 한국의 정치적 민주주의는 국가-자본 개발 동맹을 해체

---

2 노동자의 정치적인 힘의 인정은 서유럽의 경우, 시작은 노동자에게도 보편 참정권을 부여하는 것이고 최종적으로는 노동정당의 합법화와 정당 명부 비례대표제를 실시하여 '계급대표성'을 민주주의 내에 확보하는 것으로 완성된다. 하지만 한국은 노동자들이 일반 시민으로서가 아닌 노동계급으로서 노조를 통한 정치적 권리를 행사하는 것에 제약이 많다. 이는 정치적 민주주의 체제의 '대표성의 문제'를 초래한다. 이에 대해 정치학자 최장집 등은 대의제의 실패라고 말하지만, 이는 단지 의회주의의 강화로 해소되는 문제 이전에 과연 무엇을 대의할 것인의 본질적인 문제로부터 접근할 필요가 있다. 즉 대의제의 제도적인 개선이 아니라 어떤 '대의'를 정치화할 것인가의 문제이다.

하지 않은 채 노동정책과 노동권 체제를 경제 및 산업정책의 하위 범주로 두고 자본의 입장에서 필요한 노동개혁과 노동법 개정을 계속 진행해왔다. 특히 민주정부인 김대중, 노무현 등 자유주의 정부는 신자유주의적 세계화를 선진국에 이르는 합리적인 경로라고 강조하면서 노동법을 신자유주의적 노사관계를 전폭적으로 수용하는 방식으로 개정했고, 이를 '선진화'라고 표현하였다.

6. 맺는말

한국 사회는 노동을 존중하는 사회인가? 그리고 노동을 존중하는 사회가 될 수 있을까? 혹은 한국의 민주주의는 노동 존중 민주주의가 될 수 있을까? 이 질문은 이 지점에서 바꿔 말하면, 한국 노동자들은 노동자라면 누구나 주어지는 노동의 시민권을 보편적이며(universal) 포괄적이고(broad) 평등한(equal) 집단적 권리로서 확보하고 누리고 있는가의 문제라고 할 수 있다(Tilly, 1995). 이는 시민권의 구성 요소를 노동의 시민권에게도 그대로 적용한 물음이다.

노동권의 인정이라는 측면에서 한국의 노동 현실을 요약하면 다음과 같은 경우들이 여전히 노동권의 문제 영역들이다.

첫째, 헌법상 노동의 권리가 유보되고 박탈당하는 노동자들이 있다. 이것이 전통적인 노동권의 부인이다. 이 중에는 근로기준법 11조의 유보조항으로 인해서 아예 처음부터 권리 있는 존재로의 인정을 받지 못하는, 즉 '권리의 사각지대'에 있는 노동자들이 있다. 바로 5인 미만 사업장 노동자들이다. 둘째, 노동의 유연화 등 노동시장 구조조정 속에서 등장하여 이제 한국 노동시장의 절반을 차지하는 비정규직 노동자들을 중심으로 한 권리의 지연과 배제의 문제가 있다. 마지막으로 셋째, 최근 소위 IT 산업혁명과 기술혁신을 기초로 새로운 IT 기반 산업과 기업들이 등장하면서 이들과 관련된 새로운 노동 형태들에 자리 잡은 노동자들의 경우 노동자로서 아예 인정되지 못하는 '노동자 없는 노동'에서의 권리의 해체 문제가 있다. 이렇게 한국 노동의 시민권은 권리의 지연과 유보, 권리의 배제와 박탈, 마지막으로 권리의 해체라는 3중고의 딜레마에 놓여 있다.

지금의 한국 노동권 현실은 산업화와 민주화 이행 이후 민주주의 사회에서 헌법적 권리가 국가의 보증 아래 포괄적으로 행사되지 못한 채 노동권의 지연과 유보가 잔존하면서 다른 한편으로 권리로부터 배제되고 박탈된 노동과 '무권리'의 문제가 중첩된 양상을 보이고 있다. 달리 말하면 한국의 노동권은 앞서 말한 발전 국가라는 구체제의 유산, 민주화 이행 이후 민주주의의 노동 배제적인 성격 그리고 새로운 정치경제학적인 조건이라는 3중의 제약 속에 놓여 있다. 특히 1990년대 중반 신자유주의와 21세기 들어 IT 기반 산업이라는 새로운 경제 조건 속에서 노동권 해체의 문제가 중첩되어 나타나기 시작했다. 결국 노동 현실과 노동권의 현주소는 민주주의와 신자유주의의 이중적인 정치경제적학적인 현실과 긴밀하게 연결돼 있는 셈이다.

이제 한국의 노동권 현실은 노동의 시민권을 둘러싸고, 지연되고 박탈되고 배제된 권리의 문제와 해체되는 노동의 문제라는 이중의 환경 속에 놓여져 있다. 낡은 것들과 새로운 것들이 서로 중첩되어 더욱 복합적인 양상으로 나타나고 있다.

결론적으로 말하면 민주화 이행 이후 한국 사회는 여전히 노동

천시의 사회다. 노조할 권리는 자본에 의한 다양한 노조 파괴 전략 앞에서 지켜지지 않고, 파업권은 많은 법제도적인 독소조항으로 인해서 유명무실하였다. 파업을 하는 노동자들은 오늘도 죽음을 각오하는 파업을 해야 한다.

민주화 이행 이후 민주주의와 국민국가 그리고 양대 집권 정당들이 발전 국가 모델과 국민 경제 프레임에 기초하여 노동 문제에 대해서는 큰 이견을 보이지 않으면서, 민주화 이행 이후에도 노동권의 박탈과 배제 현상은 여전히 잔존하였다. 대공장의 노동자들도 노조를 만들고 단체교섭은 하지만, 파업권을 행사하는 것은 매우 어렵다.

결국 한국의 노동권은 자유권과 사회권 사이에서 애매한 위치를 부여받고 있다. 법원과 국가기구는 자본의 이해에 따라 노동권과 노사관계를 때로는 사적 자치의 영역에 있는 자유권과 개인 간의 관계로 간주하고, 때로는 국가 경제산업정책과 연동되는 공적 영역의 쟁점인 것으로 바라본다. 전자는 노동권에 대한 국가의 보증과 집행을 해태하게 만들고, 후자는 노동권을 경제정책의 하위 정책인 노동정책에 따라 언제든지 유보하거나 법을 우회할 수 있게 한다.

노동 없는 민주주의는 결국 노동의 시민권 없는 민주주의로 이어진다. 다른 정치적 자유주의적 시민권에 비하여 노동의 시민권은 현저히 불균형 지체되고 있다. 이것이 1차적 외재적 노동 차별이다. 나아가 이렇게 지체되고 유보된 노동권은 노동 내부로 들어와 노동권의 불균등한 적용과 발전을 야기하면서, 노동계급 내부에 심각한 격차와 차별로 이어졌다. 이것이 노동 차별의 2차적 내재적 양상이다. 우리는 노동 차별이 내부적 차별과 외부적 차별로 중첩된 성격을 복합적으로 이해할 필요가 있다. 결국 노동의 시민권에 대한 인정, 즉 노동 존중의 부재가 결국 노동 내부의 차별을 강화하고 노동 양극화를 초래하고 있음을 주목해야 한다.

이는 문재인 정부에서도 크게 달라지지 않았다. 본질적으로 현정부 역시 발전 국가의 유산이 남긴 노동 체제에서 크게 벗어나지 않았다. 이는 문재인 대통령이 취임 초 '노동 존중 사회'를 공약으로 내걸었다는 점에서 짧은 기대가 큰 실망으로 바뀌는 시간이었다. 특히 문재인 정부는 최저임금 1만 원과 '저녁이 있는 삶'을 위하여 노동시간 단축을 약속하였다. 이 역시 '깨어진 약속'이 되었다. 그리고 비정규직을 해소하기 위해서 적어도 공공부문만이라도 비정규직 제로를 만들겠다고 선언했다. 하지만 문재인 정부는 경제 불황과 경제 위기의 가능성을 이유로 노동권과 노동 조건의 후퇴를 가져올 노동법 개정을 시도했다.

경제 저성장을 이유로 최저임금제 1만 원이라는 대통령 공약을 폐기하였을 뿐 아니라, 최저임금 산입범위를 현실화한다는 명목으로 노동자의 임금을 자연스럽게 삭감하고, 나아가 최저임금제 자체의 존속 의미를 희석시켰다. 또한 광주형 일자리 모델이라는 이름으로 광주에 현대자동차의 자동차공장을 유치하면서 노사 간 단체협약의 효력을 3년간 정지한다는 초헌법적인 발상을 주저 없이 협약 사항으로 관철시키기도 했다. 그리고 공공부문 정규직 제로라는 공약은 지방자치단체와 중앙정부 수준에서는 정규직 전환을 시도하긴 했지만, 이름만 정규직일 뿐 무기계약직 등 소위 '중규직' 배치가 문제가 되고 있다. 정규직으로 전환하면서 임금 및 노동 조건이 더욱 열악해졌다는 평가도 나오고 있다.

그렇다면 왜 취임 초기에 민주노총도 내심 기대를 걸면서 꽤나

화기애애했던 문재인 정부와 조직노동의 노정관계는 험악하게 변하였고, 문재인 정부는 왜 취임 1년이 지난 2018년 중반 이후 노동에 대한 태도를 확연히 선회했을까?

이에 대한 답도 너무 명확하다. 문재인 정부의 노동정책의 기본적인 프레임이 노동 체제라는 면에서 이전 정부와 크게 다르지 않았고, 박정희 전두환 권위주의 체제가 남긴 발전 국가의 유산과 김대중 노무현 정부의 신자유주의적 노동정책을 계승했기 때문이다. 문재인 정부는 산업 및 경제정책과 노동정책 및 노동기본권의 문제를 분리하지 않았고, 집권 후기로 갈수록 전자 우위의 관점에서 노동기본권을 바라보았다. 경제 위기와 경기 불황을 이유로 노동권을 잠정적으로 유보시킬 수 있다는 발상 그리고 실제로 노동권을 유보하는 다양한 노동정책과 노동법 개정안을 발표한 것은 문재인 정부가 민주화 이행 이후 민주주의가 일관되게 보였던 발전 국가의 틀 안에서의 노동정책을 집행하는 국가의 모습을 답습한 것이다.

그럼 어떻게 해야 할까? 시작은 글의 서두에 제기했던 화두, 노동 존중이란 과연 무엇인가에서 출발하여야 한다. 노동이라는 존재에 대한 인정, 노동의 권리에 대한 인정 그리고 노동의 정치적 발언과 힘을 인정하는 것이 바로 노동 존중이다. 그리고 그 반대의 방향은 노동의 집단적 존재를 부인하고, 자본주의적 민주주의 안에서 노동계급에게 주어지는 집단적인 권리인 노동자의 시민권을 다양한 방식과 핑계를 대면서 지연시키고 유보하고 박탈하고 해체하는 것이다.

이 글은 노동 존중의 정의를 단순한 정치적 수사를 넘어서 사회과학적 개념으로 구체화하고, 한국 노동법 개정의 역사를 기술하면서 한국의 노동 현실과 앞으로 다가오는 변화를 추적하면서 문제의 핵심이 무엇인가에 도달하였다. 노동 존중 민주주의의 가능성은 결론으로 자연스럽게 도출된다.

첫째, '노동 존중'을 사회적이고 제도적으로 구체화해야 한다. 노동 존중은 노동에 대한 인정이고, 그것은 노동에 대한 권리를 부여하거나 쟁취하는 것에서 출발한다. 박정희 전두환 시기 권위주의 체제 발전 국가의 역사적 유산과 노동의 시민권을 구분 정립하여 노동 존중 민주주의의 신기원을 열어야 한다. 그 점에서 최우선적으로 요구되는 일은 지금 바로 '권리 밖의 노동자들'에게 노동시민권을 부여하는 것이다. 권위주의 체제의 근로기준법에서부터 이미 처음부터 배제되고 노동권이 유보된 5인 미만 사업장의 노동자들을 최소한의 근로기준법의 대상이 되도록 법을 제개정하여야 한다. 이들의 규모는 대략 500만 명으로 집계된다. 이렇게 '예외' 조항 하나로 근로기준법으로부터 배제되고 노동권을 박탈당하는 현재의 야만적인 권리 상황을 바꿔야 한다.

또한 노동시장에서 구조조정으로 양산된 비정규직의 권리 박탈과 배제 문제를 근로기준법과 노조법의 개정을 통해서 법적·제도적으로 해소해 나가야 한다. 마지막으로 IT 경제와 플랫폼 자본주의를 표방하며 기술혁신이라는 이름으로 노동과 일자리를 없애고, 노사관계를 개별화하고 나아가 1인 노동자 혹은 자영업자화하면서 '권리 없는 노동'이 확산되는 데 대해서 경각심을 가지고 지켜보고, 새로운 '권리의 사각지대'를 만들지 말아야 한다. 기술적 진보를 우위에 두고 노동의 시민권을 위축시키지 말아야 한다.

둘째, 국가와 정치의 역할이 중요하다. 노동자들은 결국 노동의 시민권을 통해서 자신의 존재를 인정받고, 노조할 권리를 통해서 노동 조건을 바꾸는 길을 열 수 있다. 이 과정에서 노동의 시민권을 부여하고 보증하고 집행하는 국가의 적극적인 역할과 노사관계에서의 균형자로서의 역할이 핵심적이다. 그 점에서 현재의 민주 대 반민주, 정치적 보수주의 대 정치적 민주주의 구도 속에서 보수 우익과 자유주의 정치로 양분된 제도정치가 과연 정치적 형식적 민주주의를 사회적 실체적 민주주의로 나아가게 만들면서 민주주의의 환멸이 아닌 민주주의의 심화로 만들 수 있을까라는 의문이 드는 것이다. 노동자들을 정치적으로 배제한 정치적 민주주의의 지형은 심각한 대표성의 문제를 제기하고 있다.

마지막으로 국가와 정치를 바꾸기 전에 먼저 이 사회 안에서 노동에 대한 적대와 혐오를 멈추고, 노동이 존중받는 세상이 더 좋은 세상이라는 생각이 확산되어야 한다. 노동권은 국가로부터 주어지지만, 천부인권과 달리 교섭과 투쟁을 통해서 쟁취한 것이기도 하다. 노동권의 역사가 그것을 말해 준다. 노동권을 확보하기 위해 투쟁하는 노동자들을 응원하고 지지하는 것 그리고 사회적 바람막이가 되어주는 것이 필요하다. 노동의 사회적 고립을 넘어서는 연대의 정치가 필요하다.

참고문헌

권영숙. 2020. "한국 노동권의 현실과 역사: 노동 존중과 노동인권에서 노동의 시민권으로," 「산업노동연구」 26권 1호.

_____. 2018. "촛불의 운동정치와 87년 체제의 이중전환". 「경제와사회」, 117호.

_____. 2017. "민주화 이행 이후 한국 노동운동의 역사적 전환과 시기구분, 1987-2006". 「사회와 역사」. 115집.

김동춘. 1995. 『한국 사회 노동자 연구 - 1987년 이후를 중심으로』. 역사비평.

김유선. 2004. "외환위기 이후 노동시장 구조변화". 『아세아연구』. 47-1.

노중기. 2000. "한국 사회의 노동개혁에 관한 정치사회학적 연구". 『경제와 사회』. 48.

민주노총, 『연례 사업보고서』 (1996-2004).

전노협 백서 발간위원회. 『전노협 백서』 (1997). 1-13권.

임현진 · 김병국. "노동의 좌절, 배반된 민주화". 「사상」, 1991, 겨울호.

조돈문. 2016. 『노동시장의 유연성-안정성 균형을 위한 실험』. 후마니타스.

최장집. 1997. 『한국의 노동운동과 국가』. 나남출판.

Cumings, Bruce. "The Origins and Development of the Northeast Asian Political Economy: Industrial Sectors, Product Cycles, and Political Consequences," *The Political Economy of the New Asian Industrialism*, edited by Frederic C. Deyo, Ithaca, N.Y.: Cornell University Press, 1987, 203-226.

Ebbinghaus, Bernhard. "The Siamese Twins: Citizenship Rights, Cleavage Formation, and Party-Union Relations in Western Europe," Charles Tilly, ed., *Citizenship, Identity and Social History*. Cambridge: Cambridge University Press, 1995.

Marshall, T. H. "Citizenship and Social Class," *Citizenship: Critical Concepts*, ed, by Bryan Turner, and Peter Hamilton, 1964.

Pizzorno, Alessandro. "Political Exchange and Collective Identity in Industrial Conflict," Colin Crouch and Alessandro Pizzorno, eds., *The Resurgence of Class Conflict in Western Europe since 1968*. London: Macmillan. Vol. II, 1978.

Przeworski, Adam. Capitalism and Social Democracy. New York: Cambridge University Press, 1985.

Tilly, Charles. "Globalization Threatens Labor's Rights". *International Labor and Working Class History* , 1995, 47: 1-23.

제2부

부마항쟁에서
광주항쟁까지

1980년 '서울의 봄'의 좌절과
정치군벌 하나회의 정권 찬탈

김재홍

(유신청산민주연대 상임대표 · 서울미디어대학원대학교 석좌교수)

1. 1980년 서울의 봄 전후 정국 상황

10 · 26 박정희 살해사건으로 기대됐던 유신독재 체제의 종식은
여러 우여곡절을 거친 끝에 물거품이 되고 말았다. 거꾸로 더 강고한
정치군인들에 의해 12 · 12 군사반란과 극악한 국민 탄압으로 5 · 18
광주민주항쟁에 대한 살상 진압이라는 일련의 내란까지 겪어야 했다.
1980년 서울의 봄은 민주 회복의 기대 속에 수개월 간 피어오르는
듯했지만 결국 정치군벌 내란 집단에 의해 짓밟혀 꽃 피우지 못한 채
시들고 말았다. 한국 민주주의 발전사에 불행한 복고반동이었다. 그
역사적 반동의 주범집단은 일찍이 박정희가 키워온 정치군벌 하나회

였다. 12·12 군사반란은 한국군의 역사에 전무후무한 상관 총격 상해로 하나회가 군권 탈취를 위해 자행한 냉혹한 패륜 행위였다. 단발성 하극상 사건을 넘어서는 집단적 군사반란이었다.[1]

10·26 이후 서울의 봄으로 상징되는 민주 회복 정국에서 실질적 권력은 12·12 군권 탈취로 물리적 힘을 장악한 하나회 집단에 있었다. 그 하나회의 지배권력 아래서 민주 회복 정국의 행위 주체들이 움직였다고 보아야 할 것이다.[2]

최규하 대통령 권한대행과 신현확 국무총리 내각이 형식적 행정부로 존재했다. 국회와 김영삼 총재의 신민당과 김종필 총재의 공화당 등 정당들이 있었고, 재야 민주화운동 단체로 김대중 윤보선 함석헌이 공동의장인 국민연합이 활동했다. 최규하 과도정부는 10·26 이후 유화조치를 취하지 않을 수 없었으며 또한 그것이 국민 지지를 얻기 위한 방편이기도 했다. 박정희 유신독재에 저항하다 구속 수감된 학생, 종교인, 재야 민주인사들을 석방했다. 김대중의 가택연금을 해제하고 정치 활동을 재개할 수 있게 했다. 또 유신헌법에 대한 개헌 논의를 금지했던 긴급조치 9호를 해제했다.

최규하 대통령 권한대행의 유화책은 1979년 11월 10일 '시국에 대한 특별담화'로 처음 나왔다.

---

1 12·12 군사반란에 대한 상세한 서술은 다음의 졸저들을 참조. 김재홍, 『軍 1: 정치장교와 폭탄주』(서울: 동아일보사, 1994) 103-166; 『박정희의 후예들』(서울: 책보세, 2012), 57-96; 『박정희 유전자』(서울: 개마고원, 2012), 162-207.

2 1980년 서울의 봄이 전개되는 정국 상황에 대해서는 다음 책을 참조. 정상용·조홍규·이해찬 외, 『광주민중항쟁』(서울: 돌베개, 1990), 89-146; 지병문·김용철·천성권, 『한국정치의 새로운 인식』(서울: 박영사, 2001), 293-312.

"헌법에 규정된 시일 내에 국법이 정하는 절차에 따라 대통령선거를 실시하여 새로 선출되는 대통령에게 정부를 이양한다. … 새로 선출되는 대통령은 현행 헌법에 규정된 잔여임기를 채우지 않고 국민의 광범한 여론을 취합하여 헌법을 조속한 시일 내에 개정하고 그 헌법에 따라 총선거를 실시한다."

여기서 말하는 대통령 선거란 박정희가 만들어놓은 유신헌법의 통일주체국민회의에 의한 선거를 뜻한다. 개헌의 시한에 대해 그는 1년 이내에 하겠다고 추후에 제시했다. 재야 민주화운동 진영과 신민당 등은 이에 반대했다. 유신 체제 1인 독재의 장본인인 박정희가 제거된 마당에 유신헌법에 의한 대통령 선거를 인정할 수 없었으며, 민주헌법으로의 개헌을 최소한 6개월 이내에 해야 한다고 요구했다. 그러나 이 모두가 12·12 군사반란 이후 실질 권력을 장악한 하나회 집단의 정권 찬탈 음모에 의해 무력화되고 만다. 서울의 봄도 정치군벌 하나회 집단의 내란 과정 속에 찻잔 속의 바람 격으로 운명 지워져 있었다.

보안사령관 전두환과 수경사령관 노태우 그리고 특전사령관 정호용이 보스인 하나회가 질서 확립과 시국 안정을 내세우며 국가 권력을 장악해갔다. 특히 전두환은 1980년 4월 14일 중앙정보부장 서리로 취임, 보안사령관직과 함께 겸직했다. 이는 겸직 금지가 명시적으로 규정된 중앙정보부법을 위반하는 불법행위였다. 전두환의 중정부장 서리 겸직이 갖는 정치적 의미는 그가 대통령 주재의 주요 각료 간담회에 정규 참석자가 됐으며, 공식적으로 내각을 통제할 수 있게 됐다는 점이었다. 박정희 유신 체제에서 중앙정보부장은 중요한 정국 사안에 대한 관계기관대책회의나 주요 각료 간담회에서 중심적 지위였다.

서울의 봄이 좌절하고 박정희 유신독재 청산이 저지당하는 역사 반동과 퇴행의 배경에는 박정희가 키워놓은 정치군벌 하나회가 실질적 주범으로 도사리고 있었다. 하나회 보스 전두환은 5·18 광주민주항쟁을 살상 진압하는 내란을 거쳐 5공 정권을 세우고 '박정희 없는 박정희 유신독재'를 연출했다.

2. 박정희의 친위대 정치군벌 '하나회'
─군부 지하 사조직의 배태와 친위세력화

한국 정치군인의 원조 격으로는 이승만 정권 시절 반공을 무기로 활개친 특무대장 김창룡을 들 수 있다. 또 이승만의 친위군 노릇으로 유사한 행태를 보인 헌병 총사령관 원용덕도 꼽힌다. 그러나 이들은 대통령 이승만의 권위 아래서 그 하수인 역할을 했을 뿐, 궁극적으로 정권 장악이나 자신의 고유한 정치적 야심을 내세우지 못했다는 점에서 정치군인의 원조로 논하기에는 한계가 있다.

한국 정치사에서 명실공히 정치군인의 원조는 이미 1952년 6·25 전쟁 중 전시 수도 부산에서 군사 쿠데타를 육군참모총장 이종찬 중장에게 건의했던 박정희 소장이었다.[3] 박정희는 국가 존망이 위태로운 지경에도 여야 정치인들이 싸움질을 벌이고 있다며 군부가 정권을 장악해야 한다고 주장했다. 참 군인으로 유명한 이종찬 장군은 당시 군의 정치 개입을 엄격히 금지해야 한다면서 박정희를 크게 나무랐

---

3 강성재, 『참군인 이종찬 장군』 (서울: 동아일보사, 1986).

다. 이종찬 장군은 이승만이 자신의 권력을 강화하기 위한 이른바 사사오입 개헌에 야당이 반대하자 군대 동원을 지시했으나 이를 거부하고 군복을 벗었다. 군의 정치적 동원을 거부하고 직업군인의 표상으로 남은 것이다. 박정희는 일본 육사의 선배인 이종찬 장군을 존경했으나 그의 직업군인관을 배우지 못했으며, 그 후에도 계속 쿠데타를 입에 달고 다녔다.[4] 박정희는 결국 4 · 19 혁명이 진행된 지 1년여 만인 1961년 5월 역시 정치인들의 정쟁으로 인한 혼란을 이유로 군사 쿠데타를 감행한다. 정치군인의 원조로서 한국 정치사에 오랜 흉터로 남은 군사권위주의 정권을 창업한 것이다.

정치군인 박정희가 쿠데타로 집권하자 그와 동향인 대구 경북을 중심으로 한 영남 출신 장교들이 쿠데타 지지 활동을 벌였다. 정규 육사 11기인 전두환 노태우 대위 등은 모교인 육사 교장 강영훈 중장과 교수부 장교들이 군의 정치 개입을 반대하자 육사를 방문해 후배 생도들에게 쿠데타에 대한 지지 시위를 종용했다. 최고회의 의장 박정희는 이들 동향 출신 장교들을 군정 기구의 요직에 기용해 전두환은 중앙정보부 인사과장, 노태우는 방첩대 내사과장 그리고 손영길을 비서실 전속부관으로 배치한다. 당시 5 · 16 쿠데타의 주모 그룹은 육사 8기가 핵심으로 김종필 중앙정보부장과 길재호, 오치성, 옥만호 등이었고, 그다음 그룹은 육사 5기의 김재춘 등이었다. 쿠데타의 수장 박정희를 제외하고는 정작 주체 세력이 대부분 비영남 출신인 점을 눈여겨본 영남 출신 장교들은 박정희에 대한 친위대 의식을 갖기 시작한다.

---

4 이한림, 『세기의 격랑』 (서울: 팔복원, 1994). 이한림은 박정희와 일본 육사 동기생으로 그의 군 생활을 가장 잘 알았으며, 그가 고급 장교가 된 후 내내 군사 쿠데타 의지를 드러냈다고 회고했다.

거기다 쿠데타 주체세력이 공화당 창당에 소요되는 정치자금을 만드는 과정에서 이른바 4대 의혹사건이 터지자 이들에게 비밀회동의 명분으로 작용하기도 했다. 중앙정보부장으로 공화당 창당의 주역 노릇을 하던 김종필은 이른바 자의 반 타의 반의 해외여행으로 국내 정치권에서 떠나야 했다. 그 후에도 김종필은 지속적으로 대구 경북 세력의 견제에 시달리는 악연으로부터 벗어나지 못했다.

박정희의 5·16 쿠데타에 대한 지지 활동을 벌인 장교들은 육사 재학 중에 5성회라는 친목 모임을 만들었다. 후에 정치군벌 하나회의 사실상 뿌리에 해당하는 모임이었다. 전두환은 용성(勇星), 노태우는 관성(冠星), 김복동은 여성(黎星), 최성택은 혜성(慧星), 박병하는 웅성(雄星)으로 일종의 아호처럼 사용했다. 이 중 박병하가 함께 졸업하지 못했고, 육사 11기의 다른 영남 출신인 정호용, 손영길, 권익현을 회원으로 추가하여 확대 개편하고, 명칭도 7성회로 바꾸었다. 이들은 쿠데타 직후 박정희 최고회의 의장 경호실에 의해 선발돼 민원비서실이나 중앙정보부 등에서 근무하고 있었다. 당시 이들을 스카우트한 사람이 그때부터 박정희의 경호실장인 박종규 소령이었으며, 박종규는 지속적으로 하나회의 후견인 역할을 했다. 박정희의 분신이라 일컬어지는 박종규가 후견인이었기 때문에 하나회는 어느 누구도 감히 함부로 대하지 못하는 친위장교 집단으로 자리 잡았다.

1962년 가을 어느 날, 서울 효창공원 뒤 청파동의 전두환 대위 거처에서 주로 수도권에 근무하는 육사 11기 출신 대위 25명이 모였다. 4대 의혹사건 등 이른바 군사혁명의 명분에 대해 토의하기 위한 회동이었다. 이때 전두환은 장인 이규동 씨 집에서 처가살이를 하고 있었다. 이 모임을 7성회 회원들이 주도했다. 1963년 2월 전두환 소령의 거처에서 다시 모임을 가졌다. 이들은 시국 문제를 논의하고 군사 혁명에서 일정 역할을 확보하기 위해 서클을 조직하기로 의견을 모았다. 군내 사조직 결성을 금지한 육군 인사 규칙에 어긋나는 행동이었으나 쿠데타 권력 기구에 가담한 이들은 개의치 않았다. 7성회에다 박갑룡(대구, 수경사 30경비단장 역임)과 남중수(청송, 연대장, 에너지관리공단 이사 역임)가 추가됐고, 영남 일색이었기 때문에 다른 지역 출신을 한 명 끼워 넣어 노정기(전남 장흥, 소장 예편, 필리핀 대사 역임)를 추가해서 모두 10명, 텐 멤버가 확정됐다. 텐 멤버는 서클의 명칭을 놓고 숙의한다.

"우리는 정규육사 1기다. 나라도 하나, 우리의 우정도 하나로 뭉쳐야 한다. 그런 뜻에서 한마음회가 어떨까?"

"그것 괜찮네. 한마음회, 일심회라고 하자."

이들은 처음에 일심회라고 했다가 한마음회로 1차 바꾸고, 최종적으로 '하나회' 명칭을 확정지었다.[5]

하나회의 조직 확대 과정은 철저하게 기성 권력에 편승하는 방식이었다. 비록 군내 금지된 지하 사조직이었지만, 신진세력으로서 새로운 철학이나 군 개혁을 내세웠던 것도 아니었다. 관심은 오직 자신들이 진급과 주요 자리를 차지하는 보직인사에 집중됐다. 군 고위장성의 부관이나 권력자의 친인척이 주요 회원 포섭 대상에서 우선순위

---

5 하나회의 시발과 뿌리, 명칭 확정에 대해서는 다음을 참조. 김재홍, 『軍 1: 정치장교와 폭탄주』, 263-266.

였던 것도 그 때문이었다. 육사 출신 엘리트 장교들에게는 하나회의 그런 행태가 천민 군벌주의로 여겨져 기피 대상이었다. 실제 하나회의 뼈대를 형성한 전두환 노태우 정호용의 11기부터 박희도 박세직의 12기, 최세창 정동호의 13기, 이종구 안무혁의 14기 그리고 고명승 이진삼의 15기에 이르기까지 각 기별 대표화랑이나 생도연대장, 수석졸업생 출신 중엔 가담자가 전무했다.

하나회는 신입회원이 포섭되면 가입 의식을 가졌다. 이따금 비밀 요정을 이용하기도 했지만, 대부분의 경우 전두환의 사저에서 가입선서식을 했다. 선서를 받는 대상은 보스 전두환과 총무 그리고 가입 추천자였다. 가입 서약은 4개항이다.

> "국가와 민족을 위해 신명을 바친다. 하나회의 선후배 동료들에 의해 합의된 명령에 복종한다. 하나회원 상호 간에 경쟁하지 않는다. 이상의 서약에 위반할 시는 '인격말살'을 감수한다."[6]

장교임관식 때 국가에 대해 선서하던 것과 같은 자세로 사조직에 대해 충성을 서약하는 것이다. 이 같은 가입의식이나 "인격말살을 감수한다"는 배신 방지 조항을 보면 하나회는 조폭 집단인 마피아 조직과 다를 바 없어 보인다. 응집력 있는 군내 비밀결사로서 이들 하나회가 눈독을 들인 곳이 초기부터 육군본부 인사참모부 진급과와 보안부대 보안처 내사과였다. 육본 진급과는 장교 진급 인사서류를 챙기고, 보안부대 내사과는 장교들의 동향 보고를 취합한다. 하나회는 이 두

---

6 위의 책, 285.

곳을 장악해 군내 진급과 보직을 좌우했다.

하나회는 육사 11기부터 20기까지가 1세대, 21기부터 36기까지가 2세대로 구분된다. 각 기별로 9~11명이었으며, 이들은 전방 야전 군인의 길이 아니라 수도권 주요 부대에서 보직 관리를 거쳐 고위 장성 다수를 배출했다. 보안사령부의 보안처장, 정보처장, 인사처장, 비서실장과 수도경비사령부 예하 청와대 근위부대인 30단과 33단 그리고 수도권에 위치한 특전사령부 예하 1공수와 3공수, 5공수 여단 장이 하나회 핵심들의 필수 코스였다.

이렇게 응집력을 가진 정치군벌 하나회가 최고권력자 박정희의 친위대로 키워진 것이다. 하나회 보스 전두환은 소령 시절인 1963년 박정희의 이른바 민정이양 선거 때 박정희로부터 국회의원 출마를 권유받는다.

"민정이양 후 정치권 국회에서 나를 도울 세력이 필요하니 고향에 가서 공화당 후보로 출마하면 어떤가."

이에 전두환은 고향에 집안의 기반이나 여러 가지로 어렵다며 고사했다. 박정희는 쿠데타에 가담한 차지철도 출마하는데 못 할 게 있나며 거듭 종용했다. 이때 전두환은 먼 앞날을 내다보기라도 한 것처럼 이렇게 대답했다.

"각하, 정치권보다도 군내에 믿을 만한 사람이 필요하지 않겠습니까."

이 말이 바로 전두환의 군내 친위대를 자임한다는 뜻이었다. 이에 박정희도 깨달은 바 있어 더 이상 말하지 않았다고 한다.

10·26 이후 정치권이나 행정부를 차치하고 물리적 힘을 가진 실질 권력 집단은 군부였으며, 군부의 신경망을 지배하고 있는 기구가 보안사였다. 모든 실병 지휘관에 대한 동향 감시를 보안부대원이 맡고 있었기 때문이다. 당시 그 보안사의 사령관 전두환을 비롯해서 중령급 이상 주요 지휘부가 전원 하나회였다. 이들이 12·12 군사반란을 음모하고 실행에 옮겨 군권을 탈취한 이후 서울의 봄을 포함한 민주회복 운동은 사실상 사상누각과 다름없었다고 보아야 할 것이다.

5·16 군사 쿠데타가 터진 1961년 이후 박정희-전두환-노태우 정부를 거쳐 김영삼 정부가 들어선 1993년 이전까지 32년간 한국 정치는 군사 권위주의 아래 억눌려 있었다. 그 정치 체제를 중앙정보부와 정치군벌 하나회가 실질적으로 조형하고 지배했다. 중앙정보부에 대한 얘기가 많이 알려진 데 비해 하나회는 아직까지 비화 속에 묻혀 있다.

12·12와 함께 새로운 권력 집단으로 신세대 정치군인들이 등장하자 언론은 막연히 신군부라는 명칭을 붙였다. 그러나 12·12의 작전계획을 모의하고 실행에 옮긴 장교들의 면면을 뜯어보면 구체적 실체가 드러난다. 모두가 박정희 친위대로 키워진 정치군벌 하나회였다.

3. 하나회의 12·12 군사반란과 민주 회복 저지

1979년 12월 12일, 박정희 살해사건으로 비상계엄이 선포된 가운데 육군참모총장으로서 계엄사령관인 정승화 대장을 국방장관과 대통령의 재가도 받지 않은 채 보안사 중심의 합수부가 총격전까지 벌이며 불법 납치했다. 곳곳에서 이에 동조하기를 거부하는 군 수뇌급 고위장성들에게도 총격을 가했다. 정치군벌 하나회 집단에 의한 12·12 군사반란이었다.

10·26 사건 한 달 반여 후인 12월 12일 밤, 서울 근교 특전사령부 예하 3공수여단장 최세창 준장에게 사령관 정병주 소장을 체포하라는 보안사 지령이 떨어졌다. 하나회 회원인 최세창 준장은 고민하지 않을 수 없었다. 당시 보안사는 하나회의 할거처였다. 사령관 전두환 소장을 비롯해 허화평 비서실장, 정도영 보안처장, 허삼수 인사처장, 이학봉 대공수사국장 등 핵심 간부들이 모두 하나회였다. 정병주 특전사령관도 한때 전두환 노태우 준장을 여단장으로 거느렸던 것을 비롯해 많은 하나회 회원의 상관이었고, 하나회 후원자로서 군부 실력자였다. 그가 12·12 군사반란에 동조하기를 거절하자 강제 연행 지령이 떨어진 것이다. 자정을 넘겨 1시 반경 자신의 임무 수행이 늦었다는 생각에 최 여단장은 대대장 박종규 중령(후에 사단장, 김영삼 대통령의 12·12 가담자 색출로 보직해임)을 불렀다.

"하는 수 없다. 우리만 아직 임무를 끝내지 못하고 있으니 신속하게 사령부를 평정해야겠다."

3공수 병력이 사령관실 건물을 포위한 채 박 중령이 M16을 겨눈 특공조를 양옆에 거느리고 건물 안으로 들어갔다. 사령관실로 통하는 비서실 문이 잠겨 있었다. 특공조가 문고리 주위로 M16을 갈겨 벌집을 만들었다. 군홧발로 문을 차고 들어서자 안쪽에서 권총 탄환이 몇

발 날아왔다. 그러자 특공조 2명이 양쪽 문가에 몸을 붙이고 사령관실 안쪽을 향해 M16을 난사했다. 특공조가 우르르 방안에 뛰어들었을 때 사령관 비서실장 김오랑 대위(이날 순직 후 소령 추서)는 유혈이 낭자한 채 바닥에 쓰러져 있었고, 정 사령관도 왼팔에 관통상을 입은 채 무저항 상태였다. 김 대위는 병원으로 실려가다 출혈 과다로 숨졌다.

보안사의 이 같은 상관 체포 지령이 여러 부대의 하나회 실병 지휘관들에게 하달됐다. 정승화 계엄사령관을 불법 연행한 보안사와 육본 범죄수사단의 대령들, 국방부를 총격 점거한 1공수여단장 박희도 준장, 육본 지휘부가 피신해간 장태완 수경사령관실을 총격전으로 제압한 헌병단의 지휘관 신 모 중령, 전방에서 서울로 출병한 9사단장 노태우 소장과 29연대장 이필섭 대령 및 직전 작전참모 안 모 중령, 20사단장 박준병 소장 그리고 청와대 경비 30단장 장세동 대령과 33단장 김진영 대령… 이들 모두가 하나회였다. 군사반란에 반대한 3군사령관 이건영 중장을 체포하라는 지령을 전달받은 3군사 참모장 조명기 대령도 하나회다. 그는 사령부 보안반장과 상의한 뒤 차마 직속상관을 체포하지 못했다. 이 사령관은 나중에 노재현 국방장관을 만나러 갔다가 보안사에 체포된다.

이렇게 육참총장과 그가 활용할 실병부대인 특전사와 수경사가 제압당함으로써 군 지휘권은 하나회 수중으로 넘어갔다. 군사반란의 음모와 지휘부는 하나회가 포진해 있던 보안사였고, 그것을 실행한 일선 군부대의 지휘관 역시 모두 하나회였다. 군권을 탈취해 군대의 물리적 힘을 배경으로 실질 권력 집단이 된 정치군벌 하나회는 10·26 후 국민의 여망인 헌법개정을 통한 유신 체제 종식과 민주 회복을 저지하는 역사에 대한 반동 세력이었다.

하나회는 군에 금지된 비밀결사 사조직이었다. 국가와 국민 그리고 군의 정규 지휘 계통에 복속하지 않고 사조직 보스와 자신들만의 공동이익에 충성했다. 그 결과 그들의 총구는 군 내부를 넘어 결국 국민까지 겨누게 되는 것이다. 정치군벌 하나회가 감행한 12·12 군사반란과 5·17 비상계엄 확대조치 등 일련의 내란으로 서울의 봄이 상징하던 민주 회복은 물거품이 되고 만 것이다.

4. 전두환의 중앙정보부장 서리 겸직과 내각 장악
— 5·17 비상계엄 확대 조치에서 광주민주항쟁 발포 진압까지

정치군벌 하나회는 군 정보기관인 보안사에 포진함으로써 치밀하게 언론 검열을 통한 국민 여론 공작과 궁극적인 정권 찬탈을 위한 조직적인 전략기획 능력을 갖게 된다. 보안사는 중앙정보부에 버금가는 두뇌집단이기도 했다. 이들은 전문적인 여론조작을 위해 언론 검열 등의 계획서로 'K-공작'이라는 문건을 작성하고 실행했다. 이 K-공작 계획서의 목적은 전두환의 집권을 정당화하도록 여론을 조작하는 것이었다. 계획서는 "단결된 군부의 기반을 주축으로 지속적인 국력 신장을 위해 안정 세력을 구축하는 데 목적이 있다"고 적시했다.[7] 이 계획서에 따라 언론공작반은 "오도된 민주화 여론을 언론계를 통하여 안정세로 전환"한다는 방침 아래 언론계 중진들과의 개별 접촉과 회유 공작 방안을 마련했다. 7대 중앙일간지, 5대 방송사, 2대 통신

---

7 정상용·조흥규·이해찬 외, 『광주민중항쟁』, 97.

사의 사장, 주필, 논설위원, 편집·보도국장, 정치부장과 사회부장 등 94명을 접촉하도록 치밀하게 계획을 짰다. 이들은 합수부 보도검열단에 지침을 내려 야당, 재야 민주 진영, 학생운동권의 조속한 민주 회복 개헌이나 계엄령 해제 등의 요구가 언론에 보도되지 않도록 삭제하게 했다. K-공작 계획서는 여야 정치인들, 특히 김대중·김영삼 씨의 정치 활동이 "대통령병에 사로잡힌 추악한 파벌싸움"이라고 규정했다.

1980년 5월 13일부터 15일까지 연일 10만여 명에 이르는 대규모 학생시위대가 서울역과 광화문 일대를 휩쓸었을 때 민주회복 운동 진영은 일반 국민 대중의 호응과 참여가 의외로 부족한 상황을 보고 실망하지 않을 수 없었다. 5월 13일 밤부터 14일 새벽까지 고려대 학생회관에 모여 회의를 가진 서울지역 27개 대학 총학생회 대표 40여 명은 14일 오전부터 전면적인 가두시위로 정치 투쟁에 나서기로 결의했다. 그런데 15일 오후 각 대학 학생회에는 군 병력의 이동을 알리는 시민들의 제보 전화가 빗발쳤다. 효창운동장과 잠실운동장 부근에 군인들을 실은 장갑차와 트럭이 집결했다는 제보였다. 15일 저녁 서울지역 각 대학 총학생회 대표들은 다시 고려대에 모였다. 서울역에는 7만여 학생시위대가 집결해 있는 상황이었다. 이때 시민의 호응은 없었다. 노총회관에서 농성 중이던 민주노조 지도부와 조합원들조차도 학생들의 가두시위 동참 요구를 거절하고 해산해버렸다. 이처럼 시민의 무호응과 노조 등 주요 사회단체의 동참 거부는 보안사의 K-공작에 의한 여론조작이 상당한 성과를 거둔 것으로 평가할 수 있는 대목이었다. 대학 총학생회 대표들은 국민의 민주 회복 의지가 표출되지 않는 상황에서 군부와 대결한다는 것은 무모하다는 결론을 내렸다. 5월

15일 학생시위대의 서울역 회군은 그렇게 결정된 것이다.[8]

이처럼 하나회의 정권 찬탈 음모는 박정희의 5·16 쿠데타에 비교하기 어려울 만큼 정교하고 조직적이었다. 이들은 고도로 치밀한 정치 공작 수법을 동원해 유신헌법을 폐기하고 민주 회복으로 나아가는 정국 분위기를 저지하는 작업에 집중했다.

이들이 대통령 최규하와 국무총리 신현확 내각을 통제하기 위한 방편으로 고안해낸 것이 1980년 4월 14일 전두환의 중앙정보부장 서리 겸직이었다. 이는 겸직을 명시적으로 금지하는 규정을 둔 중앙정보부법 위반이었지만, 큰 목적을 위해 작은 시비를 감수했다. 전두환의 중앙정보부장 서리 겸직은 중앙정보부 조직 자체가 중요한 것보다도 정부 안에서 중앙정보부장이 차지하는 위상이 더 필요했기 때문이었다. 중앙정보부장은 대통령이 주재하는 주요 각료회의와 중요한 시국 사안에 대처하기 위한 관계기관대책회의에 정규 멤버로서 회의를 주도하는 위상이었다. 전두환이 보안사령관이나 합수부장이었을 때도 실력자이긴 했지만, 공식적으로 장관급이 아니기 때문에 주요 각료회의에 정규 멤버가 아니라 정국 상황 등에 대한 보고자 역할이었다.

1980년 3월 말경 중장으로 진급한 전두환은 중정부장 서리를 겸직하기 위해 신현확 총리 집무실을 방문한다. 전두환은 신 총리에게 "중앙정보부를 안정시키고 정상 궤도에 올려놓기 위해 중정부장 서리를 겸직해야겠다"고 요청했다.[9] 처음에 신현확은 전두환의 주장에 반

---

8 위의 책, 135.

9 1988년 12월 6일 국회 광주특위 제15차 회의 청문회에서 행한 신현확의 증언. 위의 책, 94.

대했다. 그러자 전두환은 신현확을 다시 방문하여 "1980년 1월 29일 석유값을 59.4% 인상한 배후에 신 총리가 정치자금을 조성했다는 유언비어가 있어 조사하라고 지시했다"고 협박했다. 신현확은 더 이상 말하지 못하고 입을 다물어버린다. 결국 대통령 최규하는 전두환을 중정부장 서리에 임명했다. 중정부장 서리를 겸직한 전두환은 정부 내 주요 각료급의 일원으로 각종 회의와 간담회에 참석하여 신현확 내각을 통제하고 조정할 수 있게 된 것이다.

중정부장 서리 전두환이 내각을 조정 통제하기 시작한 후 5월 14일 주요 각료 간담회는 전날 연세대 등 일부 학생들이 벌인 가두시위에 대한 대책을 논의하는 긴급한 회의였다. 그런데 이 간담회에 대학 문제 주무장관인 김옥길 문교부장관은 배제되었다. 회의가 끝난 후 신 총리는 김옥길 장관을 불러 회의 내용을 설명했다. 학생시위에 대한 강경책으로 교문 밖으로 진출하는 시위는 계엄포고령 위반이며 법에 따라 처리할 수밖에 없다는 내용이었다. 학생시위에 대한 대책을 논의하는 각료회의에 문교부장관이 참석하지 못한 채 전두환 중정부장 서리가 조정한 회의 결과만을 통보받는 꼴이었다. 김옥길 문교부장관은 통보받은 내용을 기자들에게 전했다.

전두환과 하나회는 이런 방식으로 내각 각료들의 정국 대처 회의 등을 무력화시키고 통제 조정했다. 신현확은 1988년 12월 국회 광주 특위 청문회에서 내각과 관료들이 주도권을 행사하려고 노력한 마지막 시점이 1980년 3월이었다고 증언했다. 전두환이 중정부장 서리를 겸직하고 주요 각료회의에 참석하기 시작한 4월 중순부터 하나회가 내각을 실질적으로 통제했다는 얘기였다.

한국 현대사에 운명의 날로 기록된 5월 17일, 전두환을 필두로 한 집권 음모 세력은 군 주요지휘관회의를 열었다. 전두환은 이날 보안사의 집권 음모 그룹인 비서실장 허화평, 대공처장 이학봉, 정보처장 권정달, 인사처장 허삼수 등 심복들을 동원해 각군 주요 지휘관들에게 회의에서 결정할 사항들을 사전에 주지시키도록 치밀하게 준비했다. 회의에서 결정할 시국대책안은 비상계엄확대 선포가 주요 내용이었다. 주요지휘관회의는 합참 정보국장 최성택의 상황 설명에 이어 자유토론으로 진행됐으며, 특전사령관 정호용, 수경사령관 노태우, 20사단장 박준병 등 하나회 핵심들이 강경 발언을 쏟아냈다. 유병현 대장 등 일부가 신중론을 제기했지만 강경론 대세에 눌리고 말았다. 4시간여 회의를 마치고 집권 음모 세력은 주요 지휘관들의 연서명을 받았다. 국방장관 주영복과 계엄사령관 이희성이 이렇게 연서명된 군부의 시국대책안을 국무총리 신현확과 대통령 최규하에게 들이밀었다. 최규하는 신현확에게 비상국무회의 소집을 지시했다.

이날 밤 9시 42분 개회한 비상국무회의는 국방부가 제출한 비상계엄확대 선포안을 찬반 토론도 없이 단 8분 만에 의결했다. 그 순간부터 집권 음모 집단은 신현확 내각의 권한을 박탈하고 합수부가 나서서 정치권과 재야 주요 인사를 체포했다. 그리고 가장 강력한 저항 세력인 학생운동권을 소탕하는 작업에 돌입했다. 합수부는 비상계엄 확대 선포가 비상국무회의에서 의결된 지 불과 10분 후인 밤 10시 정치인과 재야 민주 진영 인사들의 집을 급습하여 김대중, 문익환, 예춘호, 리영희 씨 등을 학생시위의 배후 조종 혐의로 체포했다. 동시에 김종필, 이후락, 박종규, 김치열, 김진만, 이세호 씨 등을 권력형 부정 축재 혐의로 체포했다. 김영삼 신민당 총재 등 야당의 주요 정치인들은 가택연금 시키고 계엄포고령 10호를 선포해 정치 활동을 금지시켰다.

이로써 서울의 봄은 막을 내렸다. 그러나 집권 음모 집단의 비상계엄 확대 선포와 주요 정치지도자 체포에 분노한 민중항쟁이 광주에서 불타올랐다. 진압군은 학생 시위대를 잔혹하게 폭행했고, 이를 보고 격분한 시민들이 가세한 민중항쟁이었다. 전두환을 보스로 한 정치군벌 하나회가 할거해 집권 음모를 꾸민 보안사와 이를 실행에 옮긴 공수부대는 전투 헬기까지 동원해 발포하는 살상 진압을 자행했다. 역사에 씻을 수 없는 죄과를 남긴 것이다.

참고문헌

강성재. 『참 군인 이종찬 장군』 (서울: 동아일보사), 1986.

강창성. 『일본/한국 군벌정치』 (서울: 해동문화사), 1991.

김재홍. 『군부와 권력』 (서울: 나남), 1992.

_____. 『軍 1: 정치장교와 폭탄주』 (서울: 동아일보사), 1994.

_____. 『박정희의 유산』 (서울: 푸른숲), 1998.

_____. 『누가 박정희를 용서했는가』 (서울: 책보세), 2012.

_____. 『박정희의 후예들』 (서울: 책보세), 2012.

_____. 『박정희 유전자』 (서울: 개마고원), 2012.

이한림. 『세기의 격랑』 (서울: 팔복원), 1994.

장태완. 『12 · 12 쿠데타와 나』 (서울: 명성출판사), 1993.

정상용 · 조홍규 · 이해찬 외. 『광주민중항쟁』 (서울: 돌베개), 1990.

지병문 · 김용철 · 천성권. 『한국정치의 재인식』 (서울: 박영사), 2001.

서울의 봄과 민주화의 좌절
─ 기층대중의 불만과 민주정치세력의 한계

오제연

(성균관대학교 교수)

1. 1980년 서울의 봄 당시 사회경제적 상황

1970년대 중반 이후 한국 경제는 국제적으로 진행된 세계자본주의의 분업 구조 재편과 결합하여 조립가공형의 중화학공업화로 나아갔다. 박정희 정부는 정책적으로 지정된 6대 업종(철강, 화학, 비철금속, 기계, 조선, 전자)에 대해 대규모 재정융자, 재정투자, 금융지원, 조세감면 등을 실시하였다. 하지만 중화학공업에 편중된 자금 지원은 이 부문에 과잉중복투자를 불러일으켰고, 여기에 1979년 초부터 본격화한 2차 오일쇼크와 이로 인한 국제적 불황으로 수출까지 급감하면서 한국 경제는 급속한 위기 국면으로 빠져들었다.[1] 경제성장률은 급락했고 물가는 폭등했다. 특히 수출 부진으로 인한 한국의 외채상환 불

능은 가장 긴급한 국가적인 문제가 되었다.[2]

1979년 10월 26일 박정희 사망 이후 등장한 최규하 정부는 이러한 경제 위기에 대응하여 1980년 1월 12일 환율과 금리의 대폭 인상을 골자로 한 '1·12 조치'를 단행했다. 1974년 12월 이후 만 5년 만에 이루어진 약 20%의 환율 인상은 수출상품의 가격경쟁력을 강화하고 채산성을 제고, 수출을 늘림으로써 악화일로의 국제수지를 방어하기 위한 조치였다. 환율 인상과 함께 단행된 금리 인상은 1970년대 말 국제적인 고금리의 대두에 조응하여 금융운용상의 경직성을 해소하는 한편, 저축유인을 높여 시중자금을 흡수, 수입 수요를 억제함으로써 국제수지 개선과 경제안정을 이룩하려는 의도를 가지고 있었다.

그러나 1·12 조치에 따른 환율의 인상은 2차 오일쇼크의 여파로 이미 가파르게 오르고 있던 물가를 더욱 자극할 수밖에 없었다. 물론 환율 인상으로 인한 수입단가의 상승이 수입을 억제하는 효과가 있지만, 당시 한국의 수입품목 중 원유, 수출용 원자재, 자본재, 내수용 긴요물자가 80% 이상을 점유하는 상황에서 수입의 축소는 사실상 불가능한 형편이었다. 따라서 환율 인상은 물가 앙등으로 이어질 수밖에 없었다.[3] 물론 금리 인상이 물가 상승을 다소 저지하는 효과를 가져올 수 있었지만, 실제로는 이보다 자금력이 취약한 중소기업에 부담을 주는 정도가 더 컸다. 한마디로 1·12 조치는 박정희 정부가 추진한 수출 대기업 위주의 경제정책을 답습하면서 그 부담을 국민과

---

1 김동욱, "한국자본주의의 모순구조와 항쟁주체,"『광주 민중항쟁 연구』(사계절, 1990), 82-83.

2 민주화운동기념사업회 한국민주주의연구소 엮음,『한국민주화운동사 3』(돌베개, 2010), 699.

3 "물가희생 속 고용유지 수출증대 몸부림,"「동아일보」(1980. 1. 12). 2.

중소기업에 전가하는 것이었다.

최규하 정부는 물가 상승에 따른 충격을 완화하고자 쌀, 보리쌀, 연탄, 밀가루값을 동결하는 등 생필품값 안정에 나섰으나 모든 물가가 오르는 상황에서 농수산물 가격만의 억제는 농어민의 고통을 가중시키는 것이었다. 노동자들의 상황도 갈수록 악화되었다. 먼저 기업들이 계속 폐업하면서 노동자의 일자리가 갈수록 줄어들었다. 일례로 중소기업중앙회에 따르면 1980년 3월 중 폐업한 업체만 71개 사였다. 이 가운데 44%인 31개 사가 경기침체로 인한 판매 부진을 이유로 폐업하였고, 24개 사는 자금난으로 폐업하였다. 같은 기간 휴업한 업체도 37개 사에 달했다. 그 결과 실업자도 급증했다. 노동청의 발표에 따르면 1980년 1/4분기 실업자 수는 82만 명으로, 전년도 같은 기간에 비해 26만 명이나 증가하였다.[4]

결국 1980년 한국 경제는 6·25 전쟁 이후 처음으로 마이너스 성장을 기록하고, 반면 물가는 28.6%, 특히 도매물가상승률은 44.2%에 달할 정도로 악화되었다.[5] 오랫동안 경제적 불평등에 시달리던 농어민과 노동자 등 기층대중은 이번에도 그 여파를 고스란히 떠안았다. 이에 기층대중의 불만은 갈수록 커질 수밖에 없었다. 특히 노동 현장에서 그 불만은 임금 문제 등을 둘러싸고 다양한 쟁의를 불러일으켰다.

---

4 한국기독교교회협의회 인권위원회, 『1980년대 민주화운동 (VIII)』 (한국기독교교회협의회, 1987), 790, 831.
5 김준, "1980년의 정세발전과 대립구도," 『광주 민중항쟁 연구』 (사계절, 1990), 135.

2. 노동쟁의의 급증

5·17 쿠데타와 5·18 민중항쟁 진압으로 전두환이 권력을 완전히 장악하기 직전, 즉 1980년 서울의 봄은 기층대중, 특히 노동자들의 투쟁이 한꺼번에 폭발한 시기였다. 1980년 5월 1일 노동청이 조사 집계하여 발표한 바에 따르면 1980년에 들어와 4월 말까지 총 809건의 노동쟁의가 발생하였다. 이를 원인별로 분류해보면 임금 체불 560건, 임금인상 요구 77건, 휴폐업 반대 25건, 부당해고 9건, 노조관계 37건, 화재 및 중대재해 문제 17건, 기타 84건이었다. 또 유형별로 분류하면 작업거부 35건, 농성 39건, 시위 9건, 집단진정 726건이었다.6 단 이 통계는 노동청에 의한 것이기 때문에 실제보다 축소 파악되었을 가능성이 높다. 실제로 다른 통계에 따르면 1980년 5월까지 전국적으로 2,168건의 노동쟁의가 있었고 연인원 20만 명의 노동자가 투쟁에 참여했으며 8만여 명이 신규 노조에 참여했다고 한다.7 통계마다 차이가 있으나 그 이전과 비교했을 때 1980년 서울의 봄 당시 노동쟁의가 크게 증가한 것만은 분명한 사실이다. 이에 여기서는 1980년 서울의 봄에 있었던 대표적인 노동쟁의 사례들을 소개하고, 이를 토대로 당시 노동쟁의의 유형과 특징을 살펴보고자 한다.

---

6 한국기독교교회협의회 인권위원회, 앞의 책, 787.

7 유경순, 『1980년대, 변혁의 시간 전환의 기록: 학출활동가의 변혁운동 1』 (봄날의박씨, 2015), 159.

1) 주요 쟁의 사례

(1) 청계피복노조 농성

청계피복노조는 1980년 3월 24일 노사협의 과정에서 임금 평균 35~40% 인상, 상여금 150% 인상, 전임수당 100% 인상, 퇴직금제 전면 실시 등을 요구하였으나 사측으로부터 이를 거절당했다. 이에 노동자 160여 명은 4월 8일부터 임금인상 등을 요구하며 농성에 돌입하였다. 농성 당시 청계피복노조는 앞서 언급한 임금 관련 요구 외에 노동 3권 보장, 해고·구속 노동자 복직, 실직 노동자 구제, 관계기관의 책임 있는 행정감독 촉구, 평화시장 주식회사의 노사협의 참여 그리고 서울시의 중부시장 폐쇄 방침 철회, 영세기업 조세감면 등을 함께 요구하였다. 또한 4월 11일에는 최저생계비를 요구하는 호소문을 배포하기도 했다.

4월 14일에는 '전태일 추모제'가 열렸는데 600여 명의 노동자들이 "근로기준법을 준수하라", "내 죽음을 헛되이 말라" 등 전태일의 유언을 쓴 만장과 영정을 앞세우고 가두로 진출하여 경찰과 충돌했다. 이과정에서 노동자 7명이 부상당하고 1명이 입원하였다. 하지만 이날 사측이 직권조정신청을 보류하면서 타협의 물꼬가 트였다. 결국 4월 15일 노동청 조정위원회가 마련한 임금 28% 인상, 퇴직금제 확대 실시 등의 안을 노동자와 사용자 측이 모두 받아들이면서 청계피복노조의 농성 투쟁은 막을 내렸다. 하지만 이후 평화시장의 일부 업자들은 불황으로 인해 임금의 부담 능력이 없다며 노동청의 조정안에 반발하기도 했다.[8]

(2) 사북사건[9]

1980년 3월 31일 사북 동원탄좌 노조지부장(대리) 이재기는 사측과 20% 임금인상에 합의했다. 탄가 인상 시 재조정이라는 조건을 붙였지만, 당시 광산노조에서 주장하던 42.75% 인상에 비해 턱없이 낮은 수치였다. 게다가 이재기는 동원탄좌 광부들과 협의도 없이 다른 민영 탄광과 보조를 맞추지도 않은 채 단독으로 20% 인상을 합의한 것이었다. 이에 과거 노조지부장 선거에서 이재기와 맞섰던 노동자 30여 명은 4월 18일 노동조합 사무실로 몰려가 임금인상 폭에 대해 항의하며, 이재기의 사퇴와 노조지부장 직접선거 등을 요구하였다. 이때 출동한 경찰이 주동자로 신경을 연행하자 노동자 300여 명이 사북지서로 몰려갔고, 당황한 경찰은 21일에 집회를 열 수 있게 해주겠다고 약속하고 신경을 풀어주었다.

하지만 4월 21일 계엄분소는 집회 불허를 결정했다. 그럼에도 노동자 40여 명이 다시 노동조합 사무실에 모이자 사복경찰들은 채증을 시도했다. 이 과정에서 노동자와 경찰 사이의 충돌이 발생하고, 급기야 노동자들의 항의로 겁을 먹은 경찰이 차를 타고 급하게 도망가다 노동자 6명을 치고 달아나는 사고가 발생했다. 이에 격분한 노동자들은 사북지서에 들어가 기물을 부수고 광업소 사무실을 점거하였다. 이후 점거 농성에 참여한 노동자가 1,500여 명으로 늘어난 상황에서

---

8 이해찬·유시민 외, 『광주민중항쟁: 다큐멘터리 1980』(돌베개, 1990), 106; 한국기독교교회협의회 인권위원회, 앞의 책, 778, 782.

9 당시 이 사건은 주로 '사북사태'라고 불리며 폭력적인 면이 부각되었다. 그러나 이후 노동자들의 투쟁이라는 면이 부각되면서 '사북항쟁'이라는 용어가 함께 쓰이고 있다. 하지만 아직 이 사건에 대한 학술적인 연구가 초기 단계에 있어 앞으로 규명되어야 할 많은 과제들이 남아 있는 만큼, 여기서는 잠정적이자 편의적인 명칭으로 '사북사건'이라고 부르고자 한다.

노동자와 경찰의 협상이 진행되었다. 그리고 공수부대의 투입 직전인 4월 24일 이들은 이재기 노조지부장과 노조집행부 사퇴, 1~2월분 임금인상 소급분 20%의 5월 지급 및 탄가 인상 시 재조정, 상여금 250%를 400%로 인상, 하청업체에게 노임과 상여금 상향조정 건의, 경찰의 실력행사 절대 삼가, 회사와 당국의 사태 해결 최대 노력 등 11개 항에 합의하였다. 이로써 노동자들의 점거 농성은 막을 내렸다. 그러나 주동자를 처벌하지 않겠다는 약속과 달리 경찰은 5월 6일부터 26일 사이에 200여 명을 체포하여 그중 81명을 구속하였다.[10]

(3) 동일방직 해고자 복직 요구

동일방직의 노동자들은 1972년 한국 최초로 여성 노조지부장을 선출한 이래 1970년대 민주노조운동을 선도적으로 전개하였다. 하지만 사측과 경찰은 '나체', '똥물'로 상징되는 폭력적 탄압을 통해 동일방직의 민주노조를 와해시키고자 했고, 결국 1978년 사측은 124명의 노동자를 해고하였다. 이때 전국섬유노조마저 동일방직 노조를 사고지부로 처리하고 이총각 지부장 등 4명의 노조 간부를 '도시산업선교회와 관련이 있는 반조직행위자'라는 이유로 제명하였다.

박정희 정부가 무너진 뒤 1980년 3월 10일 동일방직 해고자 중 20여 명이 '노동절' 식장인 국립극장 앞에서 '복직시키라'는 등의 플래카드를 들고 동일방직복직투쟁위의 이름으로 된 〈결의문〉을 배포하면서 시위를 벌였다. 그리고 3월 13일에는 문익환 목사를 위원장으로 하는 '동일방직 해고근로자복직추진위원회'(이하 복직추진위)가 발족

---

10 장용경, 「1980년 4월의 사북, 광부들의 폭력과 폭력 앞의 광부들」, 『역사문제연구』 42, 2019, 98-120; 한국기독교교회협의회 인권위원회, 앞의 책, 783-784.

하였다. 복직추진위는 4월 11일 시내 중심가에서 해고노동자 복직을 요구하는 전단을 배포하다가 9명이 연행되어 그중 2명이 구속되었다. 이에 복직추진위와 한국교회사회선교협의회는 4월 18일 연행자들의 석방과 관제 어용노조 간부의 추방, 노동 3권의 완전 보장, 동일방직 해고노동자 124명의 복직 등을 촉구하는 〈성명서〉를 발표하였다.

4월 25일에는 동일방직 해고노동자 28명이 복직을 요구하며 한국노총 사무실에서 농성을 벌였다. 또한 복직추진위도 5월 9일 해고노동자의 복직과 재취업을 방해한 김영태 한국노총 위원장의 공개 사과 및 퇴진을 촉구하였다. 5월 12일 해고노동자 124명은 다시 자신들의 복직과 김영태 한국노총 위원장의 퇴진 그리고 노동 3권의 보장을 요구하는 〈성명서〉를 발표하였다. 다음날인 13일에는 한국노총이 노총회관에서 주최한 '노동기본권 확보를 위한 전국 궐기대회'의 회의장을 동일방직 해고노동자 124명을 포함한 1천여 명의 노동자가 점거하여 김영태 위원장의 퇴진과 노동기본권 확보 등을 요구하며 농성을 벌였다.[11]

2) 노동쟁의의 유형과 특징

1980년 서울의 봄 당시 노동쟁의의 양상에서 가장 눈에 띄는 것은 임금 체불과 관련한 것이 양적으로 절대 다수를 차지한다는 사실이다. 이미 앞서 언급한 바와 같이 1980년 1~4월의 노동쟁의 총 809건 중 임금 체불과 관련한 것이 560건(69.2%)이었다. 당시 임금 체불 상황

11 한국기독교교회협의회 인권위원회, 위의 책, 771-773, 780, 785, 792-793; 이해찬·유시민 외, 『광주민중항쟁: 다큐멘터리 1980』(돌베개, 1990), 109.

을 보면, 1980년 1월 현재 전국 88개 사업체에서 노동자 1만 3,418명을 대상으로 한 체불임금이 22억 원에 달했다. 임금 체불 문제가 갈수록 심각해지자 최규하 정부는 수시로 체불임금 청산을 촉구하고 상습적인 체불 업주에 대해서는 구속을 지시하였다. 노동청은 실제로 1980년 2월 노동자들에게 연차유급수당, 연장근로수당, 야간근로수당, 퇴직자 보너스 등을 제대로 지급하지 않았던 선경합섬을 입건하기도 했다.[12]

하지만 정부가 이렇게 적극적으로 임금 체불 문제에 나선 사례는 많지 않은 것으로 보인다. 정부의 무책임 속에서 노동자들은 사측의 임금 체불에 대응하여 자력구제에 나설 수밖에 없었다. 몇 가지 사례를 살펴보면 사장의 증발로 1979년 11월과 12월 임금 1,200만 원을 받을 수 없게 된 한 업체의 80명 노동자들이 회사가 공매 처분될 상황에서 체불 임금을 받아내기 위해 재봉틀을 팔려고 들어내다가 적발된 경우가 있었다. 또 창원의 동광공업에서는 기업부실로 1979년 10~12월까지 3개월분의 임금과 퇴직금이 지급되지 않자 노동자들이 압류고철 매각에 나섰다. 1980년 5월에도 동명목재의 3,200명 노동자들이 5월분 임금 4억 5천만 원을 확보하기 위해 회사 전 재산 처분권을 요구하였다.[13]

노동쟁의에서 임금 체불 문제와 함께 중요한 것이 임금인상 요구였다. 이는 앞서 언급한 물가 앙등과 깊은 관련이 있었다. 1980년 서울의 봄에 노동자들의 명목임금은 계속 오르고 있었다. 하지만 물가상승분을 고려한 실질임금은 오히려 하락하고 있었다. 노동청의 발표에

---

12 한국기독교교회협의회 인권위원회, 위의 책, 757, 761.
13 위의 책, 766-767, 790.

따르면 1980년 1월의 실질임금은 1975년 이후 처음으로 마이너스를 기록했다. 즉, 작년 같은 기간에 비해 명목임금은 15.4%가 증가했으나 급격한 물가 상승으로 실질임금은 7.1%가 감소했던 것이다. 경제기획원 보고에서도 1980년 3월 명목임금은 작년 같은 기간에 비해 22.6% 올랐으나 실질임금은 4.2% 감소했다.[14] 이러한 실질임금 감소는 정부가 임금인상 가이드라인을 물가상승률과 관계없이 15~20% 정도로 설정한 데서 기인한 것이었다. 이는 물가상승분을 고려한 최저생계비를 기준으로 임금인상을 주장하는 노동자들의 요구와 근본적으로 충돌할 수밖에 없었다.

앞서 살펴본 청계피복노조의 농성이나 사북사건은 여러 복합적인 요인들이 내재되어 있으나 우선 임금 문제 때문에 발생한 노동쟁의였다. 그밖에도 당시 굵직한 노동쟁의들은 대부분 노동자들의 임금인상 요구와 관련되어 있었다. 대표적인 것이 사북사건 직후에 발생한 동국제강 노동자들의 임금인상 투쟁이다. 1980년 4월 29일~5월 7일까지 동국제강 노동자 1천여 명이 3월에 인상된 임금 15.4%를 40%로 추가 인상, 현행 공상자 임금 60%를 100%로 인상, 일반 공원 연 200% 상여금을 일반 사원과 같은 400%로 인상, 노조 결성 방해 중지 등을 요구하며 농성을 벌였다. 동국제강 노동자들은 사측의 무성의한 협상 태도와 경찰의 해산명령에 격분하여 각목과 쇠파이프로 무장하고 가두로 진출해 밤늦게까지 기동경찰대와 치열한 투석전을 전개했다. 그러나 자연발생적으로 일어나 격렬한 투쟁을 벌였던 동국제강 노동자들의 투쟁은 주도자들이 구속되면서 큰 성과 없이 실패로 끝났다.[15]

---

14 위의 책, 829, 833.
15 유경순, 앞의 책, 161; 한국기독교교회협의회 인권위원회, 위의 책, 786.

노동 조건 개선과 관련하여 노동자들이 요구한 것 중에는 노동시간 단축도 있었다. 한국의 장시간 노동은 지금도 여전하지만, 과거에는 그 정도가 더 심했다. 1980년 7월 노동청 발표에 따르면 당시 한국 노동자의 월평균 노동시간은 215시간으로서 1970년대에 비해 다소 개선되었으나 미국과 일본보다 40시간이 더 많았다.[16] 이러한 장시간 노동 때문에 노동시간 단축은 자연스럽게 노동운동에서 주요 의제가 될 수 있었다.

노동시간 단축을 가장 강력하게 밀어붙인 것은 해태제과 노동자들이었다. 이미 1975~1976년에 해태제과 노동자들은 사측과의 쟁의를 통해 18시간 노동에서 12시간 노동으로 또 7부제 작업에서 휴일 근무제로, 식사 시간 30분에서 휴식 시간 30분을 추가로 얻어낸 바 있었다. 이러한 성과를 바탕으로 1979년 7월부터 해태제과 노동자들은 8시간 노동제를 위한 투쟁에 본격적으로 나서기 시작했다. 애초 600~700명의 노동자가 참여했던 이 투쟁은 회사의 탄압으로 한때 그 참여자 수가 15명 정도까지 떨어지기도 했다. 하지만 해를 넘겨 1980년까지 투쟁을 이어가면서 마침내 1980년 3월 사측으로부터 8시간 노동제 실시를 약속 받을 수 있었다. 그리고 더 나아가 1980년 4월 11일 서울시의 직권조정으로 해태제과 외에 롯데, 동양, 서울식품 역시 노동자의 근무시간이 8시간으로 줄어들고 반면 임금 및 상여금은 인상되었다. 다만 해태제과 노동자들의 투쟁 과정에서 사측이 자행한 폭력을 고발하는 데는 실패하였고, 주도자 중에서 후에 해고자가 발생하기도 했다.[17]

---

16 한국기독교교회협의회 인권위원회, 위의 책, 831.

17 이영재, 『공장과 신화』 (학민사, 2016), 273-329; 한국기독교교회협의회 인권위원회,

이상에서 살펴본 '체불임금 지급' '임금인상' '노동시간 단축' 투쟁은 노동자들의 생존권에 기초한 처우 개선, 노동 조건 개선 유형이라 할 수 있다. 그런데 1980년 서울의 봄에는 이러한 특징뿐만 아니라 '노조'의 결성, 민주화 그리고 위상 강화 투쟁과 같은 조직 개선, 제도 개선 유형의 특징이 시간이 갈수록 강해지는 모습을 보였다.

먼저 미조직 노동자들의 노동조합 결성 투쟁을 꼽을 수 있다. 노동조합 결성 투쟁은 1980년 3월 4일 서울 구로공단의 남화전자 노조 결성을 발화점으로 해서 5월 17일 쿠데타 직전까지 전국으로 확산되었다. 이러한 조직화는 이리(익산) 수출자유지역, 대구, 서울 구로공단 등 전국 주요 공단의 제조업 사업장에서 두드러졌다. 일례로 노조 무풍지대였던 마산 수출자유지역 내 일본인 기업체에도 노조가 설립되었고, 이 자유지역 내 84개 업체 가운데 17개 업체에서 노조를 결성하고자 하는 움직임을 보였다. 울산공업단지에서도 7개 업체에 노조가 들어섰다. 1980년 서울의 봄 당시 8만 명 이상의 노조원이 늘어났다.[18]

기존 노조에 대한 민주화 요구도 봇물처럼 일어났다. 앞서 살펴본 사북사건, 동국제강 농성, 해태제과 투쟁, 동일방직 해고자 복직 투쟁 등의 배후에는 노동자의 요구를 대변하지 못하고 사측과 밀착한 어용 노조에 대한 비판과 분노가 놓여 있었다. 1980년 3월 서울대 사회과학연구소의 발표에 따르면 노조원 935명을 대상으로 한 조사 결과, 노조가 노동자를 위한 단체라고 생각하는 사람이 507명이었고, 노조가 고용주에게 이익이 된다고 생각하는 사람이 303명이었다. 노조가 노동자가 아니라 고용주에 이익이 된다고 생각하는 사람이 전체 응답

위의 책, 779-780.

18 민주화운동기념사업회 한국민주주의연구소 엮음, 앞의 책, 707.

자의 1/3 정도나 된다는 것은 당시 노동자들의 기존 노조에 대한 불신이 얼마나 심각했던가를 잘 보여준다.[19]

노동자들의 주된 공격 대상은 개별 사업장 어용노조 배후에 있는 한국노총이었다. 1980년 초부터 섬유노조를 비롯한 화학, 금융, 운수, 철도, 체신, 전매, 관광, 외기 등 여러 산별노조들은 전횡을 일삼는다는 이유로 김영태 한국노총 위원장의 사퇴를 계속 요구했다. 그중 섬유노조는 김영태 위원장이 노총 위원장 선거 당시 1년간 노사분규가 계속되고 있는 국제그룹 등 여러 기업으로부터 금품을 수수했다고 주장하며 법무부에 처벌을 강력하게 건의하기도 했다. 동일방직 해고노동자들도 자신들을 불순세력으로 규정한 김영태 위원장을 명예훼손 혐의로 고소하였다.[20]

산별노조 중에서는 전국금속노조가 노동자들로부터 많은 비판을 받았다. 특히 5월 9일에는 전국금속노조 대의원대회가 열리는 노총회관을 산하 노동자 1천여 명이 점거한 후 '자율적인 노조 결성 방해말라', '노동 3권 보장하라' 등의 플래카드를 들고 집단농성에 들어갔다. 이들은 동일방직 등 해고노동자의 복직을 촉구하고 노조 간부를 불법징계하여 동지를 팔아먹는 금속노조의 풍토를 비판하면서, 궁극적으로 정치권력에 아부하여 금속노조를 추락시킨 김병룡 금속노조 위원장 퇴진을 요구하였다.[21] 5월 13일에는 앞서 이미 언급한 대로 같은 장소에서 열린 한국노총 대회에 동일방직 해고노동자 124명을 포함

---

19 한국기독교교회협의회 인권위원회, 앞의 책, 770-771.

20 위의 책, 757, 762-764.

21 "대의원대회 점거 농성," 「동아일보」 1980. 5. 9., 6; 한국기독교교회협의회 인권위원회, 위의 책.

한 1천여 명의 노동자가 참여하여 대회장을 점거하고 김영태 위원장의 퇴진과 노동기본권 확보 등을 요구하며 농성을 벌였다.[22]

끝으로 이러한 조직 개선, 제도 개선 유형의 노동쟁의에서 최종적인 목표는 유신헌법을 대체하여 새로 만들어질 헌법을 통해 노동 3권을 확실하게 보장 받는 것이었다. 물론 노동 3권은 처우 개선, 노동조건 개선 유형의 노동쟁의에서도 자주 언급되었다. 단 이는 궁극적으로 법과 정치의 문제였다. 1971년 국가보위에 관한 특별조치법을 통해 노동자의 단체교섭권과 단체행동권이 제약받은 이래 1972년 유신헌법 제정으로 1970년대 내내 노동 3권을 온전히 누리지 못했던 한국의 노동자들에게 노동 3권의 회복과 그것의 신헌법 반영은 가장 중요한 정치적 과제일 수밖에 없었다. 그래서 1980년 3월 10일 노동절 당시 한국노총이 '노동 3권의 완전 회복'을 가장 앞세웠던 것도 이 때문이었다. 당시 한국노총은 그밖에도 '노동자의 이익분배 균점권과 경영참가권 보장'도 함께 요구하고 있었다.[23] 1980년 5월 9일과 13일 노총회관을 점검 농성하면서 금속노조와 한국노총을 비판했던 노동자들도 이러한 노동자의 권리에 대해서는 동일한 요구를 내걸었다.[24]

---

22 한국기독교교회협의회 인권위원회, 위의 책, 791, 793.

23 위의 책, 771.

24 헌법에 자신들의 권리를 명시하고자 했던 것은 농민들도 마찬가지였다. 1980년 4월 '민주농정실현 전국농민대회'와 '헌법 및 농림법령 공청회' 등에서 볼 수 있듯이 1980년 서울의 봄 당시 농민들의 움직임은 농민들의 이해가 헌법개정이나 농업 관련법의 개정에 반영되기를 바라는 청원 운동이 주류를 이루었다. 반면 일상 투쟁은 전개되지 못했다. 당시 정치 정세의 핵심이 헌법개정을 통한 정치권력의 향방과 헌법개정 내용이었다는 점을 생각할 때 이러한 농민들의 움직임도 적극적으로 평가할 필요가 있다. 농민들이 이렇게 움직일 수 있었던 것은 전국적이고 자주적인 농민운동단체가 결성되어 1970년대부터 활발한 활동을 해왔기 때문이었다. 그러나 농민운동은 일정한 정치적 선진성을 갖고 있었음에도 불구하고 일상적 대중투쟁이 뒷받침되지 못함으로써 격렬한 정치 투쟁에 조직적으로 참여할

최규하 정부 역시 표면적으로는 노조 활동은 물론 노동 3권을 최대한 보장하겠다고 약속했다.

3. 민주정치세력의 대응

1) 신민당과 양김

그렇다면 1980년 서울의 봄 당시 노동자들을 비롯한 기초대중의 투쟁에 민주정치세력은 어떻게 대응했는가? 일단 여기서는 민주정치 세력 중에서 신민당과 신민당을 대표하는 김영삼과 김대중 양김 그리고 정치사회 외곽에서 민주화운동을 전개한 종교인, 지식인 그룹을 살펴보고자 한다. 당시 한국 민주화운동에서 중요한 역할을 수행했던 대학생도 민주정치세력 범주에 포함시킬 수 있겠으나 그들과 정치사회의 관계가 분명치 않으며, 무엇보다 대학생은 양적 질적으로 별도의 분석이 필요하기에 일단 이 글의 분석 대상에서는 제외하도록 하겠다.

먼저 제1야당이자 보수야당이었던 신민당은 경제 위기 극복과 민생 안정에 초점을 맞추고 이를 위해 '국민경제평의회'를 조직하고자 했다. 그리고 분배와 노동 문제에 대하여 1980년 1월 김영삼 신민당 총재는 신년기자회견을 통해 다음과 같이 언급하였다.

"70년대에 들어서면서 국민의 소득분배는 경제 계층 간의 불평등을 더욱

수 없었다. 김진균 · 정근식, "광주 5월 민중항쟁의 사회경제적 배경," 『광주 5월 민중항쟁』 (풀빛, 1990), 87.

심화시키는 방향으로 이루어져 왔으며, 여기에서 부익부 빈익빈 현상은 더욱 가속되었던 것입니다. 또한 노동 3권의 근본적 제약 속에서 이룩된 고도성장은 근로자들의 노력에 힘입은 것임에도 불구하고 그들에게 돌아오는 몫은 그에 따르지 못하였고, 이것이 노동쟁의의 불씨로 남아 오늘의 현실에 매우 위험한 불안 요인으로 나타나고 있습니다."[25]

아직 노동쟁의가 본격화하지 않은 시점에서 박정희 정부의 소득 분배 정책과 노동 3권의 제약으로 경제적 불평등이 심화되고, 노동쟁의의 불씨가 커지고 있다는 진단은 정확한 것이었다. 그런데 김영삼은 이 신년기자회견 후반부에서 노동 문제에 대해 "노동이 우리 경제에서 유일하게 국제 경쟁력을 유지할 수 있는 자원임을 인식하여 노사간의 평화적 협조 무드가 유지되도록 만전을 기해야" 한다고 주장했다.[26] 노동을 국가경쟁력을 위한 자원으로 파악하고 평화적 노사관계를 강조한 것은 사실 이전 박정희 정부와 크게 다르지 않은 인식이었다. 또한 '어떻게' 노동을 국가경쟁력으로 연결하고 '어떻게' 평화적 노사관계를 구축하느냐와 관련한 방법론은 전혀 언급하지 않았다. 이후에도 김영삼의 노동과 분배에 대한 언급 속에서 물가 상승에 따른 임금인상 외에 구체적인 방법론은 찾아보기 힘들다.

김영삼은 1980년 5월 9일에 가진 기자회견을 통해 다시 한번 노동 3권과 노사관계에 대해 언급하였다. 우선 그는 노동자의 저임금에 의존하려는 기업가들을 비판하였다. 그리고 "노동 3권의 보장과 아울러 바람직한 노사협조 체제의 정립을 저해해온 온갖 제도 및 법률적

---

25 김삼웅 편, 『서울의 봄 민주선언』 (한국학술정보, 2001), 84.
26 김삼웅 편, 위의 책, 85.

모순을 시정하고 근로자의 권익을 옹호하기 위한 일련의 새로운 제도를 준비"하고 있음을 천명했다.[27] 1980년 1월 신년기자회견 때보다 더 구체적인 내용이었다. 이는 1980년 3월 이후 격화된 노동쟁의의 영향이자 당시 여야 간 헌법개정안 협상에서 노동 3권 문제가 막판까지 쟁점이 되었던 데서 기인한 것으로 보인다.

1980년 서울의 봄 당시 여당인 공화당과 야당인 신민당은 유신헌법개정에 공감하고 개헌안 협상에 나섰다. 이때 노동 3권 문제와 관련하여 공화당은 노동 3권을 부활하되 단체행동권에는 법률 유보조항을 두어 계속 제한을 하려 했다. 유정회 역시 노동 3권을 최대한 보장해야겠지만, 남북 대치의 현실에 입각해 볼 때 어느 선이 적정한 것인지 심사숙고해야 한다고 주장했다. 반면 신민당은 노동 3권의 무제한 허용은 문제가 있으므로 재검토돼야 한다는 정무회의의 검토 의견이 나온 이후 헌법상 노동 3권을 명시하되 단체행동권은 공무원노조에 한해서만 법률로 정하고, 나머지 노동자의 단체행동권은 법률로 제한할 수 없도록 명시했다.[28] 결국 노동 3권 문제는 단체행동권의 제한 범위를 둘러싼 여야의 입장 차이를 좁히지 못해 1980년 5월 개정헌법에 대한 국회 단일안이 만들어지는 과정에서 마지막까지 타결을 짓지 못한 3개 항목 중 하나가 되었다.

하지만 신민당 역시 최소한의 범위나마 노동 3권을 제한을 두려했고, 앞서 소개한 5월 9일 김영삼 총재의 기자회견에서도 여전히 "기업 내에서 노사간의 협조 체제가 이루어져야" 한다는 점과 "노사분

---

27 김삼웅 편, 위의 책, 202.

28 "양당 새헌법시안 마련," 「동아일보」 1980. 2. 9., 1; "여권 개헌안에 혼선," 「조선일보」 1980. 2. 20., 1; "국회개헌특위 신총리 출석 요구," 「동아일보」 1980. 4. 21., 1.

규가 폭력 사태로 번져 국민경제의 파탄을 초래하는 일이 없도록 자제해"야 한다는 점을 강조한 데서 알 수 있듯이 신민당과 김영삼 총재는 당시 노동자들의 치열한 투쟁과는 일정한 거리를 두고 있었다. 이는 1980년 5월 14일 김영삼 총재가 정한주 한국노총 위원장 직무대리로부터 노동 3권 보장 조항의 헌법 명시를 요청받고 "노동 3권 보장은 신민당의 기본방침"이라고 하면서도 "민주화에 필수적인 사회안정을 위해 근로자들은 인내와 자제를 발휘해야 한다"는 점을 다시 한번 강조한 데서도 확인할 수 있다.[29]

노동 문제에 대한 김대중의 견해는 당시 그가 신민당에 입당하지 않은 개인 신분이었고, 무엇보다 계엄 당국의 검열에 의해 언론에서 그의 흔적을 찾기가 어려워 구체적인 정리와 분석이 쉽지 않다. 그가 1979년 12월 8일 긴급조치 9호 해제와 관련하여 발표한 성명에서 "성장 일변도에서 성장과 안정과 배분의 삼자 간의 조화 있는 '발전'을 이룩하여 경제발전이 대중의 수혜도와 일치해야 한다"고 주장한 것이나[30] 복권 이후 1980년 4월 25일 관훈클럽 초청 연설에서 "노동조합과 농업협동조합 그리고 학원의 민주적 권리와 자율성이 충분히 보장되어야" 한다고 주장한 것이 눈에 띄는 정도다.[31]

다만 김대중은 1980년 4월 11일 가톨릭농민회에서 직접 강연을 하는 등, 농민 등 기층대중과의 접점을 넓혀 나가는 모습이 포착된다.[32] 또한 김대중과 깊은 관련이 있는 '민주주의와 민족통일을 위한

---

29 "오늘의 위기를 극복하는 길은 모든 정치문제를 국회에 수렴하는 것뿐," 「동아일보」 1980. 5. 15., 3.

30 김삼웅 편, 앞의 책, 47.

31 김삼웅 편, 위의 책, 189.

32 김삼웅 편, 위의 책, 161-179.

국민연합'(민족통일국민연합)이 1980년 4월 27일 사북사건에 대한 성명서에서 노동 3권의 완전 보장, 국가보위에 관한 특별조치법 등 반노동자적 악법 철폐 그리고 언론이 노동운동의 실상을 신속 정확하게 보도할 것을 요구한 것은 다음날 발표된 신민당 사북조사단 성명서와 비교했을 때 그것이 노동자들의 투쟁에 더욱 밀착해 있음을 잘 보여준다. 김대중 본인 역시 1980년 서울의 봄이 클라이막스로 치닫고 있었던 5월 9일 기자회견을 통해 "민주노동운동의 권리 확보"를 주장한 바 있었다.33 그러나 김대중의 언설에서 노동자 등 기층대중의 문제는 여전히 개헌이나 계엄 해제와 같은 정치적 현안에 비해 그 비중이 작았으며, 김영삼과 마찬가지로 구체성이 떨어졌다.

2) 종교인, 지식인 그룹

김영삼, 김대중으로 대표되는 야당 정치 세력과는 별개로 도시산업선교회, 한국기독교교회협의회, 천주교정의평화위원회, 가톨릭농민회, 교회사회선교협의회, 예장산업선교정책협의회, 한국기독교청년협의회 등 종교에 기반을 둔 노동자 농민 관련 단체들은 1980년 서울의 봄 당시 고양되고 있던 기층대중의 투쟁에 적극 호응하는 성명서를 계속 발표하였다. 일례로 1980년 3월 9일 교회사회선교협의회에서 발표한 시국 관련 성명서를 살펴보면, '노동 문제'와 관련하여 ① 개헌 내용에 노동 3권 절대 보장, ② 근로자 임금은 물가 상승을 상회하는 선에서 책정, 최저임금제 실시, 8시간 노동 준수, ③ 노동청

---

33 한국기독교교회협의회 인권위원회, 앞의 책, 785, 791.

의 관료주의 청산, 노사문제에 역기능 말 것, ④ 김영태 등을 위시한 어용 노동귀족 일체 사퇴, 노총의 기능 회복, ⑤ 정부의 산업선교 용공시 청산, 일부 정신병적 매카시스트 배격 등을 주장했다. 또 '농촌문제'와 관련해서는 ① 소작농 일소, 영세소농적 생산구조 변혁 위한 단계적 해결 방안 마련, 재벌 등 투기 대상으로서의 농지 매입 금지, ② 무계획적 농축산물 수입 금지, 농축산물에 대한 가격 보장하여 농민의 생존권 보장, ③ 개헌 내용에 농업 및 농민에 대한 보호규정 삽입, 농협 및 수협의 조합장 임명에 관한 임시조치법 철폐, 농협의 자유화 민주화 이룩, ④ 갑류 및 을류 농지세의 기초공제액을 인상하여 농민에게 가해지는 세제상의 차별 철폐, ⑤ 강제 농정 폐지, ⑥ 농산품의 유통구조 개선, 새마을운동 등 외형만의 농촌사업 지양, ⑦ 가톨릭농민회 등 농민단체에 대한 용공시 및 탄압 중지, 농민의 생존권 위한 농민운동 보호 등을 주장했다.34 이들은 기층대중들의 든든한 우군이었지만 대사회적 영향력에서는 한계가 컸다.

실천적으로 종교인, 지식인들이 더 긴밀하게 결합한 투쟁 영역은 해직노동자 복직 문제였다. 이는 이미 앞에서 살펴본 문익환 목사를 위원장으로 하는 '동일방직 해고근로자복직추진위원회'가 대표적인 사례이다. 종교인, 지식인들이 관심을 가진 또 다른 존재는 1970년대 중반 자유언론투쟁 과정에서 박정희 정부와 사측에 의해 탄압당한 동아일보와 조선일보 출신 해직 기자들이었다. 일례로 서울의 봄의 마지막 시기인 1980년 5월 15일 송건호 등 지식인 134명이 〈시국선언문〉을 채택하였는데, 그 내용 중에 부당하게 해고당한 노동자의

---

34 한국기독교교회협의회 인권위원회, 위의 책, 771.

전원 복직과 더불어 언론의 자성 및 해직 동아·조선 기자의 전원 복직이 담겨 있었다. 이 〈시국선언문〉에 서명한 지식인들은 곧이어 닥친 5·17 쿠데타 직후 다수가 연행되어 구속되었다.[35] 종교인 지식인 그룹이 해직노동자와 직접 연결되는 지점은 아직 협소했고 또 취약했다.

그런데 기층대중의 투쟁과 민주정치세력의 연계에서 가장 큰 걸림돌이 바로 이 '언론' 문제였다. 1980년 서울의 봄은 사실 계엄이 계속 이어지고 있던 비상시국이었다. 계엄하에서 모든 언론은 계엄 당국의 검열을 받아야 했는데, 이미 많이 알려졌듯이 계엄 당국의 보도 지침은 매우 강력했다. 이러한 분위기 속에서 노동자 등 기층대중의 투쟁이 언론을 통해 정치나 시민사회에 공론화되는 것은 쉽지 않았다. 설사 보도가 된다 하더라도 유신 시대의 관성과 계엄 당국의 의도에 따라 왜곡될 소지가 다분했다. 이러한 상황을 잘 보여주는 것이 1980년 4월 8일에 나온 동아·조선 자유언론수호투쟁위원회(약칭 자유언론투위)의 성명이었다. 그들은 언론인이자 해직노동자로서 노동자들의 투쟁에 그 누구보다 민감했다.

자유언론투위는 먼저 당시 언론들이 "유신 체제에 승복하던 관성의 탓으로 아직도 오로지 권력 문제에만 기를 쓰고 있을 뿐 주권자인 민중 문제는 아예 의식조차 않"는다고 비판하였다. 그리고 그 예로서 노동 3권 관련 헌법개정 논의에서 "노동 문제의 가장 핵심적인 부분인 단체행동권에 법률 유보를 두자는 데 여야 정부가 발을 맞추고 있"음에도 언론은 이에 대해 일언반구 말이 없음을 지적하였다. 또한 언론의 민중 외면 사례로서 동일방직 해직노동자들을 다루는 태도를 언급

---

35 한국기독교교회협의회 인권위원회, 위의 책, 794-795.

했다. 즉, 10·26 이전에도 그 이후에도 이들의 투쟁을 보도한 언론은 적어도 국내에는 없었고, 10·26 이후 많은 유신 피해자들의 복권·복직이 거론될 때도 이들 여공들의 문제는 신문 방송에 올라본 적이 없었다는 것이다. 자유언론투위는 여기서 10·26 이후에도 조금도 달라진 바 없는 한국 언론 및 언론인의 '유신적 체질'을 거듭 지적하였다.

그밖에도 자유언론투위는 언론이 당시 최대 과제인 "정치적 민주화 역시 민중적 차원에서 다루고 있는 것이 아니라 몇몇 특정 인물 중심으로 취급하고 있다"고 비판하였다. 그러면서 "민주화의 관계가 민중의 자유와 생존권을 보장하는 데 있는 것이라면 이 같은 민중의 열망과 소리를 언론을 통해 확대하고 조직화함으로써 어떤 반역사적인 위기에도 맞서 민주주의를 확립할 수 있도록 튼튼한 담보를 마련"해야 한다고 역설하였다.36

이는 비단 당시 언론이 보여준 한계일 뿐만 아니라, 1980년 서울의 봄 당시 노동자 농민 등 기층대중과 결합하는 데에서 민주정치세력이 노정한 한계이기도 했다. 항상 민중을 이야기하지만 민중의 구체적인 삶보다는 관념적인 차원의 접근에 머물러 있고, 기존의 엘리트주의적 정치 풍토에서 크게 벗어나지 않은 채 민중의 위치를 주변화하는 모습은 민주정치세력이라고 해서 예외가 아니었던 것이다. 이러한 한계는 유신 체제의 관성과 계엄 당국의 통제 속에서 더 분명해졌다.

끝으로 양자의 연대에서의 한계가 노동자 등 기층대중에게도 존재한다는 사실을 지적할 필요가 있다. 일례로 1980년 5월 13일 노동자들이 노총회관을 점거했을 때 대학생들이 연대투쟁을 제안한 바가

---

36 김삼웅 편, 앞의 책, 297-300.

있었다. 하지만 농성 노동자들은 '역량의 문제'와 '노동운동의 순수성'을 앞세워 이를 거부하고 자체 해산하였다.[37] 이는 곧 노동운동과 민주화운동을 분리하는 인식에 기초한 것으로, 당시 기층대중과 대학생, 기층대중과 민주정치세력의 결합이 얼마나 쉽지 않은 일이었던가를 잘 보여준다. 결국 기층대중과 민주정치세력 사이에 소통이나 연대의 매체, 네트워크, 조직 등이 모두 취약한 상태에서 짧았던 1980년 서울의 봄은 사라질 수밖에 없었다.

---

37 유경순, 앞의 책, 161.

박정희-전두환의
유신 군부 독재(1971~1987) 해부
- 그 잔재 청산을 위한 경험적 고찰

김재홍

(유신청산민주연대 상임대표 · 서울미디어대학원대학교 석좌교수)

1. 머리말

1961년 박정희의 5·16 쿠데타로 시작된 군사정권은 1969년 3선 개헌과 1972년 유신 선포를 거쳐 1979년 10·26 사건으로 막을 내리는 듯했다. 그러나 1979년 전두환 노태우 등 정치군벌 하나회의 12·12 군사반란과 5·18 광주시민항쟁 살상 진압 내란을 거쳐 '박정희 없는 박정희 유신독재 체제'가 이어졌다. '박정희 없는 박정희 체제'는 1993년 김영삼 문민정부가 출범하기 전까지 지속되었다.

군정이 지속되는 동안 대통령 다음의 실질적 권력자는 중앙정보부장(안기부장), 보안사령관, 대통령 경호실장이었다. 이들이 바로 군사정권을 군사정권답게 만들어간 주역들이었다. 군사독재정권 32년 동안 국가 권력의 공식적 5대 기둥은 대통령 아래로 국회의장-국무총리-여당 대표-청와대 비서실장-중앙정보부장(안기부장)이었다. 그러나 이들 가운데 중앙정보부장이 항상 이른바 조정과 통제의 주도권을 휘둘렀다.

군정 시절 19명의 중정부장 가운데 민간 출신은 3명뿐인데, 이들도 군사 쿠데타 공신이거나 대통령과 개인적으로 인연이 깊은 직계 충복들이다. 군정 기간 청와대 경호실장도 전원이 대통령의 군 시절 부하들로, 대통령의 분신이라는 인식이 일반화되어 있었다. 김영삼 정부 이후 문민 대통령의 경호실장은 직업군인 출신이 아닌 것으로 나타나 있다. 이승만 대통령의 경호책임자는 경찰 경무관 곽영주였다. 오랜 군정이 끝난 후 김영삼 대통령은 군 출신을 배제하고 민간 전문경호관 출신을 경호실장으로 기용했다. 이럴 경우에는 경호실장이 대통령의 신변을 보호하는 기능적 임무수행자로 받아들여진다. 그래도 이승만 대통령 때는 곽영주 경무관의 권력 횡포가 문제를 일으켜 5·16 이후 곽영주는 사형에 처해졌다.

군정에서 권력 구조의 기둥은 대통령에 집중되어 있다. 정권을 받치는 기둥은 중앙정보부장-청와대 경호실장-보안사령관으로, 3권 분립과는 거리가 먼 전형적인 1인 독재 구조다. 집권 여당 대표나 국회의장은 얼굴마담 정도로 여겼으니 권력 실세와는 거리가 멀다. 총리와 비서실장의 경우 정치적 영향력은 있어도 권력자라고 보기는 어려웠다. 3부 요인의 하나인 대법원장은 사법의 관리자였지 권력자도 정치적 영향력 행사자도 아니었다. 검찰총장이나 경찰 총수는 강제력을 집행한다는 측면에서 권력자 이미지를 갖고 있으나 이들은 중정부장 등의 지침에 따라 움직이는 기능적 집행자일 뿐이었다.

실세 권력자는 법과 제도로 규정된 직위에 얽매이지 않는다. 그에 비해 관료, 교수, 언론인 출신의 기능적 공직자는 그 직위가 아무리 높아도 그에 합당한 권력을 행사하지는 못했다. 쿠데타로 정권을 잡은 군인들의 '피고용인'에 불과했던 것이다.

군사정권 시절 많은 지식인들이 정권에 고위직으로 참여했다. 그중에는 4·19와 6·3 세대 등 민주화·학생운동의 주역들도 더러 끼어 있었다. 그렇게 많은 지식인이 참여한 유신 체제가 반민주적이고 타락한 권력을 면치 못한 것은 그들이 아무 결정권도 갖지 못한 '피고용인'에 불과했기 때문이다. 그런 전문 지식인들이 많이 기용된 임명직 자리가 국무총리와 청와대 비서실장이었다.

군사정권 19명의 국무총리 가운데 군 출신은 정일권, 김종필, 김정렬 등 3명에 불과하다. 강영훈도 직업군인 출신이었으나 그가 총리로 기용된 것은 대학교수로 입신한 후였다. 또 대통령 비서실장 15명 가운데 군 출신은 이후락, 김계원, 홍성철 정도였다. 동일인이라도 총리나 비서실장을 할 때보다 중정부장을 할 때 더 막강한 권력을 행사했다는 점이다. 김종필은 5·16 쿠데타 직후 중앙정보부를 창설해 그 초대 부장으로 있을 때 막강한 권력을 행사했지만, 공화당 의장을 거쳐 총리를 지내면서는 오히려 운신의 폭이 좁은 얼굴마담에 가까웠다. 쿠데타의 주역으로 정권의 2인자로 통하던 그도 막상 총리가 되어서는 막후의 권력자들이 짜주는 시나리오대로 내각을 관리하는 보통의 총리상을 크게 벗어나지 못한 것이다. 이후락도 마찬가지로 청와대 비서실장으로 있을 때보다 중앙정보부장으로 있을 때 유신 체제 사전 공작을 주도하는 등 더욱 큰 권력을 구사했다.

군정 시절 중앙정보부와 보안사 그리고 청와대 경호실을 '권부'라고 부르는 이유는 이들이 마음만 먹으면 모든 국가조직에 입김을 불어넣을 수 있었기 때문이다. '남산'이라 불린 중정과 서빙고동에 위치해서 '빙고 호텔'로 불린 보안사 조사실은 공포 통치의 상징이었다. 특히 중정과 보안사는 행정부 각 부처는 물론이려니와 사법부와 언론사까지 담당 요원을 출입시키면서 주요 업무를 사전 조정했다. 심지어 국회의원의 원내 표결을 이들이 사전 점검하는 일까지 흔하게 벌어졌다.

이 시대엔 이들 기관원들이 정당, 언론사, 사회단체, 대학 등에 상주했다. 본래 정보기관의 생명은 눈에 띄지 않게 활동하는 데 있다. 그런데 군정시대 이들은 눈에 띄지 않는 정보 수집 차원을 넘어서 국정의 조정 역할까지 했다. 정부 내뿐 아니라 집권 세력의 의사에 어긋나는 시민사회 여론 형성도 이들이 규제했다. 마치 나라의 주인이 정보기관인 것처럼 무불간섭이었다. 박정희 시대엔 중앙정보부가 우위에 있었으나 전두환 정권에서는 상당 기간 보안사의 의견이 더 먹혔다. 전두환 정권의 보안사는 12·12 군사반란 과정의 1등 공신으로 특별대우를 받은 것이다.

청와대 비서실의 국정 보좌 역할은 최고책임자인 대통령을 직접 보좌하는 비서관들이 있기 때문에 불가피한 측면도 인정된다. 또 청와대 비서관들의 경우 그 업무 수행이 언론 등을 통해 일반 국민에게 알려지고 여론의 비판에도 노출돼 있어 일방통행만은 아니다. 그러나 중정이나 보안사와 같은 정보 수사기관은 그 내부 구조나 의사 결정 및 활동 내용이 기밀 속에 감추어져 있다. 그러면서 국민 생활에 막강한 권력을 행사해왔다는 것 자체가 문제다. 권한을 행사하면서 직접적인 책임을 지지 않는 통치 기구가 바로 중정과 보안사였다. 이들이 책임을 지는 것은 오로지 대통령 한 사람뿐이었다. 이 정보통치기구의 행동 방향은 대통령의 '심기'(心氣)에 따라 결정됐다. 그렇기 때문에 대통령을 제외하고는 국무총리 이하 행정 각부 장관들과 정치인 등 모든 주요 공직자가 이들 정보통치기구의 감시 대상이었다. 중정과 보안사는 국가정보기구로서 공조직이라기보다 순전히 최고통치권자의 사적 기구, 사병으로 기능했던 것이다.

청와대 경호실장은 대통령의 신변에 오는 위험을 몸으로 막아야 하는 직책이므로 항상 대통령과 가장 가까운 거리에 있어서 '대통령의 그림자'로 불린다. 중앙정보부장을 '남산의 부장'이라고 부르는 데 빗대어 청와대 경호실장은 '북악산 실장'으로 불리기도 했다.

청와대가 위치한 북악산에는 실장이 두 명 있다. 비서실장과 경호실장이다. 그러나 경호실장에 비해 비서실장은 권력 암투에는 상대적으로 비켜서 있었다. 경호실장은 임무상 대통령이 누구를 만나는지, 어떤 행사에 참석하는지 등 모든 일정을 체크한다. 경호업무에만 이용한다면 별다른 가치를 만들어내는 것도 아닌 이 정보가 대통령의 신임을 얻기 위한 권력투쟁에서는 엄청난 힘이 된다. 독재자 아래서 권력투쟁이란 바로 그의 신임을 얻는 싸움이다. 대통령의 총애를 차지하는 경쟁에서 그의 일정을 안다는 것은 결정적으로 유리한 고지에 앉아 있음을 뜻한다. 군정시대 최고 권력자인 대통령의 신변을 책임진다는 것을 내세워 경호실장이 동원할 수 있는 정부 내 대상 조직은 많았다. 군과 경찰뿐 아니라 내무부와 서울시청의 수뇌진까지도 대통령 경호를 위한 협력 대상이었다. 박정희 말기 경호실장인 차지철은 경호위원회를 만들어 여기에 관계 장관까지 넣어 정기적으로 하기식과 같은 행사에 참석시켰다. 권력의 확장 생리를 보여준 전형적인 횡

포였으나 대상자 중 아무도 이의를 제기하거나 대리인 참석도 생각할
수 없는 분위기였다.[1]

유신 군부독재는 이 같은 통치 권력의 도구를 이용해 언론탄압과
통치자 우상화 교육 그리고 사회문화적 통제를 제도화했다. 언론사에
정보기관원을 상주 파견해 사전 조정이라는 명목으로 보도에 간섭했
다. 이에 항의하고 자유언론운동을 벌이는 기자와 PD들을 공작적으
로 해직시켰다. 특히 전두환 노태우 등 하나회 그룹이 주도한 합동수
사부는 1980년 내란 과정에서 5·18 광주시민항쟁을 보도하기 위해
자유언론운동을 전개한 언론인들의 명단을 각 언론사에 보내 강제해
직시켰다.[2]

또 초중고 정규학교 교육에 절름발이식 '한국적 민주주의'를 강변
하고 대통령 박정희의 이름으로 발표한 '국민교육헌장'을 모든 재학생
들이 암송하게 했다. 어느 민주국가에서도 정부 수반의 국민교육헌장
같은 문서를 모든 학생들에게 무비판적이고 맹목적으로 주입시키는
사례는 찾아볼 수 없다. 제3세계 후진국들의 이른바 '교도민주주의'에
서나 있을 수 있는 부끄러운 국민교육이었다. 1960년대 인도네시아
의 대통령 수카르노를 비롯한 동남아나 가나의 대통령 엥크루마를
비롯한 아프리카에서나 볼 수 있는 저급한 '교도 통치'였다.

뿐만 아니라 미풍양속 보호라는 명목으로 청소년들의 장발을 강

---

1 군사정권 아래서 대통령 경호실장의 권력 확장에 대해서는 다음을 참조. 김재홍, 『군 2: 핵
　개발 극비작전』(서울: 동아일보사, 1994), 20-23, 43-48; 김재홍, 『누가 박정희를 용서
　했는가』(서울: 책보세, 2012), 267.
2 1980년 5·18 광주시민항쟁 보도를 위한 자유언론운동의 탄압으로 전두환 내란 집단이
　자행한 언론인 강제해직 상황은 다음 책에 상세히 묘사돼 있음. 김재홍, 『박정희의 후예들』
　(서울: 책보세, 2012), 305-315.

제로 자르고, 여성의 미니스커트 높이를 자로 재어가며 단속했다. 정치 사회적 비판을 풍자적으로 노래한다는 이유로 많은 대중가요를 금지곡으로 규정하기도 했다. 이처럼 박정희 전두환 노태우의 군부정권에 대한 해부는 헌법 기구나 공식적인 정부 직위보다도 실질적 통치 도구인 중앙정보부, 보안사, 청와대 경호실의 권력 전횡과 함께 언론, 교육, 사회문화 전반에 가해진 공작적 통제를 분석 정리해야 한다. 본 논문은 이 같은 목표를 설정하고 서술해 나가고자 한다.

2. 통치 권력 기구 ― 공포 정보통치의 군부독재 도구

1) 중앙정보부(안기부) ― 대통령의 '해결사'에서 술자리 '채홍사'까지

중앙정보부의 수뇌부는 부장과 차장, 차장보, 기획조정실장으로, 이 자리는 대부분 대통령이 신임하는 직계 인맥이 차지했다. 이 때문에 중정의 대통령에 대한 정보보고나 대통령 하명사건의 처리 등 그 임무 수행은 마치 군대에서 부관이 직속상관에게 하는 것과 똑같았다. 대통령의 측근인 중정부장들은 국가이익을 보호하기 위한 외교·국방·산업·과학기술 등의 해외정보 수집이나 대간첩 활동보다도 국내 정치 공작에 더 비중을 두었다. 그것은 대통령의 가려운 곳을 긁어주는 군 지휘관에 대한 부관의 임무 수행 방식으로 뿌리 깊은 군사문화 때문이었다. 정치·경제·사회를 막론하고 어떤 문제든 대통령이 화를 내면 중앙정보부가 그 원인 규명에 나서고 징벌까지 맡았다.[3]

중앙정보부는 특히 정부 기관에 대한 보안감사권을 가져 사실상 모든 관료체계를 감시 감독하는 위치에 있었다. 거기에다 정치사회적으로 큰 문제가 터져 정부가 처리 방안을 논의할 때도 중앙정보부가 이른바 '관계기관 대책회의'나 '주요 각료 간담회'를 주도했다. 전두환이 1980년 4월 법으로 금지된 중앙정보부장 서리 겸직을 강행한 이유는 중앙정보부 자체의 파워 때문이 아니었다. 당시 중정은 이미 대통령 살해 집단으로 수사 대상이었을 뿐이어서 권력 기관 위상에서 추락해 있었지만, 보안사령관과 합동수사부장 신분만으로는 장관급이 아니어서 주요 각료 회합에 정규 참석자가 될 수 없었으며 특정 사안에 대한 보고자일 뿐이었다. 내란 그룹은 이를 간파하고 전두환이 장관급인 중정부장 서리를 거머쥐게 하여 주요 각료 회합의 정식 참석자로서 정부 안에 들어가 회의를 주도하도록 한 것이다. 전두환의 정권 찬탈을 위한 내란 과정에서 중요한 의미를 갖는 점은 바로 이것이었다.

유신 체제에서 내각의 관계기관 대책회의와 주요 각료 간담회 멤버들은 거의가 중앙정보부장이 주도하는 지침에 따라 움직였다. 이 같은 관계기관 대책회의가 중정의 파워를 확장시켜주는 근거가 된 것이다.

(1) 의회주의 파괴한 1971년 10·2 항명파동

1971년 10월 2일 국회에서는 당시 오치성(육사8기, 5·16가담) 내무

---

3 군사독재정권 아래서 중앙정보부와 보안사 등 정보기관은 1969년 3선개헌과 1971년 대학가 위수령 그리고 1972년 유신 선포 등의 과정에서 야당, 종교인, 학생운동 지도부에 대한 정치 공작과 고문 조사로 악명이 높았다. 특히 고문 악행에 대해서는 아르헨티나 군사독재자 호르헤가 저지른 '더러운 전쟁의 한국판 선배격이라 할 수 있었다. 이에 관해서는 다음을 참조. 김재홍, 『누가 박정희를 용서했는가』, 185-199.

장관에 대한 야당의 해임결의안이 상정됐다. 박정희는 일사불란하게 반대표를 던져 이를 부결시키라고 공화당 지도부에 지시했다. 그런데 표결 결과 공화당 의원 중 지시를 어긴 이른바 반란표가 생겨 해임결의안이 통과되고 말았다. 이른바 '10·2 항명사건'이다. 이에 노발대발한 박정희는 반란자들을 색출해내라는 엄명을 중앙정보부에 내렸다.[4]

그날로 공화당의 거물급 의원인 김성곤(쌍용그룹 창업자), 길재호(육사8기) 등이 중앙정보부에 잡혀 들어가 차마 입에 담기도 어려운 수모와 고문을 당하고, 의원직을 박탈당했다. 김성곤은 중정 수사관들에게 콧수염을 반쯤 뽑히기까지 했다. 5·16 주도 세력인 길재호는 고문 후유증으로 그 후에도 지팡이를 짚고 다니는 몸이 됐다.

이는 중앙정보부가 일반 국민뿐 아니라 웬만한 유력 인사들에게도 얼마나 공포의 대상이었는지를 알려주는 일화로 빙산의 일각에 불과하다. 마치 암흑가 폭력조직의 보스가 배신한 부하를 잡아다가 린치를 가하는 행태와 조금도 다를 바 없었다. 당시 이런 폭력은 거침이 없었다. 대학가 시위를 주도한 학생운동가나 정권에 비판적인 교수들도 영장 없이 남산으로 끌려가 폭행 구타당하는 일이 비일비재했다. 그렇게 무자비한 조사를 받다가 의문사한 미제 사건도 한둘이 아니다. 박정희의 집권 연장을 위한 3선개헌과 유신 체제 선포 때도 숱한 정치인, 재야인사, 종교인, 언론인, 교수, 학생, 예비역장성 등 반대자들이 중정에 끌려가 위협과 고문에 시달렸다.

유신 체제 말기에는 중정이 박정희의 주연 행사를 전담하는 부속 연회장과 그 뒷바라지를 맡는 부서를 운영하기도 했다. 10·26 사건

---

4 김재홍, 『누가 박정희를 용서했는가』, 255-257.

이후 중정 의전과장 박선호의 법정 진술을 통해 적나라하게 드러났 듯이 중정은 대통령의 은밀한 술자리 시중을 드는 것은 물론 채홍사 노릇까지 했으니, 막장까지 간 정권이 아니고서는 있을 수 없는 일이 었다.5

(2) 국가정보기관 본연의 모습은

민간 전문가들에 의한 대표적인 국가정보기관으로는 미국의 CIA, 일본의 내각조사실, 영국 총리실 직속의 MI-5와 MI-6 등이 꼽힌다. 미국의 CIA는 널리 알려졌지만, 영국에서도 새 총리가 취임하면 맨 먼저 MI-5로부터 종합 정보 브리핑을 받고 구체적인 국정 방향을 잡 는다. 일본의 경우 공무원은 물론이고 기자, 상사원, 관광 여행자까지 도 해외에 나갔다 귀국하면 필요한 정보보고서를 써내는 것으로 유명 하다. 그것을 취합해 국익 정보로 활용하는 곳이 내각조사실이다. 즉 모든 국민이 국익에 도움이 되는 정보 수집 활동에 참여하는 것이다.6

이에 비해 박정희 정권 아래 국가정보기관의 행태는 정보기관과 그에 소속된 요원들만이 정보 수집에 종사하는 것으로 정해졌다. 우 선 정보라는 용어 자체가 좋지 않은 이미지로 오염, 왜곡되고 말았다. 군정시대 정치 공작과 고문 수사를 자행해온 중앙정보부를 비롯한 공안정보기관들에 대한 혐오 때문에 정보라는 말 자체가 거부감을 불러일으켰다. 이 때문에 모든 국민이 국익을 위한 산업과학기술 및

---

5 박정희 정권 당시 중앙정보부가 관장한 궁정동 안가 비밀 요정과 박정희의 '채홍사'에 관해 서는 다음을 참조. 김재홍, 『군 2: 핵 개발 극비작전』, 183-216; 김재홍, 『박정희 살해사건 비공개진술 죽녹음』(서울: 동아일보사, 1994), 274-279.

6 외국의 국가정보기관과 제 역할에 관해서는 다음 책을 참조. 김재홍, 『박정희의 유산』(서 울: 푸른숲, 1998), 239-261.

국제 정세 등의 정보 수집에 자발적으로 참여하는 풍토가 마련되지 못했다.

전두환 정권은 이 같은 중정의 악성 이미지를 탈피하기 위해 그 명칭을 국가안전기획부(안기부)로 바꾸기도 했다. 그러나 이름을 어떻게 바꾸든 '남산'이라는 그 이미지와 오래된 독재정치의 도구로서 정체성은 씻어낼 수가 없었다. 중정은 안기부로 이름을 바꾼 후 과거의 악명을 탈피하려는 노력을 하기도 했다. 전두환·노태우 정권 시절 9명의 안기부장 중 3명이 군 출신이 아닌 법조인이나 관료 출신이었다.

그러나 무엇보다도 정보기관이 제대로 위상을 정립하려면 정권과 직접 관련이 없는 전문가 체제가 돼야 한다. 정보기관의 수뇌부에 현대사회 정보이론에 밝으며 국제경쟁력을 뒷받침하겠다는 정보 철학을 가진 전문가를 기용해야 한다는 얘기다.

또 기간요원들의 공개채용제도는 물론이려니와 그들의 교육 훈련도 중요하다. 최고권력자에 대한 충성심이나 맹목적 복종 의식이 아니라 시민사회와 민주적 가치를 행동규범으로 내면화하도록 국가정보기관의 내부 교육이 특별히 설계돼야 한다는 것이다.

뿐만 아니라 방대한 조직으로서 엄청난 예산을 쓰는 정보기관의 업무 활동이 대통령에게만 책임을 지는 식이어서는 안 되며 국회의 감시 감독을 받도록 제도화해야 함에도, 군정 시기 그것은 국회 국방위에 형식적으로 맡겨졌다. 국가정보기관에 대한 국회의 전문적 통제를 위해 국회 정보위원회가 신설된 것은 문민정부가 출범한 후인 1994년 6월이었다.

2) 보안사령부 — 군 보안사의 비뚤어진 자화상

중앙정보부에 비해 보안사는 군 정보기관이라는 특수성에서 차이가 있었다. 민간 영역에 대해서는 보안사가 아무런 관할권이 없다. 다만 대간첩 정보 수집과 수사상 필요할 때 민간 부문에 개입할 수 있도록 규정했는데, 이것을 근거로 보안사가 민간인 정치 사찰을 해왔다. 김영삼 정부는 보안사 개혁의 일환으로 명칭을 기무사로 고쳤다. 보안사 이전에는 특무부대, 육군방첩대 또는 육군보안부대라 불렸다. 처음에는 육군 소속 방첩부대였다가 점차 전군의 방첩 및 사정 기관으로 활동 영역을 넓혀왔다. 그러더니 오랜 군부통치 아래서 급기야 정치 공작에다 민간 사찰에까지 마수를 뻗치게 된 것이다.

5·16 쿠데타 이전 자유당 정권 아래서는 김창룡이 거느리는 특무부대가 원용덕의 헌병사령부와 함께 이승만 대통령의 친위군 노릇을 했다. 군 정보기관이 민간 부문에 본격적으로 개입하기 시작한 것은 1960년대의 윤필용 방첩대장과 1970년대 들어 김재규·강창성 보안사령관 때였다. 이 3대에 걸친 군 보안부대장이 재임하는 동안 박정희 정권은 3선개헌과 유신 체제를 준비하고 관철시켰다. 이렇게 군정 체제가 심화되는 과정에서 군 정보기관도 본연의 군 방첩 임무를 넘어 중앙정보부와 함께 정치 공작에까지 끼어들게 된 것이다.

보안사의 전성시대는 어느 때보다도 10·26 사건 이후에 열렸다. 비상계엄이 선포되자 유신 체제의 법 규정에 따라 검찰·경찰 등 모든 정보수사기관의 통합기구인 합동수사본부장을 보안사령관이 맡게 된다. 이것이 당시 보안사령관 전두환 소장의 첫 권력 기반이었다. 전두환이 12·12 군사반란과 5·17 내란을 거쳐 출범시킨 5공 정권에서는 쿠데타와 정권 조직의 산실이었던 보안사가 중앙정보부보다 우위에 선 실질적 최고 권력 기관이 되었다.

당시 보안사의 기구조직을 보면 크게 두 개의 기둥으로 구성돼 있었다. 하나는 본연의 임무라 볼 수 있는 군부대 동향 등을 감시하는 보안처, 다른 하나는 민간 영역의 정보 사찰과 공작을 담당하는 정보처다.

정보처 편제를 보면 그 업무 내용이 그대로 드러난다. 정보처 산하에 5개 과를 두고 있었다. 정치과, 경제과, 언론과, 학원 및 기관과, 종교과가 그것이다. 그러니까 국가 사회 전반에 대한 정보 수집과 공작을 제도화했다는 얘기다. 당시 보안사 간부들은 자신들의 군 직속 상관이었던 전두환 대통령에 대해서 가장 충성스런 수족 집단이 보안사라고 스스로 믿고 있었다. 이 같은 오도된 사명감 때문에 이들은 군의 테두리를 벗어나 정치·사회·여론 등 모든 문제에서 대통령을 보필해야 한다고 생각한 것이다.

더 중요한 내용으로 5공 때는 전두환이 군내 비밀 사조직으로 결성하고 12·12 군사반란에서 핵심 역할을 했던 정치군벌 하나회의 멤버가 아니고서는 보안사 주요 간부나 사령관 자리에 오를 수 없었다. 1979년 10·26 사건 이후 1980년 보안사령관 전두환이 정권을 찬탈하는 시기에 보안사의 주요 간부는 전원 하나회의 핵심 멤버였다. 비서실장 허화평(육사 17기, 후에 청와대 정무수석, 민자당 국회의원), 보안처장 정도영(육사 14기, 사회정화위원장, 성업공사 사장), 인사처장 허삼수(육사 17기, 청와대 사정수석, 민자당 국회의원), 대공수사국장 이학봉(육사 18기, 청와대 민정수석, 민자당 국회의원) 등이 그들이다.

사조직인 하나회로 뭉친 소수 정치군인들이 대통령의 최측근이었으며, 특히 보안사령관은 정기적으로 대통령과 독대하면서 정보보고와 정책건의서를 올렸다. 5공의 보안사령관들 면면을 보면 전두환·노태우 이후 박준병(육사 12기, 민정당-민자당 사무총장, 민자당 국회의원), 안필준(육사 12기, 보사부 장관), 이종구(육사 14기, 육군참모총장, 국방부장관), 고명승(육사 15기, 3군사령관, 민자당 국회의원 출마) 등 모두 하나회 핵심 멤버였다.

(1) 군 정보기관의 개혁 요건

5·16 쿠데타 이후 군부통치 시대는 정부 부처뿐 아니라 언론사, 대학, 사회단체 등에까지 정보기관원들이 상주 출입했다. 예를 들면 서울대학교 본부에 중앙정보부(안기부), 치안본부, 서울시 경찰국, 관악경찰서와 함께 보안사 요원이 업무 협조를 명목으로 상주했다. 5공 이전에는 이들 출입기관원 집단의 대표역을 중앙정보부 요원이 맡았으나 5공 이후에는 보안사 요원이 대표역을 차지했다. 권력의 무게중심이 보안사로 이동한 것이다.

이 같은 보안사의 기세가 한풀 꺾이기 시작한 것은 노태우 정권이 들어선 이후였다. 최평욱 보안사령관이 국회의 이른바 5공청산 압력으로 제 임기를 마치지 못하고 물러났는가 하면, 1990년 10월엔 민간인 정치 사찰을 해온 물증이 폭로돼(윤석양 이병 양심선언 사건) 조남풍 사령관이 보직해임 당하는 등 유례없는 시련을 겪었다. 이후 보안사는 국민 여론으로부터 자유롭던 종전의 군부통치 권력 기구가 아니었다. 보안사도 국민의 비판 여론 속에 개혁 대상으로 떠올랐고, 정부가 민간 사찰 금지와 기구 축소 그리고 고문 수사의 아지트로 알려진 서빙고 분실의 폐쇄 등을 약속해야 했다.

문민정부 들어 김영삼 대통령은 군 개혁의 첫 신호로 김진영 육참총장과 함께 보안사령관 서완수 중장을 보직 해임했다. 이는 하나회 군 인맥에 대한 숙군과 기무사 개혁이 맨 먼저 도마에 올랐다는 의미였다. 후임 사령관은 계급을 중장에서 소장으로 낮추어 비하나회 출신으로 기용했다. 김영삼 대통령은 당시 권영해 국방부장관에게 "권력도 갖고 계급도 높으면 안 된다"고 군 개혁의 지침을 주었다. 그러나 8개월 만에 기무사령관이 재차 교체됐다. 군 개혁에 능동적으로 대처하지 못하는 등 업무 수행에 문제가 있다는 이유였다.

1993년 10월에 보임된 임재문 사령관은 계급이 준장으로, 기무사의 위상이 더욱 낮아졌다. 게다가 그때까지 육사 출신만 기용해온 관행을 깨고 ROTC(3기) 출신이 기용되어 의외의 인사로 비쳐졌다. 이와 동시에 임 사령관보다 먼저 장성 진급을 한 육사 출신 장성 2명이 기무사에서 전출됐고, 새 참모장도 육군이 아닌 공군 준장이 기용되었다. 기무사의 비육사시대가 시작된 것이다.

보안사의 본래 임무는 군부 쿠데타 방지와 군사기밀 보안 그리고 간첩 등 불순세력의 침투를 방지하는 일이다. 일부 군내 비리와 범죄의 수사와 같은 사정기관의 역할도 해야 한다. 이 같은 범죄수사는 군검찰과 헌병의 임무지만, 특히 고위 지휘관이 연루되었거나 대규모 사건의 경우 보안사가 나서서 처리한다. 군대 같은 특수 조직에서 고위 지휘관의 직권남용이나 비리를 견제, 방지하는 역할은 보안사가 아니면 수행하기 어려운 측면도 있다.

그러나 군부통치 시기 보안사가 이런 본연의 임무보다도 정치 공작 및 민간 사찰과 같은 일탈행위에 더 치중해온 모습을 보였기 때문에 환골탈태를 요구하는 소리가 높았던 것이다. 국방부장관조차도 보안사령관은 껄끄러운 존재였다. 김영삼 정부의 첫 국방장관인 권영해는 군 개혁의 첫 조건으로 기무사령관의 대통령 독대 금지를 강조했다. 권 장관은 "군 통수에 관한 한 대통령과 장관 사이에 어느 누구도 끼어들 수 없다"고 선언했다. 이는 바로 과거 보안사령관의 정치 행위를 허용하지 않겠다는 뜻이다.

과거엔 보안사령관이 법적으로나 군 지휘 체계상 국방부장관 직속 부하로 돼 있지만, 장관에게 정보보고를 하거나 지시를 받는 일은 없었다. 박정희 정권 시절에 확립된 보안사령관이 후임자에게 넘겨주는 주요 업무인계 사항 중 하나가 바로 독대 정보보고였다. 보안사령관의 정보보고는 총리나 국방장관, 육군참모총장을 거치지 않고 대통령에게 직접 한다는 것이 불문율이었다.

다수의 야전군 지휘관들은 보안사의 제 모습 찾기에 대해 관심이 많았다. 이들은 "지휘관 동향 보고를 보안부대가 하는 것은 쿠데타 방지 임무 때문이 아니겠느냐"면서도 "그러나 그 보고서를 장교들의 진급 및 보직인사 자료로 활용하는 것은 보안사에 간접적인 군 인사권을 부여하는 결과"라고 토로했다. 이 때문에 일반 장교들이 하급자인 보안부대원들에게서 근무 평정을 받는 느낌을 떨쳐버릴 수가 없다고 했다.

또 육군 외에 해군과 공군에서는 특히 기무부대를 각 군 총장 관할 아래 두어 지휘권 보좌 기능으로 전환해야 한다는 요구도 나왔다. 그러나 보안사령부를 없애고 각 군 보안부대로 둘 경우에는 각 군 할거주의를 더욱 부추길 우려가 있다는 지적도 나왔다. 사령부는 그대로 두고 보안부대원들이 배속된 부대의 지휘권에 예속되게 하는 방안 등을 강구한 것이다.

이 같은 군 내부의 위상 조정과는 차원이 다른 필수적인 개혁 조치는 군부대가 아닌 곳에 설치된 보안사 지구대와 분실을 폐지하는 일이었다. 보안사 관계자들은 대간첩 첩보 수집을 위해서는 영외 활동을 금할 수 없다고 말하기도 했다. 그러나 보안사는 어디까지나 군부대 내 방첩에 주력해야 한다. 영외활동이 필요한 부분은 안기부나 경찰의 협조를 받는 방안으로 전환하는 것이 더 합리적일 것이다.

궁극적으로 보안사는 민간 정보기관이 아닌 군 정보기관이다. 그러므로 문민정부 이후 그 기능 및 위상을 군 지휘권 보좌에 맞추어야 한다는 요구를 실천해 나가야 했다.

3) 청와대 경호실 ― 권력 남용은 직무 확대 해석에서 출발

청와대에서 대통령의 일정을 관장하는 자리는 의전수석비서관과 경호실장이다. 대통령의 스케줄 관리자인 의전수석은 매일 아침 그날의 대통령 면담 대상과 행사 일정이 짜이면 이를 맨 먼저 경호실장에게 알린다. 면담 상대는 연령과 지위 고하를 막론하고 대통령 앞에 나갈 때는 소정의 명찰을 달게 돼 있다. 대통령과 서로 얼굴을 잘 아는 사이라 해도 명찰을 달게 한다. 물론 대통령은 명찰을 다는 법이 없다. 명찰을 다는 사람은 대통령 앞에 서면 일단 '선생 앞에 선 학생' 모양이 된다. 총리 이하 장관들도 청와대에 들어가 회의를 할 때나 대통령에게 보고하려면 새삼스럽게 명찰을 달고는 한다. 이런 규칙을 지키게 하는 곳이 경호실이다.

박정희 대통령 시절에는 장관이라도 대통령 앞에서 예의에 어긋나거나 불경스런 자세를 보일 경우 일이 끝나고 나갈 때 경호실에서 호출하여 이른바 '대통령 면담 교육'을 시켰다. 심한 모욕이 뒤따르는 경우도 많았다. 경호실은 대통령 한 사람만을 상관으로 모실 뿐 그 외에는 모두가 일단 경계 대상이다. 중앙정보부장이 대통령을 쏜 10·26 사건 이후 그런 경향은 더욱 심해졌다.

경호실장의 파워는 이렇게 대통령의 '생명'을 지킨다는 임무 수행에서 파생된다. 대통령의 생명이 걸려 있다는 것을 내세우면 경호실의 임무 수행은 얼마든지 확대해석할 수 있게 된다. 군정시대 권력기관들의 전횡은 각기 본연의 임무를 확대해석한 데서 비롯됐다. 중앙정보부와 보안사령부는 정보 수집과 대공수사권을 확대해석하여 정부, 언론, 대학, 사회단체, 종교단체들을 불순 세력으로부터 보호한다는 명목 아래 기관원을 상주 출입시켰다.

권력의 확장 생리를 가장 잘 보여준 것이 차지철 경호실장이 만든 '경호위원회'였다. 경호실은 군과 경찰 그리고 민간 경호 요원 등이 합동으로 이루어진 복합체. 경호실에 소속된 군경 외에도 경호실장은 필요에 따라 수방사 등 군부대와 기타 국가기관을 활용할 수 있다. 이것을 확대해석한 것이 경호위원회라는 발상이었다.

유신 체제 후반기 차지철 경호실장 때 정식 발족했던 대통령 경호위원회에는 군에서 수방사령관, 경찰에서 치안본부장, 행정기관장으로 서울시장과 내무장관까지 포함시켰다. 위원장은 물론 경호실장으로, 그가 대통령 경호를 내세워 각료들 위에 군림하여 그들을 지휘하는 웃지 못할 난센스가 벌어진 것이다. 당시 경호위원으로 위촉된 장관들은 차지철 실장이 경호부대를 사열하는 행사에 배석하기도 했다. 이를 아무도 거부하지 못했다. 오히려 차지철 실장과 가까이하는 것을 기꺼워하는 장관들도 적지 않았다.

이 당시 경호실장 차지철은 야당인 신민당 의원들을 상대로 정치 공작도 벌였으며, 박정희 대통령도 이를 용인했다. 주변에서 경호실장의 정치 개입을 금지하도록 완곡하게 진언하면 박정희는 "차 실장이 국회의원도 여러 번 지냈기 때문에 정치 문제를 잘 안다"고 두둔했다. 이런 의식 자체가 군정 통치의 발상이다. 업무영역이 나뉘어 다원화돼 있는 게 아니라 대통령의 신임만 얻으면 분야를 가리지 않고 무소불위의 권력을 행사할 수 있다는 풍토, 이것이 바로 1인 독재 체제의 가장 큰 병폐 중의 하나였다.

(1) 군사 통치 시절 경호실장은 전원이 군 출신

박정희 집권 18년 동안 경호실장은 단 두 명이었다. 박종규와 차지철이다. 당시 박 정권의 권력 구조에서 이 두 사람의 위상은 어떤 권력 암투에서도 흔들리지 않았다. 박 대통령이 가장 변함없이 총애한 부하가 이 두 사람이었다. 두 사람은 목숨을 건 5·16 쿠데타 당시부터 박정희 소장의 경호 담당이었다. 당시 박종규 소령은 권총 다루는 솜씨가 뛰어나 '피스톨 박'이라는 별명으로 불렸다. 차지철 대위는 태권도 4단과 유도 3단의 공수특전대 장교였다. 박 대통령과의 인연이 이러니 권력의 변동이 있어도 가신에 해당하는 두 사람은 예외였다. 거기서 막강한 힘이 나올 수밖에 없었다.

전두환 정권의 청와대 경호실장은 장세동(육사 16기, 중장 예편, 안기부장 지냄)과 안현태(육사 17기, 소장 예편)로 모두 하나회 출신이다. 노태우 정권 때도 이현우(육사 17기, 소장 예편, 안기부장 지냄)와 최석립(육사 19기, 소장 예편) 등으로 하나회 출신이 맡기는 마찬가지였다.

이렇게 대통령이 군 시절부터 분신처럼 따라다닌 부하를 경호실장으로 두는 상황에서 어떤 비서관도 그보다 센 발언권을 행사할 수는 없다. 이들 신군부 정권의 경호실장들은 군 장성 진급 및 보직인사의 내인가에서부터 이른바 '대통령 관심 사항'을 해결하는 일에 이르기까지 모든 것을 처리하는 가신 역할을 했다. 군 장성 인사에서 내인가란 제청권자인 각군 참모총장과 국방부장관에 앞서 경호실장이나 보안사령관 또는 대통령의 친인척 등이 대통령으로부터 특정 장성의 진급이나 보직의 내락을 받아두는 관행이다.

또 예비역 장성이나 대통령의 측근들에게 주로 국영기업체의 고위직을 알선해주는 일도 경호실장이 맡았다. 신군부 시절 수많은 국영기업체와 정부 출연단체의 사장, 이사장, 감사 등 임직원 자리를 보면 군 장성 출신이 대부분이었다. 그 군 출신들의 뒷자리를 관리해온 창구가 경호실장이었다.

(2) 대통령 경호실장 대 중앙정보부장

군사 통치 시절 권력자들 간의 암투에서 가장 적나라한 것이 청와대 경호실장과 중앙정보부장과의 힘겨루기였다. 이 북악산 실장 대 남산 부장의 싸움은 대통령과의 접촉 빈도에 따라 판결이 났다. 대통령과 가까이 있기로는 중정부장이 경호실장을 당할 수가 없어서 경호실장이 유리한 입장이었다.

더구나 군부 출신 대통령들은 자신의 군 시절부터의 심복으로 생사를 함께한 경호실장을 기능적인 경호책임자로만 여기지 않았다. 이들에게 세상 돌아가는 정보도 물었고, 때로는 고위공직자들의 신상 문제 등을 논의하기도 했다. 여기서 대통령과 늘 접촉할 수밖에 없는 북악산 실장의 힘이 나오는 것이다.

(3) 중정부장은 짧고 경호실장은 길다

경호실장 중에서도 대통령의 분신 노릇을 했던 사람은 박정희 정권의 박종규·차지철 실장과 전두환 정권의 장세동 실장이었다. 이들은 그야말로 나는 새도 떨어뜨리는 위세를 부려 부통령에 비유되기도 했다.

박종규 실장이 견제했던 상대자는 대표적으로 수경사령관 윤필용 소장과 남산 부장 김형욱을 들 수 있다. 박정희의 군 시절 부관 출신으로 위세가 높았던 윤필용 수경사령관이 하루아침에 몰락한 것도 박종규 실장의 견제에서 비롯됐다. 군에서 그의 힘이 비대해지는 것을 견제하기 위해 박 실장은 경호실 차장보였던 전두환 준장으로 하여금 박정희에게 윤 사령관의 비위 사실을 제보하게 한 것이다.

군정 시절 이들 남산 부장과 북악산 실장 간에 벌어진 파워게임은 흥미진진하지만, 우리 현대사의 어두운 단면을 상징하기도 한다. 이들 두 권력자의 힘겨루기는 대개 북악산 실장 쪽이 판정승을 거두었다. 군사정권 32년 동안 남산 부장은 모두 19명으로 부침이 심했던 데 비해 북악산 실장은 불과 6명으로, 특별한 경우가 아니고는 경질되는 일 없이 두터운 신임을 받았음을 알 수 있다. 특히 유신정권 말기의 북악산 실장이던 차지철은 역대 가장 막강한 경호실장으로서 무소불위의 권력으로 전횡을 일삼다가 주군과 함께 비명에 갔다. 전두환 정권의 장세동과 노태우 정권의 이현우 역시 남산 부장과 힘겨루기가 필요 없는 막강한 북악산 실장으로 군림하다가 남산 부장으로 승진했다.

이들이 경호실장으로 있을 때는 남산 부장들은 대개 이들에게 부탁해서 대통령의 일정과 심기를 전해 듣는다. 그러나 장세동이 남산 부장으로 나가 있을 때는 전두환 대통령의 일정이 매일 경호실을 통해 그에게 보고됐다. 장세동의 경우에는 자리가 문제가 아니라 그가 가는 곳으로 권력의 무게가 기울었다. 5공 초기엔 보안사가 안기부보다 파워가 더 셌지만 장세동이 안기부장으로 가면서 그것이 뒤바뀌었다.

(4) 남산 부장들의 몰락과 유신정권의 최후

북악산 실장과 남산 부장의 대표적인 권력 암투는 박종규 대 김형욱, 차지철 대 김재규였다. 박종규 대 이후락도 싸움이 있을 법했으나 이후락이 수완 있게 넘기는 스타일이어서 충돌이 일어나지 않았다. 박종규 실장이 이후락 부장의 야심을 의심하고 감시하기도 했으나 이 부장이 맞부딪치지 않았다.

1973년 3월 윤필용 수경사령관 사건 때도 이후락 부장이 연루될 뻔했었다. 당시 보안사의 수사팀이 조사해보니 윤 사령관이 이 부장에게 "차기 후계자는 형님이 맡아도 되는 것 아닙니까?"라고 말한 것으로 드러났다. 이때 보안사의 수사 단서는 박종규 실장이 대통령에게 건넨 보고서였다. 박종규는 문제된 모임에 동석했던 서울신문 사장 신범식을 위협해 그날 나온 얘기들을 진술받았다.

박종규 실장이 볼 때 북악산 바깥의 막강한 권력자들인 그들이 마주 앉아 이런 얘기를 주고받았다는 것은 보통 일이 아니었다. 이 두 사람이 일종의 '권력 제휴'를 형성하려 한 데는 그 휘하 막료들의 중간 역할이 있었다는 정보도 들어왔다. 윤 사령관 밑에 있던 손영길(육사 11기) 수경사 참모장과 이 부장의 막료인 이재걸 중정 감찰실장이 같은 고향인 울산 출신으로 두 상관을 손잡게 했다는 것이다.

윤필용 사건 수사로 손영길·이재걸 두 사람은 모두 구속됐지만, 이후락은 무사했다. 이때 이후락의 남산은 보안사 수사에 맞서 보안사의 휘발유 유용사건을 터뜨렸다. 남산의 정보이첩으로 보안사 참모장 김귀수 준장과 고급 간부들이 군 범죄수사대에 잡혀가 거칠게 조사받았던 것. 그러나 이후락은 박종규에게는 역공을 취할 엄두도 내지 못했다. 건드려봐야 그에게 아무런 타격도 가할 수 없을뿐더러 돌이키기 어려운 관계가 되는 것은 자신에게 불리했기 때문이다.[7]

이후락은 1973년 여름 도쿄에 망명 중이던 김대중을 중정이 납치해온 사건에 책임을 지고 그해 12월 중정부장을 사임했다. 이듬해 그는 조용히 출국해버린다. 대통령 박정희가 수많은 측근들을 중용했다가도 나중에 잡아넣는 행태를 누구보다도 잘 보아온 이후락은 일단 한국을 떠나 있는 것이 상책이라고 판단했다. 그것은 박정희의 변덕 때문인 탓도 있지만, 그 아래서 권력 암투를 벌였던 라이벌들의 중상과 공격이 더 무서웠기 때문이다. 그런 와중에서 박정희가 마음을 조금만 돌리면 자신은 과거 라이벌들의 먹잇감이 되어 몰락하리라는 것은 불 보듯 훤했다.

그러나 박정희에게는 이후락의 그런 모양새가 영 안 좋게 보였다. 또 자신의 개인적인 약점은 물론이고 국가기밀도 가장 많이 아는 그가 외국에 머물러 있는 것을 그냥 놔둘 수가 없었다. 결국 중간에 밀사를 넣어 "누가 뭐라 한들 설마하니 임자를 어떻게 하겠는가?"라고 달랬다. 이에 이후락은 신변 보장의 언질을 단단히 받고 귀국해 경기도 광주의 도자기 굽는 동네에 은신해서 지냈다.

---

7 박정희의 부관 출신으로 그 친위대장으로 불렸던 윤필용 수경사령관이 몰락한 사건에 관해서는 다음을 참조. 김재홍, 『군 1: 정치장교와 폭탄주』(서울: 동아일보사, 1994), 232-257.

3. 언론 탄압 ─ 국민 여론 형성의 사전 조작

1) 군사정권의 언론인 강제해직과 보도지침

박정희-전두환-노태우 군사정권의 언론관은 민주사회에 바탕한 자유로운 표현과 비판을 인정하지 않았다. 언론을 사전 통제와 조정이라는 군사 권위주의적이고 관료적인 관리 대상으로 간주했다. 모든 언론사에 중앙정보부 요원을 상주 출입시켜 주요 보도기사의 내용과 편집 크기 등을 간섭했다. 박정희 유신 체제 아래서 언론인 강제해직 사건인 동아일보와 조선일보의 자유언론수호투쟁위원회는 신문사 편집국에 정보기관원이 무상 출입을 거부하는 운동에서 비롯됐다.

동아일보 기자들은 1974년 10월 24일 자유언론 실천 선언문을 발표한 데 이어 제작 거부 투쟁에 돌입했다. 박정희 정권은 자유언론 운동을 벌이는 기자들을 해고하라고 신문사의 사주에게 압력을 가했다. 이에 사주들이 처음 응하지 않자 신문사 경영의 수입원인 광고주들을 공작적으로 봉쇄했다. 동아일보에 광고란이 백지로 발행되자 전국에서 시민들의 격려 광고가 답지했다. 그러나 장기적인 광고 탄압 사태와 정권 측 압력에 사주 측은 굴복했다. 결국 중앙정보부와 협상을 통해 광고 수입의 숨통을 트는 대신 자유언론 운동을 벌인 기자, PD, 아나운서 등 130여 명을 해직시켰다. 1975년 3월 17일 군사정권 아래 1차 언론인 강제해직이었다.

군사정권 아래 2차 언론인 강제해직은 전두환이 합동수사부장과 중앙정보부장 서리와 국가보위 입법회의 상임위원장으로서 내란 그룹의 실권자이던 1980년 5월 이후 8월까지 강행됐다. 5·18 광주시민항쟁에 대해 공수부대가 주축을 이룬 계엄군의 잔혹한 살상 진압이 자행되는데도 계엄 당국의 사전검열로 언론 보도가 봉쇄되자 한국기자협회는 제작 거부를 선언했다. 동아투위 사건 이후 기자협회 회원사가 아닌 동아일보 기자들은 독자적으로 광주시민항쟁을 보도하지 않는 신문 방송의 제작과 검열을 거부했다. 이 같은 조건부 제작 거부 3일 만에 계엄 당국과 협상을 벌여 당시 석간이던 동아일보는 5월 22일자에 광주시민항쟁에 대해 첫 보도를 내보냈다.

보안사는 5·18 광주시민항쟁의 보도를 위해 제작 거부 등 자유언론 운동을 벌인 신문과 방송의 기자, PD, 아나운서들의 명단을 각 언론사별로 건네주고 강제해직시키도록 했다. 이때 동아일보사는 재직 사원 전원의 사직서를 제출받은 후 보안사가 요구해온 해직자만 수리하고 다른 사원의 사직서를 반려했다. 2021년 5월 국회에서 '5·18 민주화운동 관련자 보상 등에 관한 법률'이 개정돼 80년해직언론인협의회 회원들이 5·18 광주민주화운동 관련자로 포함된 배경이기도 하다. 언론인 강제해직이 8월 말까지 완료된 후 전두환은 9월 1일 최규하의 뒤를 이어 대통령에 취임했다. 이른바 5공화국이 출범한 후 정권은 그해 말 동아방송과 동양방송을 KBS에 통합시키는 등 전국적으로 언론사 통폐합을 강제했다.

군사정권의 언론관이 극명하게 드러난 것이 1986년 9월 민주언론운동시민연합에서 발행하는 월간 「말」지가 특집 보도한 정부의 보도지침 사건이었다. 전두환 정권은 언론을 통제하기 위해 문화공보부 홍보정책실을 통해 각 언론사에 구체적인 보도 가이드라인을 은밀하게 시달했다. 여기엔 보도의 방향과 내용 및 형식까지 매우 자세한 지침을 담았다. 전두환 정권은 이 보도지침을 폭로한 한국일보 소속

김주언 기자 등 3명을 국가보안법 위반과 국가모독죄로 구속기소했다. 전두환 정권은 언론을 통제하기 위한 보도지침을 별 죄의식 없이 시행했으나, 이것이 폭로된 후 국민 여론이 크게 악화되자 충격적으로 반응한 것이다. 군사정권의 언론관이 얼마나 권위주의 통치에 바탕하고 퇴행적인 것이었는지 알려주는 대목이다.

2) 공작적 언론관 — 브루스 커밍스 "개인 견해까지 매수·조작하는 정권"

1970년대 초 박정희의 얼굴 사진을 「타임」지에 게재하려는 공작적 로비가 있었다는 증언이 공개됐다. 미국 하버드대의 니만 펠로 언론인 연구과정 책임자를 상대로 시도됐었다는 것이다. 미국의 저명한 한국학자인 브루스 커밍스 교수(시카고 대 정치학)가 쓴 "남한의 학계 로비"라는 논문에 이것이 적시돼 있었다.[8] 이 논문은 1996년 5월 찰머스 존슨 전 캘리포니아 주립대 교수가 소장으로 있는 일본정책연구소의 비정기간행물 7호로 발간돼 미국의 대학가에 나돌았다. 커밍스는 미국의 한국학 연구자들 중에서 가장 방대한 저술을 펴내 유명세가 있는 학자다. 그의 주요 저서는 1980년에 출간된 『한국전쟁의 기원』으로 이 책은 한때 한미일의 한국전쟁 연구자들 사이에 필독서로 꼽히기도 했다.

커밍스는 박정희 정권의 학계 로비 실상을 폭로한 위 논문에서 과거 군부정권이 연구비를 미끼로 미국 내 비판적인 학자들까지 입을 막았다고 썼다. 이 논문은 군사정권이 학문과 표현의 자유를 짓밟아

---

8 Bruce Cumings, "South Korea's Academic Lobby," *Japan Policy Research Institute Occasional Paper* No.7 (May 1996); 김재홍, 『박정희의 유산』, 215-219.

온 한국의 후진성을 적나라하게 보여주고 있어 많은 해외 한국인들을 부끄럽게 했다. 커밍스는 독재 권력의 탄압뿐 아니라 돈에 의한 유혹과 매수 등 모든 수단을 다 동원해 개인의 자유로운 견해에 수정을 가하려는 풍토가 한국사회의 특성이라고 썼다.

커밍스는 미국 학계에 연구비를 대주거나 국제학술회의를 주관한 한국의 기관과 함께 이를 받은 미국 대학 및 학자들을 비판했다. 한국 측의 돈줄로는 국제교류재단(구 국제문화협회)과 무역업체들의 출연으로 기금을 조성하는 산학협동재단이 자주 거론됐다. 그 배후는 한국 중앙정보부라는 것이었다.

그는 연구비를 주는 한국 측이 특히 학문과 표현의 자유를 존중하지 않는 문화를 갖고 있다고 했다. 그에 따르면 한국사회가 학문의 자유는 존중받지 못하면서도 학문 자체와 학자들의 견해는 지나치게 중시한다는 것이다. 역설적인 지적이다. 이를 뒤집어 해석하면 학자나 언론인 등 지식인의 견해가 일반 국민에게 미치는 영향이 크므로 항상 집권자들의 공작 대상이라는 얘기다. 이는 상당히 타당한 분석이다. 박정희 체제가 어느 선진국 정권 못지않게 지식인 계층이 참여한 테크노크라시였다는 것은 엄연한 사실이다.

대학교수, 언론인, 변호사, 심지어 원로 시인들까지도 박정희 체제의 지지 그룹으로 동원됐다. 그러니까 군사정권의 권력자들이 지식인의 용도를 잘 알았다는 것이다. 한국의 외교관이나 해외공보관은 주재국 언론의 한국 관련 보도에 대한 분석과 대처를 주요 임무 중 하나로 삼고 있는데, 그것도 바로 한국 정부가 언론을 중시하기 때문이라고 커밍스는 지적했다. 그는 논문에서 박정희 정권의 하버드대에 대한 로비와 교수들의 한국에 대한 태도를 이렇게 묘사했다.

박 정권의 진정한 관심은 라이샤워와 코언 같은 교수들의 한국 정부에 대한 반대 활동을 견제하는 대응 활동을 지원함으로써 하버드대에 한국 지지 분위기를 싹트게 하는 데 있었다고 한 한국 기자가 보도했다. 다른 교수들(페어뱅크도 그중 한 사람)은 최근 키신저 국무장관에게 어째서 하버드대의 교수들이 외국의 내정에 간섭하는지 모르겠다고 불만을 토로한 것으로 보도됐다.

이 글을 읽으면 페어뱅크 교수에게 상당한 친한(親韓) 혐의가 두어졌다는 느낌을 받는다. 이때 친한이란 친 박정희 정권을 뜻한다. 커밍스는 이어 당시 한국의 독재정권에 매우 비판적이었던 「뉴욕타임스」의 도쿄 특파원 리차드 헬로란의 기사를 인용했다.

하버드에 대한 기부를 관장한 사람은 박정희의 사위로 당시 중앙정보부 미국지부 책임자였던 한병기였다. 의회 조사소위는 후에 한씨가 박 대통령에게 100만 달러의 기금을 조성할 수 있도록 기업에 압력을 넣어줄 것을 요청했으며, 그 기금은 적절한 절차를 거쳐 1975년 6월 하버드대에 주어졌다고 결론지었다.

당시 「뉴욕타임스」 보도에 따르면 하버드대가 한국에서 연구 기금을 받은 후 동부의 명문 컬럼비아 대도 한국 무역업체로부터 기금을 얻으려 했으나 실패했다. 하버드대의 연구 기금에 대해 순수성을 따지는 글들이 나돌자 컬럼비아 대의 교수와 학생들이 한국의 연구비를 거부하고 나섰기 때문이라는 것이다.

동부의 명문 대학들에게 돌아간 한국 측의 기금은 1975년 6월에 마지막으로 주어졌던 것으로 보인다. 1975년을 기점으로 한국의 독재정권과 언론 탄압이 미국의 중심부 명문 대학과 의회에서 공식적으로 문제화됐기 때문이다. 국제교류재단의 한 간부는 1980년 전두환 정권 초기에 한국 정부가 하버드대에 100만 달러를 연구비 명목으로 제공하려 했으나 거절당했다고 밝혔다.

코리아게이트를 조사한 미 의회 한미관계소위는 위원장의 이름을 따 프레이저 위원회로 불리기도 했다. 이 프레이저 소위는 전직 중앙정보부 간부 등 많은 한국 인사들에 대한 청문회를 진행하기 위해 한국어에 능통한 미국인 통역관을 고용했다. 나중에 하버드-옌칭 연구소 부소장이 된 에드워드 베이커가 당시 프레이저 소위의 통역관으로 일했다. 베이커 부소장도 1996년 8월 11일 필자와의 전화 통화에서 로비 사건을 증언했다.

"한국 유학생이 박정희 사진을 「타임」 지표지에 게재하려는 로비를 벌였다는데, 이에 대해서 들은 일이 있는가?"

"로비스트가 찾아가 부탁했던 당사자인 제임스 톰슨 교수에게서 직접 들었다. 당시 박정희의 사진을 게재하게 해주면 5만 달러를 제공하겠다는 얘기였다."

"지금 그 로비 혐의자가 그것을 전면 부인하고 있는데…."

"톰슨 교수가 그 내용을 다른 사람들한테 얘기하는 것도 수차 들었다. 그것은 사실일 것이다. 톰슨 교수는 오랫동안 니만 펠로십의 책임자도 지냈으며, 거짓을 말할 사람이 아니다."

"당시의 로비 혐의자를 직접 잘 아는가?"

"잘 안다. 그는 사진 로비 외에 박정희 정권과 다른 것으로도 연루돼 있었다. 프레이저 소위의 비공개 청문회에서 증언한 김형욱 전 중앙정보부장은 그가 수차례 찾아와 박정희 정부를 위해 일하게 해달라고 졸랐으나 돌려보내곤 했다고 말했다. 프레이저 위원장이 질문하고 김형욱 씨가 답변한 그 비공개 청문회에 내가 통역관으로 들어갔기 때문에 기억하고 있다. 김형욱 씨는 그 로비 혐의자에 대해 여러 가지 정보를 내놓았다."

베이커 부소장은 필자의 요청에 따라 당시 자신이 참석했던 프레이저 청문회의 보고서 사본을 팩스로 보내왔다. "한미관계 조사"라는 표제의 보고서 제7부 6페이지에 김형욱이 1977년 6월 22일 프레이저 위원장의 질문에 답변한 내용이 기록돼 있었다. 프레이저 위원장이 그 로비 혐의자와의 관계에 대해 말하라고 서두를 떼자 김형욱은 다음과 같이 설명했다.

나는 그를 잘 안다. 내가 한국 중앙정보부장으로 재직할 때 그가 여러 번 찾아왔다. 그는 한국 신문들에 한반도 통일 문제에 관해 수차례 기고했다. 그가 유능하다는 것은 널리 알려진 얘기다. 그는 정치학 박사학위 소지자였다. 그는 나에게 청와대 비서실에서 일하고 싶다고 말했으며, 그런 자리를 얻으려고 매우 열심히 일했다.

미국 보스턴 대학의 역사 및 저널리즘학과 종신교수로 재직 중인 제임스 C. 톰슨은 1996년 8월 11일 오전 필자와의 전화 통화에서 다음과 같이 증언했다.[9]

필자는 그에게 "1970년대 초 박정희 대통령의 얼굴 사진을 영향력 있는 언론매체에 게재하려는 한국 측의 로비에 대해 알고 있는가?"라고 물었다.

한국 시간으로 일요일 오전이고, 미국 동부 시간은 토요일 오후에 케임브리지 교외 자택에서 전화를 받은 톰슨 교수는 답변에 앞서 필자의 신원과 취재의 용도 등을 물었다. 다행히 그는 필자의 신원을 하버드대 니만 펠로 명단에서 확인했으며, 신뢰감을 표하는 가운데 조금도 거리낌 없이 답변했다.

"그때가 1970년 6월이었다. 한국전쟁 발발 20주년이 되기 수 주일 전이었기 때문에 정확히 기억할 수 있다. 하버드대 법과대학원에 재학 중인 한국 유학생이 대학 구내 동아시아 센터에 있는 내 연구실로 찾아왔다. 그는 나에게 박정희 대통령의 사진을 「타임」지 표지에 게재하도록 주선해주면 5만 달러를 제공하겠노라고 제의했다."

"당시 그 유학생은 중요한 일을 할 수 있는 직업인도 아니고 저널리스트나 변호사도 아니었다. 그저 젊은 학생 신분이었을 텐데 귀하는 그가 연구실로 찾아오기 전에도 그의 신원을 알고 있었는가?"

---

9 위의 책, 211-215.

"그와 개인적인 교유는 없었다. 그저 학교 안에서 세미나, 리셉션이나 아시아 관련 모임에서 몇 번 인사해서 알고 있었다. 그는 의사 표현을 분명히 하는 사람이었다. 당시 나는 하버드대 역사학과 조교수로 '동아시아와 미국 관계'를 강의하고 있었기 때문에 학교 주변에서 그를 만날 기회가 종종 있었다. 또 그가 학교를 졸업한 후 뉴욕에서 변호사로 일한다고 들어서 그에 대한 기억이 남아 있었다."

"「타임」지 외에 「뉴스위크」지도 대상으로 포함됐다는 설이 있는데…."

"나는 「뉴스위크」지 얘기는 못 들었다. 「타임」지에 게재하게 해주면 5만 달러를 주겠다는 제의였다."

"그 자리에서 그에게 어떤 언질을 주었는가? 어떤 답변을 했는가?"

"유감스럽게도 나는 언론과 그럴 만한 커넥션을 갖고 있지 못하다고 말하고 거절했다."

"박정희 정권의 로비스트가 톰슨 교수를 로비 대상자로 지목했다면, 귀하가 그만한 영향력을 갖고 있다고 보았기 때문이 아니겠는가?"

"나는 당시 대학에서 강의하면서 언론매체에 글을 기고하는 프리랜서였다. 1969년 닉슨 대통령의 중국 방문 때는 그와 동행해 ABC TV 방송에 보도하기도 했다. 이런 것들 때문에 내가 언론에 영향력을 갖고 있다고 보았는지 모르겠다. 나는 1966년부터 1972년까지 하버드대 조교수로 있었으며, 그런 언론과의 인연으로 1972년부터 1984년까지 하버드대의 세계적인 저널리스트 연구 코스인 니만 펠로십 책임자로 일했다."

4. 교육과 사회문화의 정치적 통제
— 박정희 우상화와 오도된 교도민주주의 교육

1) 대학 병영화-교수 강제해직-국민교육헌장 암송
—1971년 10월 15일 대학가 위수령으로 유신 선포 정지 작업

군사정권 아래서 정치 영역 외에도 교육과 사회문화에 대한 정치권력의 개입으로 인해 국민의 정신 영역에까지 통치자의 사고가 악영향을 미쳤다. 통치 집단은 모든 국민 2세가 의무교육을 받는 초등학교 현장에서부터 대학에 이르기까지 교육의 자율성이란 마치 정치적 이단과도 같이 경원시하면서 기본적으로 '통제 교육'을 시행했다.

군사정권은 교육 자치와 상아탑을 이상으로 삼아온 대학에 교련을 필수과목으로 강제했다. 또 군사정권에 비판적인 교수들에게 정치교수라는 굴레를 씌워 강제해직시켰다. 1971년은 박정희가 유신 체제 선포를 음모하던 해였으며, 대학가의 학생운동권은 그 일환으로 강요된 대학 병영화와 학원 자유 탄압에 저항했다. 이에 박정희 정권은 그해 10월 15일 전국 대학가에 위수령을 선포하고, 학생운동가 1,600여 명을 불법으로 강제 연행해 경찰서와 보안사 등에 분산 수용하고 폭행 구타했다. 당시 중앙정보부는 그중 일부 학생운동가를 데려다 고문 조사를 자행했다. 중정이 수사권을 갖는다는 이른바 대공

용의점이 아니라 박정희의 독재정치를 반대하는 민주화운동이었는데도 젊은 대학생들을 고문 조사했다.[10]

불법 구금은 학생운동가들이 강제 입영되는 10월 말까지 보름 가까이 지속됐다. 박정희 정권은 이 중 160여 명을 학사 제적시키고 군대에 강제 입영시켰다. 당시 민주화를 외치며 학생운동을 벌였던 이들 학생운동가들은 군대 생활 내내 신원특이자로 보안부대원의 감시와 정기 동향 보고 대상이었으며, 말단 실무부대 소대원을 벗어나지 못하게 했다. 행정반 등의 보직이 금지되는 등 차별 대우와 시련을 겪어야 했다.[11]

박정희의 오도된 국민교육은 그가 1968년 12월 5일 선포한 국민교육헌장에서 드러난다. 교육 전문가나 철학자도 아닌 통치자 박정희의 국가관과 주관적 이념이 채색된 국민교육헌장을 모든 국민 2세에게 의무적으로 암송하게 했다. 박정희 철학의 대국민 주입이었다. 헌장은 물론 전문가들의 자문을 받아 작성된 것이지만, 국민들에게 인식된 그 선포자가 '대통령 박정희'였고 그것까지 포함하여 암송했다.

우리는 민족 중흥의 역사적 사명을 띠고 이 땅에 태어났다. …

공익과 질서를 앞세우며 능률과 실질을 숭상하고, 경애와 신의에 뿌리박은 상부상조의 전통을 이어받아 명랑하고 따뜻한 협동 정신을 북돋운다.

---

10 박정희 정권의 1071년 10월 15일 위수령 당시 대학 캠퍼스 내서 불법 체포되고 경찰과 중앙정보부에서 고문 조사를 경험한 필자의 증언은 다음 책을 참조. 김재홍, 『누가 박정희를 용서했는가』, 190-191, 194-196.

11 박정희 정권의 1971년 10월 15일 위수령으로 대학 제적, 경찰과 중정의 고문 조사, 군대 강제 입영 등의 고초를 겪은 학생운동 출신들의 증언과 회고기는 다음 책을 참조. 71동지회 편, 김재홍, 『나의 청춘, 나의 조국』 (서울: 나남출판, 2001)

…나라의 융성이 나의 발전의 근본임을 깨달아, 자유와 권리에 따르는 책임과 의무를 다하며, …

반공 민주 정신에 투철한 애국 애족이 우리의 삶의 길이며, 자유 세계의 이상을 실현하는 기반이다. …

1968년 12월 5일

대통령 박정희

전국의 모든 초등학교가 학생들에게 교과서에 등재된 국민교육헌장을 의무적으로 암송하게 했으며, 암송대회를 열어 포상했다. '박정희 국민교육헌장'을 모든 국민 2세에게 각인시키는 것이 목표였다. 국민교육헌장의 선포 주체는 맨 끝에 "1968년 12월 5일, 대통령 박정희"로 명기돼 있었다. 헌장 선포일은 국가기념일로 지정됐고, 정부와 교육 기관들이 매년 국민교육헌장 선포기념식도 열었다. '박정희 국민교육헌장' 암송과 기념일 행사는 1993년 김영삼 정부가 출범한 후 공식적으로 폐지됐다. 교과서에서도 삭제됐다. '박정희 국민교육헌장'은 군사정권 내내 국민 2세의 암송물이었다. 오늘날 역대 대통령의 인기 순위 여론조사에서 박정희가 1위로 나오는 배경엔 바로 이 같은 '박정희 국민교육헌장'의 암송이 영향 요소로 깔려 있다고 보아야 할 것이다. 지금의 30대 이후 모든 국민이 초등학교 의무교육 현장에서 '박정희 국민교육헌장'을 암송했다고 볼 때, 이는 매우 심각한 정신적 유해 요인이 아닐 수 없다.

이는 1957년 인도네시아 대통령 수카르노가 교도민주주의론을 내세운 이후 동남아와 아프리카 후진국 독재자들이 똑같은 행태를 보였던 대국민 정치교육과 다름없었다. 수카르노는 인도네시아가 2

차대전 후 신생 독립 국가로 다시 태어났으나 다당 난립 현상에 따른 정국 불안정과 국민 분열 등의 위기 원인이 서구민주주의를 모방 수입한 데 있다고 보았다. 그는 인도네시아 고유의 민주주의가 따로 있다고 주장하고, 일반 국민 대중에 대한 지배 엘리트층의 교도적 역할을 주장했다. 박정희가 1972년 유신 체제 선포를 준비하면서 내세운 한국적 민주주의가 이 같은 교도민주주의의 아류임을 알 수 있으며, 국가 위상으로 보아서도 창피한 일이 아닐 수 없는 일이다.

2) 표현과 일상의 자유마저 불허한 '가위질 정권'

박정희 정권은 이른바 '장발족'들을 한낮 대로에 줄 세워놓고 가위질을 해대고, 길거리를 지나가는 여성들의 미니스커트가 짧아 보이면 무릎 위 몇 센티인가를 자로 재서 허용치가 넘으면 과태료를 물렸다. 건전한 미풍양속을 해치고 퇴폐를 조장한다는 이유로 경찰이 나서서 경범죄 위반 행위라며 단속했다. 당시 장발 단속을 맡은 경찰은 요즘의 음주운전 단속처럼 대로를 막은 채 머리가 긴 젊은이들이 지나가면 붙들어다 줄 세워놓고 가위질을 해댔다. 이런 풍경이 외신을 타고 해외 언론에 보도되기도 했다. 과연 일본군 장교 출신다운 획일주의적 발상이었다.[12]

군사정권의 사회문화에 대한 가위질은 소설과 영화에도 가해졌다. 심의에서 사회윤리와 풍기문란을 엄격하게 따져 가위질을 했다. 시는 체제 비판이나 허무주의 내용이 담기면 출판을 금지했다. 심지

---

12 박정희 전두환 정권의 장발 단속과 인기가요 금지곡 등 사회문화적 통제와 탄압에 대해서는 다음을 참조. 김재홍, 『누가 박정희를 용서했는가』, 50-55.

어 불신풍조나 퇴폐를 조장한다는 이유로 1965년 이후 민주정부 이전까지 32년 동안 금지곡으로 묶어놓은 대중가요가 840여 곡에 이르렀다. 문화적 자유보다는 정권의 주관적 가치관에 바탕을 둔 획일적 잣대로 선을 긋는 식의 통제가 횡행하던 시대였다. 국민의 생각과 문화 양태를 자신의 주관에 따라 획일적으로 통제하겠다는 독재자의 발상이 사회를 옥죄었다. 자율과 다양성이 창의를 만들어낸다는 철학은 부재했고, 오로지 통치자의 생각대로 다스린다는 교도민주주의만 횡행했다.

그렇게 국민에게 미풍양속을 강요하며 억압했던 박정희 정권의 권력자들은 과연 어떻게 살았는가? 그들의 사생활은 참으로 저급하기 짝이 없었다. 공인으로서의 윤리 의식은 고사하고, 일반인의 기본 윤리에도 못 미친 패륜 그 자체였다. 최고권력자 박정희뿐 아니라 그의 측근 부하들이 요정 호스티스 등을 상대로 벌인 섹스 탐닉은 단순한 스캔들 이상이었다. 그것은 사생활 문란이고 방탕이었다.

박정희가 10·26 사건으로 최후를 맞았을 때 연예계의 여인 둘이 동석했다는 것이 알려지자 사람들은 탄식했다. 그동안 그렇게 박정희의 술자리에 다녀간 여인들이 200명도 넘으며 일류 여배우와 탤런트만 수십 명에 이른다는 얘기들이 나오자 많은 국민이 경악했다. 그야말로 주지육림과 황음으로 자신뿐 아니라 나라까지 말아먹은 부패 권력의 전형을 보여주었다.

그런 박정희 정권이 유달리 장발과 미니스커트까지 단속하고 대중가요까지 건전성을 내세워 자의로 규제한 것은 참으로 아이러니가 아닐 수 없었다.

3) 군사정권 아래 금지곡 840여 곡의 사연
— 송창식의 〈왜 불러〉, 양희은의 〈아침 이슬〉도 금지곡

군사정권 아래서 인기 가요들 중 금지곡을 정해 '철창'에 가둔 이유를 들여다보면 그야말로 가관이고 그저 웃지도 못할 코미디가 많았다. 1970년대 초반 국민가수 반열에 오른 송창식이 부른 인기가요 〈왜 불러〉는 장발 단속에 저항하고 조롱했다는 이유로 금지곡이 되었다.

장발이 유행하던 당시 젊은이들은 길을 가다가 단속 경찰을 발견하면 그냥 돌아서서 내빼곤 했다. 그런데 경찰은 돌아서서 가는 장발을 소리쳐 부르기도 했다. 단속 경찰은 노랫말에 있는 것처럼 "돌아서서 가는 사람을 왜 불러"대는지 모를 일이었다. 법적인 강제 구인이 아닌 바에야 돌아서서 가는 사람이 오라고 한대서 갈 리도 없는데 말이다. 어쨌든 이 노래가 그런 장면을 희화화하고 저항을 부추긴다는 이유로 금지곡이 된 것은 그 시대에나 가능한 코미디였다.

당시 젊은 세대의 우상이던 양희은이 부른 〈아침 이슬〉도 금지곡 선고를 받았다. 가사에 담긴 의미가 늘 문제였다. 당시 철학적 대중음악인으로 인기가 높은 김민기가 작사하고 작곡한 〈아침 이슬〉은 가사 중 "긴 밤 지새우고 풀잎마다 맺힌… 태양은 묘지 위에 붉게 타오르고"가 단속에 걸렸다. "묘지 위에 붉게 타오르는" 태양이 무엇을 뜻하느냐는 것이다. 묘지는 남한이고 태양은 북한의 김일성 아니냐는 의심이었다. 또 "긴 밤 지새우고"는 마치 기존 체제를 들어 엎는 '혁명 전야'를 연상케 한다는 것이다. 정말 작사자가 그런 의미를 담았는지 진의를 밝힌 적도 없는데 검열 당국의 해석에 기가 찰 노릇이었다. 셰익스피어가 살아나서 자신의 작품에 대한 문학박사들의 해설을 들으면 기절

초풍할 것이라고 하지 않는가. 원작자는 생각지도 않은 상상력을 발동해서 기가 막힌 이유를 뽑아내 빨간 딱지를 붙이니 이런 것도 '꿈보다 해몽'이라고 해야 할까.

(1) 1971 학생운동가들 중에 친구 많은 김민기 가요는 요시찰 대상

특히 김민기가 작사한 노래들은 공안당국의 의심을 많이 받았는데, 그가 운동권과 가깝기 때문이었을 것이다. 그가 작사·작곡하고 양희은이 부른 〈늙은 군인의 노래〉도 금지곡으로 묶였다. 김민기는 박정희 정권이 1971년 10월 전국 대학가에 위수령을 선포하고 학생운동가들을 붙잡아다가 고문하고 학교에서 제적시킨 후 강제 징집한 '71동지회' 회원들 중에 친구가 많았다. 군대에 강제 징집당했다가 돌아온 이들은 사회 각 분야로 진출해서 반독재 학생운동의 정신을 이어가고 있었다. '늙은 군인'이란 그때 군에 강제 징집당했다가 전역해서 돌아온 학생운동가들을 상징했다. 거기에 가사도 뭔가 모르게 거슬렸던 모양이다.

나 태어난 이 강산에 군인이 되어
꽃 피고 눈 내리기 어언 삼십 년
무엇을 하였느냐 무엇을 바라느냐
나 죽어 이 흙 속에 묻히면 그만이지
아 다시 못 올 흘러간 내 청춘
푸른 옷에 실려간 꽃다운 이 내 청춘
내 평생 소원이 무엇이더냐
우리 손주 손목 잡고 금강산 구경일세

꽃 피어 만발하고 활짝 개인 그날을
기다리고 기다리다 이내 청춘 다 갔네

노랫말에 담긴 의미를 굳이 짚어본다면 무욕과 달관 그리고 유토피아를 꿈꾸는 내용이라 할 수 있겠다. 그러나 "아 다시 못 올 흘러간 내 청춘"을 허무주의적 항변으로 그리고 "금강산 구경"은 친북 성향쯤으로 간주하는 것이 검열 당국의 자의적 잣대였다.

(2) "잠 못 이루는 밤"도 죄가 된 이장희의 <그건 너>
양희은이 불러 젊은이들의 18번이 된 〈작은 연못〉도 그런 운명에서 벗어나지 못했다.

깊은 산 오솔길 옆 자그마한 연못엔
지금은 더러운 물만 고이고 아무것도 살지 않지만
먼 옛날 이 연못엔 예쁜 붕어 두 마리
살고 있었다고 전해지지요 깊은 산 작은 연못

어느 맑은 여름날 연못 속에 붕어 두 마리
서로 싸워 한 마리는 물 위에 떠오르고
그놈 살이 썩어들어가 물도 따라 썩어들어가
연못 속에선 아무것도 살 수 없게 되었죠
깊은 산 오솔길 옆 자그마한 연못엔
지금은 더러운 물만 고이고 아무것도 살지 않죠

이 노래의 가사는 민족주의를 자극하는 내용이라는 이유로 금지됐다. 열강의 보이지 않는 손에 의해 분단된 남북한이 서로 싸워 공멸하는 것을 은유한다는 것이다. 가사에서 '작은 연못'은 한반도를, '연못 속에 붕어 두 마리'는 남북한을 상징하는 것으로 해석됐다. 설령 이것이 사실이라 한들 그것이 금지해야 할 만한 불온사상이란 말인가. 우리가 겪는 약소국의 비극을 알려주는 노랫말이 누구 때문에 안 된다는 것인가. 정권이 미국, 일본 같은 빅 브라더의 눈치를 보아야 하기 때문에 그들을 불편하게 하는 민족주의 감정을 노래하면 안 된다는 말인지, 알다가도 모를 일이다.

또 이장희가 부른 〈그건 너〉를 두고는 "늦은 밤까지 잠 못 이루는 이유가 무엇이냐?"고 시비를 걸었다. 사랑하는 여인을 그리워하며 잠을 못 이루는 그 이유가 "너 때문이야"라고 돼 있는데도 그것이 불만어린 독재정권 때문이라고 외치는 것 아니냐면서 금지시켰다. 청춘 남녀의 사랑 노래마저도 제발이 저린 나머지 빨간 딱지를 갖다 붙였다.

말도 안 되는 이유도 많았다. 이미자의 〈동백 아가씨〉와 〈섬마을 선생님〉은 도대체 무엇을 그렇게 그리워하느냐며 금지 딱지를 붙였다. 특히 〈섬마을 선생님〉은 "그리움에 지쳐서 울다 지쳐서 꽃잎은 빨갛게 멍이 들었소" 대목에 시비를 걸었다. 아마도 "빨갛게 멍이 들었소"가 문제가 됐을 것이다. 빨간색은 공산주의를 연상시키는 것이어서 무조건 반체제와 동일시했던 시절이었다. 지금 보수 야당의 당색이 빨간색인 것을 생각하면 웃지 못할 아이러니가 아닐 수 없는 노릇이다.

한대수의 〈행복의 나라〉도 비슷한 이유로 금지됐다. 행복의 나라가 어디냐, 박정희 치하에서 지금은 행복하지 않다는 말이냐, 어떤 유토피아를 노래하는 것이냐는 시비였다.

　이런 정치적인 이유 말고 괴상한 억지로 금지시킨 곡도 적잖았는데, 웃어야 할지 울어야 할지 모를 코미디였다. 코미디성 시비를 당한 대표적인 노래가 김추자의 〈거짓말이야〉이다. "거짓말이야!"를 외쳐서 불신 풍조를 조장한다는 이유였다. 참 소가 웃을 일이었다. 배호가 부른 〈0시의 이별〉은 통행금지 시간이 0시인데 그 시각에 이별해서 어디로 간단 말이냐고 다그치면서 금지곡으로 묶었다. 1980년대 심수봉이 부른 〈순자의 가을〉은 전두환의 부인 이순자의 이름이 들어가 있어서 금지곡이 된 황당한 경우다.

　시와 소설, 대중가요와 영화, 심지어 머리와 옷차림에 이르기까지 군사독재정권이 사회문화 통제를 감행하면서 들이댄 통제 이유를 보면 하나같이 그 의미가 모호하기 짝이 없었다. 그야말로 이현령비현령(耳懸鈴鼻懸鈴)이었다. 문화의 적은 획일성이고 자율의 적은 통제다.

　핀란드의 국민기업으로 세계적 휴대폰 생산업체인 노키아의 현관에 들어서면 벽에 사시(社是)가 걸려 있는데, '총화단결'이나 '조기달성' 따위가 아니었다.

　노키아의 사시는 "서로 다르게 생각하라"(Think Differently)였다. 아하, 이것이 바로 인구 530만도 안 되는 나라가 세계에서 손꼽히는 선진 부국이 된 바탕이구나 하고 금방 깨달을 수 있는 것이다. 그처럼 다양성과 자율성이 존중받는 사회 환경에서 가치 창조의 에너지가 나온다는 사실을 알 수 있다. 우리는 오랫동안 개발과 경제성장 제일주의를 내세운 군사독재정권 때문에 잘못된 교육과 문화 환경 속에서 많은 것들을 잃어버린 채 살아온 것이다.

5. 결어: 박정희와 전두환의 동질성과 차별성

필자가 하버드대의 저널리스트 연구과정인 니만 펠로십의 첫 학기에 들어가 있던 1995년 11월, 한국 뉴스가 미국의 언론 보도에 연거푸 톱을 차지했다. 유쾌한 뉴스는 아니었다. 전두환·노태우 두 전직 대통령이 연이어 구속됐다는 보도였다. 한국에서 김영삼 대통령은 역사 바로 세우기와 과거 청산이라는 말로 이를 설명했지만, 미국의 언론과 여론은 시각이 달랐다. 미국의 여론은 이를 후진국 정치의 폐습 같은 것으로 간주하고 있어서 당황스러웠다. 하버드의 교수와 대학원생들도 상당수가 비리와 약점 폭로를 동원한 권력투쟁과 정치보복이라는 시각을 보였다. 최근 일본군 위안부 피해자에 대해 '계약 매춘부'라고 역사 왜곡을 감행한 마크 램지어도 하버드대 로스쿨 교수여서 그때의 분위기가 떠올랐다. 이런 잘못된 시각만큼은 어떻게든 교정해야 할 것이다.[13]

「뉴욕 타임스」도 구속 수감되는 한국의 두 전직 대통령에 관한 기사를 1면에 큰 비중으로 다루었다. 1995년 11월 12일자 이 신문은 니콜라스 크리스토프 도쿄 특파원이 쓴 기사를 "스캔들, 한국의 정치권을 손상시키다"라는 제목으로 게재했다. 1면에서 시작된 이 기사는 14면으로 이어졌으며, 노태우의 얼굴 사진을 큼지막하게 곁들였다.

이 신문은 11월 25일자에서도 역시 크리스토프 특파원이 송고한 전두환 구속 기사를 게재했다. 이 기사는 전두환의 얼굴과 함께 1980

---

13 필자가 1995-96년 미국 하버드대 국제언론인 연구과정인 니만 펠로십을 이수하던 기간 중 경험한 전두환·노태우의 구속에 대한 『뉴욕타임스』의 보도와 하버드대 교수 및 대학원생들과의 세미나 등에 관해서는 다음 책을 참조. 김재홍, 『박정희의 유산』, 190-210.

년 5월 광주에서 진압군 두 명이 아스팔트 위에 쓰러진 한 청년을 질질 끌고 가는 사진을 함께 실었다. 여러 차례 본 사진이지만, 볼 때마다 참으로 야만과 광기에 분노를 삼키기 어려운 광경이다.

나는 당시 동아일보의 3년 차 기자였으며, 그런 엄청난 참상을 보도하기 위해 편집국 내 지하조직으로 결성한 '14인 소위원회' 멤버로 자유언론 운동을 벌였다. 전두환 노태우 내란 집단에 의한 언론 검열과 광주시민항쟁을 보도하지 않는 신문 제작을 거부했다. 그로부터 두 달 반 후 강제해직을 당했으며, 8년 동안 젊은 시절 황금기를 시련의 해직 기자로 보내야 했다.

내란 집단의 야만적 무력 행위는 15년이 지나서야 업보가 전두환 노태우의 구속으로 나타났다. 이어 「뉴욕 타임스」는 노태우가 10월 말 6억 5천만 달러(한화 약 5,500억 원)의 부정 축재 사실에 대해 눈물을 글썽이며 시인했다고 보도했다. 기사 중 특히 눈길을 끄는 것은 지난 1987년 정치개혁을 요구한 6·29 선언으로 '국민적 영웅'이었던 노태우가 이제 '희생양'이 돼 있다는 대목이었다. 기사의 핵심을 말해주는 맨 앞부분에서 이 내용을 읽다가 나는 진실과는 많은 차이가 있음을 절감했다.

그를 개혁자로 본다는 것은 바로 6·29 선언을 능동적인 조치로 해석한다는 뜻이었다. 이는 잘못된 인식이다. 6·29는 집권 여당이나 여당 대표인 노태우에 의한 능동적인 개혁 조치가 아니라, 6·10 시민항쟁에 대한 집권 세력의 굴복이라고 보아야 한다. 만일 당시 집권 세력이 끝내 굴복하지 않았다면 1979년 10월 박정희 살해사건의 배경이 됐던 부마항쟁이나 이듬해의 광주시민항쟁과 같은 국민적 저항이 재발할 것이 불 보듯 뻔한 상황이었다. 이 같은 국민적 저항의 트라우마를 체험했던 전두환·노태우가 이번에는 유혈진압으로 수습하기 어렵다고 판단해 재빨리 백기를 든 것이다.

그러나 각국에서 온 저널리스트인 동료 니만 펠로들은 "어떻게 현직 대통령이 전직 대통령을 둘씩이나 체포할 수가 있느냐"고 의문을 표시했다. 심지어 어떤 펠로는 내가 귀국하는 데 문제가 없겠느냐고 묻기도 했다. 이들의 눈에는 큰 정변이라도 일어난 것으로 비쳐진 모양이었다. 이들은 대부분 새로이 정권을 장악한 대통령이 과거 자신을 괴롭히던 정적에게 앙갚음을 하는 것 아니냐는 식으로 이해했다. 하버드에 와 있는 외국의 기자나 학자들 중에는 한국을 제대로 아는 이가 별로 없었다.

나는 각국 주요 언론사의 중견 저널리스트인 동료 니만 펠로들과 하버드의 동아시아 연구자들에게 진실을 설명해주느라 진땀을 뺐다.

1996년 3월 7일 오후 하버드대 동아시아 연구의 중심인 페어뱅크센터. 여기서 열린 "전두환·노태우 구속을 계기로 본 한국의 군사독재 잔재의 청산에 관한 포럼"에서 나는 주제발표를 맡았다. 한국학연구소가 정규 세미나 프로그램의 하나로 한국의 현안 문제를 다룬 것이다. 이 포럼에서 박정희 시대 개발독재의 공과(功過), 박정희·전두환·노태우 체제의 동질성과 차별성, 김영삼 정부의 군사독재 청산 작업 등에 관해 열띤 토론이 벌어졌다.

이날 포럼에는 하버드대에서 아시아학과 한국학 연구를 주도하는 교수들과 한국 유학생 및 교민 2세 재학생들이 참석했다. 존 페어뱅크와 에드윈 라이샤워의 뒤를 이어 하버드 아시아학의 대부 역할을 해온 에즈라 보겔 교수(페어뱅크센터 소장), 한국학연구소장인 카터 에커트 교수, 마일란 헤이트마넥 한국사 교수, 옌칭 연구소의 에드워드 베이커 부소장 등이 그들이었다.

전·노의 부패 독직 사건에 대해 많은 사람들이 "박정희 시대엔 어떠했느냐"고 물어왔다. 하버드의 한국 전문가들 사이에서도 박정희·전두환 시대의 동질성과 차별성을 놓고 의견이 분분했다. 심지어 한국에서 유신독재가 싫어서 미국에 이민 온 사람들 중에도 "박정희 대통령은 독재는 했어도 부정 축재나 비리는 저지르지 않았는데…"라고 말했다.

물론 박정희·전두환 두 사람의 개인적인 성품이나 자질엔 차이가 있다. 그러나 정치 체제와 통치 방식은 매우 동질적인 것으로 분석된다.

첫째, 두 독재정권의 통치 집단이 지역적으로 영남 출신인 동향인들이다. 전두환 노태우 등 영남 출신 육사 11기 동기생 모임인 5성회와 7성회가 군내 지하 사조직으로 작당한 하나회는 박정희의 비호 아래 친위 정치군벌로 비대해졌다. 박정희가 10·26 사건으로 사거한 후 12·12 군사반란과 5·18 광주시민항쟁 살상 진압 등 일련의 내란과정은 그 영남 출신 정치군인 중심의 하나회가 주범 집단이었다.

이것은 한국 정치와 사회문화에서 매우 중요한 의미를 갖는다. 이들 군 출신 독재정권이 남긴 반역사적인 죄과 중 하나가 영남과 호남에 대한 지역 차별이라는 데 한국의 식자층 사이에 별 이견이 없다. 그 지역 차별의 가장 심각한 양상이 한국사회에서 영향력 있는 공직에 대한 편중된 인재 등용으로 나타났다.

둘째, 두 독재자가 계층적으로 육군사관학교 출신 군인이라는 사실 또한 강력한 동질성으로 이어지고 있다. 박정희와 전두환 정권은 한마디로 군사독재 체제의 연속선상에 있는 것이다.

셋째, 통치술 면에서 자유주의 정당정치가 아니라 정보기관인 중앙정보부와 군 보안사령부를 앞세운 권위주의적 정보 공작 정치 방식이라는 점이 동질적이다. 두 체제의 집권 세력은 항상 야당을 정치 공작으로 순치시켰으며, 그것을 주 임무로 하는 국가정보기관이 중앙정보부라고 10·26 군사재판에서 김재규 중앙정보부장이 증언한 바 있다.

넷째, 박정희·전두환은 언론에 대한 정권의 통제와 비판적 언론인의 강제해직을 똑같이 자행했다. 이 같은 철저한 언론통제는 전두환 정권이 박정희 정권의 기조를 그대로 답습한 결과였다.

다섯째, 정책 면을 보더라도 민간 기업이나 전문가 중심의 자율 실천과 정부의 지원이 아니라 정부 주도로 강제했다. 대표적으로 내자 동원과 외자의 분배 등이 거의 정부가 주도하는 관치경제로 이루어졌다.

여섯째, 무엇보다도 두 정권은 반민주적인 유신헌법을 수단으로 통치했다. 유신헌법에 규정해놓은 대통령의 국가비상대권과 긴급조치권이 장기적인 군사독재를 뒷받침했다. 전두환 내란 집단은 1980년 서울의 봄을 짓밟아버리고 유신헌법을 온존시킴으로써 '박정희 없는 박정희 체제'의 연속성을 지켰다. 이런 점들을 종합해보면 전두환은 박정희의 정치행태를 배우고 그대로 답습했다고 보아야 할 것이다.

일곱째, 두 군사정권은 모두 민간 기업으로부터 거액의 불법 통치 비자금을 받았다. 10·26 박정희 살해사건을 수사하기 위해 청와대를 수색한 보안사와 합수부 요원들이 청와대의 철제금고에서 발견한 돈이 9억여 원이었다. 지금의 화폐가치로 치면 수백억 원대의 현금이 청와대 대통령 집무실에 항상 있었다는 얘기다. 1995년 체포돼 구속 기소된 전두환은 법정 진술에서 수천억 원대의 비자금을 축재한 경위와 대해 "관행에 따른 것이었다"고 말했다. 그 관행이란 박정희 체제 때부터 내려온 군사독재자의 행태였다는 뜻이다. 군인 정치인들의 부패상은 전두환·노태우 때 갑자기 생긴 일이 아니며, 박정희 시대에 이미 만연돼 있었다. 전·노와 달리 박정희 정권 아래서는 부패 독직이 없었다는 주장을 한다면 현실과 너무 동떨어진 얘기다.

미국의 한국 연구학자들 중엔 박정희 체제가 독재를 하긴 했으나 부패를 막고 경제성장을 이끌기 위해 불가피했다고 보는 사람도 있다. 또 박정희가 일본 육사 출신으로 일본군 장교였다는 사실 때문에 한국의 경제성장이 일본의 아류라고 말한다. 박정희의 조국 근대화 구호는 일본의 메이지 유신을 이끈 사무라이 출신 청년 장교들에게서 영향 받은 것이며, 유신헌법이라는 이름이 그 단적인 증거라는 주장이다.

더구나 일제 식민지 시대 한반도에 건설된 철도·전기·도로·항만 등의 사회간접자본이 한국 경제성장의 밑거름이 됐다고 주장하는 학자들이 국내에도 있다. 이른바 식민지근대화론이다. 이런 관점에 따라 일제 식민 지배가 한국의 근대화에 긍정적인 기여를 했다는 일본 각료의 망언에 대해서도 일부 미국 학자는 "맞는 말 아니냐"는 반응을 보이기도 했다. 한국의 경제성장에 대해 식민지근대화론이나 '한강의 기적'이라며 박정희의 개발독재 리더십이 그 공로자라는 둔사를 주장한다면 실증적 인식능력이 결여됐다고 할 수밖에 없다. 사회과학적 관찰과 분석 능력을 갖지 못한 피상적 관점이거나 정치적으로 저의가 있는 주장이라고 보아야 한다.

한국의 경제성장은 가난을 벗고 잘살아보겠다는 국민적 투지가 원동력이었다. 군사정권의 개발독재자가 "잘살아보세"를 외친 공이 아니라, 국민 모두가 새로운 세계와 소망에 눈 뜬 결과였다. 그 가장 큰 배경은 1945년 해방 후 서구 교육을 받은 세대가 나이 20대 중·후반이 돼서 중요한 생산 노동과 경제 활동을 담당하는 1960년대부터 한국의 경제 건설과 산업화 에너지가 불붙기 시작했다는 점이다. 서구 교육을 받았고 6·25 전쟁을 겪으면서 한국 국민의 선망의 대상은 미국, 영국, 프랑스, 독일, 이탈리아 등 부강한 구미 선진국들이었다. 그런 구미 선진국들처럼 잘살아보자는 소망을 품게 된 것이다. 이때 5·16 쿠데타를 일으킨 박정희는 가난 추방을 구호로 내걸어 국민들의 소망에 영합할 수 있었을 뿐이었으며, 운이 좋았다고 평가해야 할 것이다.

한국의 산업화와 경제성장은 개발독재 덕이 아니라 세계 최장 노동시간, 최저임금, 최다 산업재해, 고인플레율, 고무역수지적자 그리고 또 여성과 미성년 노동을 잘살아보자는 의지로 실천한 국민들의 피땀으로만 설명될 수 있다. 이는 객관적이고 권위 있는 세계 데이터뱅크(World Databank)의 공인된 통계자료에 의해서도 입증된다. 즉, 한국의 1인당 국민소득이 1만 달러를 넘어서는 것은 김영삼 정부가 들어서고 2년이 지난 후였으며, 2만 달러를 넘어선 것은 노무현 정부 5년 차인 2007년 이후였다. 김대중 정부는 돌발적인 IMF 관리사태를 세계 최단기인 5년 임기 내 졸업한 것이 안팎에서 공인받는 경제적 성과였다.[14]

국민의 실질 생활과 관련된 경제지표인 인플레와 물가지수를 보면, 군사독재정권 시기가 민주정부 때보다 월등히 높았다. 개발독재

---

14 한국경제에 대한 권위주의 정부와 민주정부 시기의 객관적 통계자료는 다음 책을 참조. 김재홍. 『박정희 유전자』 (서울: 개마고원, 2012), 228-269.

정권 아래서의 경제성장이란 겉치레일 뿐이었다는 지표다. 이 같은 경제 상황은 실업률이나 국제무역수지 적자폭에서도 마찬가지였다. 인플레율과 물가지수가 높으면 임금노동자와 봉급생활자들의 실질소득이 그만큼 줄어든다는 뜻이다. 또 실업률이 높으면 국가 경제 거시지표가 아무리 좋다 해도 그것과 아무런 연관성을 갖지 못하고 소외된 채 고통스런 삶을 살아야 하는 실직자가 그만큼 많다는 얘기다. 군사독재정권의 경제성장 홍보는 상당 부분 허구이며, 그들의 언론공작과 국민 여론 왜곡에 유의해야 하는 이유다.

참고문헌

김재홍.『군부와 권력』(서울: 나남, 1993)

_____.『軍 1: 정치장교와 폭탄주』(서울: 동아일보사, 1994)

_____.『軍 2: 핵 개발 극비작전』(서울: 동아일보사, 1994)

_____.『박정희살해사건비공개진술全녹음: 운명의 술 시바스』(서울: 동아일보사, 1994)

_____.『박정희살해사건비공개진술全녹음: 대통령의 밤과 여자』(서울: 동아일보사, 1994)

_____.『박정희의 유산』(서울: 푸른 숲, 1998)

_____.『누가 박정희를 용서했는가』(서울: 책보세, 2012)

_____.『박정희의 후예들』(서울: 책보세, 2012)

_____.『박정희 유전자』(서울: 개마고원, 2012)

_____. "군 개혁의 현황과 전망,"『계간 비판』, 1993년 가을호.

_____. "군정 권력기관의 탈바꿈,"『계간 비판』, 1993년 겨울호.

_____. "한국 군사권위주의 체제(1961~92)가 남긴 유산," 1999년 7월 14일 세종연구소·미국 민주주의재단 공동주최 데모크라시 포럼 제1차 국제학술회의 주제발표 논문.

_____. "1970년대의 한국정치와 민주화운동," 71동지회 편,『나의 청춘 나의 조국』(서울:나남, 2001)

_____. "1980년 신군부의 정치사회학: 정치군벌 하나회의 정권 찬탈 내란과정," 2010년 5월 18일 민주화운동기념사업회 주최 5·18민중항쟁30주년기념 학술토론회 주제발표 논문.

_____. "절차적 민주주의와 국가 균형발전 파괴한 특혜형 독재정치,"『5·16, 우리에게 무엇인가』(서울:민주평화복지포럼, 2011)

_____. "박근혜 정부, 정치적 정통성을 묻는다," 경향신문, 2013년 10월 1일자.

_____. "박근혜 정부, 다시 정통성을 묻는다," 경향신문, 2013년 10월 28일자.

_____. "촛불집회와 민주주의," 2017년 11월 27일 (사)한국정치평론학회·경희대 공공대학원 공동주최 학술대회 기조발제 논문.

_____. "부마민주항쟁의 역사적 배경과 의미: 부마항쟁과 2016 촛불의 역사적 동질

성," 2017년 11월 10일 부마민주항쟁기념사업회 주최 학술심포지엄 주제발표 논문.

_____. "3.1운동과 2016 촛불의 국민주권 사상," 2019년 4월 3일 (사)한국정치평론학회 주최 3.1운동100주년기념 학술회의 기조발제 논문.

_____. "10 · 26 사건 수사권 발동의 기억," 매일경제, 2019년 10월 11일자.

_____. "국민주권 역사, 3 · 1과 촛불의 동질성," 매일경제, 2019년 1월 25일자.

_____. "국민주권 역사, 3 · 1과 촛불의 동질성(2)," 매일경제, 2019년 3월 1일자.

_____. "국민주권 역사, 3 · 1과 촛불의 동질성(3)," 매일경제, 2019년 4월 12일자.

_____. "김재홍 칼럼: "남산의 부장들과 정치군벌 하나회," 매일경제, 2020년 2월 24일자.

_____. "김재홍 칼럼: 5 · 18광주, 정치군벌 하나회를 생각한다," 매일경제, 2020년 5월 15일자.

_____. "유신선포의 내란 성격에 관한 고찰," 유신청산민주연대 편, 『박정희 유신독재 체제 청산: 한국 현대사의 망령』 (서울: 도서출판 동연, 2020)

_____. "박정희의 정치적 유산과 그 청산," 유신청산민주연대 편, 『박정희 유신독재 체제 청산: 한국 현대사의 망령』 (서울: 도서출판 동연, 2020)

유신청산민주연대 편, 『박정희 유신독재 체제 청산: 한국 현대사의 망령』 (서울: 도서출판 동연, 2020)

이한림. 『세기의 격랑』 (서울: 팔복원, 1994)

정상용 · 조흥규 · 이해찬 외. 『광주민중항쟁』 (서울: 돌베개, 1990)

지병문 · 김용철 · 천성권. 『현대 한국정치의 새로운 인식』 (서울: 박영사, 2001)

Cumings, Bruce. "South Korea's Academic Lobby," Japan Policy Research Institute Occasional Paper NO.7 (May 1996)

Finer, Samuel E. *The Man on Horseback: The Role of the Military in Politics* (London: Pall Mall Press, 1962)

Huntington, Samuel. *The Soldier and the State: The Theory and Politics of Civil-Military Relations* (New York: Vintage Books, 1957)

Janowitz, Morris(ed.). *The New Military: Changing Patterns of Organization* (New York: The Norton Library, 1969)

Lasswell, Harold. *Power and Personality* (New York: W. W. Norton, 1948)

「동아일보」; 「한국일보」 1971년 1월 1일~12월 31일자.

「신동아」 1971년 12월호.

71동지회 편.『자유, 너 영원한 활화산이여』(서울: 나남출판, 1991)

71동지회 편.『나의 청춘, 나의 조국』(서울: 나남출판, 2001)

5·18 광주의 시민 저항과 여성들 그리고 그 이후의 현실

김경례

(경제문화공동체 더함 전문위원)

1. 들어가며

올해는 5·18 민중항쟁 41주년이다. 5·18 민중항쟁은 1980년대 민족민주운동의 출발점이었고, 1987년 6월항쟁을 촉발시킨 원동력이었다. 5·18 진상규명, 책임자 처벌, 군부독재 타도는 1980년 이후로 민주주의를 염원했던 학생, 노동자, 농민, 시민들의 집회와 시위에서 단골 구호로 등장하였고, 6월항쟁 이후 신군부독재 체제는 종식되었으나 여전히 5·18에 대한 진상규명과 책임자 처벌은 이루어지지 않고 있다.

또한 1995년 5·18 특별법이 제정되면서 더 이상 폭도들에 의한 내란이 아닌 민주화운동으로 규정되었음에도 불구하고, 최근까지도 북한군 개입설 등 5·18을 왜곡하고 폄훼하는 가짜 뉴스들이 난무하고 있다.

문재인 정부 들어서 특별법의 개정과 진상조사위 구성을 통해 진상규명을 위한 노력을 기울이고 있으나, 발포 책임자, 헬기 사격 진위 등은 논쟁 중에 있으며 5·18의 역사적 왜곡에 대한 처벌은 '표현의 자유' 논란에 휘말리고 있다.

결국 5·18 민중항쟁은 지난 40여 년 동안 이른바 오월 운동의 지속적 전개를 통해 폭도들이 일으킨 광주사태에서 군부독재와 국가폭력에 저항한 시민들의 민주화운동으로 재정의되기는 하였으나, 진상규명과 책임자 처벌이 완수되지 못했고 여전히 다양한 담론 투쟁이 이루어지고 있다는 점에서 미완의 혁명이자 진행 중인 혁명이다. 칼 마르크스는 '혁명은 영원히 과정 중에 있는 것이다'라고 말한 바 있다. 혁명의 목적은 변화하는 것이고 지속적인 투쟁을 통해 성취된다는 의미일 것이다. 또한 혁명은 특정 목적이 성취되었다고 해서 끝나는 것이 아니라 당대 사회가 요구하는 새로운 의제들에 끊임없이 응답해야 한다는 의미일 것이다.

1980년 5·18이 하나의 역사적 사건으로서 과거에 박제화되지 않으려면 현재적 관점에서 5·18과 오월 운동이 어떤 의미를 지니며 어떻게 계승해 나갈 것인지를 진지하게 고민해야 할 것이다. 그런 의미에서 역사학자 E. H. 카는 '역사란 과거와 현재의 대화'라고 말한 바 있다. 그런데 역사적 사건의 의미화와 해석, 현재의 역사적 책무와 당면 과제의 설정은 누구의 시각과 관점에서 과거와 현재를 바라보느냐에 따라 달라진다. 기존의 역사는 많은 연구자들이 통찰하였듯이 기득권층(지배층), 남성, 백인 중심의 역사였다. 피지배층, 여성, 유색인종 등은 역사 속에서 배제되거나 차별받아 왔다. 이것이 아래로부터의 역사, 여성사가 필요한 이유이다. 여성사는 여성의 시각과 경험을 반영한 역사 새로 쓰기이며, 전체사를 보완함으로써 균형 잡힌 역사관을 형성하는 데 기여할 수 있다.

이 글에서는 5·18의 역사적 기록과 기념 과정에서 여성들이 어떻게 참여하고 배제되어 왔는가 그리고 여성의 5·18 참여 경험이 이후의 삶에 어떠한 영향을 미쳤는가를 살펴보고, 현재와 미래의 관점에서 5월 여성 정신은 무엇이며 어떻게 계승되어야 하는지에 대해 제언해보고자 한다.

2. 5·18과 기록: 여성 배제 및 부차화

5·18과 여성에 대한 연구가 본격적으로 이루어진 것은 1990년 이후이다. 5·18 민중항쟁(이후 '항쟁')이 발생한 지 10년이 지나서이다. 1987년 민주화대투쟁 이후 민주화 정국이 형성되면서 청문회로 대변되는 신군부 정권에 대한 재평가가 이루어졌고, 이 과정에서 항쟁도 반역사적 내란 행위에서 민주화운동으로서 재평가되었다. 이에 따라 폭도, 빨갱이로 내몰렸던 항쟁의 참여자들 역시 민주화운동의 희생자가 될 수 있었다. 1990년 광주민주화운동 관련자 보상 등에 관한 법률 제정, 1994년 5·18 기념재단 설립, 1995년 5·18 민주화운동에 관한 특별법 제정 등 제도적 기반들이 마련되면서 그간 빨갱이, 폭도로서 자신의 역사적 경험을 '말할 수 없었던' 사람들이 이제는 '말할 수 있게' 된 것이다. 이에 따라 국가폭력에 의해 누락되고 왜곡된 역사를 다시 듣고 기록할 수 있는 기회를 얻게 되었고, 5·18 경험의 구술과 증언

작업이 활발히 이루어졌다. 2000년대에는 5·18의 세계화를 위한 노력과 민주, 인권, 평화라는 5·18의 가치가 큰 반향을 불러일으키면서 유네스코 세계기록유산 등재(2011)를 이끌어 냈고, 그 역사적 기록들을 지속적으로 수집, 전시, 연구하기 위해 2015년에는 5·18 민주화운동 기록관이 설립되었다.

그런데 누구의 경험을 어떻게 기록할 것인지, 어떤 경험이 가치가 있고 그렇지 않은지는 또다시 정치적인 문제이다. 더욱이 국가에 의해 누락되고 왜곡된 역사를 다시 쓰는 작업은 많은 경우 당시 참여자들의 구술증언에 의존할 수밖에 없고, 누구의 구술증언, 당시의 어떤 경험을 담을 것인지는 공식사를 구성하는 데에 핵심적인 사안이다.

잘 알려져 있다시피 항쟁은 1970년대부터 유신 체제에 저항했던 사회운동 세력들(주로 학생운동, 노동운동과 양심적 지식인들)과 도시빈민, 영세업자, 구두닦이, 제봉공, 종업원, 성매매 여성 등의 기층민들이 함께했던 투쟁이었다. 지배적인 역사, 기록된 역사가 기득권층 중심, 남성 중심의 역사였다면, 저항운동의 역사 수집 및 기록 과정은 그와는 달랐을까? 또한 여성들 내부의 발화와 기록 과정은 그와는 달랐을까?

여성들의 구술사를 통해 항쟁에 대한 역사 새로 쓰기를 수행한 연구들은 1990년대 보상 국면에서 구술증언을 수집하는 과정, 2000년대 이후 기념과 확산 국면에서 기념제를 추진하고 항쟁의 역사적 의의와 오월 정신을 구성하는 과정에서 기득권층 중심, 남성 중심적 역사 쓰기가 여전히 작동하고 있다는 것을 보여준다.

보상 국면에서 광주광역시와 5·18 기념재단에 의해 구술증언이 수집되는 과정은 일차적으로는 엘리트 남성들과 여성들이었다. 기층 민중 여성들의 목소리는 또다시 누락되었다. 예컨대 황금동 콜박스 여성들에 관한 5·18의 기록은 존재하지 않는다. 당시 황금동 성매매 여성들이 시위대를 숨겨주고 헌혈에 적극 동참했다는 간접 증언이 있을 뿐 "5·18 민중항쟁을 수록한 자료문서, 영상, 사진 어디에도 그들에 관한 제대로 된 기록이 없다. 취사봉사대, 양동시장·대인시장 상인들, 산수동·관천동·지산동·학동 주민들, 전남대 학생들, 시민군, 여성 가두방송원들, 차량경적시위대 택시운전사들, 기름을 무상으로 제공한 주유소 업주 등 구역별, 성별, 역할별로 분류된 어느 단체명에도 그녀들은 소속되어 있지 않다. 황금동 콜박스 여성들이라는 항쟁 일원으로서의 고유 명칭 하나 얻지 못한 채 기록에서 소외되었다."[1]

또한 5·18 민중항쟁의 역사 쓰기에서 여성의 이미지는 대부분 '피해자로서의 여성'과 '모성이 강조되는 어머니로서의 여성'으로 정형화되어 왔다(광주전남여성단체연합, 2000: 20). 사망, 부상, 가족해체, 성폭력, 성고문, 트라우마 등의 피해[2]와 어머니로서의 여성이 존재하지 않았다는 말이 아니라, 여성들의 피해 상황과 어머니로서의 이미

---

1 정미경, "5·18 때 피를 나눈 '황금동 여성들'은 왜 잊혔나: 시위대 숨겨주고, 헌혈 앞장 섰지만 역사에 남지 못한 사람들… '황금동 여성들' 재조명해야". 2018.5.18. 오마이뉴스.

2 5월여성연구회, 『광주민중항쟁과 여성』(1991). 5장에 여성들의 구술을 바탕으로 당시 피해 상황에 대해 정리되어 있다. 2018년, 5·18 특별법 개정과 함께 '5·18 계엄군 등 성폭력 공동조사단'이 꾸려짐으로써 5·18 당시 성폭력 피해를 조사할 수 있게 되었다. 김선옥 씨와 전춘심 씨의 용기 있는 증언으로 성폭력, 성고문의 실체가 38년 만에 공론화된 것이다. "여성가족부와 국방부, 인권위원회는 2018년 6월 초 진상조사단을 구성해 10월까지 활동하면서 총 17건의 성폭행 피해사례와 성추행, 성고문 등 여성 인권 침해 행위를 다수 발견했다고 밝혔다. 성폭행의 경우 시민군이 조직화되기 전인 민주화운동 초기였던 5월 19일~21일 광주 시내에서 대다수 발생하였고, 피해자 나이는 10~30대였으며 직업은 학생, 주부, 생업 종사 등 다양했다". 진주원, 「5·18 진상규명위원회에 여성 1명…성폭력 조사 우려」, 『여성신문』, 2018. 11. 2. 여성신문에서는 진상규명위원회의 여성위원 1명으로 과연 여성의 시각에서 내실 있는 진상조사가 가능할 것인가에 대한 우려를 표명했지만, 그 전에 질문되어야 할 것은 1990년대부터 성폭력 및 성고문에 대한 증언이 있었음에도 왜 38년이나 지난 지금에야 공론화될 수 있었는가를 물어야 한다.

지만을 강조하는 것은 화염병 제작, 취사, 선전, 모금, 헌혈, 시체 수습, 수배자·구속자 뒷바라지 등의 다양한 여성 활동의 경험을 비가시화하고 이러한 활동들을 항쟁의 부차적인 지원 역할로 저가치화할 소지가 있다는 점에서 문제이다.

한편 1980년대 5·18 의례와 기념행사는 기층민중(노동자, 농민, 학생 등) 중심의 투쟁의 장이었다. 광주지역 노동자, 농민, 학생운동 단체 그리고 광대 등의 문화예술운동단체는 함께 집체극을 만들고 직접 성명서를 작성하였으며, 시민들에게 진상규명과 책임자 처벌 등 5월 투쟁을 알리는 일종의 페스티벌이었다.

하지만 1990년대부터 5·18 기념행사는 제도권 안으로 흡수되면서 관이 주관하게 되어 기층민중들의 참여는 낮아지게 되었다. 이에 여성들은 1988년 5월 여성제를 별도로 기획하고, 1990년 5월 여성결의대회를 통해 5월 항쟁을 여성의 주체적인 시각으로 재조명하고 5월 항쟁 정신의 계승이라는 측면에서 1990년대 여성운동의 과제를 명확히 설정하여 이의 실천을 위한 결의를 다졌다(광주전남여성단체연합, 2000: 200-201). 5월 항쟁의 기록과 기념 과정에서의 여성의 배제와 차별을 경험한 지역 여성들은 1988년 '5월 여성제' 개최를 계기로 지역의 독자적인 여성운동단체(광주전남여성회)를 설립하게 된다.

남성의 경험과 기억이 먼저 기록되고 남성의 활동이 더 가치 있는 것처럼 여겨지는 상황에서 5·18 역사 쓰기에서 여성의 활동과 기억은 배제되거나 부차적인 것처럼 다루어져 왔다.

이러한 문제의식 속에서 지역의 여성운동 진영에서는 1990년대부터 독자적으로 5·18 여성 연구를 수행하고, 오월운동을 펼쳐 나가고 있다.

3. 5·18 여성 연구: 페미니즘 진영

페미니즘 진영에서 5·18 여성 연구는 1990년대부터 크게 10년 단위로 이루어졌다. 1990년 당시에는 항쟁의 성격과 의의를 '과학적'으로 조명하기 위해 광주·전남 지역을 중심으로 한국현대사사료연구소를 만들어 본격적인 연구 작업이 이루어지고 있었고, 이에 발맞춰 광주 지역의 자생적인 여성운동단체였던 광주·전남여성회도 1990년 9월 '5월여성연구회'를 결성하였다.

이들의 연구 작업으로 1991년에 발간된 『광주민중항쟁과 여성』은 광주민중항쟁이 발생하게 된 역사적, 구조적 배경과 지역적 맥락, 5월 항쟁 기간(최초의 사망자가 발생한 5월 17일부터 계엄군에 의해 도청이 진압된 27일까지의 열흘간) 동안의 여성 활동 내용, 무엇보다도 여성들의 육체적·정신적 피해 상황에 초점이 맞춰져 있다.

당시 수습대책위, 학생수습대책위, 민주투쟁위원회 등의 지도부로 참여했던 여성과 JOC(가톨릭노동청년회), 극단 광대, 광주 YWCA 등에서 조직적으로 운동을 했던 여성들, 가두 투쟁, 주먹밥 및 물품 제공, 헌혈 활동, 가두방송 및 선전, 홍보 활동 등에 참여했던 일반 여성 24명의 구술증언을 받아 수행된 연구이다.

이 연구의 의의는 여성의 경험과 활동 내용을 드러냄으로써 5·18의 역사 기록에서 여성의 배제나 여성 활동의 폄하를 비판할 수 있는 자료를 제공했다는 것이다. 하지만 5월 17일부터 27일까지의 열흘간의 참여(기여) 경험, 그 기간 동안의 참여 당사자에 초점이 맞춰져 있고(그 이후의 삶을 조명하더라도 5·18의 경험이 이 여성들의 삶과 의식을 어떻게 변화시켰는지에 초점이 맞춰짐), 무엇보다도 폭력, 강간, 사별, 정신

불안 등 피해 상황에 초점이 맞춰져 있어 의도치 않게 여성을 피해자화함으로써 역사의 주체로서의 여성이라는 측면을 크게 부각하지는 못했다. 이는 1990년대 상황이 명예회복과 보상 국면이었으므로 5·18 당시 어떤 활동을 하였고 얼마나 피해를 당했는지를 입증하는 것이 중요했기 때문인 것으로 보인다.

한편으로는 보상 국면에서 불거진 쟁점, 즉 책임자 처벌과 진상규명이 명확히 이루어지지 않은 상황에서 국가가 보상을 통해 책임을 면제받으려 한다는 비판 속에서 보상을 거부하는 흐름이 있었고, 그 과정에서 5·18 당사자들은 보상마저도 받지 못하는, 보상으로도 살아 돌아올 수 없는, 끝까지 도청을 사수하다가 죽은 자들에 대한 연민과 죄책감이 작동하고 있었다. 그래서 이 연구에서도 살아남은 자들의 죄책감, 항쟁을 기억하고 계승해야 한다는 역사적 책무감에 대한 논조가 곳곳에서 발견된다.

두 번째 연구는 2000년대 5·18의 전국화, 세계화라는 기조가 본격화되면서 5·18 기념재단과 광주광역시에서는 대대적인 구술사료 수집이 수행되었고, 수집의 대상도 주체별, 활동별, 기간별(5·18항쟁에서 오월 운동으로)로 분류·확장되었다.

여성운동 진영에서도 광주전남여성단체연합이 기획하고 주관하여 2000년에 『여성·주체·삶』을 발간하였다. 총 25명의 여성들의 구술을 받아 수행된 이 연구의 의의는 항쟁 당시의 여성의 경험과 활동을 피해자로서가 아니라 역사의 당당한 주체로서 자리매김하고자 하였다는 것이다. 앞선 연구가 여성의 활동상을 드러내는 것이었다면, 이 연구는 여성주의적 시각으로 여성의 경험과 활동을 재해석하려는 노력의 일환이었다. 구술자 또한 앞선 연구와 겹치는 사람들도 있지만 새로운 인물을 발굴하기도 하였다. 주목할 만한 것은 5·18 이전에 사회운동의 조직적 활동 경험이 있었던 여성들 그리고 현재 정치 및 5·18 관련 활동을 하는 여성들의 구술증언은 계속되고 있고, 새롭게 발굴된 인물들은 그렇지 않다는 것이다.

'말한다는 것', '말할 수 있다는 것' 또한 힘 관계의 배치를 보여주는 것이라는 점을 인정한다면, 그간 말할 수 없었던 여성들이 이제는 말할 수 있는 용기를 갖게 된 것을 보여주는 것이기도 하지만, 과거와 현재의 사회적 위치 속에서 여성들 간의 차이를 보여주는 것이기도 하다. 이 연구는 항쟁의 역사에서 여성의 활동과 경험 그리고 여성들의 삶을 남성의 그것과 대등하게 현재화하는 데 초점을 맞추고 여성들의 주체성, 능동성을 드러내는 데에는 기여하였지만, 여성들 간의 차이를 언급했음에도 불구하고 그것을 심화시켜 내지는 못했다.

하지만 2001년 당시 현재적 관점에서 항쟁의 의미가 계승보다는 기념에 초점이 맞추어져 박제화되고 있다는 비판, 5월 여성 정신이 '주먹밥'으로 상징화되는 것이 모성 신화를 재생산할 수 있는 가능성이 있다는 지적, 여성의 시위 참여, 선전 홍보, 식량 및 물품 보급 등의 역할은 성별 분업 이데올로기에 의존하는 것이었고, 이러한 역할들을 총을 든 남성 시민군들의 역할에 비해 무가치하거나 저가치한 것으로 폄하하는 남성 중심적 시각을 비판한 지점은 페미니즘적 입장과 시각으로 여성들의 활동을 재해석했다는 점에서 의의가 있다.

세 번째 연구는 2012년에 발간된 『광주, 여성 — 그녀들의 가슴에 묻어둔 5·18 이야기』이다. 이 연구는 총 27명의 구술 사료를 수집하였고, 5·18에 초점을 맞추기보다는 그녀들의 삶에 초점을 맞추었다. 또한 날 것 그대로의 구술 내용을 그대로 담았다. 당시에 조직적으로 참여하여 활동했던 당사자들뿐만 아니라 일상의 삶을 살아가면서 5·18을 직·간접적으로 경험한 다양한 여성들(직접 현장에 있지는 않았지만, 가족이나 친척, 이웃의 입장에서 뒷수습을 한 평범한 주부들)의 숨겨놓은 이야기들을 드러내고자 했다. 실제로 편집자의 변에 따르면 구술자들의 발언 중 5·18에 관한 분량은 대체로 2할을 넘지 않았다고 한다. 구술의 나머지는 자기 삶에 대한 이야기였다고 한다. 이 책은 분석적인 연구의 성과물은 아니지만, 그간 항쟁에 대한 관심이 남성, 당사자, 열홀간의 시간에 주목했다면 여성, 이웃, 열홀 이전과 이후의 시간을 날 것 그대로 담아냈다는 측면에서, 특히 여성들의 서로 다른 위치에 따른 경험과 기억의 차이를 추적할 수 있는 소중한 역사적 자료를 생산해냈다는 측면에서 의의를 갖는다.

네 번째 연구는 5·18 40주년을 맞아 지난해 출간된 『오월을 잇는 광주 여성단체 활동사』이다. 이 연구는 1980년 5월 이후 40년간의 오월 여성운동의 역사를 송백회, 민주화운동구속자가족협의회(이하 민가협), 오월어머니집, 오월민주여성회, 광주전남여성회와 5월 여성연구회, 광주전남여성단체연합 등 6개 단체의 활동을 중심으로 정리한 것이다.[3] 그간의 연구가 여성 개인의 구술이나 증언을 토대로 이루어졌다면, 이 연구는 1970년대부터 현재에 이르기까지 여성들의 조직적 활동에 주목했다는 점에서 의의를 갖는다. 이 책에서 다룬 6개 단체의 활동사를 개략적으로 소개하면 다음과 같다.

---

[3] 이외에도 5월항쟁에서 중요한 역할을 했던 여성단체로 광주 YWCA가 있다. 1980년 5월 당시, 광주 YWCA회관은 여성들이 모여 대자보를 쓰고, 검은 리본을 만들고 시민 모금을 계획하는 등 도청과 함께 중요한 항쟁의 공간이었다. 하지만 「광주 YWCA 70년사」라는 독자적인 출간물이 있어 제외했다(광주전남여성단체연합, 2020:15).

5월 민중항쟁과 관련한 1970년대 여성들의 조직적 활동은 광주 YWCA로 대표될 수 있는 기독교 민주화운동 세력, JOC와 노동야학을 중심으로 한 여성노동자 운동 세력 그리고 여성단체로서는 유일하게 사회운동에 관여하고 있었던 송백회를 들 수 있다.

송백회는 양심수 석방 운동과 지원 활동을 주된 과제로 1978년에 조직된 여성단체이다. 이들은 주로 민청학련, 전남대 교육지표사건 등 긴급조치 위반으로 구속된 민주화운동가들의 부인 혹은 가족이거나, 학생운동이나 문화운동을 하는 젊은 여성활동가들로 구성되어 있었다. 후자 그룹에는 광주지역 민주화운동 세력을 연결하는 구심체이기도 했던 '녹두서점'(1977년 개점) 기반의 독서클럽 멤버들이 속해 있었다. 양심수를 위한 털양말 짜기, 면회, 책이나 영치금 보내기 등을 하는 한편, 대중강연회 개최나 학습모임을 통해 한국사회 문제들에 대한 인식의 정도를 높여갔다. 송백회와 YWCA는 대중강연회나 학습모임을 함께 하는 등 연대성을 갖고 활동했다.

1980년 5월 이후 진상규명을 요구하는 인정투쟁의 시간에 구속자 가족들과 유족회 어머니들은 9월, '광주사태 구속자가족회'를 결성해 구속자 석방과 무죄 호소 운동을 벌여 나갔다. 이들은 유인물 배포, 구명 및 석방을 위한 농성, 시위 운동, 전국적 서명운동, 미 대사관 및 미 문화원 농성과 시위, 대통령 면담 요구 시위, 명동성당 점거 등 다양한 활동을 통해 구명 운동을 펼쳐 나갔다. 광주사태 구속자가족회는 1982년 12월 말로 해체되고, 1986년 양심수 가족들과 연대하여 반정부 투쟁 구속자 전체를 포괄하는 민주화실천가족운동협의회 광주전남지부로 확대·개편된다. 초기에는 광주 구속자가족회가 중심이 되었으나 1990년대에는 학생 구속자 어머니들이 다수를 이루며 양심수, 구속자 옥바라지 및 석방 운동을 하게 된다. 1990년대 후반, 학생운동이 퇴조하면서 민가협의 활동 역시 수그러들었다.

2001년에는 민가협 어머니들을 중심으로 유가족, 부상자회, 당사자 등 항쟁 관련 여성들이 모여 오월여성회를 창립한다. 오월여성회는 항쟁 관련 단체들이 대부분 남성 중심으로 조직, 운영되는 것에 대한 문제의식과 오월 여성의 역사적 역할을 어떻게 자리매김할 것인지에 대한 고민에서 비롯된 것이었다. 하지만 오월운동을 분열시킨다는 비판에 직면하면서 유가족, 부상자 여성들의 참여가 어려워지고 민가협 어머니들을 중심으로 친교 모임의 성격을 유지하다가 2006년 오월어머니집을 개관하고, 단체의 명칭도 오월어머니회로 개칭해 법인화했다. 오월어머니집은 오월어머니상 시상을 비롯해 교육과 요양, 상담 치료 등의 활동을 펼치고 있으며, 외부단체와의 연대활동도 활발히 하고 있다.

광주전남여성단체연합은 1988년부터 오월 여성 당사자들의 지속적 만남을 적극적으로 추진해 나갔다. 이때부터 오월여성제, 각종 구술과 증언, 항쟁 관련 토론회 등에 참여하면서 결속력을 다지게 되었고, 2007년 6월에 개최된 광주 세계여성포럼 기간에 '5 · 18구속부상자여성회'(가칭)를 결성하고 이것이 초석이 되어 2008년 '오월민주여성회'가 발족한다. 오월민주여성회는 처음에는 당사자 중심의 단체였으나 2013년 '오월민주여성힐링캠프'를 계기로 2014년부터는 후세대 여성들을 회원으로 확보하면서 오월여성운동의 세대 계승에 주요한 역할을 하였다. 오월여성아카데미, 오월여성힐링평화캠프, 구술증언, 강연 및 세미나, 제주 강정마을, 성주(사드 배치 반대 투쟁) 등과의 연대활동도 활발히 펼치고 있다.

1988년 결성된 광주전남여성회는 여성문제뿐만 아니라 오월항쟁 인정투쟁 및 지역 민주화운동단체들과의 연대투쟁 활동이 큰 비중을 차지하였다. 창립 첫해에 전국 13개 여성단체들을 초청한 "5월 여성대회 및 전국 여성 5·18 묘역 참배" 행사는 항쟁 관련 전국 단위 여성 추모행사의 첫 시작이었고, 이는 현재 오월여성제라는 이름으로 계승되어 이어져 오고 있다. 광주전남여성회는 1995년 새누리주부회와 통합, 광주여성회로 명칭을 변경해 활동하다가 1999년에 해산하고, 그중 일부는 2000년에 출발한 '광주 여성민우회'를 조직해 활동하고 있다.

광주전남여성단체협의회는 광주전남 지역의 진보적 여성단체가 모인 상설적 연대 활동 기구인 '광주전남여성문제특별위원회'(1991)를 여성 연대의 틀을 강화하기 위해 1998년 협의체로 전환한 단체이다. 1999년에 전국적 연대활동을 위해 한국여성단체연합 지부로 가입하면서 광주전남여성단체연합(이하 '여연')으로 변경되었다. 여연에서는 오월여성제 개최, 오월 교육, 오월여성 아카이브 및 오월여성 연구서 출간 등을 진행하고 있다. 또한 당사자 여성들과 후세대들의 연계와 접속을 위해 지속적으로 여성 당사자들을 발굴하고 관계망을 넓혀가는 역할을 하고 있다(광주전남여성단체연합, 2020: 16-28).

4. 5월 여성 정신: 계승의 방향

5·18이 과거에 박제화되지 않으려면 현재적 관점에서 5·18 정신의 의미를 파악하고 미래로 계승해 나가야 할 것이다. 그렇다면 5·18 광주 정신은 무엇인가? 이에 대한 다양한 주장과 의견이 있지만,

10일의 항쟁 기간 동안에 광주시민이 보여준 대동평화 세상에 주목하여 공동체 정신을 주로 꼽는다. 5·18 광주 정신이 '공동체'로 상징화된 데에는 여성의 역할도 중요하게 작용했다. 특히 '주먹밥'과 취사를 통해 시위대와 시민군의 투쟁에 기여했던 여성의 역할은 이후 5·18 기념행사의 주요 프로그램(주먹밥 나눠 먹기)이 되었으며, 5·18 기념재단의 소식지 제목(「주먹밥」)으로도 사용되고 있다.

그렇다면 공동체의 복원이 5월 여성 정신이자 계승해야 할 과제가 될 수도 있을 것이다. 하지만 우리는 두 가지 지점에 주목할 필요가 있다.

첫째, 주먹밥과 취사 활동을 비롯해 가두방송, 시민 홍보, 헌혈, 시체 수습 등의 여성 활동이 역사적으로 제대로 평가되고 있는가? 페미니스트들은 상대적으로 남성 중심의 활동 영역이었던 시민군이나 지도부의 활동에 비해 일반 시민, 여성의 활동은 부차적인 것으로서 저평가되어왔음을 지적한 바 있다. 또한 여성의 활동이 주먹밥으로 상징화되는 것이 성별 분업구조를 반영할 뿐만 아니라 그것을 재생산, 강화할 수 있다는 우려를 표명하기도 했다. 따라서 5월 여성 정신을 공동체와 연계하더라도 당시 여성의 역할에 대한 재평가 및 성평등의 가치를 지향하는 공동체 조성과 연동하여 계승해 나가야 한다. 성평등의 가치가 삭제된 공동체는 자칫 남성 중심의 전체주의 공동체로 나아갈 소지가 있기 때문이다.

둘째, 5·18 이전과 항쟁 당시 그리고 이후 오월 운동 과정에 참여한 여성들은 어떤 세상을 꿈꾸며 공동체 활동에 참여했을까를 질문할 필요가 있다. 1970년대 말 민주노조 건설 투쟁에 참여했던 여성 노동자들, 주먹밥을 만들어 나누어주었던 여성 상인들, 헌혈에 동참했던 황금동 성매매 여성들, 오월 운동 과정 중에 진상규명과 책임자 처벌, 독재 반대 등을 함께 외쳤던 여대생, 여성 노동자, 여성 농민 등은 왜 개인의 삶에 안주하지 않고 사회적 변화를 촉구했을까? 그것은 아마도 좀 더 정의롭고 평등한 사회를 갈망했기 때문은 아닐까? 평등과 정의라는 당연하고도 보편적인 가치가 눈앞에서 제압당하고 불평등과 부정의를 일상적으로 경험하게 되는 사회에서는 공동체도, 행복도 불가능하기 때문이다. 기실 공동체 사회 조성은 차이와 다양성을 존중하지 않으면 불가능한 과제이다. 그리고 차이의 존중은 평등을 매개로 할 때 시혜나 상대주의로 빠지지 않을 수 있다.

따라서 5월 여성 정신은 성평등한 공동체가 되어야 하고, 성평등한 공동체 사회를 조성하는 것이 5월 여성 정신이고 이것이 우리가 계승해야 할 과제이지 않을까?

5. 5월 여성 정신 계승, 어떻게 할 것인가?

첫째, 5·18 당시 여성들의 활동을 지속적으로 발굴, 아카이브화해 나가야 한다. 그간 많은 구술과 증언이 이루어졌지만 이제야 말할 용기를 낸 여성들의 새로운 구술과 증언이 이어지고 있다. 따라서 지속적인 기록, DB화 작업이 필요하다. 또한 기억은 과거와 현재의 사회적 위치에 따라 다르게 구성될 수 있으므로, 여성들 사이의 서로 다른 기억의 구성과정을 추적해보고 교차 분석해가면서 역사적 사실을 체크해 나갈 필요가 있다.

둘째, 여성들의 활동에 대한 재평가와 여성사 연구가 필요하다.

여성들의 활동에 대한 긍정적 재평가를 통해 지역 여성 정체성 정립과 역사의 주체로서의 위치 설정 노력이 필요하며, 이를 위해서는 지속적인 여성사 연구가 축적될 필요가 있다. 특히 지금도 지속되고 있는 항쟁 기록 및 기념 과정에서의 여성의 배제와 여성 활동에 대한 폄하가 페미니즘적 시각에서 연구되어야 한다. 예컨대 성인지적 관점으로 5·18 재단 및 5·18 기록관, 5·18 민중항쟁기념 행사위원회의 사업, 5·18 민중항쟁 해설서 등을 분석 평가해볼 필요가 있다.

셋째, 5·18을 넘어 아래로부터의 여성사 연구를 축적해 나갈 필요가 있다. 5·18뿐만 아니라 학생, 노동자, 농민 여성운동, 1987년 민주화운동 등 한국사를 관통하는 민중 저항사를 재해석하고 여성의 경험과 활동을 반영할 필요가 있다. 현재 5·18 이외의 민주화운동의 기념과 계승을 위해 지역에서는 민주인권재단 설립이 논의 과정 중에 있다. 이 과정에서 여성이 또다시 배제되어서는 안 된다.

넷째, 5월 여성 정신의 현재화와 계승을 위해 노력해 나가야 한다. 5월 여성 정신의 현재화라 함은 성평등 공동체를 조성하는 것이다. 민주, 인권, 평화도시라는 광주의 정체성에 합당하도록 성평등 공동체 조성을 위한 다양한 연구와 실천이 지원, 실행되어 나가야 한다. 그러려면 연구와 활동을 활성화할 수 있는 시스템이 구축되어야 한다. 성인지적 5월 연구 및 민주화운동 연구가 활성화될 수 있도록 5·18 기념재단 및 5·18 기록관에 여성 성평등 전담 연구자 및 인력을 배치하는 것도 하나의 방법일 것이며, 광주여성가족재단이나 5·18 기념재단이 관련 출판 및 연구 지원 사업을 기획해보는 것도 좋을 듯하다.

또한 민주화운동에 관심이 있거나 참여하고 있는 진보적 인사라고 해서 성인지적 시각을 가지고 있는 것은 아니다. 5월 관련 단체 및 기관, 5월 역사 문화 해설사들에 대한 성인지 교육이 필요하다. 이를 위해 5월 여성 정신에 대한 심도 깊은 논의가 필요하며, 관련 교육 및 홍보 프로그램을 만들어 실행해볼 필요가 있다.

다섯째, 여성사의 대중화 노력이 필요하다. 전시 및 공연 등 문화 예술 콘텐츠를 활용해 많은 시민들이 여성사를 접할 수 있도록 해야 한다. 현재 광주여성가족재단에서 전시사업의 일환으로 일부 시행되고 있으나 아직은 콘텐츠 자원이 부족하고, 공간이 협소하며 접근성이 좋지 않아 여러 가지 한계가 있다. 따라서 지속적인 연구를 통해 다양한 콘텐츠를 확보하고 시민들의 접근성을 높일 수 있는 온라인 플랫폼 구축 및 오프라인 공간 조성이 필요하다. 서울의 여성사박물관이 좋은 모델이 될 것 같다.

마지막으로 5월 여성 정신의 담론화를 통해 역사의 주체로서 여성 경험과 활동을 재평가하는 지속적인 가치 투쟁이 필요하다.

참고문헌

5월여성연구회. 『광주민중항쟁과 여성』. 민중사, 1991.

광주전남여성단체연합. 『여성·주체·삶』. 도서출판 티엠씨, 2000.

광주여성희망포럼, 광주전남여성단체연합, 오월여성제 추진위. 『구술로 엮은 광주 여성의 삶과 5·18』. 2010, 심미안. 『광주, 여성(2012)』으로 재출간.

광주전남여성단체연합, 5·18 기념재단. 『오월을 잇는 광주 여성단체 활동사』. 심미안, 2020.

오월여성회. 『오월 여성의 이야기들』. 광주광역시, 2003.

오월어머니집. 『오월어머니 이야기: 진실규명 첫걸음 '광주구속자가족모임'』 구술집, 2018.

광주를 넘어 시민 주권 실현을 향한 대한민국 민주화의 현실과 진로

윤상철

(한신대학교 사회학과 교수)

1. 민주주의의 위기

1) 민주주의와 민주화

(1) 대한민국의 민주화를 논하기 전에 민주주의, 민주화, 민주화 운동, 민주운동 등 다양한 개념들이 혼용되고 있다는 점을 지적하고 싶다. 민주주의 자체가 모든 사람이 각자의 민주주의관을 가지고 있다 할 정도로 워낙 다양하게 사용되고 있기 때문에, 매번 민주주의에 대한 논의를 할 때마다 상호 간의 입장 차이를 확인하는 수준에 머무르기 쉽다. 더구나 근본적으로 상이한 관점을 가지고 있는 경우에는

논의 자체가 불가능한 경우도 있다. '민주화'의 경우에도 단순하게 '민이 주인이 되는 것'으로 광의로 사용하는 경우가 흔한 데 비해 좁은 의미에서 '형식적 민주주의로의 전화'로 쓰는 경우는 점차 드물어지고 있다. 이른바 '제3의 물결 민주화'의 초기에도 그 용법은 자유화 → 정치적 민주주의 → 경제적 민주주의 → 사회적 민주주의로 사용되었다가 점차 '최소요건 민주주의'로서의 정치적 민주주의로 축소·정의되었던 바 있다(Huntington, 1991, O'Donnell, *Schmitter and Whitehead*, 1986). 정치학자들과는 달리 사회학자들은 이른바 '민주적 공고화 → 민주적 심화'를 민주주의의 영역적 확장으로 보았다.

(2) 민주화운동과 민주운동이라는 용법의 경우를 살펴보면, 모든 사회운동이 민주화를 촉진시킨다는 점, 즉 다두정(poliarchy)에 참여하는 사회 집단이 확장되어가는 점을 고려하여 '민주화운동'이란 개념 자체는 매우 한국적이고 독특한 개념으로 이해될 수 있다(Tilly, 1978). 일종의 다원민주주의하에서 모든 사회운동은 민주주의를 확장하고자 시도한다는 점에서 민주화운동이라 볼 수 있기 때문이다. 그럼에도 불구하고 한국의 민주화 이행과정에서 '민주화운동'이라는 독특한 사회운동 범주가 정치운동 혹은 정당 세력과 분리되어 존재했다는 사실은 매우 이례적이다. 배제적 권위주의가 일부 정치 세력을 정치사회에서 퇴출시킴으로써 형성된 재야 세력이나 사회적 이익집단으로 보기 어려운 학생운동 세력의 존재가 '민주화운동' 세력을 낳았다고 볼 수 있다. 그러나 그러한 '민주화운동' 개념은 민주화 이행 이후에는 민주주의화의 범위에 따라 다소 부적절하거나 의미상 혼란을 초래할 수도 있다. 그런 이유로 그러한 의미를 담고 민주화운동의 정통성

을 이어가는 듯한 '민주운동'이라는 개념이 사용된다고 볼 수 있는데, 정치 체제의 해체와 재구성을 담고 있다는 점에서 다소 숙고할 여지가 있다.[1]

2) 민주주의의 세계적 위기

(1) 지금은 세계적인 수준의 민주주의 퇴조기로 볼 수 있다. 모든 정치 체제에 대해 민주주의와 인권 등의 정치적·이념적 압력이 거세었던 1970-90년대와는 확연히 다르다. 사회주의 체제의 붕괴 이후 민주주의와 인권 자체가 강력하게 전파되지도 않고, 국가와 국제기구들이 조건부 압력을 행사하지도 않는다. 또한 신자유주의 체제하에서 국민국가들의 정치적 위상은 지속적으로 위축되어왔다. 여기에 사회경제적 양극화가 진행되고, 그로 인해 반신자유주의적 사회계층의 압력을 받은 국가들은 미국의 트럼프 정부를 포함하여 자국중심주의로 회귀하면서 다른 국가들에 대해서 도덕적 권위나 정치적 권위를 갖지 못했다.

(2) 민주주의 자체의 비효율성 혹은 낮은 효능감이 민주주의의 정치적 정당성을 하락시켰다. 여기에 덧붙여 국내적, 국제적 수준의 급속한 정보 유통은 국가의 능력과 무관하게 '국가의 일'을 더욱 증대시켰다. 국가는 사회복지의 수준을 넘어서서 인종적 치안 문제 그리

---

1 최근 부마민주항쟁기념재단에서 민주화 이행 이후의 제반 사회운동의 역사를 "부산민주운동사"로 묶어내고 있는데, 민주화운동이 아닌 민주운동으로 개념화하는 성찰적 의미를 수용하는 데 다소 이견이 있을 수 있다는 판단이 들었다.

고 코로나 등의 대재앙을 담당해야 하지만, 민주주의는 그 효율성을 저하시킨다. 그로 인해 실용주의적 권위주의 체제, 심지어 신공산 체제 등이 새로운 국가의 대안으로 제시되기도 한다. 물론 그러한 효율성 위주의 국가 체제가 민주주의와 공존하기란 쉽지 않다. 또한 국가는 과거에 비해 정보관리에서도 더 빠르지도 더 유능하지도 않다. 그 결과 국가는 정치적 좌우를 막론하고 포퓰리즘으로 대응할 뿐이다. 이 포퓰리즘 체제는 변형된 민중주의적 흐름으로서 실현 가능한 민주주의를 더욱 왜곡시킨다. 나아가 세계의 모든 국가들은 내부적으로 더 극단적인 진영 갈등의 양상을 보인다. 국가들은 해결할 수 없는 과제들을 안고 이른바 정체성의 정치와 결합하면서 집단 극화의 양상을 띠고 있다. 이러한 상황에서 서로의 차이만을 확인할 뿐 민주주의는 더욱 어려워진다.

3) 한국의 민주주의는 복합적인 위기 상황에 있다

(1) 한국은 저발전국이자 비민주적 권위주의 체제에서 극단적인 정치적 파국이나 경제적 파국에 이르지 않고 정치적 민주화와 경제적 발전을 같이 이루어냈다는 점에서 매우 특수한 사례이다. 분단과 전쟁을 거치고, 시장자본주의의 세계 체제 안에 편입되면서 반공적 권위주의 체제와 개발독재형 자본주의 체제에 이중적으로 저항하는 민주화운동이 전개되면서도 경제적 파국에 이르지는 않았다.

(2) 일반적으로 경제적 성공이 없으면 민주주의는 성공하기도 어렵지만, 일단 성공한 후에도 이를 유지하기가 어렵다. 헌팅턴(S.

Huntington, 1991)은 1인당 GNP 5천 달러를 '민주주의 제3의 물결선'으로 개념화한 바 있는데, 한국의 1인당 GNP는 1987년에 3,320달러, 1989년에 5,040달러의 수준이었다. 즉, 한국의 민주화 과정은 쿠데타 시도 상한선은 넘어섰지만 민주주의의 성공 요건을 갖추지 못한 상태에서 진행되기 시작하여 이행 과정에서 그 사회경제적 요건을 갖추었다고 볼 수 있다. 이러한 해석은 근대화론의 연장선상에 서 있는 정치발전론처럼 경제발전에 따른 두터운 중산층이 민주주의의 토대가 되고, 저발전 상태의 민주주의는 비민주적 포퓰리즘 등과 결합하기 쉽다는 논의에 근거한다. 나아가서 민주주의가 일단 성공한 후라 할지라도 이러한 계층적 기반이 없으면 극단적인 갈등으로 인하여 유지되기 어렵다고 추론되기도 한다. 그런 의미에서 지속적인 경제발전이 이후 한국 민주주의의 공고화와 심화에 기여했다고 볼 수 있다.

(3) 현재의 한국 민주주의는 방향의 혼란을 겪고 있다. 민주주의의 심화를 예상했지만, 헌법체계의 복합성과 한국의 정치/사회운동의 극단적인 분열로 인하여 한국사회는 이중적이고 배타적인 민주주의를 지향하고 있다. 한 방향은 산업화 시기와 민주화 이행기 초기를 지배하던 선거민주주의와 자유민주주의의 결합이고, 다른 방향은 이에 기초하고 있지만 전혀 다른 방향의 사회민주적 기본질서이다. 두 체제 지향의 위계 관계가 명확하지 않고 서로 배타적으로 경쟁하고 있다.

(4) 민주주의는 권력을 포함한 다양한 이익 갈등의 조정 시스템과 다르지 않다. 다른 한편으로는 정치와 경제의 분리를 통한 우회적인 갈등 조정이다. 두 체제 지향은 자본주의적 시장경제와 서로 다른 집

단적 이익 추구에 대해서 허용의 범위가 서로 다르고 충돌한다. 민주화 이행 이후 다양한 집단들의 이익 추구를 자유롭게 허용해야 한다는 입장과 이를 과감하게 규제해야 한다는 입장 사이에서 타협적 체제로서의 민주주의는 혼선을 빚게 된다. 더 근본적으로 자본주의 체제에서 정치와 경제의 분리는 불가피하다고 볼 수 있다. 정치적 경쟁의 논리가 경제적 경쟁의 논리에 과도하게 개입해서도 안 되고, 개입할 수도 없다는 주장이다. 극단적인 경제적 경쟁이 사회적 양극화와 결과적으로 사회적 붕괴를 낳기 때문에 정치적 경쟁의 장으로 옮겨서 갈등의 제도화를 추구한 것으로 볼 수 있다. 그러나 정치적 경쟁의 결과가 자본주의적 시장 체제를 넘어서는 결과들을 낳는다면 결과적으로 정치 체제의 붕괴나 경제적 생산의 위축을 낳는다.

(5) 민주주의는 잠정적 체제일 수 있다. 정치 세력 간의 힘의 균형이 무너지면 민주주의에 대한 의존도가 약화되고, 국가 주도의 권위주의 체제가 강화될 가능성이 있다. 민주주의는 정치적 경쟁이 낳게 될 정치적 파국과 체제 붕괴, 극단적인 상호 배제가 낳을 수 있는 위험성에서 벗어나고자 하는 미봉적 체제이다. 그 전제는 다른 세력의 존재, 자유, 권리의 허용, 기본적으로 생존의 허용이다. 민주주의 체제가 형성되더라도 서로 다른 세력 간의 힘의 균형이 무너지면 지배 세력의 지배를 공고히 하는 시도들이 작동한다. 성공 여부와 상관없이 패스트트랙 관련 선거법 및 공수처법, 이른바 검찰개혁, 총선 이후의 각종 입법과정에서 보여준 시도들은 정치 세력 간의 권력 균형을 뿌리채 흔들어버림으로써 권력 경쟁을 사라지게 하여 민주주의 체제의 존립의 배경을 없애려는 시도들이다.

4) 민족주의와 국제외교 그리고 세계 경제적 상황

(1) 민주주의는 그 형성과정과 유지에서 일국적인 상황에 있지 않다. 민주화와 민주주의는 대한민국이 처한 국제지정학적 상황으로부터 자유롭지 못하다. 한국의 분단과 통일은 독자적으로 이루어지지도 않았고 이루어질 수도 없다. 한국의 식민지화와 분단은 국제지정학적 상황 안에서 세계 열강 세력들 간의 관계 역학에 대한 무지와, 이를 활용할 수 있는 내적 능력의 부족에서 기인하고 있다. '민족'이 생성되기 이전에도 그랬듯이 서로 다른 민족주의가 경쟁하고 있는 상황에서는 더더욱 '우리 민족끼리'는 쉽지 않다. '민족'의 정체성도 불투명할 뿐만 아니라 '민족'의 이름으로 다른 정치적, 이념적 가치와 자원을 왜곡시키거나 축소하는 것은 바람직하지 않다.

(2) 민주주의 없이 민족주의는 무의미하다. 이제까지 민족을 우선시한 모든 시도들은 권위주의 체제가 민족 간 갈등과 통일에의 열망을 활용하여 체제를 유지하는 방식으로 민주주의를 심각하게 훼손시켰다. 민주주의는 자유로운 개인의 결합체로서의 근대국가를 지향한다. 이에 비해 민족주의는 개인에 우선하는 공동체의 가치를 중시함으로써 개인의 자유와 인권 그리고 민주주의를 지연시키고 왜곡시킬 수 있다. 민주주의의 확장으로서 민족주의는 바람직하지만, 민족주의를 내세워 민주주의를 폐색시키는 방향은 바람직하지도 진보적이지도 않다.

2. 왜 다시 민주주의인가

1) 쿠데타, 대재앙, 정보권력[2]

(1) 민주주의는 선거, 정당, 정치인, 유권자 등 정치적 행위자와 선거제도만으로 구성되는 것이 아니라 포괄적인 민주적 법치와 민주적 사회규범으로 구성되어 운영된다. 그 민주주의의 최대 위기는 합의된 규칙(Rule)이 깨지는 것이다. 쿠데타, 대재앙, 정보권력 등은 민주주의의 규칙을 붕괴시켜 민주주의 자체를 무너지게 한다.

(2) 일반적으로 소득 8천 달러를 넘어서면 민주주의 사회가 쿠데타에 의해 전복되어 군정으로 돌아가지는 않는다.[3] 현대의 쿠데타는 민주주의의 외형은 유지한 채 내부로부터 붕괴시키는 행정부 쿠데타, 부정투표, 공약성 쿠데타, 행정권 남용, 전략적 선거 조작 등으로 나타난다. 다른 한편으로는 음모론과 포퓰리즘이 민주주의의 붕괴를 낳을 수 있다. 민주주의는 존재론적 대재앙으로 인하여 실패할 수 있다. 핵무기, 기후변화, 탈진실과 파시즘, 상호 연결된 세계의 붕괴 등 실존적 위험을 초래할 대재앙들에 대해 민주주의는 해결 능력이 없다. 유권자의 무관심은 정치인의 무대응으로 나타나고, 결국 대재앙과 민주주의는 공존하다가 동시에 붕괴하게 된다. 과거의 민주주의는 기업과

---

2 데이비드 런시먼, 최이현 역, 『쿠데타, 대재앙, 정보권력: 민주주의를 위협하는 새로운 신호들』(아날로그, 2020).

3 물론 군부 쿠데타가 아니더라도 성난 시민들, 분열된 엘리트 집단, 심각한 경제난, 외세의 간섭 등이 한데 섞이면 민주주의는 종식될 수 있다.

싸우기 위해 정치적 의지를 찾아냈다. 현대의 정보권력은 민주국가의 위계질서와 네트워크를 갈라놓을 수 있다. 그 네트워크 시대에 토크빌의 '다수의 횡포'가 나타나고, SNS는 정치인에 대한 불신과 정당의 몰락을 가져온다. 인터넷 자체가 권력의 다른 도구가 되었다. 대의민주주의가 가지고 있는 편견 교정제도 혹은 정치적 충동 제어제도는 네트워크 시대에 와서 무력화된다.

(3) 민주주의의 대안은 기업 정부, 실용주의적 독재, 에피스토크라시(지식인에 의한 정치), 테크노크라시, 무정부주의 등이 있다. 상황에 따라 선호되기도 하지만 이러한 대안들은 정치 자체를 분해한다. 그러나 민주주의는 여전히 편안하고 친숙하고, 불편한 체제에 대한 거부 기능이 존재한다. 또한 민주주의는 우리가 해체되었을 때에 우리를 구제해줄 유일한 것이다.

2) 현실 민주주의의 붕괴[4]

(1) 민주주의의 붕괴를 막기 위해서는 정당 체제와 시민사회는 물론, 민주주의 규범이 필요하다. 첫째, 정당이 상대 정당을 정당한 경쟁자로 인정하는 상호 관용과 이해, 둘째, 제도적 권리를 행사할 때 신중함을 잃지 않는 자제이다.

(2) 독재자로 인하여 민주주의는 붕괴할 수 있다. 인기 있는 아웃

---

4 스티븐 레비츠키·대니얼 비블랫, 『어떻게 민주주의는 무너지는가 — 우리가 놓치는 민주주의 위기 신호』 (어크로스, 2018).

사이더는 늘 존재하고, 포퓰리즘을 매개로 잠재적인 독재자로 변모할 수 있다. 1) 말과 행동에서 민주주의 규범을 거부하고, 2) 경쟁자의 존재를 부인하고, 3) 폭력을 용인하거나 조장하고, 4) 언론의 자유를 포함하여 반대자의 기본권을 억압하려는 정치인이나 정치 세력은 권위주의 체제 혹은 독재 체제로 나아갈 수 있다.

(3) 민주주의의 점진적 붕괴는 중립적인 중재자 역할을 해야 하는 심판을 매수하거나 정적을 매수하거나 탄압하고, 게임의 규칙을 변경하는 경우이다. 첫째, 검찰이나 감사원을 압박하거나 균열시키고, 사법부, 선관위, 감사원, 헌법재판소 등의 기관을 특정한 정파나 내부 분파가 지배하게 하는 방식으로서 중립적 심판 기관의 기능을 정지시키며, 둘째, 적폐 청산의 이름으로 정치적 반대파들을 탄압하고, 셋째, 선거법 개정, 공수처법 제정 및 개정, 국회 운영 관행 변경 등이다. 이렇듯 민주주의가 죽어가는 과정에서 민주주의의 반대자들은 민주주의 수호를 그 명분으로 활용한다. 특히 경제 위기나 자연재해, 전쟁과 폭동, 테러 등의 안보 위협이 헌법과 법률의 제약을 넘어서서 민주주의 제도의 견제나 균형 시스템을 해체하는 구실로 작동한다.

(4) 대통령제 민주주의에서 첫째, 의회 분열은 교착상태와 기능 장애 그리고 헌법 질서의 위기로 이어지고, 견제받지 않는 대통령은 사법부를 친정부인사로 채우고 행정명령으로 의회를 우회한다. 정권 재창출 실패와 사법적 재단의 가능성이 높을 경우에, 즉 패배의 대가가 심각한 절망 상태일 경우에 정치인들은 자제 규범을 포기하려는 유혹에 빠진다.

3) 자유주의와 개인주의 vs 사회주의, 개입주의, 집산주의, 국가통제주의

(1) 자유주의자들은 다음과 같이 생각하고 말한다. 인간은 기본적으로 상당히 합리적이고 개인의 이익을 추구하는 존재이며, 스스로 판단하여 개인적인 향상과 개선이라는 목적에 이끌리도록 타고난다. 따라서 인류 혹은 사회 전체의 개선을 위하여 인간 본성의 특성을 잘 활용하는 정치적 및 경제적 제도 구축을 고민해야 한다고 말한다. 기본적으로 성선설은 아니지만, 그렇다고 성악설도 아니다.

(2) 사회주의자들 혹은 집산주의자들은 다음과 같이 생각하고 말한다. 사람은 기본적으로 이기적이고 탐욕스러우며 무정하다. 나아가 다른 사람의 형편에 둔감하다면, 그것은 사유재산 및 시장 기반 제도에서 비롯된 인간관계 때문이다. 그러므로 인류가 살아가고 노동하는 제도적 질서를 바꾸면 '새로운 인간'을 창조할 수 있다. 그들의 비전인 '공익'에 부합하도록 사회를 재정비하고, 그 '공익'과 충돌하는 모든 규범과 가치를 부정하고, 거대하고 무능한 관료 체제가 이를 수행하게 되며, 이를 위해 많은 개혁과 인간 개조를 추구한다.

(3) 자유주의와 개인주의 그리고 사회주의와 집산주의, 이 양극단의 가치체계는 현실의 민주주의와 만난다. 전자는 민주주의적 제도를 중시하고, 후자는 민주주의적 주체와 권력을 제시한다. 기본적으로 민주적 제도는 서로 다른 사람들 간의 화해할 수 있는 방법과 합의를 결정할 수 있는 규칙을 제공한다. 그러한 제도들은 사회 내부의 균열

과 갈등을 화해시킬 수도 있지만, 사회적 문제로 구성하지 않는 이른바 탈정치화로 나아갈 수도 있다. 끊임없이 제도를 보수(補修)하지만 해결 불능 상태에 이를 수 있다. 후자는 사회 체제의 가치와 지향을 제시하면서 개인의 가치와 규범을 강제할 수 있다. 상당한 정도의 민주화가 진행한 사회에서, 권위주의적 억압이 어려운 사회에서 이러한 집단주의적 권위주의화 혹은 전체주의화는 실행되기 어려울 뿐만 아니라 사회 자체의 붕괴를 낳을 수도 있다.

3. 민주화를 위한 진로

1) 결손 민주주의

(1) 한국의 민주주의는 오랜동안의 민주화 이행을 거친 서구의 민주주의와 달리 압축 비약적 민주주의이다. 가산제 군주국가와 식민지 시기 그리고 군정기를 거친 후에 국가를 건설했고, 불과 70여 년 만에 현재의 민주주의를 실현했다. 흔히 자유주의와 공화주의의 혁명도 전통도 부재한 결손 민주주의로 평가된다.

민주주의는 타협과 양보로 이루어진다. 그러나 자유주의적 전통이 부재한 사회에서 서로의 자유에 근거한 타협이 쉽게 이루어지지 않는다. 공동체의 존속에 필요한 자치적 공화주의 전통이 부재한 사회에서 양보와 자기희생이 쉽게 이루어지지 않는다. 우리는 한국의 민주주의에 높은 자부심을 갖고 있지만 타인의 자유에 대한 인정도, 공동체에의 헌신도 없는 극단적인 이익 갈등을 둘러싼 만인의 만인에 대한 투쟁 속에서 살고 있다. 심지어 그러한 상태를 민주주의라고 말하면서 모든 사회 집단이 국가를 향하여 스스로의 이익을 주장한다. 그 결과 공동체의 성원 모두를 끌어안는 민주주의란 존재하지 않는다. 자기 집단의 이익을 위하여 자기 집단과 충돌하는 다른 집단을 너무도 쉽게 비난하고, 심지어 서로의 양보로 이루어지는 민주주의 속에서 다른 집단을 적폐로 몰기에 이른다. 이러한 상황에서 형식적/실질적 민주주의도, 제도적/주체 권력적 민주주의도 모두 실현되기 어렵다.

2) 어떤 민주주의?

(1) 스웨덴의 '민주주의 다양성 연구소'(Varieties of Democracy Institute, V-Dem)는 민주주의를 5가지로 유형화하고 있다. 선거민주주의, 자유민주주의, 참여민주주의, 숙의민주주의, 평등민주주의 등이다. 각각의 특징과 주요 지표들이 다르지만, 선거민주주의와 자유민주주의는 개인의 권리와 자유 그리고 운용 제도와 형식을 중시하는 반면 참여민주주의는 시민들의 참여를, 숙의민주주의는 정치적 의사결정의 공동선을, 평등민주주의는 자원과 권력의 평등한 분배를 강조한다.

(2) 민주주의를 정치 체제 운영규칙으로 보면 선거민주주의와 자유민주주의이다. 선거민주주의의 지표는 1) 지배자의 유권자 시민에 대한 반응성, 2) 정치적 시민적 결사와 활동의 자유, 3) 공정하고 정기적인 선거, 4) 선거를 통한 행정 수반의 구성, 5) 선거 간 표현의 자유

와 언론의 독립 등으로서 대의민주주의의 근간이 된다. 자유민주주의의 지표는 국가와 다수의 전제로부터 개인 및 소수자의 권리 보호를 중시하고, 그 지표는 1) 법 앞의 평등과 개인의 자유, 2) 법의 지배, 3) 독립적인 사법부, 4) 행정부 권력을 제어하는 견제와 균형 등으로 구성된다.

(3) 민주주의를 실질적인 '권력의 주체'로 보면, 정치 체제와 체제의 중심 권력을 연결하여 자본주의-자유민주주의-부르주아 계급독재, 사회주의-국가사회주의-프롤레타리아 계급독재 혹은 농민계급독재 등으로 이해된다. 이와 근접한 민주주의는 '평등민주주의' 혹은 '사회민주적 민주주의'로 볼 수 있다. 평등민주주의는 물질적·비물질적 불평등이 형식적 권리와 자유의 행사를 제한하고 모든 사회 집단의 참여를 가능케 하는 유권자의 능력을 감소시킨다고 인식한다. 주요 지표들은 개인의 권리와 자유의 보호, 자원의 평등한 분배, 집단 및 개인의 권력에의 평등한 접근 등으로 구성된다.

(4) 동일한 '자유민주적 기본질서'를 사용하지만 독일은 선거민주주의와 자유민주주의의 원리가 법체계상 결합되어 있는 반면, 한국은 국민주권 원리, 기본적 인권의 존중, 권력분립제도, 복수정당제도 등을 포함하는 자유민주적 기본질서를 축으로 하여 사회민주적 기본질서로 보완하고 있다. 한국의 사회민주적 기본질서는 '평등민주주의'의 기능적 필요성 혹은 목표와는 다소 다르지만, 적정한 소득의 분배를 포함한 경제의 민주화를 담고 있다. 정당 체제 역시 자유민주주의를 중시하는 보수정당들과 평등민주주의를 중시하는 진보개혁정당

들 간의 미묘한 갈등 구조에 기반하고 있다. 이러한 갈등은 정책적 성공 여부와 상관없이 대통령 개헌안 발의, 소득주도 성장정책, 각종 부동산정책, 남북문제를 포함한 국제외교관계, 탈원전정책 등을 둘러싸고 첨예하게 드러나고 있다.

요컨대 자유민주주의와 평등민주주의 간에 적정한(?) 수준의 거리를 두어야 한다. 그 거리가 과도하게 좁혀지면 절대군주국가와 신분제적 질서로부터의 경제적 자유를 추구한 자본주의와 자유민주주의의 결합은 충돌하게 된다. 다시 말해 자본주의적 생산력의 유지, 정치적 자유와 사회경제적 평등의 조화, 사회복지의 확충과 기본소득제도 등의 다양한 이슈를 둘러싼 정책과 제도의 구축으로 나아갈 것이다.

(5) 민주주의를 둘러싼 가장 선명한 갈등은 공정성의 해석을 둘러싼 갈등이다. 문재인 대통령은 취임사에서 "기회는 평등하고 과정은 공정하며, 결과는 정의로울 것"이라고 말했다. 일반적으로 우파는 기회의 평등을 공정성으로 말하고, 좌파는 결과의 정의 혹은 평등을 공정성으로 언급한다(하이트, 2014). 결과의 공정성을 위하여 복지국가와 사회민주주의를 넘어선다면 그리고 분배/재분배의 영역이 아닌 자본주의적 생산 영역을 과도하게 개입한다면, 향후 민주주의의 진로를 둘러싸고 화해할 수 없는 갈등을 유발할 수밖에 없다.

(6) 또 다른 문제는 환경생태주의와 페미니즘과 같은 이른바 정체성의 정치를 민주주의 안에서 어떻게 포섭할 것인가이다. 우리는 이미 맑스주의와 노동자주의를 경험했다. '정치적 올바름'이자 '도덕적 보편성' 혹은 '보편적 계급' 등으로 이미 정해진 사회적 지향을 단지

실천하기만 하면 되는 사회운동이나 정치가 얼마나 큰 사회적 균열과 갈등을 낳았는지 충분히 경험할 수 있었다. 성리학이나 기독교처럼 근본주의적 사상으로 치닫는 우리 민족은 새로운 서구사상을 받아들이면서도 실용주의적 접근보다는 규범적 접근의 지배를 받는다. 토론이 필요 없는 사상은 타협과 양보의 민주주의도 필요로 하지 않는다.

3) 민주주의와 국가-사회 관계

(1) 국가-사회 관계는 계급주의 모델, 다원주의 모델, 엘리트주의 모델 등으로 설명할 수 있다. 계급주의 모델에서 민주주의는 계급 균열 및 계급 대표의 국가-사회 모델을 상정한다. 국가는 특정 계급의 국가이고, 그 계급을 대표/대리하는 국가이다. 사회주의국가의 모델이나 자유민주주의 체제하에서도 계급정당 모델을 선택할 수 있다. 다양한 이익집단 혹은 압력집단의 상호작용으로 구성되는 다원주의 모델이나 대중들을 지배하는 엘리트들이 국가를 구성하는 엘리트주의 모델을 상정할 수 있다.

(2) 현실의 자유민주주의 국가는 다원주의 모델에 따르지만, 실제로는 이익집단을 대리하면서 동시에 분립하여 엘리트로 자리 잡는 엘리트-다원주의 모델이 더 일반적이다. 한국 역시 기본적으로 엘리트-다원주의의 모습을 보여준다. 보수 대 진보, 더불어민주당 대 국민의힘의 대립으로 나타나지만, 현실적으로 정치 계급(political class)의 존재와 그 지연, 학연의 네트워크를 보면서 엘리트 대 대중의 사회 균열을 인식한다. 대중들은 선거 때마다 정치 세력들에 의해 동원되

면서 실제보다 더 극심한 좌우 균열을 수용하지만, 선거를 마치고 나면 곧바로 정치 엘리트들 간의 동질성과 담합을 목도한다. 불가피한 현실이지만 엘리트 집단에 의한 대중들의 권력 소외는 엘리트의 구성을 다양하게 함으로써 풀어갈 수 있다. 더 많은 민주주의를 위하여 사회구성원들의 일부를 배제하거나 더 전체주의화하는 방안은 적절하지 않다. 민주주의는 확장함으로써 나아갈 수 있다.

(3) 민주주의는 좌우의 문제이기도 하고 세대 간의 문제일 수도 있다. 현재의 민주주의는 현재의 분배를 위해 후세대들의 생존에 위협을 가하고 있다. 현재에도 자원을 배타적으로 독점하면서 자신들의 생존과 부만을 목적으로 후세대들을 위한 민주주의를 고려하지 않고 있다. 민주주의는 오지 않은 미래와 풀기 어려운 문제 등에 대해 무관심한 체제이고, 시민이 원하지 않으면 정치인도 간과하는 게으른 체제이다. 민주주의는 과거, 현재 그리고 미래의 이슈들을 다 다루고 합의하고 해결해야 한다. 신세대에게 미래는 구세대에게 현재보다 훨씬 중요한 사안일 수 있다. 그래서 신세대들은 현재와 미래의 분배 문제에 직접 개입할 수 있어야 한다.

4) 민주주의와 세력 균형

최장집 교수는 "민주당보다 한국의 민주주의를 더 좋아하기 때문에 민주주의를 위해 보수당이 민주당보다 잘됐으면 좋겠다"고 말한 적이 있다. 현재의 한국 정치에는 어느 정치 세력이 이념적으로 정책적으로 더 문제 해결적이고 미래지향적이냐 혹은 국가 운영에서 더 실용적이고 유능한가의 문제라기보다는 현실의 정치 세력 간의 권력 균형이 이루어져서 민주주의적 실천이 필수적이게 되어 타협과 양보 그리고 더욱 진전된 합의가 가능해지는가의 문제가 더 중요하다는 의미일 것이다. 관념적인 이념주의로 무장하고 있지만 정책 입안에서 나 국가 운영에서 지극히 무능한 세력도 있는 반면, 기술공학적 실용 주의로 무장하고 있지만 수구적 권위주의와 폐쇄적 반공주의로 일관 하고 있는 세력도 있다. 어느 한 세력이 기울어진 운동장에서 지배적, 배타적 권력을 행사하는 것보다는 두 세력 간에 균형을 이루어 서로의 상호 관용과 민주적 타협이 이루어지면서, 나아가 주기적인 권력 교 체로 서로의 장단점을 보완하는 정치가 더 바람직할 수 있다. 한국사 회처럼 집단주의, 국가주의, 사회주의 등이 짙게 드리워진 사회에서 한 정치 세력의 20년 혹은 50년의 집권은 재앙일 뿐이다.

4. 결론: 자유로운 개인의 다원적 민주주의

1. 체제와 이념에 대한 근본적이고 비현실적인 욕망을 버려야 한 다. 체제를 포함한 모든 것에 대해서 타협과 양보, 그 이전에 개인 간, 집단 간 상호존중이 필요하다. 어떤 민주주의를 선택하느냐의 문 제보다는 어떠한 사회규범이 우리 사회의 거대한 프레임이 되어야 하는가가 더 중요할 수 있다. 어떤 민주주의인가보다 우리에게 지탱 가능한 민주주의가 어떤 것인가에 관심을 가져야 한다.

(1) 대한민국은 냉전 체제와 브레튼우즈 체제 안에서 정치적 자유

민주주의와 군사적 안전 그리고 경제적 발전을 거둔 나라이다. 많은 이념과 체제적 대안이 논의되었고 논의되고 있지만 사회민주적 민주주의로서 성공적인 모델은 존재하지 않는다. 좁은 영토, 빈약한 자원, 많은 인구, 지정학적 갈등 위치 등으로 인해 현재처럼 세계가 네트워크화된 세계 체제적 상황에서 생존하기 쉽지 않은 국가이다. 그런 의미에서 자본주의와 자유민주주의 체제는 성공적으로 선택한 모델이었다기보다 불가피하게 수용한 모델이었다. 그럼에도 불구하고 과도한 평등주의, 강력한 국가주의, 극심한 집단주의적 문화, 뿌리 깊은 사회주의적 전통 등은 개인주의와 자유주의에 입각한 자유민주주의 체제보다는 집단주의적 국가주의적 사회주의에 더 친화력이 있는 사회이기도 하다. 그러나 정치적 자유와 권리, 평등 그리고 경제적 풍요를 두루 고려할 때에 지탱 가능한 민주주의는 어떠한 모습일까 고려해야 한다.

2. 광주를 포함한 민주주의 세력은 과거 반민주주의에 서 있던 세력들을 껴안아야 하고, 극단적 근본주의적 비민주주의 세력을 제어할 수 있어야 한다. 민주주의 세력은 국가로부터 보상 받기 이전에 국민들로부터 존경 받아야 한다. 또한 그 이상의 정치적, 도덕적 주도성을 가져야 한다. 민주주의자는 좌우파 간의 수평적 균열과 국가와 사회 간의 수직적 균열 모두를 직시하여야 한다. 그 이유는 모든 정치 세력이 민주화의 과정을 거치면서 엘리트화되고 권력 집단화되기 때문이다. 민주주의 세력은 그들에 흡수되거나 동원되거나 해서는 안 되고, 지지하면서도 일정한 거리를 두어야 한다. 우리는 민주화 이행을 거치면서 권위주의 세력 혹은 권위주의적 지배 연합을 민주화의 대열

안으로 끌어들였고, 그들과의 협력을 통해서 민주주의를 진전시켰다. 그들 역시 민주주의를 해치는 국가 권력에 대응하는 과정에서 또 다시 협력할 수 있는 세력이기도 하다. 낡은 이론인 기능주의 모델은 사회의 유지 존속에 목표지향(goal-attainment) 기능과 적응(adaptation) 기능이 필수적 기능임을 보여주었다. 최근의 민주정부는 경제적 성공으로 풍요의 파이를 키우는 데는 지극히 무능하다는 사실을 보여주었다. 세대의 문제이기도 하고 이념의 문제이기도 하지만, 그 세력들만으로 대한민국을 지탱하게 하기는 어렵다는 사실이 드러났다고 볼 수 있다.

3. 민주주의와 민족주의가 서로 착종되면서 많은 혼란을 주고 있다. 체제가 자유화되고 개방될수록 먼저 정치화되었던 민족주의적 열망은 자유로운 개인들의 근대적 국민국가의 좌절의 역사와 중첩되면서 이 나라가 어떤 사회를 만들어가야 하는가의 문제를 복잡하게 만들고 있다. 강압적 식민지 경험과 타율적 분단의 경험이 미완의 국민국가에 대한 열망을 더욱 강화시켰다고 볼 수 있다. 그러나 '상상의 공동체'로서의 민족(국가)과 국민(국가)은 공동체의 정체성이 무엇으로 어떻게 구성되는가가 그 핵심이다. 근대로의 경계에서 분단 이후 70년을 넘어서면서 이른바 '민주 세력'은 남한과 북한이 어떠한 동질적 정체성을 갖고 있는지, 혈연, 전통, 언어 등의 전근대적 정체성을 우선시하면서 개인의 자유, 인권, 평등, 민주주의, 삶의 질 등의 근대적 정체성을 뒤로 할 수 있는지, '우리 민족끼리'는 이러한 보편적 근대성으로 나아갈 수 있는지에 대해서 깊이 성찰해야 할 것이다.

참고문헌

Huntington, Samuel. *The Third Wave: Democratization in the Late Twentieth Century*. Norman: University of Oklahoma Press, 1991.

O'Donnell, G. , P. Schmitter and L. Whitehead. *Transition from Authoritarian Rule: Latin America*. Baltimore and London: The Johns Hopkins University Press, 1986. 염홍철 역. 『라틴아메리카와 민주화』. 한울, 1988.

Tilly, Charles. *From Mobilization to Revolution. Reading, Menlo Park*. London, Sydney: Addison-Wesley Publishing Company, 1978.

런시먼, 데이비드/최이현 역. 『쿠데타, 대재앙, 정보권력: 민주주의를 위협하는 새로운 신호들』. 아날로그, 2020.

레비츠키, 스티븐· 대니얼 비블랫. 『어떻게 민주주의는 무너지는가 ― 우리가 놓치는 민주주의 위기 신호』. 어크로스, 2018.

조너선 하이트/왕수민 역. 『바른 마음』. 웅진지식하우스, 2014.

제3부

유신독재의 물리력

─ 사법부(검찰 · 법원)와 군대(계엄령)

권위주의 체제에서의 법원의 역할
─ 통치술로서의 사법 판단

한상희

(건국대학교 법학전문대학원 교수)

1. 서론: 한국 국가와 법 운용

우리나라는 해방 이후의 국가형성기부터 오늘까지 국가가 시민사회를 압도하여, 후자는 전자에 의하여 형성, 유지 및 관리되어 왔었다. 미군정기나 제1공화국 당시의 귀속재산 처분, 원조물자의 배분, 토지개량사업 등 기초적인 자본의 형성에 국가의 역할은 말 그대로 절대적이었다. 이 정권은 북한의 사회주의 국가이념에 대한 대항 논리로서 자유민주주의를 공식적으로 천명하였으나[1] 그를 제도화할 생각은 애

초부터 없었다. 경쟁적 정당제도, 자유언론, 사상 · 집회 · 결사의 자유 등이 건국 초기부터 심각하게 제약되었으며, 이는 대북한 국가안보의 이름으로 억지로 정당화되었다.[2]

　제3공화국 및 그 폭력적 변용태인 유신정권도 이러한 억압적 통치구조에 더하여, 국가 주도에 의한 경제성장정책을 채용, 경제구조를 결정지었다. 경제성장은 제3공화국 이래의 특징적인 이념이자 최대의 국가 목표로서 후진국에서의 정당성의 위기가 심화될 때 일반적으로 나타나는 국가 목표 중의 하나이다.[3] 이 정책은 수입 대체적인 경공업 중심으로 시작하였다가 유신을 전후하여 중화학공업 · 수출 중심의 불균형 성장정책으로 전환되면서 재벌 중심의 정경유착과 노동 및 농업 부문에 대한 억압으로 나아간다. 그리고 이 철저한 국가관리의 경제정책 속에서 경제 부분은 국가에 대한 종속의 관계로 편입되었다.[4] 제5공화국도 마찬가지여서 경제성장의 논리 속에서 외채 도입 등의 통화 증대와 임금 상승 억제에 기반한 물가 안정정책, 중화학공

---

2 박광주, 『한국권위주의국가론 ― 지도자본주의 체제하의 집정관적 신중상주의 국가』, (인간사랑, 1992), 340. 그리고 이러한 모습은 한국동란으로 더욱 강화되는 계기를 맞이하였다.

3 실제 박정희 전 대통령의 연설문을 요소분석(factor analysis)한 결과 5 · 16 직후인 1962년과 베트남 파병 및 한일협정 시기인 1965년, 제6대 대통령 선거 시기인 1967년, 제7대 대통령 선거 시기이자 닉슨독트린이 선언된 1970년 및 1971년에 근대화 및 경제성장을 위한 정책목표가 가장 많이 거론되고 있다. 즉, 정당성의 위기가 고조될수록 경제성장 이념이 더욱 많이 강조되고 있는 것이다. 정연선, 한국정치지도자 이념의 구조와 변천, 고려대학교 석사학위논문 (1976), 43-50 참조. 이 점에 관한 김태일, "권위주의 체제 등장 원인에 관한 사례연구," 최장집 편, 『한국자본주의와 국가』 (한길사, 1985)에서는 그 원인으로 군부 관료들의 메시아적 멘탈리티와 정당성의 위기를 들고 있다.

4 그 대표적인 예가 8 · 3 조치와 중화학공업화정책이다. 중소기업(특히 경공업 부분)이나 중소 규모의 채권자들의 희생을 바탕으로 하여 위기에 처한 재벌 중심 경제의 회복을 도모한 것이 바로 이 정책들이다. 그리고 이러한 정책들은 경제적 합리화라는 명분하에 대통령 ― 국가의 지배력, 특히 물리력에 기하여 이루어지고 있다.

업 투자조정 및 부실기업 정리를 중심으로 하는 산업구조 고도화정책 등을 통하여 국가의 후견에 의한 경제 관리 체제를 강화하였다.[5] 물론 그 속에서 시민사회의 자율성 확립의 분위기가 서서히 익어 갔던 것도 사실이지만, 그럼에도 불구하고 국가는 일관하여 시민사회의 형성과 유지, 관리에서 실질적인 주체로 기능하였고, 그 속에서 경제합리화 라는 관료적 기준에 의한 선별적 지원과 배척을 바탕으로 하는 불균형, 불평등 성장정책의 집행자로서 시민사회 위에 군림하였던 것이다.[6]

한마디로 자유민주적 기본질서의 기저를 이루는 시민사회의 성장 자체가 국가에 의하여 주도됨으로써 시민사회가 국가를 견제할 수 있는 여지를 찾지 못하였다. 그 결과 전통적으로 형성되어왔던 가부 장적 권위주의 문화에 부가하여 한국 국가가 권위주의적, 관료주의적 국가로 변형된다. 여기서 권위주의적이라 함은 국가가 적어도 대내적 으로는 거의 절대적인 자율성[7]을 가지고 스스로 목표를 정립하고 그 것을 집행, 실천하며, 그의 수단/도구로서 사회를 조직, 동원하는 체 제를 가진다는 의미이다. 즉, 국가와 시민 또는 백성의 관계가 수평적 이 아니라 수직적으로 규정되면서 후자는 정치적 주체성을 갖지 못하 고 도구적 객체 — 통제와 동원의 대상으로 인식되고, 나아가 정치권 력이 과두화, 독점화되면서 정책 회로가 하향성과 폐쇄성을 지니게 된다.[8] 여기서는 국가가 시민사회와 유리되어 집권 세력, 즉 정권은

---

5 자세한 것은 한국정치연구회 편, 앞의 책, 제6장 참조.

6 O'Donnell의 관료적 권위주의론에서는 기본적으로 군부와 기술관료 그리고 민간자본가들 이 정치적 지배 층위를 이루는 3자동맹을 바탕으로 하고 있지만, 국가가 금융과 자본에 대하 여 강력한 통제권을 행사하였던 군사정권—특히 제3공화국과 유신 체제—의 경우는 이러한 의미에서 2.5자동맹 정도라고 보아야 할 것이다.

7 국가의 자율성에 관하여는 김호진, 『한국정치 체제론』, 박영사 편, 176-181 참조.

정부를 사물화(私物化)하여 스스로를 국가와 동일시한다.9 따라서 집권 세력에 반대하는 사회 부분이나 정치 부분의 주장들은 그 자체가 반국가적 행위로 규정되고, 이를 통제하기 위한 다양한 법적, 제도적 그리고 사실상의 강권력 장치들이 마련되고 행사된다. 사회는 이러한 국가에 종속되어 그의 통제와 조작에 동원되었을 따름이다.10

우리나라에서의 법 운용이 국가 중심적으로 파행성을 띠면서 운용되었던 것은 이러한 국가의 독재적 성격으로부터 나온다. 법치의 형성은 시민사회의 성장과 궤를 같이한다. 하지만 국가가 모든 법 운용의 중심으로 기능하는 곳에서는 법이란 권력 내지는 통치의 수단으로 전락하고 만다. 국가와 경제가 하나의 이해선상에 정렬되면서 경제를 종속시키고, 이들 양자는 시민사회를 한편으로는 강권력에 의하여 억압하고 다른 한편으로는 법 담론의 조작을 통하여 시민사회를 자신들의 지배 영역에서 배제시키면서 동시에 지지의 동원 대상으로서만 그 존재 의의를 부여하는 철저하게 하향식의 억압 구조가 형성되는 것이다.11

독재로 치닫는 한국 국가의 성격은 여기서 나온다. 권위주의 체제

---

8 김호진, 위의 책, 272 이하.

9 최장집, 앞의 책, 342; 김석준, 『한국산업화국가론』 (나남, 1992), 80-86.

10 권위주의 체제의 일반적 특성으로는 ① 권력 구조의 불균형—행정의 우위 현상; 정치과정의 경쟁 원리의 무시, 지배 권력의 책임성, 대응성 결여, 통치권자의 권한 강화, 지위 격상, ② 정당, 의회 등의 동의 기제의 퇴화, 억압 기제 발달 — 준군사적, 준사법적, 체제 유지에 기능적 역점 부여, ③ 국가 관료는 정치적 중립성 상식 — 통치 세력의 지배 도구로 전락, ④ 국가는 사회 부문에 대해 높은 수준의 상대적 자율성과 중심성을 향유 — 국가가 조합주의적 메커니즘을 통해 사회 부문을 조직화하고 통어 — 사회의 모든 집단들은 국가 주도의 동원 체제에 편입, ⑤ 사상과 이념의 일원화 축소, 양분법적 양극논리 선호 — 사상의 자유 제한, 비판과 이견을 용납 않음 등이 거론된다. 김호진, 위의 책, 59-60.

11 자세한 것은 한상희, "사법판단의 준거로서의 권력현상,"「법과사회」제9호(1994), 115-137.

의 공통적인 약점은 그것이 정당성 결핍상태에 있다는 것이다. 해방과 더불어 전통적인 권위가 단절되면서 국가는 정당성의 기반을 안보 이데올로기와 경제성장 논리에서 찾고자 하였다.[12] 그러나 국가에 의하여서만 부과된 이러한 이데올로기는 오로지 기술 관료적 기준에 의하여 수단-목적의 효과성을 바탕으로 규정되는 것인 만큼 시민들의 지지를 획득하기에 충분하지 못하였다. 따라서 그 갭을 보완하는 방법으로 강권력의 행사와 폐쇄적, 선택적 정치과정이 불가피하였다. 그리고 자유주의와 민주주의에 입각한 헌법 이념이 변질되고 헌법 현실이 구체적인 판결을 통하여 왜곡되는 창구나 기제도 바로 이에 입각한 (헌)법/법 담론 조작을 통하여서이다.

이러한 권위주의적 모습들은[13] 폐쇄적, 선택적 정치과정의 강화 현상, 사회문제의 탈정치화 경향, 기술관료 지배 체제의 강화 그리고 억압적 강권력의 행사 등의 양상으로 법 운용의 틀을 규정지어왔다. 시민사회를 정치 영역으로부터 배제하고 탈정치화하는 한편, 관료주의적 합리성으로 그들을 정서지우기 위하여 권위주의 국가는 필연적

---

12 그리고 이 양자는 필연적으로 위기 국가, 예외 국가의 틀을 취하게 된다. 유신 체제는 그 대표적인 사례일 뿐이다.

13 한상진, 『한국사회와 관료적 권위주의』 (문학과 지성, 1988), 85-86, 135-137. 그는 한국 국가의 특성들을 G.A. O'Donnell의 관료적 권위주의론으로부터 추출하고 있으나, 이는 남미 제국을 모델로 한 것으로 한국 국가의 본질을 설명하기에는 약간의 무리가 있다. 다만 우리나라의 권위주의가 전통적, 가부장적인 것이라기보다는 그에 더하여 관료주의적 측면을 부가하고 있다는 점에서 한국 국가의 작동태를 설명하는 데 적절한 용어를 제기해주고 있다는 의미에서 이 글에서 차용하고자 할 따름이다. 참고로 관료적 권위주의 체제(B-A System)는 ① 민중배제정책 강화 — 특히 노조의 배제, ② 3자동맹에 의한 지배 — 군부, 기술관료, 자본가, ③ 관료지배 — 기술관료주의, ④ 대의 기제의 형해화와 조합주의 기제의 강화, ⑤ 국가독점자본주의 체제 지향 — 국가가 직접 생산수단을 소유하거나 자본, 금융에 대한 통제권 강화, ⑥ 종속자본주의의 심화, ⑦ 사회문제의 탈정치화 — 기술 관료주의에 의하여 해결하도록 유도 등의 특성을 가진다고 한다. 김호진, 앞의 책, 125-126.

으로 법의 도구화를 위한 법 담론의 조작을 도모해왔다. 해방과 더불어 전통적인 권위가 단절되면서 한국 국가는 그 정당성의 기반을 카리스마와 철저한 도구적 합리성에서 찾고자 하였다. 그 단적인 예가 안보 이데올로기와 경제성장 논리였고, 강권력의 행사와 폐쇄적, 선택적 정치과정을 통하여 그 실효성을 확보하고자 하였다. 여기서 자유주의와 민주주의에 입각한 헌법 이념이 변질되고, 헌법 현실이 구체적인 판결을 통하여 왜곡되는 창구나 기제가 이루어진다. 대체로 헌법 이념의 형식적 측면들을 차용하면서 이루어지는 일련의 법 동원의 방식을 취한다: 자유주의적 맥락에서 논의되는 권리 담론을 철저한 개체화(individuation)의 틀에 따라 구획하는 한편, 이에 부수되는 법리나 법 개념을 조작하고 엄격한 존재/당위의 2분법을 그때그때의 상황에 따라 적절히 혼용하면서 국가가 법 창조 및 법 발견의 유일한 주체로서 기능하게 되는 것이다.

이제 이러한 권위주의적 모습들이 우리의 사법부를 통하여 어떻게 법화(legalization)되었는지 살펴보자.

2. 권위주의 국가와 사법

1) 사법의 정치적 성격

사법부의 성격을 논함에 제일 먼저 거론되어야 할 것은 그것이 한층 큰 정치체계의 하부구조로서 국가 권력 기관의 한 형태인 억압적 기구(repressive apparatus)에 속한다는 점이다. 즉, 사법부는 사회를 통합하는 데에서 다양한 이해관계의 대립으로 인한 각종 일탈행위나 분열적 행위들을 '법'의 이름으로 통제함으로써 주어진 국가 목적에 부합하는 방향으로 사회가 정서될 수 있도록 하는 기능을 수행하는 타인에 대한 행위 통제를 주된 기능으로 삼는 권력 기관이다. 사회의 전 영역에 걸친 '통일적 법질서'의 확립은 곧 강력한 중앙 권력의 형성 및 유지를 의미한다. 국가 내의 정치과정이 표면적으로는 의회를 중심으로 한 입법의 과정에서 첨예화되고, 그 결과로서의 법이 종국적으로는 사법부를 통하여 집행되는 구도 속에서는 사법부는 필연적으로 정치 투쟁의 마무리 단계 — 승리자에 그 전리품을 확인시켜주는 장이지 않을 수 없다.[14]

그러나 사법부의 정치체계 내에서의 역할은 이에 머무르지 않는다. 사법부는 그에 더하여 기존의 또는 진행 중인 정치 투쟁이 정당성의 이름 속에서 해소되거나 또는 그것이 더욱 발전할 수 있는 기회를 마련한다. 부연하자면 기존의 정치 질서에 대하여 대립되는 견해를 가지거나 그로부터 배제된 집단이나 개인에 대하여 더욱 공식적인 공격의 기회를 부여하면서 기득의 입장을 법의 형태로 전이, 그것이 나름의 정당성을 획득할 수 있는 장을 마련하기도 한다. 이 점에서 사법부는 정치과정에서 대중의 지지를 획득하기 위한 유효한 수단으로 존재하는 동시에 그의 다양한 요구들을 적당한 수준에서 여과하는

---

14 이 점에서 법이 사회적으로 차지하는 중요성(saliency)이 덜한 사회에서의 사법부의 독립은, 그 자체 형해화되어 억압적 권력이 '법'이라는 상징을 거쳐 강권력으로 전화하는 과정을 은폐하는 수단으로서 조작되기 십상이라는 것에 주목하여야 한다. 더구나 시민사회 내에서의 이해관계의 대립을 조정, 중재하던 메커니즘이 국가에 편입되어 법원으로 형성된 서구의 그것과는 달리 처음부터 국가에 의하여 사법부가 형성되고 규정되어온 우리나라에서는 더욱 그러하다.

장치로서 기능하고 있는 것이다.

이 같은 사법부의 정치체계 내에서의 기능은 정도의 차이는 있을 지언정 동서고금을 막론하고 모든 국가 체제에서 나타나는 모습이다. 문제는 그 국가를 이끌어 나가는 현실적인 지도 이념이 무엇인가에 따라 사법부가 그에 합리적으로 기능하였는가의 여부일 따름이다. 환언하자면 그 시대의 정치 체제의 성격, 즉 국가 성격의 여하에 따라 사법부의 성격이 규정되는 것이다. 이런 점에서 지난 시대의 우리나라의 사법부 역시 권위주의적 체제의 한 부분으로서의 모습을 그대로 보여주고 있다.

2) 권위주의적 통치의 담당자로서의 사법부

지난 시절 권위주의 군사정권의 지배 체제에 익숙해 있던 우리의 사법부는 스스로를 관료화하면서 그 정권의 요구를 충실히 이행하며 그 억압의 체제에 철저하게 자신을 적응해 나갔다. '권력에 굴복한' 무력한 사법부가 아니라, 오히려 권력에 적응한 강력한 사법부로 기능해왔던 것이다.[15] 사법부는 권위주의의 바깥에서 그 권력의 희생자로 살아왔던 것이 아니라, 오히려 권위주의적 정권의 중요한 부분을 차지하면서 정치권력이 필요로 하는 억압적 통치 작용을 법의 이름과 형식으로 정당화—합법화—하는 일종의 통치 도구로서의 역할을 수

---

15 이 점에서 유신 체제를 비롯한 권위주의 체제하에서의 법원의 역할을 정치적 반대자의 숙청 내지는 억압을 중심으로 규정하는 것은 한계가 있다. 이 글에서 누차 언급하였지만 한국 국가의 사법부는 권력의 하수인을 넘어 그 자체가 법 담론 조작을 통하여 가장 유효한 통치술을 행사하였던 권력 기관이었다.

행하였던 것이다. 이때 우리 사법부가 폭력적인 정치권력에 합법적 레벨을 부착하는 것은 세 가지의 방식으로 이루어진다.[16]

그 첫째는 시민사회의 정치화 자체를 차단하고 시민들이 공공영역 내지는 정치 영역을 구성하는 것을 가로막는 방식이다(정치적 배제). 형식적 국민주권의 원리에 기반하여 대의제의 작동을 시민사회의 의사와 유리시키거나 사회 내에 존재하는 다양한 이해관계들을 입법의 형태—예컨대 사회단체등록에관한법률—로 선점하여 관변단체로 엮어냄으로써 시민사회에서 자발적이고 다원적으로 형성되어야 할 다양한 이익단체들을 억제하는 것을 비롯하여 언론 통제를 통한 여론 침탈 내지는 여론 왜곡의 조치도 이에 해당한다. 공무원과 교원의 정치 활동·집단활동 금지조치라든가 국가보안법상의 반국가단체, 이적단체의 범주를 지나치게 확장함으로써 정치 활동의 폭 자체를 축소시켜 버리는 것 또한 정치 참여를 배제하는 권위주의 체제의 전통적인 방식에 다름 아니다. 그리고 무엇보다도 세계사적으로 민주사회의 형성에 가장 큰 역할을 해왔던 노동조합의 결성을 가로막거나 노조원의 자격을 비롯한 제요건을 강화하는 등 반노동적 판단들은 소위 반체제적인 세력들을 억압한다는 측면 외에도, 그러한 행태 자체가 우리 사회의 정치화를 가로막는 커다란 장애가 되었다는 점에서 특히 문제적이다.

둘째는 사회적 의제들을 가능한 한 정치의제화하지 않고 단순하고도 미시적인 법률의 문제로 치환하는 방식이다. 이는 일종의 탈정치화의 전략이라고 할 수 있는 것으로, 가치나 이념의 문제, 그래서

---

16 이 틀은 한상희, "사법판단의 준거로서의 권력현상," 「법과사회」 제9호(1994), 115-137 에서 제시한 것이다.

헌법의 문제로 승화되어야 할 사안들을 단순히 실정법률상의 문제로 격하시키고 그것을 사회안정이나 국가내외적인 질서유지 등 통제의 측면에서만 바라보고자 한다. 그리고 이러한 탈정치화의 과정을 통하여 이들 대중 부분이 정치과정에 자신들의 목소리를 투입하는 것 자체를 차단하고자 한다. 물론 여기에는 국가주의라고 하는 우리 현대사 전반에 걸쳐 우리 국가 성격을 규정해왔던 이데올로기가 작용하고 있기는 하지만, 이러한 탈정치화 전략은 이 국가주의적 지배 체제를 다시 법률의 수준에서 재확인하고 재강화한다는 점에서 문제적으로 드러난다. 국가의 존립과 국가에 의하여 유지·관리되어야 하는 사회 질서의 문제 그리고 국가가 주도하는 경제성장의 문제는 그 자체 이미 주어진 당연한 것으로 간주하는 한편, 그로부터 파생되는 모든 사건, 사고들은 그 체제의 문제가 아니라 그때그때의 당사자들에 귀책되어야 하는 미시적인 법률적 책임의 문제로 전환하여버리는 것이다. 환언하자면 국가의 수준에서 해결되어야 할 정치적 문제들을 질서유지와 경제성장이라는 명분을 내세우며 그 문제들이 자칫 안정과 발전을 저해하는 요소로 전이되지 않도록 국가 관료—법관을 포함—가 (법)기술적으로 통제하여야 하는 것으로 돌려놓는다. 그리고 이런 조작을 통해 시민사회가 정치에 편입되는 것을 차단한다.

결국 거의 모든 사건에서 사법부의 법 판단이 오로지 법률 판단에만 머무를 뿐 헌법적 판단은 거의 배제되거나 소극적으로 이루어진다.[17] 즉, 이들 분쟁들을 법률적인 문제로 환원함으로써 그것이 체제

---

17 권위주의 체제하에서 사법심사의 기능은 엄연히 헌법화되어 있었으나 그 권한을 담당하였던 대법원이나 헌법위원회 등이 이런 규범 통제의 기능을 전혀 하지 않았던 것은 그 직접적인 징표다.

또는 구조적 모순 속에서 유발되는 헌법적 차원이 아니라 오로지 단편적이고 국지적인 이해의 대립으로부터 야기되는 것으로 보는 것이다. 그래서 가치의 선택에 관한 판단으로서의 '헌법재판'(정의의 판단)은 배제한 채 정치권력에 의하여 일방적으로 주어진 가치 내에서 가장 적합한(즉, 효과적인) 수단만 선택하고(합목적성), 이를 영속적 질서로 강제(법적안정성)하는 조치만 계속하였던 것이다. 구체적인 사건을 중심으로 하는 사법기능의 본질상 그 당사자들을 정치과정으로부터 소외시키기 위하여는 사건의 성격이나 법적 논점 자체를 변경시키는 것이 가장 간편하고도 유효한 방법이기 때문이다. 그리고 그것은 대체로 법리나 법 개념의 문제, 철저한 존재/당위의 2분법 또는 엄격한 공사법 2원론 등과 같은 법 도그마의 조작을 통해 이루어진다.

셋째는 관료주의에의 지나친 회귀현상이다. 권위주의적 국가는 스스로 국가 목적을 설정하고 이의 집행을 국가기구에 완전히 장악되어 있는 관료들의 도구적 합리성 판단에 일임한다. 국가의 작동과정에 관료들의 지배권이 강화되는 것은 이 때문이다. 철저한 위계 구조 하에 예속되어 있는 관료들은 바로 그 예속성으로 인하여 시민사회로부터 격리될 수밖에 없다. 스스로의 권력을 확보하지 못한 채 정치권력의 자의적 판단에 따라 자신의 권한과 책무가 규정되는 상황에서는 이들이 시민사회의 요구에 민감하게 반응할 이유는 없어지는 것이다. 그리고 사법부는 이러한 관료적 권위주의의 체제에 그대로 순응한다. 정부의 법률안 제출권―이는 의원들의 이름만 빌린 입법 발의도 포함한다―과 위임입법의 권한을 이용하여 국회의 입법권마저도 관료들이 장악한 상황에조차 형식적 대의제와 입법형성권이라는 형식적인 법 개념을 통하여 관료의 의사가 그대로 시민사회에 통용되도록 방치하거나 혹은 이를 방조한다. 여기에 더 나아가 자유재량 개념 내지 반사적 이익 개념에 따른 판단의 유보와 권력분립을 앞세운 사법적 억제의 조치를 행함으로써 관료들의 입지를 최대한 확보해주게 된다. 행정에 대한 가장 유효하고도 종국적인 통제 수단으로서의 사법부의 지위와 권력 제한 규범으로서의 헌법의 존재에 대하여는 관심을 배제하는 것이다.

3. 권력의 하위 개념으로서의 사법 판단

이러한 권위주의적 모습들,[18] 즉 폐쇄적, 선택적 정치과정의 강화 현상, 사회문제의 탈정치화 경향, 기술관료 지배 체제의 강화 그리고 억압적 강권력의 행사 등의 현상들은 사법부 — 헌법재판소의 '법'의 해석·적용 과정을 통하여 판결로써 표현된다. 그리고 그것은 종국적으로는 권위주의 체제의 강권력의 행사를 법적인 것으로 분식(정당화)하는 결과를 야기한다. 한국 국가의 법원들은 국가 강권력의 외피를 이루는 법률이 비민주적·반인권적 내용을 담고 있음을 애써 무시한다. 오히려 입법형성권이나 자유재량, 특별권력관계, 통치 문제, 심지어 국가 바깥의 사적인 영역이라는 가상공간의 형성 등의 방식으로 법 개념들을 조작하고, 이를 통하여 스스로를 국가 강권력의 집행자로 자리 잡았다. 그리고 바로 이 점에서 우리의 사법부는 통상적으로 일컬어지듯 군사정부의 권력 행사를 정당화한 보조적 기관에 머물렀

---

18 한상진, 앞의 책, 85-86, 135-137.

던 것은 결코 아니다. 오히려 '법관=판단자'가 아니라 '법관=권력자'라는 구도를 형성하면서 사법부는 통치 권력의 한켠을 차지하여 권력의 행사자 내지는 일종의 억압자로서의 역할을 충실히 수행하였던 것이다. 이러한 모습들과 그를 위하여 이용되었던—그리고 지금도 거의 그대로 유지되고 있는— 법 담론 조작술들을 정리하면 다음과 같다.

1) 정치참여의 배제

위에서 설명한 한국 국가의 성격은 우선 사회 부분에 대하여 폐쇄적, 선택적인 정치과정을 형성, 강화하는 것으로 나타났다. 대의 기제의 형해화, 이익집단의 억압, 언론통제 등의 조치들이 바로 여기에 해당하는 것이며, 이것은 나아가 경제 부분에서의 불균형 성장과 불평등한 분배로 이어진다.[19] 특히 이러한 조치들은 노동 부분을 중심으로 대중들의 정치참여를 배제, 차단하고 오로지 경제적으로만 동원하는 데에 집중되기도 하였다. 노동 부분은 역사적으로 선거권 확대 등을 통한 실질적 민주주의의 확립에 커다란 기여를 하였다는 점에서 그의 정치참여를 차단하고 억제하거나 경우에 따라서는 노조 자체를 권력의 수단으로 편입하는 것은 권위주의 체제에서 나타나는 일반적 현상 중의 하나이기도 하다.

정치과정으로부터의 배제 현상은 주로 사회단체나 이익단체의 결성에 대한 통제로 나타난다. 노조 자체의 차단과 노조원 자격의 배제,[20] 임원 개선명령 없이 곧장 해산명령을 할 수 있음을 선언하는

---

19 이러한 폐쇄와 통제로 인한 국가의 정당성 기반의 약화 내지는 그에 대한 도전을, 국가 위기 상황을 설정하고 그 심각성을 강조함으로써 해결해 나가고자 한다.

경우21 등은 대표적인 예이다. 더불어 '사회단체등록에관한법률'에서 규정한 등록제는 결사의 자유를 침해한 것이 아니라는 판례22 역시 헌법 이념보다는 국가에 의한 사회통제를 우선하는 사법부의 태도를 단적으로 보이고 있다.

이 부분에 관한 사법부-대법원의 입장은 1980년 3월 11일의 '동아일보사 노조결성사건'에 관한 판례에서 단적으로 드러난다.23 노조 설립신고서의 제출 후 노조 결성을 이유로 부당 해고된 근로자를 임원으로 하였다는 이유의 노조설립신고서 반려처분을 합법적이라고 결정한 사건이다. 정권에 대한 항의적 성격이 가장 강하게 잠재해 있는 노조와 언론을 동시에 통제하기 위하여 신고제에서의 심사권을 "근로자가 아닌 자가 가입한 여부… 등을 심사"할 실질적 심사권으로 규정하면서 "원고들을 해임한 것이 부당노동행위에 해당한다 할지라도…

---

20 대법원 1970.7.21. 선고 69누152. 이 판결은 노동자가 사용자의 수급업무에 종사하는 것이 아니라 금전의 수합이라는 결과의 완성 자체에 중점을 두고 있는 만큼(즉 일종의 도급계약) 그는 사용자에 종속된 노동자가 아니기 때문에 노동조합의 조합원 자격을 가질 수 없다고 보았다. 오늘날 특수고용 형태에 있는 노동자 전반이 노동자로서 처우되지 아니하는 근원이 여기에 있는 것이다.

21 대법원 1969.5.13. 선고 68누163. 이 판결은 조합원 자격이 없는 사람이 노동조합 설립에 참여한 경우 그 노동조합은 애초부터 노동조합이라 할 수 없어 행정명령으로 그 설립을 직권취소하는 것은 적법한 것이라고 보았다. 이런 판결의 취지는 지난 박근혜 정부 시기 전교조가 해직교사를 임원으로 받아들였다는 이유로 전교조를 법외노조로 선언한 조치와 직결된다.

22 대법원 1974.12.10. 선고, 74누89; 1967.7.18. 선고, 65누172 등. 특히 후자의 사건은 사회단체 등록신청을 거부한 행정처분에 대하여, 국민은 그 등록 여부에 관계 없이 자유롭게 결사를 조직하고 활동할 수 있는 만큼 이러한 등록거부처분으로 인하여 아무런 권리침해를 받은 바 없다는 식으로 논점을 전환한 다음, 따라서 원고는 등록거부처분의 취소를 구할 소의 이익이 없다고 판단하였다. 마찬가지의 논거가 얼마 전 서울퀴어문화축제조직위원회의 법인설립허가신청을 거부한 서울시의 조치로 이어진다.

23 제3부판결 76누254; 대법원 79.12.11. 선고, 76누189 역시 같은 취지의 것이다.

피고로서는 그 해고의 유무효를 판정할 수 없는 것"이어서 그 반려처분은 타당한 것이라 하였다. 결국 이 판례는 형식논리적 타당성이라는 명목으로 노동조합의 자주성이라는 헌법 이념을 외면한 채 단결권을 형해화시킴으로써 정권에 위해가 될 수 있는 요소들을 사전에 배제하는 것이다.[24]

실제 이러한 조치는 노동관계법이 노동통제법으로 전화되어 모두 형사법적 성격을 띠게끔 만든 입법자들의 통치술과 궤를 같이한다. 노동분쟁의 장에 국가가 개입하여 노사 간의 갈등을 해소할 수 있는 규범적 규준을 마련하는 것이 아니라, 법의 이름으로 노동자들의 주장과 이해관계를 가려버리고 그들의 행동을 범죄화하여 처단하는 한편, 가장 가시적인 국가기관(most visible organ)인 법원에서조차 편파적·일방적 진행으로 피고인인 노동자 측의 항변을 차단하는 모습들은 권위주의 체제에서 일상적으로 나타나는 모습이기도 하다.

뿐만 아니라 반정부 단체에 대학교수가 참여한 사실을 공무원의 집단행동을 금지한 구 국가공무원법 65조 위반으로 파면 처분한 것이 정당하다고 본 대법원판례[25]도 마찬가지이다. 실제 이 조항은 대중의 정치참여의 배제를 위하여 악의적으로 입법된 것에도 불구하고, 단순히 '민주회복국민회의'를 정치단체로 간주하면서 그 가입자인 교수를 파면한 것은 징계권의 남용에 해당하지 않음을 판시한 것이다. 대법원은 국가의 억압기제의 한 부분으로서, 공무원의 정치적 중립—구 국가공무원법상의 정치단체 결성 금지—정치적 표현의 자유에 이르

---

24 김영철, "「동아일보사 노조결성사건」 판례비판," 한국법학교수회 편, 『한국판례형성의 제 문제』(동국대 출판부, 1989), 246.

25 대법원 1981.12.22. 선고, 80누499; 1967.1.24. 선고 66다2282도 마찬가지이다.

는 각 조항들의 취지나 목적에 대하여 하등의 고려도 없이 바로 정치적 표현=정치단체 결성 또는 정치 활동으로 연결, 헌법을 수단적 규범(instrumental norm)으로만 보는 관료주의 체제의 단면을 노정하고 있다.

그 외에도 통치행위 개념의 인정을 통하여 비상계엄의 선포가 적법한 것인지의 여부는 국회에서 판단할 사항일 뿐 법원은 그 판단을 할 수 없다고 하면서 강권력의 행사를 묵시적으로 방조하는 판례[26]나 '인혁당재건단체 및 민청학련사건'에서 피고인들이 주장하는 저항권 담론을 "실존하는 헌법적 질서를 무시하고 초법규적 권리 개념으로써 현행 실정법에 위배된 행위의 정당화를 주장"하는 것으로 규정한 판례[27] 역시 마찬가지의 맥락에서 파악된다. 또한 한일회담 반대 시위의 주축이 되었던 민족주의비교연구회 지도교수에 대한 반공법 위반사건 상고심에서 민비회라는 조직 자체의 반국가단체성 혹은 이적단체성에 대한 판단은 온전히 배제해버리고 오로지 공소장 변경이 없음을 이유로 무죄판결을 내린 것[28]이나 3선개헌안과 동시에 날치기 처리된 국민투표법을 통치행위라는 개념을 바탕으로 판단을 회피한 대법원의 태도[29]는 이 부분의 극단을 이룬다.

나아가 이런 식의 판단유보는 굳이 정치 문제가 아니라도 헌법 판단을 회피하기 위한 수단으로 자주 나타난다. 예를 들어 불교재산관리법에 의한 종교의 자유 제한의 위헌성 여부에 관한 판단에서 대법

---

26 대법원 1964.7.11. 결정, 64초3, 4. 이 판결은 그대로 10·26 이후의 계엄 선포에 대한 이의제기에도 이어지고(대법원 1979.12.7. 선고 79초70) 김재규 등에 대한 내란목적살인 등의 혐의에 대한 심판(대법원 1980.8.26. 선고 80도1278)에까지 연결된다.

27 대법원 1975.4.8. 선고 74도3323.

28 대법원 1968.7.30. 선고 68도739.

29 대법원 1972.1.18. 선고 71도1845.

원은 이를 사회단체 등록과 같은 맥락에서 파악, 특정 종교에 대한 차별적 제한 여부에 대한 심사를 회피하고 있다.[30] 그 외에도 법학 교수에게 국민윤리 강의를 지시하고 그를 거부하였음을 이유로 징계 처분한 것에 대하여 대학의 자치—이는 교수의 자치가 중심을 이룬다—라는 헌법적 특성을 무시한 채 오로지 직무명령의 개념만 적용하여 타당하다고 한 판결[31]도 같은 의미를 가진다.

2) 탈정치화 경향: 권리담론과 공사법 구분론

(1) 구조

이러한 논의들은 한국 국가의 탈정치화 조치와도 이어지는 것으로, 가치나 이념 — 헌법의 문제라고 하여야 할 사안들을 단순히 실정 법률상의 문제로 격하시키고 그것을 사회안정이나 국가 내외적인 질서유지 등 통제의 측면에서만 바라보는 한편, 이 과정을 통하여 이들 대중 부분이 정치과정에 자신들의 목소리를 투입하는 것 자체를 차단하고자 한다. 국가는 사회적 문제들을 질서와 경제안정을 저해하는 요소로 파악하면서 이를 국가 관료의 합리적 판단에 의하여 기술적으로 해결될 수 있는 것으로 취급, 그것이 정치과정에 투입되어 해소될 수 있는 계기를 차단한다. 따라서 거의 모든 사건에서 사법부의 법 판단이 오로지 법률 판단에만 머무를 뿐 헌법적 판단은 거의 배제되거

---

30 대법원 1969.12.23. 선고 64다1870. 종교의 자유는 재산권의 주체로서의 비영리단체의 설립 문제와는 또 다른 맥락에서 다루어져야 함에도 전자를 후자의 틀 속에 가두어놓았다.

31 대구고법, 1971.9.8. 선고 71구34. 그리고 대학 구조조정이라는 신자유주의의 외피를 둘러쓴 교육 정책들이 철저하게 대학 구성원—특히 교수—의 참여를 배제한 채 이루어질 수 있는 것 또한 이런 형식논리의 법 도그마의 영향이 여전히 남아있기 때문이다.

나 소극적으로 이루어진다. 즉, 이들 분쟁들을 법률적인 문제로 환원함으로써 그것이 체제 또는 구조적 모순 속에서 유발되는 헌법적 차원이 아니라 오로지 단편적이고 국지적인 이해의 대립으로부터 야기되는 것으로 보는 것이다. 구체적인 사건을 중심으로 하는 사법기능의 본질상 그 당사자들을 정치과정으로부터 소외시키기 위하여는 사건의 성격 자체를 변경시키는 것이 가장 간편하고도 유효한 방법이기 때문이다.

그리고 그것은 대체로 법리나 법 개념의 조작 또는 철저한 존재/당위의 2분법을 통하여 이루어진다. 우리 국가가 법치주의의 외관에도 불구하고 권위주의적 지배 체제를 구축할 수 있었던 것은 사법 체제 자체가 이런 식으로 법치주의가 가지는 권리담론의 형식적 조작과 공·사영역의 2분법의 자의적 해석을 충실히 해내면서 시민사회를 탈정치화시켰기 때문이다. 법원은 시민권이나 재산권을 그때그때의 권력의지에 맞추어 적당히 개념화하면서 이로부터 시민들의 자기주장들을 탈정치화시키거나 관료적 결정에 복속시키는 도식을 사용하였고, 나아가 필요하다면 공·사법의 구분을 통하여 정치 영역으로부터 시민사회를 배제시키고 또 경제영역과 시민사회 영역을 부당하게 일치시키면서 개발독재의 정책 논리에 적합하도록 시민사회를 경제에 종속시키는 법 담론들을 사용하여왔다. 그래서 비록 법치주의의 외관은 가지고 있었을지언정 그 법의 형식과 실질 모두를 국가의 일방적인 결정에 의하여 규정되는 형태를 취하면서 시민사회의 요구나 이해를 배제하고 그 법을 통하여 또는 그 법의 담론을 전용할 수 있는 경제영역에 의하여 시민사회를 조작하고 통제하고자 하였다.

(2) 사례들

위의 판례들은 자체가 법원에 의한 탈정치화의 주요 사례를 이룬다. 언론노조의 사회적 영향력을 배제하기 위하여 신고제의 본질을 왜곡한다든지, 공무원의 복무규정 중심의 판단으로 정치적 표현의 자유에 대한 판단을 회피하는 것 등은 바로 이 점을 말한다. 건설부장관의 도시계획 결정의 처분성을 인정한 판례[32]는 그 외관상의 혁신성에도 불구하고 마찬가지 맥락에서의 파악이 가능하다. 학설의 동향에도 불구하고 도로계획 결정을 "특정 개인의 권리 내지 법률상의 이익을 개별적이고 구체적으로 규제하는 효과"를 가지는 처분으로 규정하는 것은, 한편으로는 불특정다수인에 대한 입법행위로서의 성질을 가지는 행정계획 자체를 국가와 개인 간의 권리의 대립으로 파악, 어떠한 일반적 성질을 가지는 국가작용이 이루어지는 과정 자체에 대한 평가의 기회를 배제하고 있는 것이다.[33]

이러한 권리 담론은 그대로 생활 관계로부터 정치를 배제시키고 개인을 단자화한다. 자유주의는 시민사회에서의 개인의 자유인 것이며, 그에 대한 제약 요소로서의 국가는 시장경제 질서의 형성·유지에 필요한 한도 내에서 엄격히 축소되어야 하는, 그래서 시장에서의 개인의 활동을 방임해야 하는 단순한 시장 보조자로서의 지위만이 주어진다. 따라서 개인의 자율성을 바탕으로 하는 시장합리성 이외의 사회적·국가적 덕목은 그 어떠한 것도 이 자유주의와 결합되어 있지

---

32 1982.3.9. 선고 80누105. 이는 유신 체제에서 정립된 1978.12.26. 선고 78누281 판결을 바탕으로 한다.

33 따라서 이 경우에는 원고의 절차참여권의 침해를 이유로 소의 이익을 인정하는 것이 좀 더 타당하고 법리적으로도 합당하다 할 것이다.

않다. 그들이 보호하고자 하였던 '인권'은 인간의 생존이나 생활과 같은 인간의 본질적인 존재 문제가 아니라 인간으로부터 분리된 또는 인간 행위의 결과로서 나타나는 소유권과 그를 중심으로 하는 각종의 자유권(liberty)을 의미하였을 뿐이다.[34] 시장에서의 어떠한 두 당사자도 시장 주체라는 점에서 형식적으로 평등·대등한 것으로 간주되어 그들 간에는 계약이 지배하는 외에는 그 어떠한 자비나 박애의 미덕도 존재하지 않는다.

(3) 권리담론과 공사법 구분론

나아가 엄격한 공사법 2원론의 입장에서 실질적인 국가 영역을 국고 작용의 개념에 의하여 사법의 원리로써 판단하는 것도 마찬가지의 맥락에서 이해될 수 있다. 특히 사인의 국유지 개간 관계나 농어업 협동조합의 임원 선출·조합원 관계, 공기업 및 공물의 이용 관계, 공공단체에 관한 법률관계, 농지개혁법 관계 등 사실상 공법적-권력 관계적 맥락에서 이루어지는 법현상들을 모두 사법관계로서 이해[35] 하면서 이들에 대한 국가적 통제나 규제를 사적 자치라는 이름하에 '법적' 평가의 영역에서 배제하고 있다.

실제 도식적인 공·사의 구분론은 국가 성격뿐 아니라 사회구조에

---

34 이런 식으로 주체와 객체의 분할을 전제로 이루어지는 자유주의의 형식적인 가치중립성은 그대로 시장민주주의적 요소로 환원될 수 있다. 바아버에 의하면 Locke 식의 자유주의 관념은 소유권과 정치적 권리를 연계시키면서 자유주의 정치의 기본적인 목적은 이 소유권을 보호하는 것에 있다고 한다. 그는 자유주의는 경험주의와 합리주의를 기초로 하고 있으면서 환원주의적, 유전적, 이원론적, 관조적, 유아론적 사유 양태를 부추긴다고 한다. 월프, "참여민주주의의 비교론적 고찰," 안승국 등 편역, 『민주주의론강의 1: 포스트모던 패러다임의 모색』(인간사랑, 1995), 231.

35 한국행정과학연구소 편, 『행정판례집(상)』(서울문화사), [4-20]-[4-82].

대해서도 심각한 문제를 야기한다. 자유주의의 공·사 영역 구분은 국가-시민사회의 양분법적 구획과 연관하여 시민사회를 전적으로 사적인 영역으로 치환함으로써 경제를 비롯하여 그 속에 존재하는 무수한 권력관계를 그대로 은폐시키고, 그것을 자율과 동의라는 용어로써 정당화하는 것이다. 또한 법과 화폐(내지는 교환가치)가 공유하고 있는 보편성과 일반·추상성은 인간들의 생활을 무차별화하고 표준화함으로써 구체적인 상황 속에서 형성되는 차이성들을 무화시키는 배제의 기능을 수행한다. 뿐만 아니라 이들은 '공익'의 이름으로 개인의 생활 속에 그대로 침윤하면서 자신들이 가지는 중립성의 가설을 통하여 개인의 생활 자체를 규율하고 통제, 변형시키기도 한다. 동시에 이들은 어떠한 생활 부분에 대하여는 사적 영역으로 규정함으로써 그 속에서 발생하는 사실상의 권력관계들을 방임하고, 따라서 정당화하기도 한다. 가족이나 직장에서의 억압 구조, 소비자·여성·장애인의 문제 등은 그 단적인 예를 이룰 따름이다.36 한마디로 고전적인 공·사 구분론은 개인을 원자론적으로 고립시키고, 그 생활 관계를 자유의 이름으로 방임하면서 공적 영역으로서의 국가는 공익의 대변자로서 법에 의하여 그리고 사적 영역으로서의 경제는 시장원리와 교환가치를 통해 '계약'에 의하여 개개인이 형성해 나가는 생활 관계들을 나름으로 구획하고 통제하는 구조만을 관철시킬 따름이라는 것이다.

---

36 이를 잘 대변하고 있는 것이 F.E. Olsen의 가족과 시장의 관계에 관한 분석이다. 그녀에 의하면, 이러한 양분법은 실제의 생활 경험(lived experience)을 제대로 반영하지도 못하고 또는 그러한 경험을 전체적인 맥락에서 고려하지 않는 셈이 되어 인간의 생활을 단편화시킬 뿐이며, 종국에는 개개인의 생활이나 그 인간성의 실현에 역효과만 야기할 따름이라고 한다. F.E. Olsen, "The Family and the Market: A Study of Ideology and Legal Reform," *Harvard Law Reivew*, vol. 96 (1983).

더 나아가 이러한 법 개념의 조작뿐 아니라 순수한 형식논리에만 입각하면서 사실관계의 심각성은 애써 무시해버리는 판결들은 실질을 상실한 공허한 판결을 이루어낸다. 대표적인 것이 사회안전법을 중심으로 하는 보안처분제도의 합헌 결정이다. '형벌'과 '보안처분'의 법적 개념의 차이는 명백하다. 그러나 현실적으로 현행의 보안처분은 그 자체 형벌보다 더 혹독한 조건하에 놓여 있고 또 형벌의 연장으로 행하여지고 있는 현실은 완전히 무시한 채 2중처벌 금지의 원칙이나 죄형법정주의에 합치된다고 보고 있는 것이다.[37] 헌법적 차원에서 다루어져야 할 인권의 논리가 법률의 수준으로 하락한 단순한 권리 담론으로 변환되면서 인신에 가해지는 실질적인 국가폭력 또한 사회질서 내지는 범죄예방이라는 교화의 수단으로 정당화되는 것이다.

3) 관료주의의 강화

권위주의적 국가는 스스로 국가 목적을 설정하고 산업화를 주도하는 구조 속에서 기술관료주의에 입각한 합리성의 판단에 의하여 모든 문제를 해결하고자 한다. 따라서 관료들의 자율성이 강화되며, 이들이 권력 확장의 속성에 의거하여 사회에 대하여 사실상의 지배권을 획득하게 된다. 이 부분에 관한 우리 사법부는 실질적인 의원입법이 거의 없다시피 한 실정에서 입법형성권이라는 논리를 이용하여 당해 법률의 내용에 대한 판단을 회피하거나 자유재량 개념 내지 반사적 이익 개념에 따른 판단의 유보를 행함으로써 관료들의 입지를 최대

---

37 1982.7.13. 선고 82도1313, 82감도 262; 1982.12.28. 선고 82도2655, 82감도561; 1982.10.26. 선고 82도21926, 82감도2244 등.

한 확보해주게 된다. 행정에 대한 가장 유효하고도 종국적인 통제 수단으로서의 사법부의 지위와 권력 제한 규범으로서의 헌법의 존재에 대하여는 관심을 배제하는 것이다.

이의 대표적인 사건이 72다2583(1973. 10. 10.) 사건이다. 여기서는 "법령의 해석이 복잡미묘하여 어렵고 학설, 판례가 통일되지 않을 때 공무원이 신중을 기해 그중 어느 한 설을 취하여 처리한 경우에는 그 해석이 결과적으로 위법한 것이었다 하더라도 공무원의 과실을 인정할 수 없다"고 선언하고 있다. 대법원은 원심법원[38]과 더불어 오로지 법령 해석에서의 공무원의 주의 의무만을 판단할 뿐 취소처분의 공익성의 유무, 보충성·비례성의 원칙 충족 여부, 사실인정상의 주의의무 준수 여부 등에 관한 것은 모두 배제하고 있다. 모두 당해 공무원의 판단에 의존하고 있는 셈이다.[39] 결국 이 판결은 국가배상사건과 일반적인 불법행위 책임사건을 동일선상에 놓고 전문가인 공무원에게도 일반인과 동일한 주의 의무를 부과함으로써 사실상의 재량(또는 판단) 여지를 관료들에게 부여한 결과를 자아내고 있다. 국세청에서 법인세의 과세를 위하여 법인소득을 추계결정할 경우 그 추계금액과 법인의 신고금액과의 차액을 법인대표자 개인에 대한 상여로 간주한 법인세법 시행령(1967. 12. 30. 제3319호) §83②ii(다)를 유효하다고 결정한 사건[40]도 마찬가지이다. 그 모법이 차액의 처분을 대통령령으로 위임

---

38 서고판 1972.11.15. 71나986에서는 국가배상의 요건으로서는 결과의 위법으로 충분하고, 위법성의 인식까지는 요하지 않는다는 취지의 판단을 하고 있다.

39 물론 다른 소송에서 이 취소처분 자체가 취소되어 판단할 필요가 없다고 보았을 수도 있으나 이 점들은 취소처분 자체의 위법성 여부의 판단 대상일 뿐 아니라, 당해 공무원의 과실 개입 여부의 판단에서도 마찬가지로 중요한 것이라는 점을 외면한 것이다.

40 대법원 1972.5.9. 선고 72누92.

하고 있어 조세법률주의 및 포괄적 위임입법금지의 원칙에 어긋남에도 불구하고 이에 대한 판단은 없이 단순히 모법에 위임 조항이 있고, 대통령령이 이 조항에 따라 제정되었으니 유효하다고 판단한 것이다.

소위 반사적 이익론은 이 부분을 가장 잘 반영하는 개념 조작이다. 공유수면매립면허와 관련하여 면허 없이 이미 매립에 착수한 자의 추인신청을 거부한 건설부장관의 처분은 "면허 없이 매립하여 처벌의 대상이 되는 자에게 이러한 면허추인을 청구할 권리"가 없음을 이유로 적법하다고 판시한 것[41]은 추인의 제도가 기완성의 상황을 중심으로 사실상의 이해관계인을 보호하기 위한 것이며, 나아가 건설부장관이 제3자에게 면허를 하고 그 제3자가 상당 기간 동안 사업 착수를 하지 않아 면허취소가 되었다는 사실 등을 전혀 무시한 채 모든 판단과 결정권을 처분권자에게 일임한 판결이다.[42]

4. 결론

흔히들 '권력에 굴복한 허약한 사법부'라는 표현을 사용한다. 그러나 이 말은 위에서 살펴보았듯이 잘못된 것이다. 이 말의 복선에는 권력의 반대편에 서서 그의 전횡을 억제하고자 노력하는 대항의 주체로서의 사법부의 개념화가 깔려 있다. 하지만 우리의 사법부는 권력

---

41 대법원 1968.6.25. 선고 68누22.
42 여기서 '법'의 논리보다는 힘 또는 사실의 논리가 행정과정에서 우선할 수 있는 틀이 만들어진다. '법대로'가 아닌 '봐주기' 내지는 편의주의적 행정과정을 '법'의 논리로써 포장하게 되는 것이다.

의 저편에 있는 것이 아니라, 권력 속에서 그의 주요한 한 손으로 기능하였던 것이 지난날의 현실이다. 권위주의적 정권의 일부분을 차지하면서 억압적 통치 작용을 '법'의 이름으로 순치하는 역할을 담당하였던 것이다. 여기서 '순치'라는 말은 바로 위에서 본 사법부의 세 가지 기능을 지칭하는 것이다. 즉, 권위주의적 국가에서 나타나는 적나라한 강권력 현상과 더불어 그에 준하는 그러나 어느 정도의 정당성을 획득할 수 있는 지배 체제의 확립 내지 실천이라는 점에 기여한다는 의미이다. 사법부는 국가의 지배 현상에 대하여 헌법상의 다원주의 및 자유민주주의적 이념 → 법률 → 권력 행사로 이어지는 순수한 형식논리적 접근 방식을 통하여 강권력의 행사가 체제 자체의 문제가 아니라 단순한 법률의 문제 또는 행정의 문제로 전환시켜 버리고, 그 내용 자체에 대한 판단은 그대로 유보해버림으로써 '법의 보호막' 속에서 국가와 자신의 권력 행사 능력을 유지, 확대해 나간 것이다.

요컨대 권위주의 체제하에서의 우리 사법부는 그 자체가 국가 권력의 행사기관이었다. 즉, 입법·행정·사법의 권력분립론에서 나타나는 것과 같은 상호견제와 균형의 도식 속에서 움직이는 것이 아니라, 일방의 권력 행사를 정당화시키고 그로부터 국민들의 지지를 획득하는 현상확인적 기능에 중점이 놓여져 있다. 한국 국가에서의 사법부는 사회로부터의 요구들—특히 정치적 요구 혹은 체제에 대한 요구들—을 차단 내지 배제하는 최종심급의 수단으로 자리 잡아 그 스스로가 국가 형성 및 유지의 수단으로서의 포괄적 기능을 수행하였다. 이 과정에서 사법부는 상위의 국가에 대해서는 권력의 대행자로서 그리고 모든 권력과정으로부터 배제되고 있었던 시민사회 부분에 대해서는 권력의 행사자로 그 자리를 확고히 하였다. 한 헌법학자는 유신헌법을 두고 "실제로는 영구집권을 위해 정변을 감행하며 만든 하나의 기본법 문서였고, 엄격한 의미에서 헌법이 아니었다. 왜냐하면 이 유신 헌법은 이미 그 조문상으로도 권력의 통제를 교묘한 방법으로 완벽하게 배제하였고, 개인의 자유와 권리를 극도로 제한하고 있었기 때문이다"[43]라고 평한 바 있다. 권위주의 체제, 특히 유신 체제하의 사법부는 이렇게 헌법과 법치를 떠나 권력과 폭력에 편승하여 영구집권의 기획을 철저하게 수행하였던 권력자였던 것이다. 그리고 그 잔재는 여전히 우리 법원의 선례가 되어 우리의 현재를 배회하고 있다.

이 글은 권위주의 체제, 특히 유신 체제에서 민주화운동을 처단하였던 법원의 반민주성에 대한 분석은 일단 배제하였다. 실제 법원은 체제저항 인사들에게 가차 없는 유죄판결과 과중한 형량 판단을 함으로써 강권력의 담지자이나 실행자로서의 법원의 역할을 선포하였다. 그 자체 유신 체제라는 국가범죄의 공범이 되었던 것이다. 하지만 이러한 사건들은 민주화의 공고화를 판단하게 되는 현시점에서는 극복과 단죄, 배상과 사죄의 대상이 되어야 함에는 변함없으나 그럼에도 우리의 현실을 지배하지 아니한다. 이 글이 그 사건들을 제외하고 법 담론의 분석에 치중하고자 한 것은 이 때문이다. 그 폭력의 법 담론을 생산하고 그것을 판결의 이름으로 집행하였던 바로 그 사법부가 지금 현재 우리 사회의 법 판단을 감당하고 있는 바로 그 사법부이며, 그러한 법 담론 또한 하나의 선례 내지는 법 도그마의 원천을 이루며 현재의 우리 일상을 통제하고 있음을 감안한 것이다. 또는 유신 잔재의 극복은 이런 법 담론의 극복을 통하여 비로소 완성될 수 있다고 믿기 때문이다.

---

43 계희열, 『헌법학』(박영사, 2002), 143.

유신독재와 검찰의 역할
─ 유신 시대(1971~1987) 검찰은 무엇을 했는가

서보학

(경희대학교 법학전문대학원 교수)

1. 검찰이 무소불위의 권력 기관인 까닭

1) 무소불위 검찰 권력은 일제 강점기의 잔재

우리나라에서는 1987년 헌법의 문제점인 '제왕적 대통령제'를 손보자는 여론이 높다. 그런데 지난 67년간 대통령의 통치 권력에 맞먹는 또 하나의 권력이 존재해왔다. 바로 1954년 제정 형사소송법에 의해 탄생한 '제왕적 검찰'이다. 수사권과 기소권, 영장청구권을 한손에 틀어쥔 검찰이다. 1954년 형사소송법은 일제 강점기 식민지 통치를 용이하게 하기 위하여 검사에게 수사의 주재자로서 독점적 수사권과 경찰에 대한 지배적 수사지휘권을 인정하였던 대정(大正) 형사소송법(1922년)의 내용[1]을 그대로 차용했다. 이후 무려 67년간 2021년 1월 수사권 개혁이 이루어지기 전까지 검사 독점적·지배적 수사 구조가 고착되어 있었다. 오랜 세월 우리 형사사법 시스템에 일제 강점기의 잔재가 청산되지 않고 남아 있었던 것이다. 이 시기 검찰은 '못 하는 일이 없이 다 할 수 있다'는 뜻을 가진 무소불위(無所不爲)의 권력 기관으로 군림하여왔다. 검찰청법은 검사에게 '공익의 대변자'라는 영광스러운 위상을 부여하고 있지만, 검찰은 사법정의 실현이 아닌 권력에 봉사하고 조직의 특권을 지키기 위해 권한을 남용해왔다. '권력에 봉사하면서 국민 위에 군림하는 검찰'. 검찰에 대한 비판을 잘 표현한 말이다.

(1) 수사권과 기소권을 독점했던 검찰

검찰은 대표적인 수사기관이다. 한해 발생하는 형사범죄의 대부분(97% 가량)은 경찰이 처리하고 있지만, 지난 67년간 형사소송법은 검사만을 수사의 주재자로 인정하고 있었다. 경찰은 수사의 개시·진행권이 있었지만, 검사의 수사지휘하에 놓여 있어서 보조적 역할을 수행하는 데 그쳤다. 특히 검찰은 공안·선거·정치·기업·금융 분야 등의 사건 수사를 사실상 독점하면서 정치·경제·기업·금융·사회·문화 등 모든 분야에서 막강한 영향력을 행사해왔다. 나아가 검찰은 기소권을 독점하고 있고 기소재량권도 갖고 있다. 수사권 자체도 막강한 권한인데, 기소까지 한 기관이 독점하고 있다면 독점과 배타적

---

1 1922년 대정형사소송법 제246조: "검찰관은 범죄가 있다고 사료하는 때에는 범인 및 증거를 수사하여야 한다", 제248조 제1호: "경찰관은 검찰관의 보좌로서 그 지휘를 받아 사법경찰관으로서 범죄를 수사하여야 한다."

권한 행사로 인한 폐해는 사실상 제도적으로 보장되어 있었다고 해도 과언이 아니다.

현실에서 기소권과 합쳐진 수사권, 수사권과 결합된 기소권은 상상하기 어려운 시너지 효과를 낸다. 검찰이 혐의를 두고 시작된 수사는 기소권에 의해 견제되지 않고 대부분 바로 기소로 이어지기 때문이다. 잘못된 수사, 무리한 수사, 표적 수사, 편파 수사도 바로 기소로 이어진다. 물론 무리한 수사와 기소에 대한 책임은 아무도 지지 않았다. 검사의 책임을 물을 자도 같은 검사들이었기 때문이다. 수사권과 기소권을 독점한 검사들은 다른 사람의 잘못은 수사·기소할 수 있지만, 반대로 검사들 스스로는 어느 누구로부터도 수사·기소 받을 염려가 없는 막강한 위치에 자리 잡았다. 권한을 독점하면서 스스로는 통제 밖에 머물고 있었던 것이다. 민주법치국가에서는 상상하기 어려운 특권을 가진 존재들이다. 게다가 검찰조직은 검사동일체 원칙에 의해 전국의 모든 검사들이 한 몸처럼 움직인다. 외부의 견제에 대해서는 똘똘 뭉쳐 대항하지만, 검찰 내부의 통제에 대해서는 무조건 복종한다.[2] 1954년 형사소송법 제정에 주도적 역할을 했던 엄상섭 의원이 기소권을 가진 검찰에 수사권까지 주면 '검찰 파쇼'가 우려된다고 했던 그 염려가 현실화되어버렸던 것이다. 세계 문명국가 중에서 한국처럼 검찰조직 한 곳에 수사권과 기소권을 몰아주고 있는 나라는 없다. 권한이 집중되었을 때의 위험성을 잘 알기 때문이다.

---

2 문준영, "한국적 검찰제도의 형성,"「내일을 여는 역사」 36(2009), 51.

(2) 영장청구권 독점한 검찰

현행 헌법(1987.10.29.)은 영장청구권을 검사에게 독점시켜놓고 있다. 최초의 제헌헌법(1948.7.17.)은 영장청구권자에 대해서는 특별한 언급을 하지 않았다. 그러나 1962년 박정희의 5·16 군사 쿠데타 이후 비상시기에 단행된 제5차 개정헌법(1962.12.26.)에서 영장청구권자를 '검찰관'으로 명시(제10조 제3항)한 이후 제7차 개정헌법(1972.12.27.)이 영장청구권자를 '검사'로 명시(제10조 제3항, 제14조 2항)하였고, 현행 헌법에 이르기까지 큰 변화 없이 존속되어오고 있다.

검사의 독점적 영장청구조항은 수사 단계에서 검찰의 지배적 위치를 공고히 하는 핵심 장치이다. 실제 수사 실무에서 경찰이 독자적인 수사를 개시·진행하더라도 강제수사를 위해서는 반드시 검사에게 영장을 청구해야 하기 때문에 검사는 경찰로부터 영장청구의 필요성을 소명 받는 과정에서 자연스럽게 사건의 실체를 파악할 수 있고 또한 영장청구를 위한 보강수사 지시를 통해 경찰 수사의 방향과 범위를 직접적으로 통제할 수 있다. 현재 검사의 영장불청구에 대한 효율적인 불복수단(법원에 의한 사법심사)이 없기 때문에[3] 검사가 영장청구 권한을 남용하는 경우—예컨대 납득할 만한 이유 없이 경찰이 신청한 영장을 반복하여 기각하거나 영장청구의 범위를 제한하는 경우—에는 경찰 수사를 방해하거나 사실상 중단시키는 결과까지 낳을 수 있다. 검사의 수사지휘권이 사라졌지만 사실상은 아직 수직적 관계가 형성되어 있는 것이다. 헌법에 검사 독점적 영장청구조항이 삭제되지 않는 한 수사 단계에서 견제와 균형의 형성은 사실상 달성 불가능하다

---

3 현재 경찰은 각 고등검찰청에 설치되어 있는 영장심의위원회에 이의를 제기할 수 있을 뿐이다.

는 평가[4]가 나오는 것도 이와 같은 이유 때문이다.

(3) 권력 독점이 정치검찰 탄생의 원인

집권 세력이 집요하게 검찰을 장악하려는 이유도 검찰이 무소불위의 권력을 갖고 있기 때문이다. 집권 세력의 입장에서는 검찰을 적으로 돌리는 것은 매우 위험하나 아군으로 확보할 경우 통치가 매우 쉬워진다. 검찰을 내세워 합법적으로 반대 세력을 탄압할 수 있기 때문이다. 정국 장악의 효과적인 수단인 셈이다. 때문에 역대 독재·군사 정권과 그 맥을 이은 보수정권은 검찰을 장악하기 위하여 수단 방법을 가리지 않아 왔다. 효과적인 방법은 인사였다. 정권은 보은 인사를 통해 충성을 다한 검사들은 더 높은 자리로 보답을 하고, 정권의 뜻을 거스르는 검사들은 찍어내기식 좌천을 시키든지 옷을 벗겼다. 검찰조직에도 많은 특혜를 베풀었다. 초임 검사를 3급으로 임용하고, 법무부 외청에 불과한 조직에 50명이 넘는 차관급 검사장을 두기도 했다. 이런 상황에서 '정권의 시녀' 검찰의 탄생은 필연적인 것이었다. 검사들은 집권 세력과의 공생을 도모하고 자신들의 출세를 추구해왔다. 검찰은 권력의 도구로서 시민을 억압해왔다. 우리가 경험해왔듯이 검찰이 정치 세력에 굴복하고 기득권 세력과 결탁할 때, 만인이 법 앞에 평등하고 누구나 자신 몫의 이익을 공평하게 누리는 공정사회는 결코 실현될 수 없다. 오랜 기간 한국 사회는 온갖 비리·부패가 횡행해도 모두가 검사들만 쳐다보고 있었다. 검사들의 입에서 나오는 것만이 진실이었고, 권한을 독점한 검사들이 손을 쓰지 않는 한 비리와

---

4 김선택, "영장청구권 관련 헌법규정 연구," 「경찰청」 (2008), 86-87; 정태호, "권리장전의 개정방향," 「공법연구」 제34집 제4호 제2권(2006. 6.), 123.

부패를 처리할 다른 방도가 없었기 때문이었다. 과연 이 땅의 주인이 국민들인지 검사들인지 알 수 없는 상황이었다. 오죽하면 '검찰공화국'이라는 말이 통용되었을까.

2) 문재인 정부 검찰개혁의 성과와 한계

문재인 정부에서 단행된 검찰개혁의 핵심은 공직자비리수사처(이하 공수처)의 설치와 검·경 수사권조정이다. 일정 부분 검찰 권한을 분산시켰고, 검사들도 견제의 대상이 되었다는 점에서 개혁의 성과를 평가할 수 있다. 그러나 한계도 분명히 존재한다. 첫째, 고위공직자 범죄에 대한 1차적 수사기관으로 출범한 공수처는 이 분야에 대한 검찰의 수사 독점을 깼다는 점에서 의미를 갖는다. 특히 그동안 치외법권 지역에서 살아왔던 검사들을 직접 수사·기소할 수 있게 되었다는 점에서 권력 간 견제·균형을 이루는 데 의미 있는 진전을 보게 되었다. 그러나 분명한 한계가 눈에 보인다.

공수처는 검찰청의 일개 지청에 불과할 만큼 규모가 작고(수사처 검사는 처장과 차장을 포함하여 25명 이내, 수사처 수사관은 40명 이내) 또한 고위공직자의 일부 직무범죄로 수사 범위가 제한되어 있어서 검찰권을 제대로 견제하기에는 역부족인 상황이다. 공수처는 고위공직자의 부패범죄에 대해 우선적 수사권을 가질 뿐이고, 검찰의 수사권이 배제된 것도 아니다. 이러한 사정을 고려해보면 향후 공수처가 고위공직자의 부패범죄 영역에서조차 검찰의 수사를 상당 부분 대신할 것이라는 기대는 단순 희망에 그칠 가능성이 크다. 공수처가 검찰의 수사를 대체하거나 검찰 권력을 견제하는 효과는 매우 제한적일 것이라고

전망할 수 있다.5

둘째, 수사권 조정으로 검사와 사법경찰관의 형사소송법의 지위에 근본적인 변화가 생겼다. 검사의 수사지휘권이 폐지되고, 검찰·경찰의 협력 조항이 신설되었다(개정 형사소송법 제195조). 이제 양 기관은 종래의 '명령과 복종'의 수직적 관계에서 '견제와 균형'을 이루는 대등·협력 관계가 되었다. 수사지휘권이 폐지됨에 따라 경찰은 책임감 있는 수사권자, 검사는 공정하고 객관적인 기소권자의 역할을 맡게 되었다. 경찰은 1차적 본래적 수사권자가 됨에 따라(동법 제197조) 수사의 개시·진행·종결까지 검사의 지휘 없는 수사권을 행사함으로써 온전한 의미의 수사 주체성을 확립하게 되었다. 반면에 검사는 2차적 보완적 수사권자로 설정되면서 검사의 직접 수사 범위가 축소되었다. 개정 검찰청법 제4조는 검사가 수사를 개시할 수 있는 범죄를 △부패범죄, 경제범죄, 공직자 범죄, 선거사범, 방위사업비리, 대형참사 등 소위 6대 중대범죄, △경찰관 범죄, △경찰송치사건과 직접 관련된 사건으로 제한하여 검사의 직접 수사를 축소하였다.

그러나 수사권 조정의 한계도 분명하다. 검찰은 여전히 6대 중대범죄 및 관련 범죄를 직접 수사할 수 있는 권한을 보유하고 있는데, 그 범죄들이 대부분 정치·경제·사회·문화 등 전 분야에 지대한 영향을 미칠 수 있는 중대한 사건들이기 때문에 검찰은 이 분야에서 수사와 독점적 기소를 통해 여전히 막대한 영향력을 행사할 수 있다. 종래 개혁 대상 1순위로 지목되어온 검찰 특수부의 권한이 사실상 그대로 보존되어 있는 상황인 것이다. 여기에 검찰은 경찰송치사건

---

5 공수처 조직 및 권한의 취약성을 지적하고 있는 논문으로는 윤동호, "공수처의 기능강화와 검찰권의 견제,"「비교형사법연구」제22권 제3호(2020. 10.), 2-9.

및 관련 사건에 대해서도 직접 보완 수사를 할 수 있기 때문에 여전히 매우 폭넓은 수사권을 갖고 있다. 검찰개혁을 위해 단행된 공수처 설치와 수사권 조정에도 불구하고 사실상 검찰의 권한은 거의 줄지 않은 셈이다. 반보의 개혁에 그쳤다는 평가가 나오는 이유이다. 이제 완전한 수사·기소 분리를 위해 개혁의 발걸음을 한 걸음 더 내딛어야 할 상황이다.

이제 유신 시대 검찰의 위상과 역할에 대해 생각해보자. 사실상 현재 검찰의 모습과 크게 다르지 않다.

2. 유신 시대(1971~1987)와 검찰

1) 유신 시대 검찰의 위상

(1) 유신 시대는 긴급조치가 지배한 무법의 시대

1972년 유신헌법의 제정과 함께 막을 연 유신 시대는 긴급조치가 지배한 무법의 시대였다. 유신헌법이라 불린 제4공화국 헌법은 대통령의 권한을 왕의 그것에 가깝게 만들어놓았다. 박정희 정권은 유신체제의 폭압성에 저항하는 국민들을 억압하고 공안통치를 유지하기 위해 유신헌법에 근거를 둔 긴급조치를 전가의 보도처럼 활용하였다. 총 9호까지 선포된 긴급조치는 대통령의 말 한마디로 거의 무소불위 권력 행사를 가능케 했다.[6] 긴급조치권(제53조)은 대통령이 천재지변

---

6 황병주, "박정희 체제의 대중정치와 공안통치," 「내일을 여는 역사」 53(2013. 12.), 64.

또는 중대한 재정·경제상의 위기에 처하거나 국가의 안전보장 또는 공공의 안녕질서가 중대한 위협을 받거나 받을 우려가 있어 필요하다고 인정할 때는 국민의 자유와 권리를 잠정적으로 정지할 수 있는 권한이다. 박정희의 긴급조치를 위반한 사람은 긴급조치 위반 사범이 되었고, 비상군법회의에 의해 엄한 형사처벌을 받았다. 당시 긴급조치 위반자들에 대한 수사·기소는 일선 검찰청에서 파견받은 검사들로 구성된 비상군법회의 검찰부에서 담당했다.

긴급조치 1호가 발동된 1974년 1월 8일부터 긴급조치가 해제된 1979년 12월 8일까지 5년 11개월은 권력의 광기가 절정에 오른 시기였다.7 1974년 발동된 긴급조치 제1호 및 제2호는 '개헌청원운동'을 탄압하기 위해 헌법에 대한 논의를 전면적으로 금지시켰고, 위반자를 비상군법회의에 회부해 15년까지의 중형으로 처벌하였다. 국민들의 주권과 정치적 표현의 자유를 본질적으로 침해한 조치였다. 긴급조치 제4호는 1974년 민청학련사건과 그 배후조직으로 지목된 인혁당 재건위 사건의 관련자들을 처벌하기 위해 발동되었다. 일체의 반정부적 의사 표현과 대학생들의 학내에서의 모든 행위를 금지함으로써 표현의 자유와 학문의 자유에 심각한 훼손을 가져왔다. 긴급조치 4호 위반자에 대해서는 법원의 영장 없는 체포·구속·압수·수색이 가능했다. 1975년 발동되어 박정희 사망 이후까지 계속된 긴급조치 제9호는 이전까지의 모든 긴급조치의 핵심적 내용을 집대성·확대·재편한 것으로, 국민의 기본권 전반에 대해 광범위하고 지속적인 침해를 가져왔다. 유신 시대 긴급조치에 의해 처벌된 피해자의 수가 1,140명에

---

7 김희수 외, 『검찰공화국 대한민국』(2011), 65.

이른다고 한다.[8] 유신 시대는 긴급조치가 정상적인 법률과 사법 체계를 대신한 사법의 암흑기였다.

(2) 검찰, 중앙정보부의 하위 파트너

1993년 문민정부 출범 이후 사회의 민주화·법치주의가 진전되면서 검찰은 점차 종래의 정보기관(보안사·중앙정보부)을 대체하는 권력 기관으로 자리 잡기 시작하였다. 민주화와 법치주의 발전에 기여한 바가 전혀 없는 검찰이 최고 권력 기관으로 자리 잡게 된 것은 민주화의 역설이라고 하지 않을 수 없다. 지금은 검찰이 최고의 권력 기관이 되어 있지만, 유신 시대 검찰의 위상은 지금과는 달랐다. 박정희 정권은 정권 유지를 위해 중앙정보부, 보안사, 검찰, 경찰(대공 및 정보경찰) 등 다양한 권력 기구를 동원했는데, 그 핵심은 역시 중앙정보부였다. 1961년 창설된 중앙정보부는 박정희 시대 국민과 반대 세력을 감시·통제·억압하는 공포정치의 핵심적 위치에 자리 잡고 있었다. 중앙정보부장은 박정희와 독대·직보가 가능한 가장 최측근이 임명되었으며, 대개의 경우 정권의 2인자로 간주되었다.[9]

박정희 시대 중앙정보부와 다른 권력 기관과의 관계를 연구한 한홍구 교수에 의하면 검찰은 중앙정보부의 하위 파트너였다. 당시 검찰 최고 요직의 하나인 법무부 검찰국장이 1961년 중앙정보부에서

---

8 김희수 외, 『검찰공화국 대한민국』(2011), 66; 권혜영, "유신헌법상 긴급조치권과 그에 근거한 긴급조치의 불법성," 「법학논집」 제14권 제2호(2009. 12.), 181-182.

9 1961년 제정·공포된 중앙정보부법에 의해 초대 중앙정보부장은 검찰총장과 군 첩보대, 공수부대, 방첩대장의 업무보고를 받은 것으로 알려졌고 또한 초기 중앙정보부법은 중앙정보부의 소관 업무에 관련된 범죄수사와 관련해 검사의 지휘를 받지 않도록 규정하기도 했다(제6조 2항). 한홍구, "유신 시대 통치기구 중앙정보부의 역할, 박정희 유신독재 체제 청산," 『한국 현대사의 망령』(2020), 179-180.

간첩 혐의로 조사를 받다가 억울하게 사망한 사건이 발생하기도 했고, 박정희 정권에서 민정 이양 이후 15년 중 13년 동안 중앙정보부 차장·차장보 출신이 검찰총장으로 재직하기도 했으며,[10] 검찰의 엘리트들이 중앙정보부의 핵심 간부로 파견되어 일하기도 했다. 한홍구 교수는 이러한 사실들로부터 미루어 당시에는 중앙정보부의 검찰에 대한 우위가 확립되어 있었다고 평가했다.[11] 검찰이 박정희 유신정권을 떠받치는 핵심 장치였던 중앙정보부의 하위 파트너로서 독재정권에 봉사했던 사실을 알 수 있다. 유신 시대 중앙정보부에 의해 수많은 간첩 사건이 조작됐던 것도 법률상 중정 요원들의 대공수사에 대한 수사지휘권·기소권을 가진 검찰이 사실은 중앙정보부의 하위 파트너였기 때문이라고 할 수 있을 것이다.

2) 유신 시대 검찰의 역할

(1) 군사독재 권력에 협력하며 힘을 키운 검찰

5·16 군사 쿠데타 이후 전개된 기나긴 박정희 군사정부 시절은 형사사법 시스템에서 검찰의 득세기였다. 검찰은 군사정부의 통치구조를 설계하는 '국가재건최고회의'에 법률전문가로 참여해 헌법과 법률들을 군사독재에 맞게 고치고 만드는 작업을 수행하였다. 이 과정

---

10 대표적인 인물이 중앙정보부 차장 출신에서 검찰총장으로 임명된 신직수였다. 신직수는 역대 검찰총장 중 가장 오랫동안 재직했다. 제11대 검찰총장 신직수의 재직기간은 1963년 12월부터 1971년 6월까지 무려 7년 반이었다. 겨우 36살의 나이에 검찰총장에 오른 것은 신직수가 박정희의 사단장 시절 법무참모였던 인연 때문이었다. 이후 신직수는 법무부장관으로 2년 반, 중앙정보부장으로 3년 동안 일했다.

11 한홍구, 앞의 논문, 192, 194.

에서 국가 운영의 효율성 극대화, 인권의 제약, 민주주의 억제에 그들의 지식과 재능을 헌신한 대가로 검찰은 형사사법제도를 검찰 중심으로 새로 만들 절호의 기회를 부여받았다. 그 결과는 헌법에 세계에서 그 유례를 찾을 수 없는 검사의 독점적 영장청구권을 규정하고, 헌법에서 구속적부심 조항과 임의성 없는 자백의 증거능력 배제조항을 삭제하는 등 검사 마음대로 형사사건을 주무를 수 있는 헌법적 토대를 구축하였다. 법무부 소속 직원은 검사 이외에는 누구도 수사할 수 없도록 검찰청법에 규정한 것도 이때였다.[12] 이후 검찰은 형사사법 체계 내에서 주도적 지위를 굳혀가게 되었다.

검찰 주도의 형사사법 체계를 상징하는 대표적인 사건이 바로 1971년에 발생한 1차 사법파동이다. 당시 대법원이 군인·군속 등의 국가배상청구권을 제한하는 국가배상법 제2조 1항 단서에 대해 위헌 결정을 내리자 이에 대한 보복으로 박정희의 영향력하에 있던 검찰은 서울 형사지방법원 항소 3부의 판사와 입회서기에 대해 뇌물죄로 구속영장을 청구하였다. 영장에 적시된 피의사실은 재판부가 제주시로 증인 검증을 위해 출장했을 때 비행기 탑승료·술값·여관비 등의 명목으로 9만여 원의 뇌물을 받았다는 것이었다. 이 조치에 대해 법원은 보복조치라고 반발했고, 영장 신청을 기각했다. 급기야 이 사건은 100여 명의 판사가 집단 사표를 제출하기에 이르러 당시 사법부 및 정계에 일대 파란을 일으켰다. 이후 사법파동은 주동자급 판사가 사임하는 것으로 끝났지만, 한국 사법사에 사법권의 침해를 적나라하게 보여준 사건으로 기록되어 있다. 정권의 지시를 받은 검찰이 사법부

---

12 김용주, "사법경찰과 검찰의 관계에 관한 역사적 고찰," 고려대 박사논문 (2011), 252.

의 권위에 정면으로 도전한 사건이었다. 판사들이 수사권을 가진 검찰의 눈치를 보지 않을 수 없는 상황이 조성되기 시작하였다. 이 사건으로 검찰의 정치적 중립성이 흔들리고 불신의 대상이 되었다.[13]

(2) 수많은 시국 사건에서 독재 권력의 하수인 역할

유신 시대는 대통령의 말 한마디가 헌법 위에 군림하는 파쇼 시대였다. 이 시기 검찰은 다른 권력 기관과 충성경쟁을 벌이면서 독재 권력의 하수인 역할에 충실하였다. 유신 시대에는 국민의 자유와 인권을 침해하는 수많은 시국 사건들이 조작되었는데, 이 사건들의 수사 · 기소 · 재판 · 형 집행 과정에서 독재 권력과 그에 충성하는 권력 기관의 광기가 극에 달하였다.

민청학련사건

1974년 4월의 긴급조치 4호는 민청학련과 인혁당 재건위 사건에 대한 대응으로 발표되었다. "민청학련이나 이와 관련된 단체를 조직하거나 가입하는 것은 물론, 그 구성원과 회합, 통신 기타의 방법으로 연락하거나, 구성원의 잠복, 회합 · 연락 그 밖의 활동을 위하여 장소 · 물건 · 금품 기타의 편의를 제공하거나, 기타 방법으로 단체나 구성원의 활동에 직접 또는 간접으로 관여하는 일체의 행위를 금"했고, 이를 어길 때는 사형, 무기 또는 5년 이하의 유기징역에 처하도록 했다.

---

13 사법파동을 겪은 다음 박정희는 유신헌법을 통해 법관 재임용 제도를 도입했다. 재임용 제도로 전체 법관의 10% 넘는 판사가 법원에서 쫓겨나게 되었고, 국가배상법 위헌결정에 참여했던 대법원 판사 9명이 모두 쫓겨나게 되었다. 김희수 외, 『검찰공화국 대한민국』 (2011), 70.

긴급조치 4호를 위반한 자는 "법관의 영장 없이 체포, 구속, 압수, 수색하며, 비상군법회의에서 심판·처단한다"는 조항도 있었다. 주연은 역시 중앙정보부였다. 중앙정보부는 민청학련이 공산계 불법단체인 인혁당 재건위 조직과 연계해 현 정부를 전복하고 공산주의 국가를 건설하려고 했다고 밝혔고, 이 사건과 관련해 무려 1,024명이 조사를 받았다. 이 중 253명이 비상군법회의에 송치되었고, 다시 180명이 기소되었다. 비상보통군법회의 1심 재판에서 6명에게 사형, 7명에게 무기징역형이 선고되었다, 다른 12명은 징역 20년형을, 6명은 징역 15년형을 선고받았다.

민청학련사건과 관련해 중앙정보부는 청년, 학생들만 탄압한 것이 아니었다. 민청학련을 돕거나 연계되었다는 이유로 윤보선 전 대통령, 지학순 주교, 김지하 시인도 체포되거나 기소되었다. 이들을 변론하던 강신옥 변호사는 공판에서 "현재 법은 정치의 시녀, 권력의 시녀다. 애국 학생들을 국가보안법, 반공법, 긴급조치로 걸어 빨갱이로 몰아 사형을 구형하고 있으니 이는 사법 살인 행위이다. 악법은 지키지 않아도 좋으며, 저항할 수도 있고 투쟁할 수도 있다. 내가 차라리 피고인 석에 서겠다"는 등의 변론을 했다가 검찰에 의해 공판 중에 법정모욕·긴급조치 위반 등을 이유로 구속기소되기도 했다. 변호인이 피고인을 변론하는 행위가 범죄로 기소되는 요즘으로서는 상상하기 힘든 일이 버젓이 발생한 것이다. 긴급조치는 일반 시민들에게도 적용되었다. 어린 학생들이 독재정권에 대한 항의 표시로 수업을 불참하자 기소되어 징역 5년에 처해졌고, 한 외판원이 주변 사람들에게 "정부가 돼먹지 않아 학생들이 들고 일어난 것이다"라고 했다거나 어떤 닭 사육업자가 "긴급조치 4호가 정부의 잘못을 은폐하고 정부를 비판하는 학생들을 억압하려는 것"이라는 발언을 했다고 기소되어 각각 10년씩의 징역형을 선고받기도 했다.[14]

　　법이 폭력의 도구가 되던 파쇼의 시대에도 검사와 판사가 있었다. 이 시기 판·검사들은 비상군법회의에 파견되어 독재의 주구 노릇을 했다. 비상군법회의에 파견된 판·검사들은 속전속결로 기소와 재판을 반복해 독재 질서유지에 한몫했다. 자신들의 기득권을 보장받기 위해 독재자에 빌붙어 하수인 노릇을 하기에 충실했다.

인민혁명당 재건위 사건

　　박정희의 중앙정보부는 민청학련사건이 북한과 연계되었다는 연결 고리를 만들기 위해 '인민혁명당 재건위 사건'을 터트렸다. 중앙정보부에서 사건을 넘겨받은 검찰은 북한의 지령을 받아 유신 체제에 반대하는 민청학련을 조종하고, 국가를 전복하려 했다는 혐의를 씌워 25명을 기소했다. 이 중 8명이 대법원의 사형 선고 직후 사형집행으로 목숨을 잃었고, 17명은 무기징역형을 선고받았다. 다른 시국 사건과 마찬가지로 인혁당 재건위 사건도 불법 체포와 고문으로 조작된 사건이었다. 중앙정보부는 고문으로 사건을 조작하고, 검찰은 기계적인 기소에다 높은 형량으로 화답했고, 법원은 검찰의 주장을 그대로 인용하기만 했다. 고문과 조작의 진실이 알려지는 것이 두려웠던 박정희 정권은 대법원에서 사형이 확정되자 18시간 만에 전격적으로 사형을 집행해버렸다. 스위스 제네바에 본부를 둔 '국제법학자협회'는 사형이 집행된 1975년 4월 9일을 '사법 역사상 암흑의 날'로 선포했다.

---

14 김희수 외, 『검찰공화국 대한민국』(2011), 67-68.

검찰은 정치적 중립성도 독립성도 저버렸고, 검사는 법률가로서의 최소한의 양심도 저버렸다. 사법부는 검찰의 횡포에 맞장구를 쳤다. 이 사건으로 8명이 사법 살해를 당했고, 수십 명이 오랜 세월 옥고를 치러야 했다. 한홍구 교수가 예전의 참고서 제목을 빌려 풍자한 것처럼, 검찰은 박정희 정권에 의해 '완전 정복'되었다. 검찰이 휘두르는 칼에 정의가 존재하지 않으면 그것은 폭력배들이 휘두르는 회칼과 다름이 없다.[15]

과거 1964년 발생했던 '인민혁명당사건'에서는 중앙정보부가 고문과 조작으로 대규모 간첩단을 조작해냈지만, 당시 사건을 송치받은 이용훈 검사 등 4명이 철저한 수사를 통해 피의자들의 혐의를 입증할 증거가 없다는 점과 피의자들이 중앙정보부에서 심한 고문을 당했다는 이유를 들어 기소를 거부하며 사표를 제출하는 등 저항하였다. 후일 검찰 지휘부의 압박에 의해 기소가 되었지만, 1심에서는 47명의 피고인 중에서 2명만이 유죄가 인정되었고, 항소심에서는 13명이 반공법 위반으로 실형을 선고받았다. 역사에 가정은 없지만, 만일 '인혁당 재건위 사건' 때도 1964년 '인혁당사건' 때의 담당 검사 같은 사람이 있었더라면, 국제사회에서 사법 역사상 암흑의 날이라고 비난 받았던 사법 살인은 막을 수 있었을지도 모른다.

수많은 간첩조작사건의 적극적 공범자

1960년대 후반부터 박정희 군사정권은 국민의 안보 공포를 자극하기 위해 민간인들까지 간첩으로 몰아 처벌하는 일도 주저하지 않았

---

15 김희수 외, 『검찰공화국 대한민국』 (2011), 76.

다. 유신 시기 및 이후 5공화국 시기 중앙정보부 및 안전기획부가 발표한 간첩 사건의 상당 부분은 조작된 것이었다.[16] 1975년 인혁당 재건위 사건 관련자들을 간첩이라고 조작해서 사형 및 무기형에 처한 사건이 대표적이고 많은 수의 납북 어부들을 간첩으로 조작한 사건들을 또 다른 대표적 사례로 들 수 있다. 중앙정보부, 보안사, 경찰 보안대 등에 의한 간첩 조작은 1980년대 중반까지 계속되었다. 북한에 의해 납북되었다가 귀환한 어부들은 수사기관에 끌려가 모진 고문을 받았고 허위 자백을 했으며, 끝내 간첩으로 기소되어 처벌 받았다. 중앙정보부가 작성한 간첩 사건 관련 납북 귀환 어부의 수는 1951~1969년 사이에 40명, 1970~1979년 사이에 37명, 1980년 이후 26명에 달하였다.

반공을 국시로 내세운 1970, 80년대에는 소위 조작간첩사건의 경우 공통적으로 불법 연행, 장기 구금, 고문 및 허위 자백 강요, 검찰의 묵인·방조와 기소, 비공개 재판 및 법원에 의한 자백의 증거능력 인정, 높은 형량 등 수사·공판 절차에서 불법 및 인권 침해, 피고인의 방어권 침해가 공공연하게 자행되었다. 실체적 진실 발견과 인권 수호의 사명을 띠어야 할 검찰은 오히려 정보기관의 위법 수사·고문·인권유린, 진실 조작에 눈을 감고 조작된 사건을 법정으로 옮겨 유죄 판결이 나오도록 노력했다. 검찰이 비록 자신의 손에 직접 피를 묻히지는 않았지만, 정보기관의 간첩 사건 조작에 눈감고 기소·유죄 판결을 이끌어 내는 데 적극 협력함으로써 적극적 공범자의 역할을 마다하

---

16 국가정보원 과거사건 진실규명을 통한 발전위원회, 『과거와 대화 미래의 성찰 제6권, 학원·간첩편』; 한홍구, "국가폭력으로서 간첩 조작 사건," 『대한민국 인권 근현대사 제4권 인권운동사』 (2019), 153-206.

지 않았음을 알 수 있다.

이런 간첩 사건의 조작과 비극은 유신 시대가 퇴장하면서 사라졌다고 믿고 싶었다. 그러나 믿을 수 없게 지난 2013년에도 간첩조작사건이 발생하였다. 서울시 공무원 유우성에 대한 국정원의 간첩조작사건이 그것이다. 화교로서 북한에서 살다가 탈북한 뒤 서울에 정착해 살고 있던 유우성은 탈북자의 정보를 북한에 넘겼다는 간첩 혐의로 국정원에 의해 조사를 받은 뒤 2013년 1월 검찰에 의해 구속기소되었다. 국정원과 검찰은 유우성이 북한 인사와 접촉하기 위해 중국에서 북한을 오갔다는 입·출입 증거와 그를 북한에서 목격했다는 증언 그리고 오빠가 북한을 오가며 간첩 활동을 했다는 여동생의 증언을 유죄의 증거로 제출했다. 그러나 공판 과정에서 변호인 측에 의해 중국 당국이 발행했다는 국경 입·출입 공문서가 조작된 것이었고 증인들의 진술도 거짓이었으며, 여동생의 진술도 조사 과정에서 국정원에 의한 집요한 협박·회유 끝에 나온 진술임이 밝혀졌다. 결국 유우성은 간첩 행위에 대해 1심, 2심 및 2015년 대법원에 의해 최종 무죄를 선고받았다. 검찰은 국정원의 증거 조작을 몰랐다고 항변했으나 2019년 검찰과거사위원회는 유우성 간첩조작사건 진상조사 결과 발표에서 수사 당시 검찰이 국가정보원의 위조된 증거를 제대로 검증하지 않았고, 나아가 의도적으로 방치한 정황이 드러났다며 검찰총장의 사과를 권고했다. 수사의 주재자이자 인권 옹호 기관을 자임했던 검찰이 제 소임을 다했더라면 과연 21세기 대한민국에서 정보기관에 의한 간첩 조작이 가능했을까. 공판에서 유죄를 받아내기 위해 증거 조작을 의도적으로 방치했다면 이는 검찰의 매우 중대한 직무범죄가 아닐 수 없다. 21세기 대한민국에서 벌어진 정보기관 및 검찰에 의한 간첩 조작은 유신의 잔재가 아직 뿌리 뽑히지 않았음을 알 수 있다.

인권 침해의 방조자 역할

검찰은 인권의 보호자임을 자처한다. 그러나 유신 시대 수많은 시국 사건에서 검찰은 수사기관의 인권 침해를 방관하고 방조했다. 몇 가지 사례를 들어보자.17

첫째, 납북 귀환 어부 이상철은 1971년 9월 26일 독도 동북방 공해상에서 조업 중 북한 경비정의 총격을 받고 피랍되었다. 북한은 1년 동안 이상철이 승선했던 대복호 선원들을 억류했다가 1972년 9월 7일 풀어주었다. 이상철은 다른 납북 어부들처럼 반공법 위반으로 유죄 선고를 받았다. 그러나 그게 끝이 아니었다. 간첩 검거라는 실적이 필요했던 보안사에 의해 이상철은 간첩으로 조작되었다. 간첩으로 둔갑시키는 비결은 역시 가혹한 고문이었다. 보안사는 민간인에 대한 수사권이 없는데도 이렇게 했다. 수사권이 없다는 사실을 은폐하기 위하여 국가안전기획부 직원의 이름을 빌려 수사 서류를 허위로 꾸미기도 하였다. 이후 검찰에 의해 간첩으로 기소된 이상철은 1984년 징역 17년과 자격정지 17년의 중형을 선고받았다. 이상철은 김대중 정부가 출범한 1998년 8·15 특사로 석방될 때까지 수감의 고통을 겪어야 했다. 노무현 정부 때 진실·화해위원회의 조사를 통해 수사권조차 없는 보안사가 이상철을 33일 동안 불법 구금했고, 고문으로 허위 자백을 받아 간첩으로 조작했다는 사실이 밝혀졌다.18 검찰은 인권 옹호 기관임을 자처했지만, 고문의 호소를 묵살하는 데 그치지

---

17 이하 김희수 외, 『검찰공화국 대한민국』 (2011).
18 김희수 외, 『검찰공화국 대한민국』 (2011), 84-86.

않았고, 검사로서 가장 기본적인 불법 구금 확인조차 하지 않았다. 법률가로서의 가장 기본적인 업무 자체를 포기한 것이었다.

둘째, 김근태고문사건을 들 수 있다. 1985년 9월 민청련 의장 김근태는 남영동 대공분실로 끌려갔다. 남영동에서 김근태는 11차례에 걸쳐 혹독한 물고문과 전기고문을 당했다. 김근태가 고문을 받았다는 사실을 확인한 대한변협 인권위원회는 고문 경찰관들을 서울지검에 고발했다. 그렇지만 서울지검은 1987년 1월 고발당한 경찰관 모두에게 무혐의 결정을 했다. 김근태 변호인단은 검찰의 무혐의 결정에 반발해, 법원에 재정신청을 냈다. 법원은 결정을 계속 미뤘다. 여론의 압력에 밀린 서울고등법원은 1988년 12월이 되어서야 김근태고문사건에 대한 재정신청을 받아들였다. 1987년 6월항쟁으로 세상이 조금 바뀌고 부천서 성고문 사건의 진상이 밝혀지자 여론의 압력에 밀려 재정신청을 받아들였을 뿐이다. 고문 경찰관들에 대한 처벌이 그제야 가능해졌지만, 고문 기술자 이근안은 이때도 처벌할 수 없었다. 이근안은 정권과 경찰 조직의 비호를 받았으며, 민주화는 매우 더딘 속도로 조금씩 진전되고 있었기 때문이다. 김근태사건에서도 검찰은 아무런 역할도 하지 않았다. 검찰이 있어야 할 자리는 비어 있었다. 고문을 근절하겠다는 능동적인 의지 따위는 고문의 협력자인 검찰에게는 물론, 고문을 애써 외면한 법원에게도 없었다.[19]

셋째, 인혁당 재건위 사건에서도 경찰·중앙정보부에 의해 혹독한 고문·가혹행위가 행해졌는데, 실제 검찰은 검찰 조사 과정에 고문 경찰관들을 참석시켜 피의자들이 진술을 번복하지 못하도록 하거나

---

19 김희수 외, 『검찰공화국 대한민국』(2011), 79-81.

심지어 종전의 자백 진술을 부인하는 피의자들은 중앙정보부로 되돌려보내 고문하겠다고 협박하거나 실제로 그렇게 한 후 검찰 조서를 작성하기도 했다.[20] 검찰이 허위 자백을 조서에 담기 위해 사실상 고문과 가혹 행위를 조장한 것이라고밖에 평가할 수 없다. 여기 어디에서 인권 옹호자 검사의 모습을 찾아볼 수 있는가.

부천서 성고문 사건

1986년 부천서 성고문 사건이 터졌다. 노동운동을 하던 서울대 학생 권인숙 씨는 부천경찰서에 연행되어 수사를 받게 되었다. 권인숙 씨는 수사 과정에서 형사 문귀동에게 용서하기 힘든 성고문을 당했다. 권인숙과 그의 변호인단은 문귀동을 강제추행죄로 인천지검에 고소했다. 그러자 문귀동은 명예훼손 혐의로 권인숙을 맞고소하였다. 양립할 수 없는 서로 다른 주장이 제기되었다. 세상은 검찰의 판단을 주목했다. 이 사건을 맡은 검찰은 문귀동의 성고문에 대해 '혐의 없음' 결정을 했다. 다만 폭언과 폭행에 의한 가혹 행위 부분은 인정된다고 했지만 그나마 문귀동이 직무에 집착해서 벌인 우발적인 범행이고, 경찰관으로서 그동안 성실하게 봉사하였다는 이유를 들어 기소유예 결정을 하였다. 검찰은 단순히 사건을 축소하는 데서 멈추지 않았다. 검찰은 보도자료를 배포하면서 "급진좌파 사상에 물들고 성적도 불량하여 가출한 자가 성적 모욕이라는 허위사실을 날조·왜곡하여 자신의 구명과 수사기관의 위신을 실추시키고, 정부의 공권력을 무력화시키려는 의도"라고 발표했다. 언론은 검찰의 보도 자료와 군사정

---

20 문형래, "법에 내재된 정치와 폭력에 관한 연구," 성공회대학교 석사논문 (2009), 113-114.

권의 보도 지침에 따라 왜곡 보도를 일삼았다. 성폭력 피해자의 절규를 '운동권의 공권력 무력화 책동', '급진 세력의 투쟁 전략·전술의 일환', '혁명 위해 성까지 도구화한 사건'이라고 매도했다.

검찰의 결정에 대해 대한변호사협회는 법원에 재정신청을 했지만, 서울고등법원은 성고문 사실은 인정하면서도 재정신청을 기각했다. 문귀동의 고문은 중대한 범죄로 재발하지 않도록 응징해야 마땅하다고 하면서도 '비등한 여론으로 형벌에 못지않은 고통을 받았다'는 어처구니없는 이유를 들어 재정신청을 기각했다. 1987년 6월항쟁이 없었다면, 권인숙 씨가 당한 성고문 사건은 그대로 묻힐 뻔했다. 1988년 2월 대법원은 재정신청을 받아들였고, 문귀동은 기소되어 징역 5년형을 선고받았다. 20대 젊은 여성이 경찰에 끌려가 성고문을 당한 충격적인 사건에도 불구하고, 가해 기관인 경찰은 물론 검찰과 법원 그리고 언론까지 그저 독재정권의 충직한 시녀 노릇만 했다. 이 사건의 진실을 가장 잘 알고 있는 검찰은 앞장서서 진실을 호도하고, 범죄자에 대해 불기소 처분을 하는 것은 물론 보도 자료까지 내서 국민을 속이려 했다. 진실만을 쫓고 인권을 보호해야 할 검찰은 성고문사건을 정치적 사건으로 왜곡했고, 수치스런 인권 침해 행위를 정당화시켰다. 부천서 성고문 사건은 어쩌면 검찰의 역사에서 가장 수치스러운 결정으로 꼽아야 할 만큼 부끄러운 사건이 되었다.[21]

유신 시대는 법이 폭력으로 돌변하고 수사기관에 의한 인권 침해가 거리낌 없이 자행되던 시대였다. 법의 권위와 위신은 땅에 떨어졌고, 법 절차는 단지 권력자의 폭압을 정당화하는 수순에 지나지 않았

---

21 김희수 외, 『검찰공화국 대한민국』 (2011), 89-91.

다. 인권은 숨조차 쉴 수 없었다. 피의자, 피고인의 인권은 그 개념조차 존재하지 않았다. 고문 피해자의 호소에 귀 기울이는 검사도 없었고, 고문 가해자들을 적발하고 처벌하려는 검사도 없었다. 검사들은 그저 권력의 시녀였고, 법의 지배라는 요식 절차를 이행하는 데 필요한 실무자이고 법률 기능공이자, 법기술자들이었을 뿐이다.

국가는 주권자인 국민을 위해 존재한다. 국가의 존립은 국민의 인권, 자유와 권리, 행복을 보장하고 보호할 때 의미가 있을 뿐이다. 그런데 유신 시대에는 오히려 국가가 국민의 자유와 권리를 짓밟았다. 국가가 국가범죄를 자행할 때, 검사는 도대체 어디에서 무엇을 하였는가? 사람들은 야만의 시절은 이제 끝났다고 한다. 하지만 정말 그런 시대는 끝났는가. 비교적 최근인 지난 2001년에도 서울중앙지검에서 조사를 받던 피의자가 검찰청사에서 고문을 받고 사망하는 사건이 발생했다. 한국형사정책연구원의 연구보고서에 의하면 2005~2014년 10년 사이 검찰에서 조사를 받고 스스로 목숨을 끊은 사람들이 108명에 달한다고 한다. 요즘 검찰에서 물리적 폭력은 사라졌는지 모르지만 별건 수사 · 먼지털기식 수사 · 가족이나 친지에 대한 수사 등으로 협박하고 허위 자백을 강요하는 불법 수사는 여전하다. 정말 야만의 시대가 끝났다고 말할 수 있는가.

3. 유신 검찰의 잔재를 청산하려면

유신 검찰의 잔재는 아직 청산되지 않았다. 유신 검찰을 청산하기 위해서는 무소불위 검찰 권력을 해체해야 한다. 제일 중요한 핵심 과제는 완전한 수사·기소 분리를 이루는 것이다. 문재인 정부의 공수처 설치와 수사권 조정은 독점적 검찰 권력의 완전한 해체에 이르지 못한 불완전한 개혁에 그쳤다. 개혁 이후에도 검찰권은 여전히 비대하고 남용 가능성이 상존하고 있다. 검찰의 수사권은 여전히 막강하다. 6대 중대 사건을 사실상 독점적으로 수사할 권한과 인적 자원을 보유하고 있다. 검찰이 강제수사를 위한 영장청구권을 독점하고 있고 7천 명에 달하는 자체 수사관을 보유하고 있기 때문에 중대 사건에 대한 독점적 수사가 가능한 것이다. 여기 검찰은 기소권을 독점하고 있고[22] 기소재량권도 행사한다. 미니 공수처는 검찰 권력을 견제하기에 역부족이다.

지난 67년간 수사권·기소권을 독점한 검찰의 권한 남용과 부패는 심각한 수준이었다. 표적 수사, 먼지털기식 수사, 편파 수사, 봐주기식 수사, 제 식구 감싸기 수사 등 수사권 남용 사례가 부지기수였고, 기소권의 불공정·편파적 행사도 다수 사례에서 목도되었다. 여기에 전관들과의 부패 거래가 개입되어 속칭 떡검, 스폰서 검사, 그랜저 검사 등 수많은 비리 사건이 발생하기도 했다. 민주화 시대 이후에 어쩌면 유신 시대 검찰보다 훨씬 더 부패한 검찰로 발전했다고 할 수 있다. 주로 특수 수사 영역에서 벌어졌던 이러한 권한 남용과 부패 관행은 1차 검찰개혁에도 불구하고 여전히 해결되지 않은 문제로 남아 있다. 기소 기관인 검찰에게서 수사권을 완전히 분리해내지 않는다면 검찰권의 남용과 비리는 계속될 것이다.

수사권과 기소권은 서로 분리되어 감시하고 견제될 때 남용의 가

---

22 다만 검찰의 기소독점에 대한 예외로 공수처는 판·검사 및 고위 경찰관 비리에 대해서는 수사권 외에 기소권을 행사할 수 있다(고위공직자범죄수사처 설치 및 운영에 관한 법률 제3조 제1항 2호).

능성을 최소화할 수 있다. 수사·기소 분리는 아직 규문주의·독점주의 등 유신의 잔재가 남아 후진성을 완전히 벗지 못하고 있는 우리 형사사법 체계를 글로벌 스탠더드에 맞추고 선진화를 앞당길 수 있는 개혁 과제이다.23 수사·기소 분리를 위한 제도개선 방향은 분명하다. 특정 신분에 있는 자가 수사권과 기소권을 모두 행사하도록 하는 현재의 제도는 즉시 폐지해야 한다. 형사소송법상 검사는 철저히 기소권만 행사(검찰: 국립기소청)하고, 범죄 수사는 사법경찰관 또는 특별수사기 구의 수사관이 행사하도록 법을 개정해야 한다.24

선진 외국의 예를 보더라도 이와 다르지 않다. 수사권과 기소권이 분리된 영미법계 국가에서 검사는 직접 보완 수사할 수 없고, 보완 수사를 요구할 수 있을 뿐이다. 영국에서 형사 절차 개혁을 주도했던 필립스(Philips) 위원회는 수사와 기소는 목적이 서로 다르므로 현실적으로 완전한 독립이 불가능할지라도 원칙적으로는 분리되어야 한다 며 '수사와 기소의 기능 분리'를 주장하였고, 이는 현재 영국 경찰과 검찰 제도의 근간이 되었다. 이후 런시맨(Runciman) 위원회는 '경찰과 검찰의 관계에서 가장 핵심적인 부분은 독립된 기소 권한을 보장하기 위한 수사관과 검사의 명백한 역할 분리', '검사는 수사에 대한 평가자

---

23 수사·기소 분리의 형사사법체계의 개혁 방안으로서의 실천적 의의에 대해서는 서보학 외 4인, 앞의 연구보고서, 101-112; 서보학, "형사사법체계의 선진화를 위한 개혁과제 — 수사구조개혁,"「한국경찰연구」제7권 제3호(2008), 61-92 참조.

24 현재 공수처는 예외적으로 특정 범죄(판사, 검사, 경무관 이상의 경찰관에 의한 범죄)에 대하여는 수사권 외에 직접 기소권을 행사한다. 공수처가 검찰권에 대한 불신에 기초해 검찰에 대한 견제 장치로 도입되었기 때문에, 현재는 수사·기소·재판기관 공직자의 범죄에 한해서 수사권 외에 기소권을 행사하도록 하는 것이 불가피한 측면이 있다고 생각한다. 다만 내부적으로는 수사부서와 기소부서를 분리해 운영할 필요가 있다. 향후 완전한 수사·기소제도가 도입·정착되면 중장기적으로 공수처도 수사권만을 행사하도록 법을 개정할 필요가 있다.

로서 역할을 해야 하며 직접 수사를 지휘하는 것은 혼동을 초래할 수 있다'고 판단했다.[25] 검사는 재판정에서 범죄 혐의를 입증하기 위해 객관적으로 수사 결과를 평가해야 하지만 검사가 수사에 개입할 경우 오히려 검사 본연의 역할에 방해가 된다는 뜻이다. 미국에서는 연방 범죄를 제외한 모든 범죄에 대해서 경찰에게 수사권이 있으며, 검찰은 공무원 범죄와 같은 특수한 분야의 범죄에 대해서만 수사권을 보유하고 있다(이 경우도 검사가 직접 피의자를 신문한다든가 하는 직접 수사는 하지 않는다. 검찰청에 소속된 수사관이 그 임무를 수행한다). 검찰은 공소유지에 필요한 보강 수사를 직접 수행할 수도 있지만, 이 또한 경찰에게 의뢰하는 경우가 대부분이다.[26]

수사와 기소의 완전한 분리는 공정한 사회를 위한 열쇠이다. 검찰의 권력 독점은 아직 한국 사회가 선진국이 아니라는 강력한 증거이다. 글로벌 스탠더드에서 한참 벗어나 있는 한국의 형사사법 체제는 대대적인 수술이 필요하다. 수사권이나 기소권은 모두 막강한 권한이다. 검찰과 경찰은 이 권한들이 당연히 자신들의 것이라 생각하지만, 이 권한이 검찰이나 경찰을 위해 존재하는 것은 아니다. 수사권과 기소권은 주권자인 국민으로부터 나온 것이기 때문에 국민을 위해 행사되어야 하고, 국민의 안녕과 복지에 봉사해야 한다. 그러자면 그 권력의 운용은 우선 민주주의 기본 원칙에 상응해야 한다. 그 기본 원칙은 '권한의 분산'과 '상호 견제'를 요구한다. 서로 옴짝달싹 못하도록 제도를 설계해야 한다. 견제 받지 않는 권력은 반드시 부패하기 마련이고,

---

25 서보학 외 4인, 앞의 연구보고서, 34.
26 미국의 수사·기소 분리 모델에 대해서는 서보학 외 4인, 앞의 연구보고서, 47, 55, 65-67 참조.

힘 있는 기관의 독주와 부패는 법의 지배(Law of Law)를 무력화시켜 결국 그 피해는 고스란히 국민의 부담으로 돌아온다. 이는 역사가 주는 교훈이자, 지금 한국 사회가 경험하고 있는 생생한 현실이다. 한국 사회가 한 걸음 더 발전하기 위해서는 제왕적 검찰 권력을 탄생시킨 1954년 형사소송법의 체제를 깨뜨리고, 유신 검찰의 잔재를 일소해야 한다. 수사권과 기소권의 완전한 분리를 통해 권력 상호 간에 감시와 견제가 가능할 때 공정한 형벌권의 실현도 기대할 수 있다.

긴급조치 시대 법원의
유신독재 방조 행위

송병춘

(변호사, 유신청산민주연대 법률기획위원장)

1. 긴급조치 재판에 대하여 법원은 사죄하였는가?

2008년 이용훈 전 대법원장의 인혁당 사건 재판 등 과거사 사과, 일부 개별 사건 형사 재심에서 무죄 판결과 함께 재판장이 사과한 사례가 있었다.

李대법원장 '사법부 불행한 과거' 사과

"헌법상 책무 완수 못해 죄송"

"과거 교훈삼아 사법독립 굳게 지킬 터"

이용훈 대법원장이 과거 권위주의 시절 사법부의 잘못된 판결과 관련해 국민 앞에 고개를 숙였다.

이 원장은 26일 오전 서울 서초동 대법원 대강당에서 열린 '사법 60주년 기념식'에서 연단에 올라 우리 사법부의 정보화와 세계화 등 지난 60년간 이뤄낸 눈부신 발전을 되돌아봤다.

이어 "지난 60년간 자랑할 만한 일만 있었던 것은 아니다"라며 "권위주의 체제가 장기화하면서 법관이 올곧은 자세를 온전히 지키지 못해 '헌법의 기본적 가치'나 '절차적 정의'에 맞지 않는 판결이 선고되기도 했다"고 고백했다.

이 원장은 "사법부가 국민의 신뢰를 되찾고 새로 출발하려면 먼저 과거의 잘못을 그대로 인정하고 반성하는 용기와 노력이 필요하다"며 "이 자리를 빌려 사법부가 헌법상 책무를 충실히 완수하지 못해 실망과 고통을 드린 데 대해 죄송하다는 말씀을 드린다"라고 밝혔다.

지난 2005년 9월 취임 직후 과거사 진상규명 의사를 피력한 지 3년 만의 사과이다.

대법원은 이 원장의 지시로 권위주의 시절 시국 사건 가운데 불법 구금과 고문 등 재심사유가 있는 사건 224건을 추려냈지만 재심판결에 미칠 영향 등을 고려해 이들 사건의 목록을 발표하거나 과거사위를 꾸리는 등 적극적인 행동을 취하지 않았다.

이 원장은 이날 기념사에서도 "과거의 잘못을 고치는 구체적 작업은 사법권의 독립이나 법적 안정성과 같은 다른 헌법가치와 균형을 맞춰 추진해야 한다"며 "이러한 관점에서 가장 원칙적이고 효과적인 방법은 '재심절차'를 거치는 것"이라고 강조했다.

그는 재심을 통해 잘못된 판결을 바로잡은 사례로 민족일보사건, 인혁당 재건위 사건, 민청학련사건, 광주민주화운동 관련 사건을 열거했다.

이 원장은 "권위주의 시대의 각종 시국 관련 판결문을 분석했고 조만간 발간될 사법부 역사 자료에 포함해 국민에게 보고할 예정"이라며 "사법부는 지난 60년을 거울삼아 새로운 60년 선진 사법의 미래를 향해 힘차게 나아가겠다"라고 선언했다.

기념식에는 이명박 대통령과 김형오 국회의장, 이강국 헌법재판소장, 김경한 법무부 장관 등이 참석했다.

(「조세일보」 2008. 9. 26.)

과거의 잘못된 판결에 대해서는 '입법을 통한 일괄 무효화'가 가장 간명한 방법이지만, 당시 정부와 법원은 개별적인 재심을 통해 바로 잡는 방법을 채택했다. 따라서 재심 절차를 선택한 이상 "법관은 판결로써 말한다"는 법언을 상기해야 한다. 사실 재판 외에서의 사과는 방론에 불과하다.

즉, 긴급조치에 의한 유죄 판결을 재심 절차를 통해 무효화하고 피해자들에 대한 배상을 완료해야 과거사 정리 작업이 완결되는 것이므로 법원은 국가배상청구소송 재판에서 '판결로써' 유신 시대의 과오를 인정하고 사죄해야 한다.

그러나 법원은 긴급조치 피해자들의 국가배상청구소송 재판에서 수사기관의 고문 등 일부 가혹 행위에 대해서만 불법성을 인정할 뿐 유죄 판결을 선고한 재판 자체의 불법성이나 재판 절차에서의 불법 행위를 좀처럼 인정하지 않고 있다(2015년 대법원 3부 판결—소위 권순일 판례).

일부 하급심에서 위 대법원 소부의 판례에 반하여 긴급조치 발령의 불법성, 그에 따른 재판의 불법성을 인정한 판결이 속출하자 대법원은 권순일 대법관이 퇴임한 이후인 2020년 12월 27일 마침내 긴급조치 국가배상청구 사건을 전원합의체에 회부하였고, 머지 않아 판례가 변경될 것으로 기대하였으나 대법원은 여전히 심리 기일을 순연시키며 아무런 결정을 내리지 못하고 있다.

2. 긴급조치 시대 유신독재에 대한 법원의 적극적 방조 행위

사법 관료들은 지금도 당시 법원이 헌법, 법률에 의하여 양심에 따라 재판하지 않은 과오를 인정하지 않고(유신헌법 제102조 법관은 이 헌법과 법률에 의하여/ 그 양심에 따라/ 독립하여 심판한다), 단지 외부 압력으로부터 사법부의 독립을 지키지 못한 탓으로만 치부하고 있다. 또는 궁색하게 당시의 제도나 분위기를 탓하기도 한다.

그리하여 군부독재가 물러가고 문민정부가 들어선 이후에는 오히려 사법부의 독립을 앞세워 사법 관료들의 기득권을 옹호하고, 한편에서는 민주적 통제를 거부하면서도 기득권 세력 내지 정치권력과의 거래를 서슴지 않는 등 편파적인 판결을 양산하면서 여전히 국민의 신뢰를 받지 못하고 있는 것이다.

"인혁당 사건… 왜 법관됐나 후회도 했다"
이일규 전 대법원장

'인민혁명당 재건위 사건'의 재심에서 피고인 8명에 대해 무죄가 선고됐다. 32년 전인 1975년 당시 대법원은 이들에게 사형을 선고했다. 선고 뒤 18시간 만에 형이 전격 집행됐다. 인혁당 사건 재판이 '사법 살인'으로 불리는 이유다.

"인혁당 사건… 왜 법관됐나 후회도 했다"

당시 대법원은 대법원장과 판사 12명 등 모두 13명으로 구성됐다. 그중 한 명인 이일규 전 대법원 판사(87)는 "재심 판결을 봤다. (당시) 대법원의 잘못을 인정한다. 우리에게 책임이 있다"고 소회를 털어놓았다.

인터뷰는 지난 26일 경기 용인 자택에서 이뤄졌다. 바깥엔 진눈깨비가 내렸다. 이 전판사는 귀가 어두웠다. 또박또박 큰 소리로 질문하면 그는 느릿느릿하게 답했다. 13명의 판관 가운데 그는 유일하게 '소수의견'을 냈던 인사다.

이 전판사는 '긴급조치 시절 법관으로서 일하기 어땠는지'를 묻는 질문에 "법률을 왜 배웠나 회의도 들었다. (판사가) 집권자의 보조역할이나 하고 있는 것은 아닌가 싶어서…"라며 말을 흐렸다.

"당시엔 (법관도) 관료주의 분위기가 있었다. 위에서 명령이 떨어지면 아래서는 따를 수밖에 없는 구조 말이다. 법관들은 독립정신이 필요하다. 상사가 시킨다고 해도 '예, 예' 하지 않는 것이다. 당시 (독립정신이 부족한 판사들이) 조금 있지 않았나 싶다."

유족들에 대한 사과 여부를 묻자 "내가 무슨 할 말이 있겠느냐"라고 했다. 사법부의 책임이나 뒤늦은 사과에 대해서는 과거는 과거로 봐두자고 했다. "이미 지난 제도 아래서 내려진 판결이다. 이번 재심판결 역시 이번 제도 아래서 내려진 판결이다. 제도가 바뀌고 나서 판결이 달라졌다고 사과한다면, 제도 바뀔 때마다 예전 판결을 가지고 일일이 사과해야 하는가."

당시 인혁당 피고인 8인과 또 다른 관련 피고인들은 군법회의 1·2심에서 각각 사형 및 징역형 등을 선고받았다.

이 전판사는 "2심 군사법정에서는 공개 변론이 아닌 서면으로만 재판이 진행됐다. 또 공판을 통해 사형을 선고할 만한 양형 사정이 나왔을 때에만 (사형선고가) 가능한데도 이를 무시했다"고 말했다.

이 전판사는 항소심에서 일부 피고인에 대해 사실심리를 하지 않아 위법성이 있다고 봤다. 대법원 전원합의체에서는 이 전판사만 홀로 원심파기를 주장, 결국 '12대 1'로 사형이 확정됐다.

"(인혁당 사건이) 내가 있던 3부로 배당됐다. 3부 구성원은 주심이 이병호 판사였고 주재황·김영세 판사 그리고 나였다. 나 혼자 소수의견을 내서 전원합의체로 갔다. 통상 막내 판사가 먼저 의견을 말하는데 내가 의견을 말하자 일순 침묵이 흘렀던 것으로 기억한다. 민복기 대법원장 주재로 다수결을 통해 2심 판결이 확정됐다. 피고인들의 '고문으로 그렇게 진술할 수밖에 없었다'는 상고 이유에 대해 '그렇게 볼 만한 증거가 없다'는 이유로 상고기각했다."

그는 "사형 확정판결이 내려질 때 '아이고, 이렇게 생명이 사라지는구나' 싶었다. 안타까운 마음이었다"고 회고했다. 그는 "당시 우리 대법원이 군법회의가 내린 1심, 2심의 '잘못된 판결을 잘한 재판'으로 잘못 판단한 책임이 있다"고 거듭 말했다.

세월이 많이 흘렀다. 당시 13명의 판사 중 7명은 세상을 떴다. 당시 민복기 대법원장과 주재황 판사는 투병 중이라고 한다. 임항준·안병수·한환진 판사는 변호사로 활동하다 은퇴했다.

이일규 전 판사

1920년 경남 통영 출생. 43년 일본 간사이(關西)대학 전문부 법과를 졸업

하고 51년 부산지법 통영지원 판사로 법관 생활을 시작했다. 법관 시절 곧
은 성품으로 '통영 대꼬챙이'로 불렸다. 57년 대구지법 부장판사, 59년 대
구고법 부장판사, 64년 전주지법원장, 73년 대법원 판사에 올라 85년 정
년퇴임했다. 88년 당시 노태우 대통령이 지명한 후보가 여소야대 국회에
서 거부당한 뒤 대안으로 제10대 대법원장에 올라 90년까지 사법부 수장
을 지냈다.

(「경향신문」 2007. 1. 29.)

1) 헌법과 법률에 의하지 않은 재판

그러나 헌법을 무시하고 긴급조치만 적용하여 영장 없이 체포·
구금한 것은 간과하였다고 치더라도, 검사가 기소할 때까지 변호인
접견을 금지한 것이나 수사기관(검사)이 법정구속 기간을 초과한 상태
에서 수사한 후 기소한 것은 명백히 공소제기의 절차가 위법하여 공소
기각 사유였다.

구 형사소송법
제202조 (사법경찰관의 구속기간) 사법경찰관이 피의자를 구속한 때에
는 10일 이내에 피의자를 검사에게 인치하지 아니하면 석방하여야 한다.
제203조 (검사의 구속기간) 검사가 피의자를 구속한 때 또는 사법경찰관
으로부터 피의자의 인치를 받은 때에는 10일 이내에 공소를 제기하지 아
니하면 석방하여야 한다.
제205조 (구속기간의 연장) ①지방법원판사는 검사의 신청에 의하여 수
사를 계속함에 상당한 이유가 있다고 인정한 때에는 10일을 초과하지 아

니하는 한도에서 제203조의 구속기간의 연장을 1차에 한하여 허가할 수 있다.

②전항의 신청에는 구속기간의 연장의 필요를 인정할 수 있는 자료를 제출하여야 한다.

제327조(공소기각의 판결) 다음 경우에는 판결로써 공소기각의 선고를 하여야 한다.

1. 피고인에 대하여 재판권이 없는 때

2. 공소제기의 절차가 법률의 규정에 위반하여 무효인 때

3. 공소가 제기된 사건에 대하여 다시 공소가 제기되었을 때

4. 제329조의 규정에 위반하여 공소가 제기되었을 때

5. 고소가 있어야 죄를 논할 사건에 대하여 고소의 취소가 있은 때

6. 피해자의 명시한 의사에 반하여 죄를 논할 수 없는 사건에 대하여 처벌을 희망하지 아니하는 의사표시가 있거나 처벌을 희망하는 의사표시가 철회되었을 때

'소위 유신헌법'은 '체포·구금·압수·수색에는 검사의 요구에 의하여 법관이 발부한 영장을 제시하여야 한다'(제10조 제3항 본문), '누구든지 체포·구금을 받은 때에는 즉시 변호인의 조력을 받을 권리를 가진다. 다만 법률이 정하는 경우에 형사피고인이 스스로 변호인을 구할 수 없을 때에는 국가가 변호인을 붙인다'(동조 제4항)라고 각 규정하여 체포·구금을 당한 국민이 가지는 불가침의 기본적 인권을 보장할 의무가 있음을 천명하고 있었다.

그러나 본인은 1975년 5월 22일 체포되었고, 같은 달 24일 구속되었는데(물론 법관이 발부한 영장은 없었고 검사가 구속을 지휘하였다), 구속된

날로부터 1백여 일이 지난 9월 3일에 기소되었다. 긴급조치 제9호 제8항에는 "이 조치 또는 주무부 장관의 조치에 위반한 자는 법관의 영장 없이 체포·구금·압수 또는 수색할 수 있다"고 하였을 뿐 수사기관이 강제수사를 위해 구속 기간을 자의적으로 연장할 수 있도록 허용하지는 않았다.

또한 이 기간 동안에는 가족, 친지들과 접견이 금지되었을 뿐만 아니라, 변호인 접견조차 허용되지 않았다. 본인은 남부구치소에 수감되었을 때 한동안 영치금이 한 푼도 없어서 사식은커녕 치약, 비누조차 구입할 수 없었다. 처음에는 아들을 버렸나보다 하고 섭섭한 마음이 들기도 하였다. 재심을 신청하면서 비로소 알게 된 사실이지만, 구치소에서 작성하는 재소자 신분카드 제3쪽에 단지 "75. 7. 23. 09:45 사망, 병명: 췌장암, 통보자: 서울 관악구 노량진 211-4 매부 김○○"이라고 기재되어 있었다.

본인은 기소될 때까지 가족 및 변호인과의 접견을 금지당했으며, 심지어 사망한 모친의 장례에도 참석하지 못하였고, 사망한 사실조차 통지받지 못하였다. 본인은 구속 수감 중 모친의 사망으로 인하여 평생을 죄책감 속에 살아왔으며, 당시 담당 검사와 사법 당국의 비정한 처사에 대하여 깊은 원한을 품을 수밖에 없었다.

구 형사소송법

제30조(변호인선임권자) ①피고인 또는 피의자는 변호인을 선임할 수 있다.

제34조(피고인, 피의자와의 접견, 교통, 수진) 변호인 또는 변호인이 되려는 자는 신체구속을 당한 피고인 또는 피의자와 접견하고 서류 또는 물건을 수수할 수 있으며 의사로 하여금 진료하게 할 수 있다.

또한 법원의 재판 역시 구속기간의 갱신 없이 진행되었는데, 당시 제1심 재판장은 구속기간 상한 6개월을 초과한 상태에서 재판을 진행하였으며(1975년 12월 27일 1심 판결), 재판 기간 동안 단 한 차례의 구속기간 갱신도 없었다.

구 형사소송법

제92조 (구속기간과 갱신) ①구속기간은 2월로 한다. 특히 계속할 필요가 있는 경우에는 심급마다 2차에 한하여 결정으로 갱신할 수 있다. ②갱신한 기간도 2월로 한다.

2) 양심에 따르지 않은 재판은 소극적 순응 아닌 방조 행위

당시 법원은 긴급조치를 기계적으로 적용하여 긴급조치 위반자들에게 유죄 판결을 선고하였을 뿐만 아니라, 양형에서도 긴급조치 재판을 거부한 피고인들을 오히려 가중 처벌하였다. 이러한 법원의 태도를 보면, 당시 사법 관료들에게는 유신독재에 대한 소극적인 순응을 넘어 적극적인 방조 의사가 있었다고 볼 수밖에 없다.

본인은 1975년 긴급조치 재판 1심에서 긴급조치 9호에 따른 재판을 거부한다는 입장을 밝히고 모든 진술을 거부하였다. 그리고 제1심 재판부는 원고에게 '괘씸죄'로 무려 4년형을 선고하였으며, 결국 항소심에서도 재판거부 탓에 실형 2년을 선고받았다. 반면 당시 5월 22일 장례식을 준비하는 과정 및 집회 당일의 실행 행위에 가담하였지만 주동자급으로 분류되지 않았던 정○○, 연○○ 등은 징역 1년 6월과 1년에 각 집행유예를 선고받았다.

당시 판결문 내용 발췌

"… 다음 원심의 심리절차의 점을 기록에 비추어 보면 원심 공판기일에 재판장은 피고들에게 그 권리를 보호함에 필요한 진술을 할 기회를 준 바 있음이 명백하며(피고인들 중 피고인 천○○, 동 송병춘, 동 김○○, 동 정○○ 등은 각 진술을 거부하였다)…"(76노304 판결 제15 내지 제16) 원심 법정에서 재판을 거부한 여부를 주된 양형기준으로 삼아 다른 양형의 조건을 도외시함으로써 균형을 잃은 것으로 부당하다…"(위 판결 제19).

뿐만 아니라 당시 긴급조치 유죄 판결은 1981년 전민노련·전민학련 사건 재판에서 전과가 되어 법원이 실형을 선고한 양형 사유가 되었다.

다음은 임지봉 교수가 2007년 참여연대 '안국동 窓'에 기고한 글, '사법부의 진정한 사죄가 선행되어야 하는 이유' 중에서 발췌한 것이다.

… 헌법이 법관에게 '헌법, 법률과 양심에 따라' 독립해 재판하라고 명하고 있듯이 모든 실정법은 재판에서 상위법인 헌법의 테두리 내에서 해석되고 법관의 양심이라는 프리즘을 통해 적용되는 치열한 고민의 과정을 거쳐야 한다. 유신헌법에서도 표현의 자유는 보장되고 있었다. 이웃 주민에게 유신 체재를 비판하는 발언을 한 것도 헌법의 수준에서는 보호받아야 할 표현인 것이다. 그렇다면 유신 체재에 대한 비판 발언을 처벌하라는 긴급조치규정은 헌법과의 충돌을 고려해 최대한 제한적으로 해석되고 적용될 필요가 있다. 또한 설령 유죄결정을 하더라도 양형 단계에서 집행유예 등 가벼운 처벌을 내려 긴급조치규정도 적용하고 헌법적 가치도 살려내는 조화점을 찾아볼 수도 있는 것이다. 법관의 '법조적 양심'이라는 측

면에서 생각해보더라도 막연한 이웃 주민과의 사담 중에 유신체제를 비판하는 발언이 나왔다고 해서 그것에 징역 7년의 실형을 선고해야 마땅하다고 믿는 그런 이상한 양심은 아마 없으리라 믿는다.

3. 맺는말

법원은 유신독재 시대 긴급조치 재판에서 헌법과 법률에 의하지 않고 양심에 거슬러 재판한 과오를 사죄해야 하고, 그 진정한 사죄는 피해자들이 제기한 국가배상청구 사건 판결에서 재판상 과오가 있었음을 인정하는 것이다.

한국 현대사와 계엄

김춘수

(국가기록원)

1. 머리말: '비상사태'의 역사

한국 현대사는 정부 수립 이후 박정희 군사정부와 신군부 체제에 이르기까지 전 기간이 사실상 비상상태 혹은 계엄 상태였다고 할 수 있다. 특히 박정희 정권과 신군부 체제는 군이 직접적으로 정치의 '주체'로 등장하여 3권을 장악하였을 뿐만 아니라 집권 기간 내내 계엄 상태를 유지하였다. 박정희는 쿠데타 직후 포고1호를 통해 비상계엄을 선포하는 것으로 등장하였으며,[1] 그 이후에도 계엄과 위수령을 잇달아 발포했고, 1972년에는 비상계엄을 선포하여 친위 쿠데타를 일으키고 비상상태 또는 계엄 상태의 정권이라고 할 수 있는 유신 체제

[1] 군사혁명위원회, 「혁명 제1성」·「군사혁명위원회 포고 제1호」, 육군본부, 『계엄사』, 1976, 199.

를 만들었다. 제5공화국을 주도한 신군부 세력은 1979년 10월에 발포된 계엄 상태에서 권력에 접근했으며, 1980년 5·17 쿠데타를 통해 계엄을 전국으로 확대하여 광주항쟁을 압살하고 군부통치를 공고히 하였다. 이러한 비상상태를 유지하는 데 핵심적인 역할을 했던 계엄은 정부 수립 직후 여순사건과 제주 4·3사건 그리고 한국전쟁 시기를 거치면서 체계화되었다.

이승만은 분단 정부 수립과 이승만 체제에 반대하여 여순사건과 제주 4·3사건이 발생하자 계엄을 통해 군·경을 동원하여 민의 저항을 학살과 폭력으로 제압함으로써 극우반공 체제를 공고히 하였다.[2] 당시의 계엄 선포는 계엄법 제정에 미처 이르지 못한 상황에서 발포되어 계엄 선포 자체가 불법적이었을 뿐만 아니라, 군인, 경찰, 우익 청년단에 의해 민간인들이 집단적으로 살해되는 주요 원인이 되었다.

한국전쟁이 발발한 후 전시 계엄은 지역을 달리하며 3·8선 이북 지역을 포함하여 거의 전국적으로 실시되었다. 전시 비상계엄 상황에서 민간인은 군법회의에 회부되었으며, 영장 없는 구속·구금 등의 초헌법적 무권리 상태에 처해졌다. 또한 북한의 공격에 대비한다는 명분 아래 지속된 계엄 상태는 이승만의 권력 유지를 위한 정치적 수단으로 이용되어 1952년 5월, 이른바 부산정치파동을 낳는 데까지 이르렀다.

이렇듯 계엄은 이승만의 극우반공 체제, 박정희와 전두환의 군부

---

2 서중석의 연구에 따르면 이승만의 극우반공 체제는 1949년 5, 6월 이후 반민특위 습격테러, 국회프락치 사건, 김구 암살로 이어지는 극우반공 세력의 전면적 공세와 국민보도연맹 창설, 좌익에 대한 통제 강화를 통해 1949년 하반기에 이르러 초기적 확립을 보았다(서중석, 『현대민족운동』2, 역사비평사, 1996).

체제의 형성과 유지라는 정치적 흐름과 밀접하게 관련되어 있다. 여순지역과 제주도에서의 계엄이나 1980년 광주에서의 역사적 사례로 볼 때, 계엄이 국민에 대한 감시와 학살, 불법적 사법 처리와 같은 노골적인 폭력으로 나타났음에도 불구하고 계엄은 군대를 군사·기술적 차원에 사용하기 위한 법적 장치라거나 '국가 위기 상황'에서 군에 의한 행정·사법권의 독점이 당연한 것으로 이해되어온 것이 사실이다.3 이에 더하여 '국가 위기 상황'이 아니더라도 재난이나 긴급상황에서 공공의 안녕과 질서유지를 위한 계엄의 선포는 어쩔 수 없는 것으로 이해되기도 한다.

정부 수립 이후부터 한국 현대사 속에서 '국가 위기 상황'이나 '공공의 안녕질서유지'를 명분으로 한 계엄 선포의 실제 기능이 무엇인지 검토하고자 한다.

---

3 제헌헌법은 대통령의 국가긴급권으로서 긴급명령과 계엄을 조문화하였고 현재까지도 이것은 여전히 유지되고 있어, 국가 위기를 명분으로 언제든 국가폭력은 재연될 가능성이 내장되어 있다(제헌헌법은 긴급명령과 계엄에 대하여 다음과 같이 규정하였다. 헌법 제57조(긴급명령) "내우, 외환, 전재, 지변 또는 중대한 재정, 경제상의 위기에 제하여 공공의 안녕질서를 유지하기 위하여 긴급한 조치를 할 필요가 있는 때에는 대통령은 국회의 집회를 기다릴 여유가 없는 경우에 한하여 법률의 효력을 가진 명령을 발하거나 또는 재정상 필요한 처분을 할 수 있다. 전항의 명령 또는 처분은 지체 없이 국회에 보고하여 승인을 얻어야 한다. 만일 국회의 승인을 얻지 못한 때에는 그 때부터 효력을 상실하며 대통령은 지체 없이 차를 공고하여야 한다.", 헌법 제64조(계엄의 선포) "대통령은 법률의 정하는 바에 의하여 계엄을 선포한다.").

2. 분단국가 수립 시기 계엄 선포와 경과

1) 10월항쟁: 점령 지역에서의 비상사태

군정 시기 계엄은 통상적인 계엄에 대한 인식에 비추어 낯선 것이었다. 군정(軍政, military government)은 점령지에서 군에 의해 행해지는 통치 형태로, 긴급상황에 대응하여 별도의 계엄 선포가 필요하지 않은 것으로 이해되어왔기 때문이다. 또 영미법의 경우 계엄과 같은 국가긴급권이 성문법화되지 않아 국가긴급권의 작동 방식에 차이가 있다는 점이 간과되었다고 할 수 있다.

10월항쟁 과정에서 등장한 계엄은 군의 통치를 의미하는 피정복지의 군정 통치하에서 민의 저항을 억압할 목적으로 실시되었다. 10월항쟁 시기 계엄은 미 제6사단 산하의 제1전술사령관에 의해 1946년 10월 2일 대구를 시작으로 포항(영일), 경주와 달성 지역 그리고 무안 일대에 선포되었다. 무안을 제외하고 10월항쟁으로 선포된 계엄은 과도입법의원 선거 시행을 위해 10월 22일 0시를 기해 해제되었다.

계엄 선포 자체는 제1연대 전술군사령관이 경상북도 군정지사를 배제한 상태에서 단독으로 실행되었지만, 10월항쟁을 진압하는 데 계엄 시행이 효과적이었다고 판단한 주한미군 사령부는 남한 지역 전체를 대상으로 한 계엄 수행체계를 정비하였다.[4] 10월항쟁이 일단

---

4 브라운 소장의 보고서는 1946년 10월 4일 대구에서 조사하여 10월 5일 하지 사령관에게 제출한 보고서 "Report of Investgaion of Disorders Occuring at Taegu Conducted by major General Albert E. Brown October 4th, 1946"과 10월 10일 대구에서 각계 인사 19명을 면담하여 정리한 보고서 "Riots and Disorers 6th Infantry Division Area, Korea, Oct 1-10, 1946."

락된 1946년 말에서 1947년 사이 제6사단에 의해서 '마샬로우 매뉴얼'(S.O.P. of martial law)를 하련하여 미군 점령 지역에서의 계엄 운영 방법을 체계화했다.5

미전술군은 10월항쟁 시기 광범위하게 시위와 봉기 진압에 투입되었다. 군정은 10월항쟁 진압 과정에서 대구, 달성, 경주, 포항(영일), 무안 5개 지역에만 계엄을 선포했다. 미군정 시기 계엄 상황은 〈표 1〉에서와 같이 광주형무소 탈옥사건을 제외하면 모두 10월항쟁과 관련하여 선포되었다.

〈표 1〉 미군정 시기 계엄 선포 현황

사건	선포일	해제일	선포 주체	해당 지역	비고
10월항쟁	1946. 10. 2.	1946. 10. 22.	제6사단 제1 연대 지휘관	대구	『조선일보』, 1946. 10. 4. 10. 12. 10. 31. 『동아일보』, 1946. 10. 4. 10. 11. 『서울신문』, 1946. 10. 13.
	1946. 10. 3.	1946. 10. 22.	제6사단 제1 연대 지휘관	포항 (영일)	제6사단 G-2, 99군정중대 부대일지
	1946. 10. 4.	1946. 10. 22.	제6사단 제1 연대 지휘관	경주	제6사단 G-2, 99군정중대 부대일지
	1946. 10. 6.	1946. 10. 22.	제6사단 제1 연대 지휘관	달성, 경주, 영일	『조선일보』, 1946. 10. 12. 『영남일보』, 1946. 10. 12. 『대구시보』, 1946. 10. 13. ※〈포고 6호〉3지역 10. 2. 계엄 재포고
	1946.	1946.	목포군정관	목포 및	『동아일보』, 1946. 11. 5. 11. 8.

5 RG 338, Records of United States Army Force in Korea, Lt. Gen. John R. Hodge Official File, 1944-48, Entry 11070, AG File, Boxes 82, 84, File No. 300.4, 319.1, 300.4 (2), Annex 3 to Alert Plan "A": SOP for Martial Law.

				무안 일대	『서울신문』, 1946. 11. 5.
	10. 31.	11. 4.			
공주형무소 탈옥사건	1947. 8. 30.	-	-	공주	『조선일보』, 1947. 8. 31.

10월항쟁 기간 동안 계엄 상황에서 포고령 위반자와 10월항쟁 관련자들이 얼마나 많이 체포·구금되었는지 정확한 숫자를 파악하기는 어렵다. '주한미군사'(USAFIK)는 10월항쟁으로 대구와 인근 지역에서 2,250명이 체포되었고 682명이 석방되었으며, 군법회의(Military Commission)에서 57명이 사형선고를 받았다고 기록하였다.[6] 10월항쟁과 관련한 포고는 총 7차례 시행했는데, 포고는 '10인 이상 집회 회합 엄금', '행진, 공중시위 행렬 금함', '개인 자동차 사용금지', '야간 통행 금지', '경찰에 복종', '대구지역 이탈 금지, 도로봉쇄' 등의 '파괴행위 중지' 등의 내용을 담고 있어 전방위적인 체포와 구금을 행하는 근거가 되었다.

2) 여순사건과 제주 4·3사건: 가상의 적을 통한 비상사태 창출

정부 수립 뒤부터 한국전쟁 이전까지 계엄은 총 8회 시행되었다. 이중 관보를 통해 공식적으로 시행된 계엄은 2건인데, 여순사건과 관련한 계엄 선포(1948. 10. 25.)와 해제(1949. 2. 5.), 제주 4·3사건 관련

---

6 당시 신문에 따르면 10월 말 기준 5,500명이 검거되었고, 이 중 2,700명이 군사재판에 회부되었다(조선일보, 1946. 10. 31.) 또 다른 자료는 1946년 12월 8일 군사재판 회부 인원은 1,342명이었고, 사형선고 16명, 10년 이하 징역 400여 명으로 기록하고 있다(독립신문, 1946. 12. 19.).

선포(1948. 11. 17.)와 해제(1948. 12. 30.)이다. 그 외의 계엄은 신문 보도를 통해 실시 사실만을 확인할 수 있을 뿐 구체적인 내용은 어떠한 공식 자료에도 언급되고 있지 않다. 이는 이 시기 계엄 선포 과정의 혼란은 물론 계엄을 공식적으로 선포했는지 여부도 불확실했던 상황을 보여준다.

〈표 2〉 여순사건과 제주 4 · 3사건 관련 계엄 선포현황

사건	발포일	해제일	선포 주체	해당 지역	비고
여순 사건	1948. 10. 22.	-	5여단 사령부 사령관 김백일	여수, 순천	「서울신문」, 1948. 10. 24.
	1948. 10. 25.	1949. 2. 5.	이승만	여수, 순천	「관보」 제10호 「관보」 호외
	1948. 11. 1.	-	호남 방면 사령관	전라도	「동광신문」·「자유신문」, 1948. 11. 5.
	1948. 11. 1.	-	남원 방면 사령관	남원	「평화일보」, 1948. 11. 3.
	1948. 11. 5.	1948. 11. 11.	호남 방면 작전군 사령관	전라도	「서울신문」, 1948. 11. 14.
	1948. 12. 24.	1949. 2. 9.	목포 해군기지 사령관	목포부 및 무안군 근해 전남 해안 일대	「서울신문」, 1949. 2. 11.
	1949. 12. 25.	-	지리산전투지구 총지휘관 김백일	남원, 구례와 함양, 하동 일부 면	「동광신문」, 1949. 12. 30.
제주 4 · 3 사건	1948. 11. 17.	1948. 12. 30.	이승만	제주도	「관보」 제14호. 「관보」 제126호.

최초로 선포된 여수 · 순천 일대의 계엄은 김백일 5여단장이 10월 22일 선포했다. 이승만 대통령은 10월 25일 국무회의에서 '계엄 선포에 관한 건'을 의결해 김백일 대령의 '근거 없는' 임시 계엄을 추인하였

다. 여순사건 발생 3일 후 김백일이 선포한 계엄 선포문은 '본관에게 부여된 권한에 의하여'라고 하였으나 근거법이 존재하지 않고, 선포 근거, 선포 지역은 물론 종류도 명기되어 있지 않았으며, 선포된 계엄이 무엇인지도 알 수 없는 내용으로 '위반자를 군법에 의해 사형'에 처한다는 경고와 함께 이미 시행된 후였다.[7]

제주도의 계엄 선포 일자도 불분명하다. 국방부, 경찰, 미군 자료, 당시 신문 기사 등에서는 10월 초부터 11월 말까지 다양한 선포 날짜가 기록됐다. 심지어 계엄 선포가 「관보」에 고시된 뒤에도 11월 19일 국방부 보도과는 담화에서 "제주도 일대에 계엄령이 선포된 일은 없다. 각처에서 폭동이 일어나므로 군에서는 작전상 경계를 엄중히 한 것이 민간에 오해된 모양"이라고 밝히기도 했다.[8] 공식적인 제주도지역 계엄이 선포된 것은 1948년 11월 17일이었다. 여수·순천 지역의 경우에 비춰볼 때 송요찬 9연대장은 임시계엄을 10월경 선포했고, 뒤늦게 이를 대통령령으로 사후 추인했을 가능성이 짙다.[9]

이와 같은 계엄 선포의 혼란은 계엄법이 없이 시행되었다는 점에서 하나의 이유를 찾을 수 있다. 계엄 선포와 관련된 근거법이 제정되지 않아 현지 군사령관의 판단하에 '임시'로 계엄을 선포하고, 문제가 되자 대통령이 이를 사후 추인하는 형식의 계엄 선포였다. 계엄법 없

---

7 左左木春隆, 『韓國戰祕史-建軍과 試鍊(上卷)』 (병학사, 1977), 354. 1948년 10월 22일 계엄 선포문은 1차 자료가 전해지지 않는다. 전사(戰史) 자료 등 2차 문헌에서 확인되는 바 '계엄령 선포문'으로 표기하고 있다. 따라서 10월 22일 계엄 선포 당시의 표현이 '계엄령 선포문'이었는지 혹은 '계엄 선포문'이었는지는 확인할 수 없다.

8 「조선일보」, 1948. 11. 20.

9 1948년 10월 17일 송요찬 제9연대장은 해안선 5킬로 반경 고립 작전을 발표하는 포고를 선포하였다.

는 계엄 선포의 불법성에 대해서는 여순사건과 제주 4·3사건 진상규명 과정에서 일본의 계엄령(1882년 태정관 포고 제36호 제정)에 근거하였다는 법제처의 주장(1997년)과 대치하였으나 대법원에서 '당시 계엄 선포가 위법한 것'이었다는 '양보'를 얻어냈다.[10] 그러나 '대한민국 정부 수립 이후에도 일본의 계엄령 효력이 지속되었다'는 견해는 포기되지 않고 있다. 계엄을 규정하고 있는 당시 헌법은 대통령 긴급명령과 달리 계엄법에 근거하여 선포하도록 규정하였고, 계엄법 제정 이전에 국무회의 의결만으로 대통령령으로 계엄을 선포한 것은 명백한 헌법 위반이다. 정부 수립 이후에도 천황의 명령인 일본의 계엄령이 법적 효력을 유지했다는 주장은 궤변이다.

일본 계엄령의 법 효력이 연속된 것이 아니라 계엄의 선포와 운영 경험이 연속되었다고 보는 것이 당시 계엄을 이해하는 데 더 의미가 있다. 정부 수립 뒤 최초로 내려진 계엄은 대한민국 법률에 따른 계엄의 종류와 절차에 따른 것이 아니었다. 계엄 선포권자가 계엄 선포를 현지 군사령관에게 위임하는 '임시계엄'은 일본 계엄의 전형적 특징이며, 10월 25일 여수·순천지구에 내려진 계엄은 '합위지경'(合圍地境)으로 이는 일본 계엄령 제2조 2항에 해당하는 계엄의 종류이다.[11] 더구나 이 시기 계엄을 선포하고 운영한 핵심 인물인 김백일 대령은 백선엽과 함께 관동군에서 항일운동 세력을 토벌하던 특설부대인 간도특설대 출신으로, 중일전쟁 시기 만주에서 시행된 일본의 계엄을 직간접적으로 경험한 인물이다. 그리고 만주에서 근무한 홍순봉 제주도

---

10 대법원 2001.04.27. 선고 2001다7216 판결.

11 적의 합위 또는 공격, 기타 사변에 즈음하여 경계가 가능한 지역을 구획해서 합위의 구역으로 삼는다는 의미로 1949년 제정된 계엄법에 비추면 비상계엄에 대항하는 것이다.

경찰국장이 송요찬에게 계엄 선포와 절차 등에 대한 도움을 준 것은 널리 알려져 있다.[12] 일본은 중일전쟁 이후 중국 본토에서 지역사령관에 의해 계엄이 다수 선포되었고, 일본은 이미 청일전쟁 노일전쟁 이래 전시계엄, 관동대지진, 2·26사건 등과 관련하여 계엄을 실시한 경험이 있었다.

여순사건과 제주 4·3사건에서 계엄의 시행으로 계엄지역은 외부와 차단되고 봉쇄되었으며, 치안과 질서유지를 이유로 이미 준비한 성향 분류에 따라 주요 인사를 예비검속하고 초토화했다. 계엄으로 봉쇄된 지역의 거주자는 잠정적 범죄자이며, 당장의 죽음을 면하기 위해 가리킨 '손가락 총' 때문에 죽임을 당했다. 1948~1949년 제주 4·3사건과 여순사건 시기 민간인 대량 학살이 불법적 계엄 시행으로 가능했다는 점은 과거사 진상규명 과정과 연구를 통해 밝혀졌다. 진실화해위원회는 조사보고서에서 '군경의 작전 과정에서 민간인 살해의 근거는 계엄령이다. 그러나 계엄령은 계엄법 없이 공포되었고… 그 책임은 현지 지휘관이나 최종 책임인 국가에 있다'고 적시하였다.[13] 즉결처형과 학살을 면한 경우 군법회의에 처해졌는데, 필자에 의해 발굴된 여순사건과 당시 군법회의 '군집행지휘서'(2차 고등군법회의 판결집행 명령서)를 보면 재판은 요식 행위에 지나지 않았다. 당시 군법회의에 회부된 사람들은 계엄군이 순천지역을 탈환하고 혐의자 색출 과정에서 노동자, 인부, 무직자, 도시 소상공인과 빈민층이 다수 체포되었고, 그중 일부는 형식적 재판을 받은 15일 후 야산에서 총살

---

12 홍석률 외, 「만주국군 기초조사 및 조선인 장교 중점연구」, 친일반민족행위진상규명위원회, 『2006년 학술 연구용역 논문집 5』, 2006, 337.

13 진실과화해를위한과거사정리위원회, 『2010년 상반기 조사보고서』, 2010, 527.

되었고 화장되었다. 조서나 판결문 등 소속 기록도 없다. 군법회의는 재판이었다고 말할 수 없는 지경이었다.[14] 여순사건 관련 군법회의는 육군중앙고등군법회의를 포함하여 총 5차례에 걸쳐 진행되었고, 약 1,931명이 재판받았다.

또한 2003년 4·3 진상조사보고서를 통해 1948년과 1949년에 행해진 군법회의를 '불법'으로 규정했고, 2007년 4월 제주 4·3 진상규명 및 희생자 명예회복위원회(4·3 중앙위)는 "1948년 12월(871명)과 1949년 6월(1,659명) 등 모두 두 차례 2,530명을 대상으로 실시됐다는 '4·3사건 군법회의'를 불법으로 규정했다. 군법회의에 대한 재심이 확정되기까지 재판 청구인과 제주도시민연대는 '군집행지휘서'를 발굴하여 군법회의 사실을 증명하였고, 군법회의 확정 피고인이 수형인 명부에 등재되게 된 공식 문서(1947년 10월 30일 사법부장이 검찰총장에게 보낸 문서)를 발굴하여 군법회의 존재를 방증하기 위해 노력했다. 이를 통해 피해자는 제주도 시민사회와 함께 당시 판결문 등은 존재하지 않지만 군법회의가 이뤄졌다는 당시 국방부와 검찰 내부 자료를 연이어 발굴하여 2018년 9월 재심 결정이 확정되었다.

계엄 포고문의 가장 중요한 내용은 '위반 시 군법에 따라 처형'한다는 대목이었다. 범죄의 내용과 범위는 규정되지 않았으며, 임의적으로 군의 판단에 의지하고 있었다. 불법적인 계엄 선포는 단순히 정부 수립 초기의 미숙이나 혼란이 아니다. 계엄 상황에서 군은 지역민의 생사여탈권을 쥐고 있었다. 군법회의와 즉결처분도 그 양상이 크게 다르지 않았다. 이러한 학살의 배경은 군이 의심 가는 민간인을 아무

---

14 김춘수, 『한국계엄의 기원』, 2018, 제1장.

런 절차 없이 살해해도 전혀 문제가 되지 않았다는 것이며, 이는 토벌 작전의 명분 아래 사실상의 학살이 자행되었음을 말해준다. 계엄 선포가 제주도와 여수·순천지역에서 주민 희생과 관련하여 가장 중요한 계기가 되었음은 명백하다. 제주도의 경우 계엄이 시행된 이후인 1948년 11월 중순부터 희생의 규모, 강도가 강화되어 당시 주민 희생의 대부분이 1948년 11월부터 1949년 2월 사이에 발생하였다. 희생자의 가족들은 "그때가 계엄령 시절이라서…" 또는 "계엄령 때문에…" 라고 하여 계엄은 '마구잡이로 사람을 죽여도 되는 무소불위의 제도'라고 현재까지도 생각하고 있다.

제주도에서의 계엄은 1948년 12월 31일에 해제되었고, 여수·순천지역의 계엄은 1949년 2월 6일 예정되었던 유엔 한국위원단의 입국을 계기로 계엄 해제가 공포되었다. 그러나 계엄 해제와 동시에 경찰을 중심으로 한 '경비령'이 발동되어 '비상사태'는 지속되었다. 국방부장관은 국방경비법 제32조, 제33조를 적용하여 민간인을 군법회의에 회부할 수 있도록 지시함으로써 계엄 해제 이후에도 '공비 토벌'을 명분으로 한 주민의 희생은 이어졌고, 1949년 제주에서는 이미 계엄이 해제된 상황에서 국방경비법을 적용하여 민간인을 군법회의에 회부하여 총살하였다.[15] 계엄 상태는 계엄 해제와 무관하게 유지되었다. 여순사건과 4·3사건 당시 계엄법이 없는 계엄 상태에서 지역사령관이 자의적 판단에 따라 계엄을 선포하고 계엄 지역을 봉쇄하여 지역주민을 학살하였다. 이 공간에서 법은 존재하지 않았으며, '공비

---

15 제주도에 시행된 두 차례의 군법회의 중 계엄 기간에 시행된 1948년 군법회의 회부자의 죄목은 형법 제77조 내란죄이며, 계엄이 해제된 후 군법회의 죄목은 국방경비법 제32조, 제33조 '적에 대한 구원통신연락 및 간첩죄', 소위 이적죄와 간첩죄로 판결받았다.

토벌', '빨갱이 색출'의 명분 아래 국민의 기본권은 유보되었다.

이러한 범죄의 시간을 수습하면서 1949년 계엄법(법률 제69호)이 제정되었다.16 계엄법 제정 논의는 여순사건과 제주 4·3사건이라는 '내전'에서 승리한 이승만 정권의 우위와 김구 암살, 제헌국회 내 소장파의 몰락이라는 상황에서 진행되었다. 불법적 계엄 실시 경험과 국회 내 저항 세력이 제거된 상황에서 진행되었으며, 제주 4·3사건과 여순사건 과정에서 일어났던 부당하고 야만적인 현실에 문제제기할 수 있는 세력은 제거된 상황이었다. 따라서 '야만의 시간'은 승인되고 정당화되었다. 계엄법의 주요 조문과 구조는 일본의 계엄령과 다르지 않았다. 축조·심의 과정에서 국회의 노력으로 계엄 선포권과 해엄 요구권, 계엄의 성격 및 종류 변경, 군법회의 운영, 국회의원 신분보장 문제 등 계엄 시행의 자의성을 방지하는 내용을 상당 부분 반영하였다. 그러나 신생 계엄법의 시험대가 되었던 한국전쟁 이후 계엄의 전개 과정에서 법은 형해화되었다. 군법회의 재심은 여순사건과 제주 4·3사건 시기 즉결처분과 폐단을 최소화하는 방안이었으나 한국전쟁 시기 '계엄하 군사재판에 관한 특별조치령'과 '비상사태하 범죄처벌에 관한 특별조치령'으로 단심제가 적용되었으며, 군법회의 설치 장관의 확인은 전쟁 상황을 이유로 제대로 시행되지 못했다. 한국전쟁 시기 동안 계엄법 제정 과정에서 우려했던 민간인에 대한 무분별한 살상이 계엄법에 기반하여 행해졌다는 점은 역설적이다. 계엄법 제정 이후 계엄은 긴급명령과 함께 '합법적으로' 헌법을 정지시키고 입법-사법-행정을 하나의 권력으로 통합하여 국민의 범위와 권리를 새로

---

16 「관보」 제226호, 1949. 11. 24.

규정하고 만드는 계기로 작동하였다.[17]

3) 한국전쟁: 정치적(픽션적) 비상사태

한국전쟁은 계엄법의 시험대였다. 법에 따라 계엄이 선포되고, 법에 따라 시행된다면 계엄지역 안에서의 '국가폭력을 정당화할 수 있는가'라는 문제와 마주했다. 계엄은 선포가 아니라 계엄으로 창출된 법 정지의 상황에서 누가 무엇을 '실행'하는가가 문제이다. 계엄 선포는 법의 정지를 알리는 신호이며, 문이 열린 지역(공간)에서는 법 외부의 힘이 작용한다.

전쟁 발발 3일 만에 서울이 함락되고 대전으로 이동한 정부는 7월 1일에야 정일권을 중심으로 지휘체계를 갖추었고, 7월 7일까지 유엔군 사령부가 설치되었다.[18] 전쟁 수행 체계가 어느 정도 마련된 7월 8일 정부는 비상계엄을 선포했다.[19] 7월 11일 비상계엄 실시에 따라 계엄법 제13조에 근거하여 체포 · 구금 · 수색 등에 관한 특별조치와 언론 · 출판 등에 관한 특별조치가 내려졌다.[20] 계엄사령관의 특별조치는 계엄 시행의 핵심으로 '계엄지역에서의 영장 불필요, 형사소송법의 정지, 예방 구금의 시행'을 주요 내용으로 하였다. 한편 체포 · 구금 · 수색 특별조치와 더불어 7월 16일 국방부장관은 계엄사령관을 통해 언론 · 출판 관련 특별조치를 하달했다.

---

17 김춘수, 앞의 책, 141.
18 '육본일반명령' 제1호 · 제2호, 1950. 7. 5.; '육본일반명령'제3호, 1950. 7. 7.
19 「관보」 제383호, 1950. 7. 8.; 국방부 정훈국 전사편찬회, 앞의 책, c49.
20 "「계엄 실시 사항에 관한 건(1950. 7. 11.)," 국방관계법령집발행본부, 국방법무관계법령급에 규집, 1950, 437-441.

계엄 선포 이전 전쟁이 발발하자 정부가 가장 먼저 취한 조치는 '요시찰인' 구금이었다. 6월 25일 치안국장의 명에 의해 구속 구금된 사람들은 경찰서에서 파악하고 있던 '요시찰인'과 국민보도연맹원들이었다. 구금되었던 이들은 '적에 협조할 가능성' 이유로 야산과 골짜기에서 학살당했다. 불법적인 예비검속과 학살을 정당화하기 위한 조치로 내려진 것이 '비상사태하범죄처벌에관한특별조치령'(이하 범죄처벌특조령)이다. '범죄처벌특조령'은 여하한 범죄에 대해 사형을 언도할 수 있으며, 단심으로 처벌할 수 있으며 지방법원 또는 동 지원의 단독판사가 행하도록 하였으며(제9조), 증거 설명도 생략할 수 있었다(제11조). 여하의 죄를 '반민족적, 반인도적' 행위로 우선 규정하고 '동조자, 협조자'를 처단하겠다는 범죄처벌특조령은 6월 25일부로 소급 적용되어 전쟁 초기 예비검속과 학살의 근거법으로 둔갑하였으며 이를 합리화했다. 그러나 범죄처벌특조령만으로 즉결처형 형태의 학살을 합리화할 수는 없었다.

범죄처벌특조령의 제정 과정과 내용이 알려지는 과정은 모호했다. 국회의 승인은 7월 29일이었으나 이승만의 결재는 7월 6일로 알려졌으며, 공식적인 문서에 범죄처벌특조령이 알려진 것은 7월 12일 송요찬 헌병사령관의 포고를 통해서였다. 송요찬 명의의 7월 12일 포고는 7월 11일 계엄사령부의 특별조치 내용과 더불어 범죄처벌특조령이 '7월 7일부로 공포되었다'는 내용이었다.[21] 이승만의 재가만 받았고, 국회의 동의도 거치지 않은 범죄처벌특조령이 공포되었다고 포고한 것이다. 이는 송요찬 헌병사령관의 단순한 실수가 아니었다.

---

21 「부산일보」, 1950. 7. 18.

같은 날 허진 대구지방법원장은 '비상사태하 중요 재판은 군법회의에서 재판할 것이며, … 그 양형은 비상사태하의 처벌에 관한 특별지휘령 및 계엄법 또는 해당 법규 등에 의법할 것'이라고 언급했다.[22] 또 7월 19일 강용권 부산지방검찰청 차장검사는 범죄처벌특조령이 6월 25일부로 실시되었음을 설명하고, 범죄처벌특조령의 범죄의 범위에 대하여 '형법에 규정된 예비죄 및 미수죄도 포함한 것으로 해석 운영한다'고 밝혔다.[23] 송요찬 헌병사령관을 시작으로 계엄사령부와 검찰을 통해 범죄처벌특조령이 산발적으로 발표됨으로써 범죄처벌특조령은 계엄하에서 양형 기준이 되었고, 예비죄 미수죄를 포함함으로 해서 전쟁 초기 예방구금과 즉결처형을 합법화했으며, 민간인을 군법회의에서 재판할 수 있도록 하였다. 계엄의 실질적 내용이 긴급명령으로 달성된 것이 아니라, 도리어 긴급명령이 계엄 상태에서 공포 효과를 극대화할 수 있었다. 계엄 상태에서는 사소한 범죄라도 범죄처벌특조령이 적용될 경우 군법회의에서 처리될 수 있었으며, 일반 법원에서 재판 받는다 하더라도 10년 이상의 중형을 선고받을 수 있었다. 계엄사령부는 전국의 사법 사무를 관장하게 되었고, 특히 전시하의 국가 안위에 관련된 국방경비법상의 이적이나 간첩, 국가보안법 위반사건, 범죄처벌특조령 위반사건 등에 대한 재판 관할권은 계엄고등군법회의가 행사함을 분명히 하였다. 7월 8일 비상계엄 선포 운영의 핵심은 체포·구금·수색 및 언론·출판 관련 특별조치의 시행과 소위 '이적행위자'에 대한 군법회의 재판을 통한 신속한 처단에 있었다고 할 수 있다.

22 「경제신문」, 1950. 7. 13.
23 「부산일보」, 1950. 7. 20.

1950년 7월 19일 국군의 후퇴와 함께 경남지구 계엄사령부가 신설되었고, 7월 20일에는 7월 21일 0시를 기해 전라남북도 지역에 대해 비상계엄이 확대·선포되었다.[24] 남한 전역으로 비상계엄이 확대된 후 7월 26일에는 '계엄하 군사재판에 관한 특별조치령'(이하 군사재판특조령)이 선포되었다. '군사재판특조령'은 감당할 수 없이 늘어나는 군사재판 사건을 처리하기 위해 마련된 것으로, 군법회의를 신속하고 간략하게 진행하기 위한 조치였다.[25] 그러나 신속한 처리를 명분으로 사형과 무기형에 대한 형의 집행까지 군법회의 설치장관의 확인으로 처리하였고, 군법회의에 회부되었던 민간인들의 범죄 사실 여부를 규명할 최소한의 시간도 허용하지 않았다.

북한에 비상계엄이 선포되고 국군 제1사단이 평양을 탈환한 10월 13일 치안국장은 "전국 치안상황이 완전 복구됐다"고 선언했음에도 불구하고,[26] 10월 15일 38도선 이남에서는 계엄법 제13조에 따른 특별조치가 공포되었다.[27] 특별조치는 1950년 7월 11일 '계엄 실시 사항에 관한 건'으로 충청남북도 지역을 시작으로, 11월 16일에는 경상남북도 지역까지 확대·시행되었다. 그러나 10월 15에 발표된 '38도선 이남을 통한 전 지역'에 대한 체포·구금·수색 특별조치는 전황과 무관하게 남용되었음을 알 수 있다. 9월 28일 환도 이후 10월 3일 경인지구 계엄사령부가 설치되면서 사령관 이준식은 전시 범죄 처벌에 관한 포고를 발하였고, 10월 4일 군·검·경 합동수사본부가 설치되

---

24 「관보」 제384호, 1950. 7. 20.
25 국방부 정훈국 전사편찬회, 앞의 책, c53.
26 위의 책, b53.
27 위의 책, b54.

었다. 이어 경인지구 계엄고등군법회의가 설치되어 부역자 색출 광풍이 불었다. 10월 15일 특별조치는 수복 이후 부역자 색출을 위한 필수 조건이었다.

환도 뒤 남한 전역에 대한 비상계엄 해제 요청은 10월 하순부터 국회와 각 지역에서 시작되었다. 10월 28일 국무회의에서는 '계엄령을 우선 서울·부산·대구·인천 등지만이라도 해제하기를 희망한다는 요청'이 있음을 보고하였다.[28] 이어 10월 31일 국무회의에서 이승만은 '계엄령 해제 요청이 있었으니 국방부장관이 외국 사령관과 상의하도록 하라'고 주문하였다. 그러나 내무부장관은 치안 상황을 들어 계엄 해제를 반대하였다.[29] 11월 2일 비공개로 개회된 국회 제41차 임시본회의에서는 38도선 이남 전역에 걸쳐 계엄 해제안을 가결하였다.[30] 11월 7일 비상계엄은 경비계엄으로 전환되었다.

정부와 군은 계엄 해제 요구에 대하여 '작전상 필요'에 더하여 계엄사령부의 일반민, 행정사법기관에 대한 통제를 통한 사정 활동의 필요성과 더불어 부역자 처리의 어려움을 들어 비상계엄의 즉시 해제를 반대하였다. 의결 전 국방부차관 장경근은 계엄 해제 반대의 가장 큰 이유로 부역자 처단 문제라고 지적했다.[31]

중요하게 고려할 점이 두 가지 있습니다. 하나는 부역자를 단기간 내에 처단하는 문제입니다. … 악질적인 **부역자는 단기간 내에 강력히 처단해야**

---

28 "국무회의록" 제112회, 1950. 10. 28.
29 "국무회의록" 제115회, 1950. 10. 31.
30 "국회속기록" 제8회 제41차, 1950. 11. 2.
31 "국회속기록" 제8회 제41차, 1950. 11. 2.

될 것입니다. 여기에 대해 군과 경찰과 검찰과 이렇게 합동해가지고 3자가 합동조사해가지고 공정한 방침으로서 이것을 처단하는 것입니다. … **합동수사본부를 운영하는데 이 합동조사본부의 법적 근거는 오로지 계엄 실시에 있는 것입니다.** 계엄 실시가 없다고 할 것 같으면 군과 경과 검과 이것이 합동해가지고 일을 할 수가 없는 것입니다.

비상계엄의 목적은 단기간 내에 부역자를 합동수사본부를 통해 처단하는 것이라고 명확히 밝히고 있다. 그 방도는 '계엄하 군사재판에 관한 특별조치령'에 따라 군인 법관과 일반 판사·검사를 군법회의에 복무하도록 하여 군법회의를 신속하게 진행하는 것이라고 언급하였다.

이렇듯 비상계엄이 해제될 경우 영장 없는 체포 구금 등을 할 수 없고, 민간인을 군법회의에서 재판하는 것이 어려워질 것이 예상되자, 정부와 군은 계엄 해제에 따른 방책을 세웠다. 첫째 방책이 비상계엄을 경비계엄으로 전환하는 것이었고, 둘째는 이적행위자 구속과 처리를 위해 합동헌병대 등의 기구를 강화하는 것이었으며, 셋째는 법제적으로 '군법회의 재판권 연기에 관한 건' 등을 통해 검거한 부역자를 신속히 처단하는 방법을 마련하는 것이었다.[32] 이러한 조치들은 계엄 상태 유지를 위한 방편이었다. 경비계엄 상황에서도 '군사에 관한 범죄'의 해석상 애매함을 통해 영장불필요, 민간인에 대한 군법회의 회부라는 두 가지 목적을 비상계엄 상황과 동일하게 모두 달성할 수 있었다.

---

32 군법회의에서 사형 언도를 받은 161명에 대하여 '공식적'인 형 집행이 11월 23일 진행됐다. 「경향신문」, 1950. 11. 25.

<표 3> 1950년 계엄의 선포와 해제 사례

번호	건명	지역	계엄종류	공포일	참고
1	계엄선포-계엄	남한전역(전라남·북도제외)	비상계엄	[관보] 제383호(1950년 7월 8일)	전쟁 발발
2	계엄선포개정의건	남한전역	비상계엄	[관보] 제384호(1950년 7월 20일)	
3	비상계엄선포	이북전지역	비상계엄	[관보] 제396호 (1950년 10월 10일)	원산탈환
4	계엄해제에관한건	제주도	-	[관보] 제396호 (1950년 10월 10일)	
5	계엄선포에관한건	제주도, 경상남·북도를 제외한 남한전역	경비계엄	[관보] 제406호 (1950년 11월 7일)	비상계엄 해제
6	비상계엄해제에관한건	남한전역	-	[관보] 제406호 (1950년 11월 7일)	국회요구
7	계엄선포의건중개정의건	남한전역	비상계엄	[관보] 호외 (1950년 12월 7일)	중국인민군 참전

전쟁 발발 이후 1950년 12월까지 약 6개월 동안 정부는 총 6차례에 걸쳐 계엄을 선포하거나 확대, 계엄 종류를 변경하는 조치를 취하였다. 이러한 계엄의 선포와 해제는 표면적으로 후퇴와 진격, 소강 그리고 다시 후퇴라는 전쟁 상황에 따른 결과로 보여진다. 그러나 앞서 살펴본 바와 같이 계엄 선포와 해제는 전시 군작전의 효율성 때문이 아니라 비상계엄 해제 요구에 대한 대응이었다고 할 수 있다. 당초 전시 계엄 선포의 목적은 '범죄처벌특조령'의 입법과 병행하여 전쟁 발발 직후부터 '북한군에 협조 가능성이 있는 자'를 불법적으로 처단했던 상황을 합리화하고, 이후 부역자 처단을 합동수사본부와 군법회의를 통해 신속히 추진하고자 하는 데 있었다. 환도 이후 국회와 국민의 계엄 해제 요구에 대하여 경비계엄으로 전환하여 계엄 상태를 유지

하고자 했다.

국회의 강력한 요구에 따라 어쩔 수 없이 비상계엄을 해제하였으나, 군과 정부는 부역자와 정치범 처단을 위해 경비계엄으로의 전환을 통해 계엄 상태를 유지해 나갔다. 그러나 중국의 참전으로 1950년 12월 7일 남한 전역은 다시 비상계엄 상태에 놓이게 되었다.

1·4 후퇴를 기점으로 퇴각을 거듭하던 유엔군과 국군이 1951년 2월 10일경 인천을 탈환하고, 3월 15일경 서울을 탈환하여 전선이 교착상태에 들어가자 유엔에서의 정전안 논의가 활발해지기 시작하였다.[33] 이러한 전황의 변화에 따라 국회를 중심으로 계엄 해제에 대한 요구가 다시 일어났다. 국회의 비상계엄 전면 해제에 대해 군과 정부는 '공비 소탕'과 '반국가적 공산 세력 침투 봉쇄'를 이유로 계엄 전면 해제가 아닌 지역적 해제와 경비계엄 선포를 반복하는 것으로 대응하였다. 1951년 계엄 운용은 12월 1일 선포된 비상계엄을 제외한다면, 1950년 12월 7일 선포된 비상계엄의 지역적 해제와 경비계엄의 선포 과정이었다고 할 수 있다. 4월 8일과 8월 13일 국회의 요구에 따라 비상계엄이 해제되었지만, 같은 날 경비계엄을 동시에 공포하였다. 3월 23일 전라남북도와 경상남북도 36개 시·군에 대한 비상계엄 해제 조치는 한동안 유지되는 듯하였으나 1951년 12월 1일 비상계엄 선포로 전라남북도 지역과 경상남북도 지역의 일부는 다시 비상계엄 상태로 들어갔다.[34]

국회의 계엄 전면해제 요구가 거부되고 지역별 부분 해제로 가닥이 잡혔지만, 1950년 12월 7일 38도선 이남에 내려졌던 비상계엄은

---

33 국방부 정훈국 전사편찬회, 앞의 책, b119.
34 「관보」 제563호, 1951. 12. 1.

상대적으로 전투가 38도선을 중심으로 교착되면서 서울, 경기, 강원 지역은 비상계엄 해제 논의의 대상 지역도 되지 못하였다. 국회의 요구에 대한 이승만과 군의 조치는 사실상 형식적인 해제로 그나마 국회의 논의가 집중되었던 3월과 4월에 지역적 해제와 경비계엄으로의 전환이 있었을 뿐, 그 이후에는 계엄을 해제하지 않고 유지하였다. 뿐만 아니라 시군 단위로 한 계엄 선포와 시행은 해당 지역에 내려진 계엄이 무엇인지, 계엄이 해제되었는지조차 도저히 알 수 없게 되어 있었다.

당시 국회의 비상계엄 해제 요구 과정을 살펴보면 계엄 운영의 핵심을 알 수 있다. 김종순 의원을 대표로 한 비상계엄 해제 요구 이유는 첫째, 비상계엄 해제 지역에서 제외된 시·군은 비상계엄을 유지할 만한 상황이 아니라는 점, 둘째, 공비 토벌을 이유로 비상계엄을 유지하는 것은 납득하기 어려우며 잔비 소탕은 계엄의 근본 목적이 아니라는 점, 셋째, 비상계엄 지속에 따라 군의 일반 행정, 민간인에 대한 폐해가 심각하다는 점, 넷째, '군사상 필요'에 의한 특별조치가 자의적으로 운영되고 있다는 점[35]이었다. 군과 정부가 군 작전과는 무관하게 계엄 상태를 유지했던 방법은 두 가지였다. 하나는 지역적 비상계엄 해제와 경비계엄 선포를 통해 비상계엄 해제의 효과를 상쇄시키는 것이며, 둘째는 '공비와 제5열 소탕'이라는 명분을 통해 계엄 상태를 유지하는 것이었다. 전쟁의 교착과 국회와 국민의 계엄 해제 요구에도 불구하고 1951년에도 38도선 이남 지역은 경상남도 11개 시군과 경상북도 11개 시군을 제외하고 모두 비상계엄 또는 경비계엄 상태에

---

35 "국회속기록" 제10회 제48차, 1951. 3. 22.

있었다고 할 수 있다.

1952년 이후에도 계엄 선포는 전쟁이 장기간 교착 상태에 들어가 비상계엄을 해제할 명분이 약해지면서 경비계엄으로의 전환을 통해 계엄 상태를 지속시켰다. 경비계엄으로의 전환은 선거와 정치적 상황과 관련하여 일부 지역에 대한 비상계엄 해제와 경비계엄 선포의 형식으로 나타났다. 1952년에는 총 11차례의 계엄 선포 또는 해제 조치가 있었다. 1952년 계엄 운용의 특징은 선거 지역의 비상계엄 해제와 정치적 상황과 공비 토벌을 명분으로 한 비상계엄의 선포라고 할 수 있다. 2월 5일 국회의원 보궐선거, 4월 25일과 5월 10일의 지방선거, 8월 정부통령 선거 그리고 1954년 4월 20일 민의원 선거로 이어지는 선거 국면에서 해당 지역의 계엄은 해제되었다. 이와 동시에 2월 3일 경상남북도 지역에 대한 비상계엄 선포, 부산정치파동 당시 전라남북도, 경상남도 지역에 대한 비상계엄 선포 그리고 1953년 12월 1일 전라남북도, 경상남북도 산간 지역에 대한 비상계엄 선포 사례에서 보는 바와 같이 비상계엄을 선포하여 1954년까지 계엄 상태를 유지하였다.

1952년 이후부터는 이러한 계엄 유지 명분이 더 이상 효력이 없어지면서 '공비 토벌과 반국가적 세력의 침투 봉쇄'를 명분으로 지역적으로 비상계엄을 선포하는 식이었다. 더불어 서울특별시와 경기도의 경우 이미 1951년부터 비상계엄 실행의 사유가 없다는 이유로 국무회의에서 계엄해제안이 상정되기도 하였으나 1952년 2월 7일 경기도 일부 지역에 대해 경비계엄으로 전환한 후 1954년에 가서야 해제하는 등 가능한 한 계엄 상태를 지속하고자 했던 당국의 태도를 엿볼 수 있다.

1951년 당시 경비계엄 지역이었던 진주시, 신안군, 완도군과 1952년 12월 1일 비상계엄이 선포되었던 진안군의 경우 계엄 해제 지역에서 누락되어 문서상 1954년 이후에도 계엄이 계속되는 모순을 보였다. 또한 애초 계엄 해제 논의에서 누락되어 있던 충청남도 지역은 1950년 12월 7일 비상계엄 선포 이래 대부분의 계엄이 해제되는 1954년 이후에도 명시적인 계엄 해제 조치가 없었다.

실제 한국전쟁 기간 비상계엄과 경비계엄이 지역별로 반복적으로 전환되었다. 비상계엄 해제의 직접적인 계기는 국회의 비상계엄 해제 요구였다. 그러나 정부는 비상계엄을 해제하더라도 곧바로 경비계엄을 선포했다. 이 전환은 계엄을 유지하는 방식이었으며, 계엄 상태라는 본질은 바뀌지 않았다. 계엄법 규정과는 상관없이 군은 경비계엄 지역에 서도 비상계엄 때와 마찬가지로 '행정과 사법 모두'를 실질적으로 관장했다. 군은 경비계엄으로 전환한 뒤에도 군법회의 기간 연장을 통해 '부역자 처벌'을 명목으로 민간인에 대한 사법적 관할권을 계속 유지했다.

한국전쟁 시기 계엄 운영에 대하여 종래 군사 연구자들은 당시 계엄이 전황에 따라 선포·해제하여 합리적으로 운영되었다고 평가해 왔다. 실제로 3월과 4월 두 달 동안 비상계엄이 해제된 지역은 총 98개 시·군으로 38선 인근 및 서울·충청남도 지역을 제외한 전 지역에 이르고 있었다. 그러나 이렇게 해제된 지역은 '공비 소탕' 등을 이유로 다시 비상계엄을 선포하거나 경비계엄으로 전환하였다. 경비계엄으로 계엄의 종류가 전환되었다고 하더라도 해당 지역에서는 비상계엄과 다르지 않은 상황이 지속되었다. 이러한 계엄의 선포와 해제는 군에 의해 추진되었으며, 해제 지역과 해제 일시 또한 군에 의해 결정되었다. 이러한 조치는 계엄에 대한 국민과 국회의 저항에 맞선 조치로서, 계엄 상태를 유지하여 정부와 군의 '공포정치'를 유지하는 방편에 지나지 않았다. 더불어 선포 요건에 해당하지 않는 상황임에도 불구하고 '공비 소탕'을 이유로 비상계엄을 선포하기도 하였다. 이는 군과 정부가 폭력을 통해 국민의 사상과 기본권을 억압함은 물론 해당 지역 주민에 대하여 '협력자', '반도 은닉자'로 규정하여 최소한의 법적 보호 없이 군법회의에 회부하여 중형을 선고하거나 처단하는 직접적인 방편이 되었다. 따라서 기존 연구자들의 한국전쟁 당시 계엄 운영에 대한 평가는 계엄의 시기적 지역적 해제·선포에 대한 일면적 고찰이며, 실제 계엄이 자국민들의 기본권을 억압하고 '공비 소탕'을 명분으로 산간 지역 주민들의 고통과 투옥, 살상에 대해 눈을 감는 평가일 뿐이다.

한국전쟁 시기 계엄은 군사적 이유와는 별개로 내전 상황에서 신속한 '(가상의) 적 제거'를 목적으로 하는 정치적(픽션적) 계엄이었다. 이러한 성격을 가장 잘 보여주는 사례는 1952년 정부통령 선거를 둘러싼 정치과정에서 발생한 5월 25일 비상계엄 선포 사례이다. 이날의 계엄은 후방 지역 공비 소탕을 근거로 '가상의 포위상태'를 내세운 픽션적 계엄이자 대통령 재선을 위해 자신에게 유리한 방식으로 개헌하려는 전형적인 정치적 계엄이었다. 이른바 이승만의 재선을 위해 전쟁 중 일어난 친위 쿠데타인 '부산정치파동' 무대에서 주연은 당시 특무대장 김창룡과 헌병사령관 원용덕이었다. 우선 김창룡은 대구형무소 수형자 7명과 거래해 공비로 위장시켜 부산 금정산에 출현, 충격을 가하도록 조작했다. 다음으로 5월 25일 부산 등 경상남도 9개 지역에 내려진 비상계엄의 계엄사령관으로 임명된 원용덕은 헌병대, 특무대, 경찰을 동원해 야당 국회의원들의 체포·구금에 나섰다.[36] 5월

26일 부산 경남도청 정문에서 야당 국회의원 47명이 탄 국회 통근버스는 통째로 헌병대에 끌려갔다. 원용덕은 이러한 테러를 '버스 검문 불응사건'으로 규정하여 의원들은 현행범으로 체포한 것으로 발표하였고, 끌려간 야당 의원들은 국제공산당 음모사건 피의자로 구속되었다. 체포되지 않고 숨어 있었던 야당 의원들은 지명수배를 받아 40일 가까이 숨어 지내야 했다. 비상계엄을 통한 이승만 친위 쿠데타는 정상적인 방법으로는 재선이 불가능했기 때문에 취해진 이승만 개인의 권력욕의 결과였다. 정치적 위기 국면에서 계엄은 언제든 꺼내 쓸 수 있는 마술 지팡이로, 계엄 선포 요건에 해당하는가는 애초 고려되지 않았으며 국회를 무력화하고 정적을 제거하기 위한 방안으로 작동했다. 5월 24일 국방부 장관이 발표한 계엄 선포 이유는 '치안 교란의 징조'에 따른 '미연 방지책'으로 '부산에 준동하는 적색분자'를 제거하기 위한 것이었으며, (가상의) 적은 반이승만, 내각제 개헌 추진 세력이었다.

---

36 당시 총참모장 이종찬이 계엄 선포에 부정적이자 원용덕을 계엄사령관에 임명했다. 이종찬은 5월 26일 전 부대장 앞으로 '계엄 실시 지역 내에서 각 부대는 총참모장(이종찬) 명령 없이 출동할 수 없다'는 훈령을 내보냈다(국가 비상시의 각 부대 행동(육군본부 훈령 제216호, 1952. 5. 26.). 이종찬은 1952년 7월 23일 참모총장직에서 물러났다.

3. 군사정부 시기: 새로운 권력의 창출

1) 박정희 군사정부 — 쿠데타 그리고 쿠데타

5·16 쿠데타는 1961년 5월 15일 비상계엄으로부터 시작되었으며, 1964년 6·3 사태와 1972년 헌정 쿠데타 그리고 부마항쟁기에 이르기까지 박정희 권력의 위기를 극복하는 충실한 도구로 작동했다.

〈표 4〉 박정희 군사정부 시기 계엄 및 위수령 선포 현황

사건	선포 기간	계엄 종류	선포 지역
5·16 쿠데타	1961. 5. 16. ~ 1962. 12. 5.	비상/경비계엄	전국
6·3 항쟁	1964. 6. 3. ~ 1964. 7. 29.	비상계엄	서울시
한일협정반대시위	1965. 8. 26. ~ 1965. 9. 25.	위수령	서울시일원
교련반대대학생시위	1971. 10. 15. ~ 1971. 11. 9	위수령	서울시(서울시 9개 대학)
유신쿠데타	1972. 10. 17. ~ 1972. 12. 13.	비상계엄	전국
부마항쟁	1979. 10. 18. ~	비상계엄	부산시
	1979. 10. 20. ~ 1979. 10. 26.	위수령	마산시
10·26 사건	1979. 10. 27. ~ 1980. 5. 17.	비상계엄	전국(제주도제외)
	1980. 5. 17. ~ 1980. 10. 17.		전국 확대
	1980. 10. 17. ~ 1981. 1. 24.		전국(제주도 제외)

박정희는 4·19 혁명에 의해 수립된 민주공화국을 1961년 5월 16일 군사 쿠데타로 파괴하고 같은 날 군사혁명위원회(이후 국가재건최고회의)를 조직하여 6개 항의 '혁명공약'과 계엄을 선포했다. 계엄 선포는 민주정부의 심장인 국회를 해산시키고, 정치단체 활동을 중단시켜 쿠데타 세력을 중심으로 군사정부를 구성하기 위한 필수조건이었다.

쿠데타 직후 선포된 계엄은 개헌안(8차)이 국가재건최고회의를 통과하는 날(1962. 12. 6.)까지 유지되었다. 계엄 선포의 기능은 국회 해산이며, 반대파 제거를 위한 예비검속 및 정치 활동 금지에 있었다. 쿠데타 직후 군부는 육군방첩부대를 통해 '위험인물예비검속계획'을 수립하였으며,[37] 소위 혁명재판소를 통해 제거하였다. '위험인물예비검속계획'은 '치안을 교란할 우려가 농후한 위험인물을 예비검속하여 불순 음모 책동을 적극 방비하고 혁명 과업을 완수하기 위하여' 계엄사령관 직속하에 육군방첩부대장을 본부장으로 하여 군·검·경 합동수사본부를 설치하는 동시에 각 지구 계엄사무소 단위로 방첩대장을 수사부장으로 수사부를 설치하여 총 3,265명을 예비검속했다. 예비검속자를 A·B·C등급으로 분류하여 A급 및 B급은 입건·조치해 각 지부 계엄고등군법회의에 송치하고 C급은 훈방 처리하였다.[38] 육군방첩부대는 1948년 11월 육군 정보국 내 특별조사과 설치가 모태가 되어 여순사건 이후 방첩대(CIC)로 개칭되었고, 여순사건과 한국전쟁기 이승만의 친위대로 기능했다. 이승만의 정권 유지를 위해 수행한 방첩대의 예비검속과 수사 방식은 박정희 군사정부 시기에도 그대로 이어지고 있었다.

1968년 9월 23일 육군방첩부대는 육군보안사령부로 개칭하고 박정희 군사정부를 보위하였다.[39] 1967년 박정희가 '3선개헌은 하지

---

37 육군방첩부대, "위험인물 예비검속 계획," 1961. 5. 17.

38 국군보안사령부, 『대공30년사』, 1978, 313.

39 2018년 7월 '기무사 계엄준비 사건'(이하 계엄시행계획)에 따른 친위 쿠데타 모의 사건 때도 가장 치밀하게 준비한 부분 중의 하나는 국회의 계엄 해제 요구 의결에 대응한 국회의원 현행범 연행을 통한 의결정족수 미달 계획과, 검열 통제 요원을 편성하여 언론은 물론 SNS 등을 차단하는 계획이었다(전시계엄 및 합수업무 수행방안, 국군기무사령부).

않겠다'고 공약하면서 당선되었고, 같은 해 6월 8일 부정선거로 점철된 국회의원 선거에서 개헌 의석수를 확보한 후 1969년 9월 14일 '3선 개헌안'이 통과되는 한복판에도 육군보안사령부는 1969년 4월 7일 '예비검속대상자종합보고'를 마련하고 '3선개헌 반대 세력'과 야당의 지도자들을 사찰하여 만약의 사태를 대비하였다. 이 보고서의 도별 검속 대상자는 총 2,149명이었다.[40]

군 정보기관을 이용한 사찰과 예비검속은 1971년 '국가비상사태' 선언 이후 종신 집권의 계획을 실행하는 데도 필수적이었다. 육군보안사령부는 1972년 4월 7일 '도별예비검속자대상자현황'을 작성하여 활용했다.[41] 이는 신군부 내란음모 시기인 1980년 보안사령부(사령관 전두환)의 '검열대상자명부' 등의 이름으로 이어졌다. 1980년 초 전두환 보안사령관(합동수사본부장)의 지시로 이학봉 당시 보안사 대공처장이 중심이 되어 예비검속 방안을 마련하고 중앙정보부, 경찰, 보안사를 중심으로 검거 작전을 시행했다.[42] 군 정보기관의 쿠데타 음모와 예비검속 계획은 현재에까지 이어졌다. 1989년 일명 '청명계획'이 윤석양 일병의 폭로로 밝혀졌는데, 이 계획은 2017년 '기무사 계엄 검토 문서' 사건과 연속선상에 있었다. '청명계획'은 '기무사 계엄령 검토문건 사건'과 마찬가지로 계엄 발동에 대비하여 사회 주요 인사 검거, 처벌을 준비한 계획으로, 보안사령관이 수사기구를 통합 지휘하는 수사단장이 되어 계엄하 수사 업무를 총괄 담당하도록 설계하

---

40 육군보안사령부, "예비 검속 대상자 종합 보고," 1969. 4. 7.
41 육군보안사령부, "도별 예비검속 대상자 현황," 1972. 4. 7.
42 육군보안사령부, "광주사태 합동수사," 1980. 5. 17.(해당 자료는 전국 수사 대공과장 수사지침으로, 전국비상계엄 선포를 대비하여 '불순 배후 세력' 색출을 목적으로 보안사령부에서 예비검속 대상자 및 방법을 하달한 지침이다.)

였다. 국회 해산 또는 무력화, 반대 세력에 대한 예비검속과 처단은 계엄 선포 이전에 준비되었으며, 계엄 선포에 따라 비상사태의 문이 열리면 계획은 '실행'되었다.

5·16 쿠데타 뒤 군정이 종료되고 1963년에 발효된 제3공화국 헌법에도 "대통령은 전시·사변 또는 이에 준하는 국가비상사태에 있어서 병력으로써 군사상의 필요 또는 공공의 안녕질서를 유지할 필요가 있을 때에는 법률이 정하는 바에 의하여 계엄을 선포할 수 있다"(제75조 1항)라고 하여 대통령 계엄 선포권을 포함하였다. 헌법은 법률이 정하는 바에 의하여 계엄을 선포하도록 함으로써 군의 내치 혹은 행정 개입을 단속하였다. 그러나 한국 현대사에서 계엄은 '비상상태', '긴급상황'을 통해 법을 정지하고 새로운 권력을 세우거나 부패한 정권을 유지하기 위해 너무도 빈번히 쉽게 등장했다.

1971년 12월 6일 선포한 '국가비상사태선언'은 어떠한 법적 근거도 없이 대통령에 의해 선포되었고, 같은 해 12월 27일 공화당이 날치기 통과시킨 '국가보위에관한특별조치법'에 의해 소급 정당화되었다. 그리하여 '국가보위에관한특별조치법' 부칙 ②항에서 "1971년 12월 6일자로 선포된 '국가비상사태선언'은 이 법 제3조에 의하여 선포된 것으로 본다"라고 법조문에 적시해야만 했다.

'국가보위에관한특별조치법'에서 규정하는 국가비상사태와 선포 조항을 보면 "국가 안전보장에 대한 중대한 위협에 효율적으로 대처하고 사회의 안녕질서를 유지하여 국가를 보위하여 신속한 사전대비 조치를 취할 필요가 있을 경우 대통령은 국가비상사태를 선포할 수 있다"라고 하였다. 즉, 대통령이 비상사태가 발생하지 않아도 사전에 방지할 목적으로 비상사태를 선포할 수 있도록 하였다. '국가보위에 관한특별조치법'은 헌법을 넘어서는 법으로, 비상사태가 발생하지 않은 상태의 12월 6일 '국가비상사태선언'을 정당화하였고, 앞으로 있을 국가비상사태에 대비하는 박정희 군사정권의 장기 집권 계획인 유신 체제 수립 도정의 출발점이었다.

'국가보위에관한특별조치법'은 낯설지가 않다. 이미 박정희는 5·16 쿠데타 직후인 1961년 6월 6일 공포된 '국가재건비상조치법'을 통해 국가의 안녕을 위한 '비상사태'를 선포하고 비상사태를 극복하기 위한 헌법개정을 한 경험이 있다. '혁명 과업'을 위해 설치된 국가재건최고회의는 헌법이 규정한 국회의 권한을 행하며, 지방자치단체장을 임명하고 혁명재판소 설치 등 사법기능을 수행하는 기구로, '혁명 과업 완수 후 새로운 정부가 수립될 때까지' 기능을 유지하도록 하였다.

1971년 12월 6일 선포한 '국가비상사태선언'과 12월 27일 통과된 '국가보위에관한특별조치법'은 유신 체제 구축의 전주곡이었다. 대통령 박정희는 1972년 10월 17일 전국에 비상계엄을 선포하고, 국회를 해산하고, 정당의 정치 활동 중지 등 현행 헌법의 일부 조항 효력을 정지시키는 대통령 특별선언(이하 '10·17 특별선언')을 발표했다. 그리고 헌법개정안을 공고하고, 같은 해 11월 21일 이를 국민투표에 붙여 통과시킴으로써 이른바 유신헌법이 제정되었다. 유신 체제 수립은 비상사태의 상례화에 따른 박정희 군사정부(비상권력)의 지속을 의미한다.

'10·17 특별선언'을 위한 비상사태의 선언은 박정희 자신도 인정하다시피 헌법상 근거가 없고, 비상계엄도 계엄법에 따른 선포 요건을 갖추지 못하였다.[43] 비상사태 선언과 비상계엄 선포는 모두 유신헌

---

43 박정희는 특별선언에서 "… 정계는 파쟁과 정략의 갈등에서 좀처럼 헤어나지 못하고 있습니다. 민족적 대과업마저도 하나의 정략적 시비거리로 삼으려는 경향마저 없지 않습니다.

법 개헌에 대한 반대에 대비한 조치일 뿐이며, 국회 해산, 정당 활동 제한은 비상계엄이 선포되었다 하더라도 시행할 수 없는 내용이었다. 더구나 국회에 제출했던 법안 등을 모두 비상국무회의에서 처리하도록 하고 헌법개정안을 비상국무회의를 통해 제출하도록 한 것은 명백한 헌정 쿠데타이다.

유신 개헌 작업은 1971년 4월~1972년 10월에 이루어졌다. 유신 개헌 작업팀은 이후락과 중앙정보부, 김정렴과 청와대 비서실, 신직수와 법무부장으로 구성되어 있었다. 개헌작업팀은 1972년 5월의 궁정동 작업을 시작으로 하여 8~10월 사이에 '풍년사업'이라는 이름으로 유신헌법을 초안하였다. 중앙정보부의 김치열 차장, 법무부의 신직수 장관, 홍성철 정무수석이 주역을 담당하였으며, 8월에 기본적인 작업이 완료되었다.[44]

유신 체제 수립과정에서 비상계엄 선포는 치밀한 사전 준비 속에 진행되었다. 일명 '기러기 계획'은 유신헌법 초안 작업인 '풍년사업'과 짝을 이루는 '계엄 준비 계획'이었다.[45] 유신헌법 초안 작업 시기인 8~10월 보안사령부를 중심으로 계엄 계획을 준비하였음을 입증하는 자료이다.

이처럼 민족적 사명감을 저버린 무책임한 정당과 그 정략의 희생물이 되어온 대의기구에 대해 과연 그 누가 민족의 염원인 평화통일의 성취를 기대할 수 있겠으며 남북대화를 진정으로 뒷받침할 것이라고 믿겠습니까", "우리의 정치 현실을 직시할 때 나는 정상적인 방법으로는 도저히 이 같은 개혁이 이루어질 수 없다는 판단을 내리게 되었습니다"라고 하여 대의기구로의 국회와 정당 활동의 무용성을 주장하고, 비상선언 자체가 비정상적인 방법임을 인정하였다. "10월 17일 대통령특별선언," 육군본부, 『계엄사』, 1976, 320.

44 임혁백, "유신의 역사적 기원(하)," 「한국정치연구」 제14집 제1호 (2005), 136.
45 해당 자료는 원제목은 "72년 10월 유신 계엄업무 일지"이다. 자료는 필사본으로 판독이 어려울 정도로 훼손되어 향후 추가 입수 및 분석이 필요하다.

문서 서두에서 "대통령 각하의 결단에 의한 10월 유신(10. 17. 중대 선언)에 따른 계엄 선포 및 제반 체제 정비 과업을 뒷받침하고 군의 진중한 임무를 철저히 수행키 위하여 72년 8월 말~10월 초에 걸쳐 철저한 보안유지하에 가칭 '기러기 계획'의 이름으로 계엄 준비 계획을 수립했다"고 하여 계엄 준비 계획이 유신헌법개정 작업과 10월 유신의 일부분으로 수행되었음을 밝히고 있다. 이 계획은 '10·17 특별선언' 직전 5개 부대 핵심 요원이 사전 검토하고, 10월 13일~15일 사이 후방 부대 지휘관 및 부대장의 의견을 수렴하여 수정하여 작성되었다. '10·17 특별선언'과 비상계획은 '풍년사업'과 함께 준비되고 있었다. 계엄의 선포와 시행은 유신 체제 수립 계획의 일부분으로 진행되었으며, 이는 '전시·사변 또는 이에 준하는 국가비상사태'나 '군 사상의 필요에 응하여' 선포한다는 비상계엄의 발동 요건과는 먼 '정치적(픽션적) 계엄'이었음을 보여준다.

또한 계엄의 목적을 "대통령 각하의 결단(10·17선언)에 따른 제반 체제 정비 과업을 뒷받침하기 위한 작업"이라고 설정하고, '기러기 계획'에 수반되는 활동으로는 언론 통제, 출입국 통제와 같은 일반적인 계엄 관할 지역 내의 계엄 시행 내용뿐만 아니라 보안부대의 편성과 운영, 위해분자 감시 및 체포계획을 포함하였다.[46] 계엄사령부, 지구계엄사무소 내 보안부대원을 편성 운영함은 물론 언론통제 계획의 일부분으로 보안부대원을 배치하고 그 임무를 규정하였다. 그리고

---

46 계엄 관할지역 내 계엄 시행 내용은 치안유지, 징발업무, 옥내외 집회, 시위 및 단체활동 통제, 보도 검열 수행, 통행금지 시행 및 주민·차량 이동 통제, 출입국자 검열 미 통제, 피해복구 및 구호, 기타 계엄사령관의 지시사항이다. 합동참모본부, 『계엄실무편람』, 2010, 87.

감시계획에는 감시 방법, 감시반 편성, 감시 요령, 교육 내용을 포함하였고, 체포계획에는 체포조 편성·운영 등을 담고 있다. 일명 위해분자에 대한 감시·체포와 관련한 계획은 육군보안사령부가 마련한 '도별예비검속자대상자현황'(1972. 4. 7.)[47]에 기록된 반박정희 세력에 대한 예비검속 계획이었다.

'기러기 계획'은 '10·17 특별선언'에 따른 과업으로 계엄 선포, 헌정 일부 중단, 국회 해산, 정당 해체를 명시하고, '과업을 60일 이내에 완료함을 전제'로 ① 30일 이내에 신헌법 제정을 위한 국민투표 실시, ② 50일 이내에 평화통일 완수를 위한 통일주체국민회의 설치, ③ 60일 이내 신헌법에 의한 대통령 선출 과정이 담겨 있었다. 또한 계엄군은 계엄 선포와 동시에 국회에 돌입하여 비서실을 장악하고 전관 폐쇄 조치하라는 구체적 지시가 포함되었다.[48]

5·16 쿠데타와 유신 쿠데타를 가능하게 했던 계엄은 대의기구로의 국회를 해산시키고, 정치 활동 금지와 예비검속을 통한 반대파를 제거하는 데 마술 방망이로 기능했다. 그러나 앞서 살펴본 바와 같이 계엄법 어디에도 계엄이 선포되었다고 해서 국회를 해산시키고 예비검속을 시행하도록 규정하고 있지 않다. 어느 헌법학자의 말처럼 "혁명은 법률행위가 아니고 사실행위이다. 법 내재적 정의에 대한 법 초월적 정의의 투쟁·승리를 의미"[49]했다. 국가긴급권으로서의 계엄은 비상사태를 이유로 한 헌정 중단을 법 내재적으로 정의하고 있어, 새

---

47 육군보안사령부, "도별예비검속자대상자현황," 1972. 4. 7.

48 계엄부대는 수경사 예하 3개 대대와 특전사 소속 3개 여단을 지정한 공공시설과 대학 주요 시설에 투입하도록 했다.

49 문홍주, 『법학강의총서: 국가재건비상조치법』 (법문사, 1961), 4, 24.

로운 권력자의 '혁명'은 사실행위로 이 투쟁에서 승리하였다.

2) 박정희 군사정부 ─ 공공의 안녕질서유지

박정희 군사정부의 계엄 선포는 비상사태의 상례화 속에 공공의
안녕질서유지를 명분으로 권력을 유지하기 위해 사용되었다. 박정희
군사정부 초기 발생한 6·3 시위, 한일회담 반대 시위와 1971년 교련
반대 투쟁 그리고 부마항쟁 때 선포된 계엄과 위수령은 박정희 군사정
부의 정책과 폭력에 반대한 시민, 학생의 시위를 억압하기 위해 발동
되었다. 계엄 선포 사유는 '공공의 안녕질서유지'이다. 공공의 안녕질
서유지는 계엄법 제2조에 규정하고 있는 비상계엄과 경비계엄의 목
적이다. 선포 조건에 대하여 『2016 계엄실무편람』은 "국가비상사태
가 발생되었다고 해서 무조건 선포할 수 있는 것이 아니다. 계엄을
선포하기 위해서는 국가비상사태로 인해 행정 및 사법기능이 현저히
곤란한 상황이 있어야 한다"고 해설하고 있다. 그리고 세부 해설에서
사회질서가 극도로 교란되어 있다 함은 "경찰력으로 치안유지가 불가
능한 경우 또한 적과 교전 상태가 아니더라도 사회질서가 극도로 혼란
해지면 계엄을 선포할 수 있다는 것을 의미한다"고 하였다. 해설을
여러 번 읽어도 '사회질서가 극도로 혼란한' 상황이란 어떤 상황인지
판단하기 어렵다. 이 상황에 대한 판단은 헌법 제77조에 따라 대통령
만이 할 수 있다.

'질서유지'를 위해서 군을 동원할 수 있는 것은 계엄이 선포된 경우
만이 아니다. 박정희 군사정부 시기 위수령은 단골로 등장했는데, 위
수령이 선포되어 학생·시민의 시위를 진압한 경우는 한일협정 학생

시위(1965. 8.), 교련 반대 학생 반정부 시위(1971. 10.), 부마민중항쟁(79. 10.) 때이다.[50] 애초 위수령은 부대 주둔에 따른 경비 범위와 경비 근무 및 주둔 지역 지방자치단체와의 관계 설정 등이 필요하여 1950년 3월 27일 대통령령 제269호로 제정되었지만, 박정희 군사정권 시기에 이르러 긴급사태를 명분으로 위수령을 통해 군부대를 동원하는 데 이용되었다. 즉, "위수사령관은 재해 또는 비상사태에 즈음하여 서울특별시장, 부산시장 또는 도지사로부터 병력 출동의 요청을 받았을 때에는 육군참모총장에게 상신하여 그 승인을 얻어 이에 응할 수 있으며, 사태가 긴급하여 승인을 기다릴 수 없을 때에는 즉시 요청에 응한 뒤 사후에 보고할 수 있다"라고 규정(위수령 제12조)하여 민간 치안에 병력이 출동될 수 있는 근거가 되어, 질서유지를 위한 군대 동원령으로 기능하여온 것이다.

군사정부하에서 해당 지역의 장은 실제 비상사태에 따른 군대 동원 요청의 권한을 실질적으로 갖고 있지 않았다. 부마항쟁 때 마산·창원 지역에 10월 20일 선포된 위수령의 경우 선포 이전인 10월 18일 오전 10시 45분경부터 부대가 들어와 시위대를 진압하고 있었다. 그뿐만 아니라 경남지사의 (병력 동원) 요청은 위수령을 발동한 뒤 진행된 요식 행사였다. 계엄 선포와 마찬가지로 위수령을 통한 군대 동원은 법 외부에서 결정되었다. 그리고 위수령은 주민 안녕을 위한 거리 질서 확립에 목표를 둔 것인데도 진압 작전을 실시한 것 자체가 위수령을 위반한 불법적인 기능이었다. 정승화 육군참모총장의 승인 없이 마산지역 39사단장이 위수사령관인 조옥식에게만 보고하고 위수령

50 노태우의 회고록에 따르면 1987년 6월항쟁 당시 전두환 정권도 위수령을 선포하려다 6·29 민주화 선언 직전 취소한 것으로 알려진다.

을 발동했다.[51] 그러나 이것은 해석에 따라서 탈법이 아닐 수도 있다. 위수사령관은 육군참모총장에게 승인을 얻어 병력 동원에 응해야 하지만, 사태가 긴급하여 승인을 기다릴 수 없을 때 사후 승인을 인정하고 있기 때문이다. 또한 영장 없이 현행범을 체포할 권한까지 위수사령관에게 부여하고 있다.

'기무사 계엄령 검토 문건 사건'의 소용돌이 속에서 국방부는 "위수령이 위헌·위법적이고, 시대 상황에 맞지 않아 관련 절차에 따라서 폐지토록 하겠다"고 밝혔다. 그리고 2018년 9월 11일 국무회의에서 위수령 폐지령안을 심의하여 68년 만에 폐지했다. 그러나 부대 이동(병력 출동)에 관한 규정은 위수령에만 규정된 것이 아니라 야전군사령부령 제6조 1항, 작전사령부령 제6조 제2항, 군단사령부령 제6조, 보병사단령 제8조, 해병사단령 제8조에도 규정되어 있다. 그러나 이들 조항은 위수령 폐지에도 그대로 유지되고 있다. 위수령 폐지에 따라 병력 출동 관련 규정에 변화가 없는 것은 아니다. 야전군사령부령(지상작전사령부령)은 애초 '작전 관할구역에서 재해나 비상사태가 발생하여'를 '재해가 발생하여'라고 하여 비상사태를 삭제하였고(2018. 12. 4.), 육군제2작전사령부령도 마찬가지로 비상사태를 삭제했다(2018. 12. 4.). 그러나 군단사령부령, 해군사단령은 이조차 개정되지 않았다. 군단사령부령 제6조(병력 출동)는 "군단장은 재해 또는 비상사태 시 특별시장·광역시장·도지사 또는 특별자치도지사로부터 병력 출동

---

51 국방부 과거사진상규명위원회 조사 결과 부산 일원 계엄령에는 총 6,615명의 군 병력 중 공수특전사 2개 여단(제1여단과 제3여단) 2,604명의 병력이 동원되었으며, 부산에 급파된 3개 공수여단 중 5공수는 부산에 오자마자 18일 밤 마산으로 급파되었다. 과거사위, 2007, 448.

을 요청받은 경우에는 직속상관의 승인을 받아 그 요청에 따를 수 있다"라고 하였고, 제7조(군단사령부 이동의 사전 승인)는 "군단장은 재해·치안 또는 군사상 필요에 따라 군단사령부를 이동하려는 경우에는 미리 직속상관의 승인을 받아야 한다"(전문개정 2011. 8. 3.)라고 하여 재해 또는 비상사태 시 병력 출동과 이동 규정을 그대로 두고 있으며, 이에 대해 직속상관의 승인만으로 병력 출동이 가능하다고 규정하고 있다.

군대가 비상 상황에서 행정작용을 할 수 있는 경우를 헌법이 계엄으로 한정하였음에도 불구하고 위수령은 국회의 동의나 승인이 필요치 않고, 비상계엄이 선포되지 않은 경우에도 군병력이 민간 치안에 개입할 수 있도록 한 규정은 위헌, 불법의 소지가 다분했다. 국방부도 이 점을 인지하고 위수령 폐지안을 들고 나왔다고 할 수 있다. 그러나 앞서 살펴본 바와 같이 위수령의 폐지(2018)에도 불구하고, 현재 예하 부대 규정은 '재해'와 '비상사태' 시 병력 출동 가능성을 유지하고 있다.

3) 신군부 집권 시기: 권력의 공백

부마항쟁의 와중에 발생한 10·26 사건은 정치적 공백을 가져왔고, 이 공백기에 등장한 전두환을 중심으로 한 신군부는 박정희 군사정부를 뒷받침하던 김재규의 중앙정보부와 차지철의 대통령경호실이 무너지면서 전면에 등장했다.

이 시기 계엄 선포는 부마항쟁-10·26 사건-5·17 쿠데타까지 연속선에 있다. 1979년 유신 군사정부에 대한 투쟁이 확대되고 10월 15일 부산대학교에서 '민주선언문'과 '민주투쟁선언문'이 뿌려지면서 부산과 마산지역에서 항쟁의 시작을 알렸다. 일반 시민이 합세된 시위가 확대되자 10월 18일 부산지역에 비상계엄이 선포되었고(대통령 공고 제65호), 10월 20일 마산과 창원 지역에 위수령이 발동되었다. 부마항쟁에 따른 계엄 기간에 10·26 사건이 발생하자 지역계엄은 전국계엄(제주도 제외)으로 확대·지속되었다. 제주도를 제외했던 전국 비상계엄은 5·17 신군부의 내란을 기점으로 제주도를 포함한 전국 계엄으로 변경되었다(대통령 공고 제68호). 1979년 10월 18일부터 1980년 5월 17일까지 약 7개월간은 새로운 정치를 열망하는 반유신 세력과 공백기를 이용해 권력을 찬탈하려는 세력의 경합 시기였다.

이 경합의 시기, 공백의 시기에 10·26 사건으로 합동수사본부장이 된 전두환(보안사령관, 1979. 3. 임명)은 합동수사본부를 중심으로 권력을 집중했다. 합동수사본부는 1979년 10월 26일에 구성되어 전두환의 권력 장악이 마무리되고 계엄을 해제한 1981년 1월 24일까지 존속했다. 전두환은 보안사를 중심으로 검찰·경찰·중앙정보부(중정) 등 다른 공안기관까지 모두 지휘하고자 했다. 5·17 전국 계엄 확대 이후 설치한 국가보위비상대책위원회(국보위) 상임위원장을 맡으면서도 합수본부장직을 겸임했다. 전두환이 합동수사본부장을 그만둔 것은 통일주체국민회의를 통해 대통령 당선이 확실시되었던 8월 21일이었다.

애초 합수본부는 대통령 시해 사건 조사라는 명분 때문이었지만, 전두환은 계엄 상황을 빙자하여 이를 상설기관으로 만들었다. 1980년 5월까지 합동수사본부는 비약적으로 확대되었다. 합수본부는 본부장 아래 참모장과 비서실장을 두었고, 기획조정처, 안전처·정보처·(합동)수사단을 두었다. 이 중 정보처는 사회 동향을 사찰하는 역할을 맡았다. 정보처의 역할은 합수본부장이 사회 일반정세를 정확하게 알고 이에 대한 대책을 수립·건의할 수 있도록 민심 동향, 오열분자 준동 상태, 학원가 동향 그리고 계엄 업무에 대한 여론 및 기타 정보를 모집하는 것이었다.52 합동수사단(단장 이학봉, 보안사령부 대공처장)은 조사통제국, 제1~5수사국을 두어 보안·헌병·치안·안기부를 주축으로 권력형 부정 축재 사건, 사회 부조리 사건, 포고령 위반사건, 김대중 사건을 그리고 지역합수단은 전남지역 광주사건을 담당했다.

이와는 별도로 합동수사본부 내 '실무대책협의회'가 구성되었는데, 1979년 11월 19일 합동수사본부 참모장실에서 긴급조치 해제에 따른 문제점 검토를 위해 국장급 관계관(법무, 문교, 중정, 경찰, 보안)회의를 개최하고, 관계부처 계엄대책 실무연구를 지원(자료교환, 문제점 제기, 연관성 검토)하고 관계부처의 충분한 협조를 통한 대책 수립을 목적으로 하여 설립되었다. 논의 결과는 계엄대책회의를 통해 비상대책회의에 정책안을 건의하도록 하였다.53 대책회의는 비상대책회의(대통령 권한대행)-계엄위원회(계엄사령관)-계엄조사정보실무협의회(합수부부장) 체계로 구성되었으며, 합수본부장을 위원장으로 하여 각 기관 국장을 위원으로 구성했다.54 비상대책회의와 계엄위원회는 명목상 체계이고, 실제 전두환 합동수사본부장이 관할했다. 주요 행정기관 국장이 참여한 대책회의에서 진행한 계엄대책 연구는 계엄사령부

---

52 5공전사편찬위원회, 『5공 전사』(1755).

53 합동수사본부, "계엄수사정보실무대책협의회 구성 및 운영계획," (1979). 『5공전사』에 따르면 대책협의회가 사회의 전반적인 문제점들을 분석, 대책을 수립하였으며 정책에 반영된 내용들은 긴급조치 9호의 해제와 구속자 석방, 정치인·문제 교수·학생들에 대한 복권조치, 새로운 학원소요 진압대책 강구, 경기회복 대책 등이었다.)

54 대책협의회에 참여한 위원은 법무부·문교부·문공부·중정·치안본부·합수본부 정보처장·기타 기관 국장급이다.

(관)의 임무 범위를 넘는 국가 운영 전반의 사항이었다. 운영 내용은 '국민계몽과 순화를 위한 의견 제공, 긴급조치 해제에 따른 검토, 정책 건의, 정치 일정에 대한 종합 연구 보고, 기타 계엄사령관의 지시사항 수행 등'이다. 10·26 사건에 따른 공백을 전두환은 합동수사본부로 결집시키고, 합동수사본부는 행정 각 부 실무 국장을 귀속시켜 '비상 국정'을 운영하여 일시적 '비상사태 수습'에 그치지 않는 내란을 통한 집권을 준비했다고 판단된다.

'5·17 내란'을 모의한 곳도 합동수사본부였다. 전두환은 12·12사 태를 통해 군부를 제압했고, 합수본부를 중심으로 각종 공안기관을 장악했고, 중앙정보부장 겸임을 통해 자신에 대한 마지막 견제의 가 능성을 제거했다. 1980년 들어 합동수사본부를 중심으로 한 전두환 의 내란 기도는 더욱 구체화되었고, 1980년 2월 일명 합동수사본부 정보처에 설치한 언론반에서 시행한 'K-공작계획'으로 널리 알려져 있다.55 앞서 인용한 헌법학자의 말을 다시 인용하자면 '혁명'은 사실 행위이다. 박정희와 마찬가지로 전두환은 이제 정치적 반대 세력을 제거하고 시민들의 시위를 단시일 내에 진압하여 권력을 장악한다는 '사실행위'를 계획했다. '사실행위'의 방아쇠는 1980년 5월 4일 전두 환의 지시로 권정달 보안사령부 정보처장 등이 중심이 되어 작성한 '시국수습방안'이다. '시국수습방안'이 전두환에게 보고된 것은 5월 12일이며, 그 내용은 5월 17일 전국 비상계엄 확대 실시 포고령을

---

55 'K-공작계획'은 보안사령부 대공처 이상재 준위를 반장으로 한 언론대책반을 합동수사본 부 정보처 산하에 설치하고 보안사령부를 중심으로 계엄사의 보도 검열 업무를 조정, 감독 하게 하고, 3월 중순 단결된 군부의 기반을 주축으로 지속적인 국력 신장을 위한 안정세력 의 구축을 목적으로 한 전두환 대통령 추대 계획이다. 서울지방검찰청, "서울지방검찰청 5·18사건 공소장," 1996. 1. 23., 15.

발표하여 국회 봉쇄와 김대중 등의 재야 정치인 및 민주 인사, 학생운동 지도부 등에 대한 예비검속, 언론 검열, 정치 활동 금지와 집회 금지 조치를 단행한다는 것이다. 사실상 헌정질서를 중단시키는 것이 주 내용이었다.[56] 군은 5월 14일 소요사태 진압부대 투입 준비를 지시(일명 충정작전)했으며 소요진압본부를 개소했다.[57] 계엄 선포 이전에 군은 이미 시위 진압과 주모자 체포 작전으로 요약되는 충정작전을 시작했다. 이와 동시에 중앙정보부를 통해 조작된 '북괴남침설' 첩보가 5월 10일 보고되었으며, 5월 12일 임시국무회의에서 보고 뒤 주영복 장관은 5월 13일 '대간첩작전태세강화'를 지시하여 즉각 출동 태세를 준비했다.[58]

'사실행위'를 위한 마지막 승인은 5월 17일 국방부 회의실에서 열린 전군지휘관회의였다. 이 회의에서 정보국장의 '정세분석 현황설명'이 있었고, 군부에서는 전두환 내란을 승인했다.[59] 회의 종료 후 주영복 국방부장관은 최규하 대통령에게 국무회의 소집을 요구했고, 수도경비사령부 병력의 삼엄한 경계 속에 찬반 토의 없이 8분 만에 비상계엄 전국 확대 조치를 결의하고 계엄 포고 제10호를 선포했다. 5월 20일로 개원이 예정되었던 임시국회는 계엄령 해제안 통과를 우려한 군부 측에 의해 계엄군이 동원되어 봉쇄되었다.[60]

---

56 서울지방검찰청, "서울지방검찰청 5·18사건 공소장," 1996. 1. 23., 16.

57 군은 이미 3월 4일~3월 6일 수경사에서 '충정훈련'과 '제1차 충정회의'를 개최하였다. 충정작전은 다중의 집단이 사회 법질서를 파괴할 목적으로 폭도화할 경우 군과 경찰이 공세적 진압을 하여 시위를 와해시키고 재집결을 불허토록 분쇄 및 주모자를 체포하는 것을 목적으로 했다.

58 국방부, "대간전제 149호(1980. 5. 14.~20.)," 1980. 5. 30.

59 보안사, "전군지휘관회의록," 1980. 5. 17.

60 보안사, "광주사태 일일속도철," 1980. 5. 18.

합동수사본부는 신군부 내란의 산실이며, '시국수습방안'은 내란 실행 매뉴얼이다. 2017년 3월 탄핵 정국 때 작성된 '기무사 계엄령 검토문건'이 실제 행동으로 옮겨졌다면 보안사령관의 후신인 기무사 령관이 합동수사본부장을 맡게 돼 있었다. 계엄 문건 작성을 위한 TF도 방첩과 합동수사 업무를 담당하는 당시 기무사 3처(방공처의 후신)를 중심으로 꾸려졌다. 비상계엄이 선포되면 기무사가 합동수사본부를 지렛대 삼아 초헌법적 권한을 쥔 권력 기관으로 재탄생하는 시나리오를 담은 것이 '기무사 계엄령 검토문건'의 핵심이다.

10·26 사건을 수사하기 위해 설치되었다고 알려진 이 막강한 합동수사본부의 설치 근거는 1979년 10월 27일 발표된 '계엄공고 제5호'이다.[61] 당시 합동수사본부의 업무는 계엄법 제16조에 규정된 범죄 포고령 위반사항에 관한 조사 등을 실행하고 모든 정보조사기관(검찰, 중앙정보부, 경찰, 헌병, 보안)의 업무조정 감독, 기타 계엄사령관이 지시한 특수사건의 처리를 목적으로 하였다. 그러나 합동수사본부 설치 근거는 모호했다. 계엄사령부직제령에 존재하지 않기 때문이다. 1952년 계엄사령부직제가 처음 만들어질 당시 행정과, 법무과, 동원과, 치안과에 불과하던 것이 1970년 개정으로 당시 계엄사령부는 행정처, 법무처, 동원처, 치안처, 보도처, 특전처와 구호처를 두고 있었으나, 합동수사본부는 없다. '계엄공고 제5호' 공고 이전 계엄사령부의 '합동수사본부 설치계획'에 따르면 법적 근거를 계엄법 제11조, 제12조 그리고 충무계획1200(계엄)에 두었다. 그러나 계엄법 제11조와 제12조는 경비계엄과 비상계엄시 계엄사령관의 행정, 사법 관장

---

61 "합동수사기구 설치(계엄공고 제5호)," 1979. 10. 27.

에 관한 일반적 규정이며, 충무계획1200(계엄)의 치안유지 시행 세부계획도 합동수사본부 설치 근거라고 보기 어렵다.[62] 한편 10·26 사건 직전 부마항쟁 진압을 위해 선포되었던 비상계엄 상황에서 부산지역에 합동수사본부를 설치·운영을 실험했음을 확인할 수 있다. 전두환은 부산시에 합동수사단(단장 권정달 대령, 당시 501보안부대장)을 설치하고 보안사의 이학봉 중령, 중앙정보부의 김기춘 국장의 지원을 받아 소요 주동자에 대한 수사를 처리했다.[63] 앞서 살펴보았듯이 5·16 쿠데타 직후 육군방첩대가 '위험인물예비검속계획'을 수립하여 시행할 때도 합동수사본부를 구성하여 예비검속을 시행한 경험이 있다.

전두환의 보안사령부가 근거도 없이 부마항쟁 시기에 합수단 운영을 실험할 수 있었던 것은 육군보안부대의 경험과 관련이 깊다고 보인다. 정부 수립 이후 설립된 육군본부 정보국은 미군의 방첩대 기능과 조직을 이어받아 임무를 수행하게 되었고, 1948년 11월 정보국 내 특별조사과가 설치되었다. 여순사건 이후 특별정보대는 방첩대(CIC)로 개칭되어 숙군 과정에서 오제도가 참여하는 합동수사본부를 방첩대 안에 설치한 경험이 있다. 한국전쟁기에는 전쟁의 전황에 따라 변경되었지만, 계엄 선포와 함께 방첩대는 계엄사령관의 지휘에 들어갔다. 1950년 8월 20일 가장 악명을 떨친 경남지구 계엄사령부(사령관 김종원)가 설치되면서 신속하고 효율적인 '사상범 처리'를 위해 경남지구 CIC(대장 김창룡) 내에 검찰·경찰에서 인원을 파견하여 합동

---

62 계엄사령부, "합동수사기구 설치계획," 1979. 10.

63 육군본부, 『계엄사』(1982), 62-69. 10월 18일 전두환이 부산 계엄사령부에 방문하여 박찬긍 계엄사령관(중장)에게 진압 작전에 대해 구체적으로 지휘 조언했고, '충무계획 1200' 속 단 한 줄의 규정을 근거로 부산 계엄사령부에 '합동수사단'를 설치하도록 했다고 보기도 한다.

수사본부를 구성하고 운영하였다. 서울 환도 이후 10월 4일 계엄사령부 내에 합동수사본부를 발족했으며, 오제도 안문경 정희택 등의 검사들과 경찰이 참가했지만, CIC 대장 김창룡과 정보장교가 주도적인 역할을 했다. 당시 합동수사본부도 1951년 5월 해체될 때까지 계엄사령관 밑에 편성된 기구로, 설치 근거에 대해 당시에도 많은 논란이 있었지만 이승만의 전폭적인 지지를 바탕으로 운영되었다. 특히 환도 후 '부역자 색출'을 명분으로 무소불위의 권력을 휘둘렀다. 비상계엄 상황에서 군수사기관의 불법적 운영과 권한 확대를 경계하는 속에서 국회는 1951년 5월 2일 합동수사본부 해체를 결의하였다.[64] 육군방첩대는 4·19 혁명 후인 1960년 7월에 육군 '방첩부대'로 개칭되었고, 1968년 9월에 육군보안사령부로, 다시 1977년에 국군보안사령부로 이어졌다. 1979년 3월 보안사령관이 된 전두환이 부마항쟁 당시 합동수사본부를 계엄사령부 내에 설치하고 실험한 것은 국군보안사령부라는 군 정보부대의 명맥이 작용했다고 보인다.

합동수사기구 설치 규정이 계엄사령부직제에 반영된 것은 1981년 12월이며, "계엄사령관이 지정한 사건의 수사와 정보기관 및 수사기관의 조정 통제 업무를 관장한다"(제7조)고 하였다. 이 규정은 2021년 8월 현재 개정령의 내용과도 동일하다. 합동수사본부의 설치와 역할에 대해서는 2017년 '기무사 계엄령 검토문건'이 공개되면서 처음 문제가 제기되었다. 합동수사본부 설치 규정에도 불구하고 합동수사본부는 계엄사령부에 필수적으로 상설되는 기관이 아니고, 계엄사령관이 지정한 특정 사건의 수사를 위하여 설치되는 기관이며, 수사

---

64 김춘수, 앞의 책, 271-279.

기관의 조정 통제 업무는 치안처와 운영처를 통해 계엄사령관이 할 수 있다는 합동참모본부의 해석을 근거로 기무사의 합동수사본부에 의한 정보기관 수사기관 장악 기도를 분석하였다.[65] 계엄을 관장하는 합참의 공식적 해석은 그러하다. 따라서 기무사의 계엄 선포 검토 계획에 나타나고 있는 합동수사본부를 중심으로 한 (친위)쿠데타 실행계획은 전두환 등 신군부의 정권 찬탈 과정을 참고했음이 명확해 보인다.

계엄법이 여순사건과 제주 4·3사건 이후 법제화되었듯 합동수사본부도 불법적 실행 이후 사후 정당성을 확보하기 위해 조문이 만들어지는 동일한 절차를 거쳤다. 광주민주화운동 진압이 일단락되자 1981년 들어 국방부를 중심으로 계엄법 개정 작업이 진행되었다. 국방부 동원예비국에서 보안사령부에 의뢰한 계엄법 개정안 검토 의뢰 문에 대해 보안사는 합동수사본부 설치 근거 미약, 보안사의 합동수사 주도 근거 미약을 검토의견으로 제시하였다. 따라서 계엄법에 합동수사본부 설치 근거를 조문화하고, 보안사가 합수 업무를 주도할 수 있도록 구성된 합동수사본부직제령(안)을 제시했다.[66] 합동수사본부 설치 근거를 마련하고자 한 보안사의 의견이 반영되어 1981년 12월 개정 직제에 삽입되었다.[67] 그리하여 전두환의 정권 찬탈 '실행 계획'의 핵심 기구가 수행을 마치고 법에 안착했다. 10·26 사건 이후 합동수사본부는 보안사(구 기무사)의 역사이며, 전두환의 '국난 극복

---

65 민주사회를 위한 변호사 모임, "기무사 계엄령 문건 관련 '내란음모죄·내란예비죄' 성립에 관한 의견서," 2018. 8. 6.

66 보안사, "계엄법개정안 검토보고," 1981. 2. 2.

67 계엄사령부직제의 개정과 함께 합동수사본부의 구체적인 사항은 1982년 충무계획 세부 시행 계획에 반영되어, 전평시 합동수사본부 편성표 및 인원 등을 규정하였다. 당초 보안 사령부에서 검토 제시한 합동수사본부직제령 세부 사안이 반영되었다.

기'이다. 불법적인 합동수사본부 설치와 운영의 정당화는 폭력으로 정권을 찬탈한 전두환 군사정부의 정권 찬탈 행위를 정당화하고, 집권을 미화하기 위한 기초작업이었다. 이를 위해 1981년 2월부터 7월까지 보안사는 『합동수사본부: 국난극복의 발자취』 편찬 계획을 수립했다. 집필 범위는 1979년 10월 26일부터 1981년 1월 24일까지의 활동이다. 편찬의 목적은 "새 대통령 각하의 통치철학과 안보 이념을 관철하는 데 진심 전력하여 새 시대, 새 역사 창조에 기여한 합동수사본부의 발자취를 역사에 남기기 위함"임과 동시에 "합수의 주도적 임무를 수행한 보안부대의 역할을 부각, 부대 공신력 및 전통을 과시하기 위함"이었다.[68]

공식적인 계엄 수행 기관인 합참의 해석에도 불구하고, 합동수사본부가 '정보기관 및 수사기관의 조정 통제 업무'를 수행한다는 법의 해석 너머의 '시행'을 두려워하는 것은 법내화된 폭력에 대한 두려움을 이미 경험했기 때문일 것이다.[69]

4. 맺음말: 국가폭력의 현세화를 경계함

한국의 계엄은 '비상상태', '긴급상황'을 통해 법을 정지하고 새로운 권력을 세우거나 부패한 정권을 유지하기 위해 너무나도 빈번히

---

68 보안사, 『합동수사본부: 국난극복의 발자취』(1981. 2). 『5공전사』 편찬 작업과 관련하여 전후 또는 병행되어 시행되었는지는 연구가 필요하다. 보안사의 『5공전사』 편찬 계획은 1981년 초부터 진행되었다.

69 여순사건과 제주 4·3사건 당시 계엄은 계엄법 없이 시행되었지만, 1949년 계엄법 제정 이후 가상의 비상상태에서 벌어졌던 인권유린과 폭력을 기억하기 때문이다.

쉽게 사용되었음을 확인할 수 있다. 대통령의 계엄 선포권과 계엄법에 대한 검토가 필요한 이유이다. '공공의 안녕'을 위해서는 바로 그 법을 정지하고 폭력을 현세화할 수 있는 조항도 함께 넣었던 것이 계엄이다. 계엄은 국민에 대한 선전포고이자 전쟁이다. 계엄이 선포되면 계엄지역은 봉쇄되며, 언론은 통제되고, 군사법원이 설치되어 군인들의 판단으로 시민들의 생사가 갈린다. 봉쇄 지역인 계엄 지구의 주민은 사실 여부와 관계없이 적이거나 동조자로 규정된다. 이렇듯 피비린내 나는 계엄으로 열린 무법의 공간에서 군은 독재 권력을 연장하는 친위 쿠데타를 수행하거나 군이 직접 민간권력을 대체하는 쿠데타를 감행한다. 한국의 계엄은 탄생에서 역사적 시행 경험에서 예외 없이 이러한 모습을 보여준다. 비단 비정상적인 정권의 등장이나 유지에만 '비상사태'가 동원되는 것은 아니다. 가상의 비상상태에서 벌어졌던 인권유린과 폭력을 우리는 기억해야 한다. 폭력적 억압적 법제도의 청산 작업은 폭력을 예감하는 사람들의 몫이다.

기무사 해체까지 가져온 '계엄령 검토문건'은 기무사의 창작품이 아니며, 해방 후 한국 정치과정에서 정권의 위기 때마다 열어젖힌 판도라의 상자일 뿐이다. 정당성을 잃은 권력은 언제든 시민의 저항에 직면하고 저항이 낳은 '비상사태'는 시민에 대한 군의 무력 진압이라는 계엄 상태를 가져왔던 한국의 역사를 상기할 필요가 있다.

유신독재 시대 계엄령과 위수령의 불법성

오동석

(아주대학교 법학전문대학원 교수)

1. 서론

대한민국 헌법은 아직도 '계엄헌법'이다(오동석, 2018). 헌법에서조차 군사 쿠데타의 잔재를 털어내지 못하고 군사 통치의 가능성을 넓게 열어놓고 있다. 군인 아닌 국민이 평시에도 군사법원의 재판을 받을 수 있게 하는가 하면(헌법 제27조 제2항), 비상계엄 아래에서는 언론·출판·집회·결사의 자유 등 국민의 기본권에 대해 특별한 조치를 할 수 있게 하고(헌법 제77조 제3항), 사형 선고 외에는 단심으로 재판을 종결할 수 있게 하고 있다(헌법 제110조 제4항).

설령 헌법이 그렇다 하더라도 관련 법률을 잘 정비하면 군사 통치의 잔재를 걷어낼 수 있을 텐데, 법 현실은 그렇지 못하다. "계엄법"은 비상계엄 시 계엄사령관이 계엄 지역의 모든 행정사무와 사법사무를 관장하게 한다(법 제7조 제1항). '군형법'은 일정한 범죄에 대하여 군인 아닌 일반 국민에 대해서도 적용한다(법 제1조 제4항). 군대에서 성폭력 사건이 드러나자 2021년 9월 24일 '군사법원법'을 개정하긴 했지만, 즉자적으로 성폭력 관련 범죄에 한정하여 일반 법원에서 관할할 뿐이다(법 제2조 제2항). 전시 아닌 평시임에도 불구하고 군은 권력분립 원칙을 위배하여 사법권을 관장하는 것이다. 사법권까지 틀어쥐고 있어야 군기를 확립할 수 있다는 군의 태도는 군의 지휘 역량이 취약함을 자백함과 아울러 세상의 민주주의적 변화에 적응할 용기가 없음을 고백하는 것이라 해석할 수밖에 없다. 장병 전체보다는 소수의 고위 지휘관의 통치 권력을 유지하기 위하여 군사 쿠데타의 잔재를 유지하고자 함이다.

적어도 군사 통치 체제에서 입헌민주주의 체제로 이행은 시작하지도 못했다. 미국의 전 연방대법원장 렝퀴스트는 "법은 전시에 침묵하지 않으며, 다만 다소 다른 목소리를 낼 뿐"이라고 말한다. 『계엄실무지침서』(2001)는 전국계엄 시 계엄 지휘체계에 대하여 대통령 아래 계엄사령관이 위치하고, 계엄사령관 산하에 중앙부처 장관과 지방행정기관, 법원행정처장과 각급 법원 그리고 지구 및 지역 계엄사령관이 지휘를 받는 구조를 제시했다. 이것은 헌법의 계엄 조항으로 정당화할 수 없는 민주공화국 체제의 일탈이다. 입헌민주주의 체제로 전환의 정의가 절실하다. 군사 통치의 수단으로서 계엄령과 위수령의 불법성을 논하는 것은 그것이 전환의 정의를 위한 출발점이기 때문이다.

2. 계엄령과 위수령의 헌정사와 불법성

1) 계엄령의 헌정사와 불법성

계엄은 전시 군사상 필요에 응하기 위해 또는 국가비상사태 시 공공의 안녕질서를 유지하기 위해 병력을 사용하는 것이다. 대외의 '적'(敵)에 대해 전쟁을 수행하는 것이 아니라 대내적으로 국민을 향해 군대를 사용하는 점에서 매우 예외적인 경우다. 계엄은 경찰력만으로는 질서유지가 어려운 지경에 이르러서야 비로소 허용되는 것이므로 매우 엄격한 헌법적 통제를 받아야 한다. 전시 아닌 평시에 경찰력으로 감당할 수 없는 질서유지의 어려움은 군대의 무력이 필요할 정도여야 한다. 한국 헌정사에서의 계엄령에 헌법 규범을 적용한다면, 헌법적으로 정당화할 수 있는 계엄은 없었다.

첫 계엄은 1948년 10월 22일 제5여단 사령부 김백일이 여순사건에서 선포한 계엄이다. "계엄법"이 제정되기 전이어서 계엄 선포 자체의 적법성 논란이 있었다.[1] 일제 계엄령의 '임시계엄'을 원용하지만, 일제 계엄령은 미 군정 실시와 동시에 자동으로 실효된 것으로 보아야 한다.[2] 1948년 헌법 부칙 제100조 "현행법령은 이 헌법에 저촉되지 아니하는 한 효력을 가진다"는 규정[3]을 원용할 필요도 없다. 다만 계엄에 관한 법률이 제정되기 전까지 계엄을 선포할 수 없다고는 볼 수 없다(이재승, 2003: 408).[4] 헌법의 다른 조항에 따라 계엄의 한계는 엄연

---

1 불법으로 보는 견해로는 김순태, 1998: 257-275; 김춘수, 2008: 151-172.

2 군정법령 제11호를 통해 폐지된 것으로 본다(이재승, 2003: 406).

3 이재승은 '여과조항'이라고 부른다(이재승, 2009: 215).

히 존재한다.[5]

"계엄법"은 1949년 11월 24일에 제정되었다. 동 "계엄법"은 군국주의 일본 계엄령의 복제판이었다. 예를 들면 교통, 통신의 두절로 인하여 대통령의 계엄 선포를 기다릴 여유가 없는 때 당해 지방의 군사령관이 임시로 계엄을 선포할 수 있다. 이것은 대통령의 계엄선포권에 대한 침해이고, 문민 통제의 원칙을 위반한 것이다.

군국주의 일본의 계엄령에 대한 무비판적 수용은 그 후로도 오랫동안 대한민국 헌법의 규범을 소외시키고 배척하는 위헌적인 상태를 낳았다. 학계에서도 "계엄은…가장 정확하게 이를 정의한다면, 군정(military government)의 일반 국민에의 확대를, 군사령관의 의사에 의한 민선정부의 의사의 대치를 의미한다"고 서술할 정도다(김도창, 1968: 41). 비교적 최근에 와서야 헌법학자들은 계엄을 비롯한 국가긴급권이 "입헌적인 헌법 질서가 정지되거나 중단되는 상태"가 아니며, 원칙적으로 법치주의·적법절차·비례원칙 등이 적용되어야 함을 말하고 있다.[6]

민주화 이후의 현행 헌법조차 대통령을 '통수권자'라고 호칭한다.[7] "계엄법"은 문민을 배제한 '군의 통치'를 구현하고 있다(오동석, 2018).

---

4 1949년 계엄법 제정 이전의 계엄에 대하여 '비상사태에 대한 긴급조치'로 보는 견해는 유진오, 1952: 204.

5 "문명국가의 표준"을 기준으로 삼은 견해로는 이재승, 2003: 408. 그 구체적 내용으로서는 "비상사태에서의 인권규범에 관한 파리 최저기준"(The Paris Minimum standards of Human Rights Norm in a State of Emergency)이 기준이 될 수 있다. 그 내용에 대하여는 이재승, 2010: 413.

6 박종보, 2006: 78; 이인호, 2006: 132.

7 '통수권'이란 용어는 프로이센에서는 의회의 통제, 군국주의 일본에서는 내각의 통제 없는 군 지휘를 표현하기 위한 것이었다. 민주공화국에서 대통령이야말로 군 관련하여 헌법과 법률의 엄격한 통제를 받아야 한다.

2) 위수령의 헌정사와 불법성

(1) 위수령의 헌정사

"위수령"은 1950년 3월 27일 제정되었다. 위수령의 목적은 '경비, 질서유지, 군기, 시설물 보호'로서 경찰 작용의 질서유지다. 병력 출동 사례는 총 3회다. 첫 번째는 1965년 8월 14일 한일협정 비준안이 국회를 통과한 후 학생들이 시위하자 서울시장이 요청하여 8월 26일 병력이 출동했다가 9월 25일 철수했다.

두 번째는 1971년 8월 20일에서 같은 해 10월 14일까지다. 교련 반대 시위에 대해 서울시장의 요청으로 10월 15일부터 11월 9일까지 서울대 등 9개 대학에 병력이 출동했다. 해당 대학에는 휴업령이 26일 간 내려졌다.

세 번째는 1979년 10월 부마항쟁에 대해 경남도지사의 요청으로 10월 20일부터 26일까지다. 10월 26일 박정희 사망에 따른 계엄 선포 전까지다.

(2) 1971년 위수령의 불법성

"위수령"은 평시에는 군대를 질서유지에 투입할 수 없는 헌법적 한계를 벗어나서 위헌이다. 근거 법률이 없다는 것(김원중·양철호, 2013: 445)은 부수적인 위헌성 문제다. 헌법적 판단을 먼저 해야 한다. 법률적 근거가 있다는 것만으로 위헌성을 치유할 수 없다. 1971년 위수령은 구체적 상황 요건을 따질 필요도 없이 군사편의주의적 불법 행위일 뿐이다.

한편 위수령의 법적 성격을 행정응원으로 이해하기도 한다(김원중·

양철호, 2013: 445). 행정응원은 평상시 필요에 따라 또는 천재지변 기타 비상시에 다른 행정청의 요청이나 자발적으로 도와주는 행위다. 법적 근거는 1996년 12월 31일 제정한 "행정절차법"에서 마련됐다. 그러나 평시에는 군대를 질서유지에 투입할 수 없다는 헌법적 한계를 벗어나므로 법적 근거라고 볼 수 없다. 오히려 이러한 해석론은 군사 통치의 잔재를 해소하지 못한 결과라고 이해할 수 있다.

(3) 1972년 계엄령의 불법성

1971년 12월 6일 박정희는 국가안보회의와 국무회의를 거쳐 특별담화 형식으로 비상사태를 선언했다. '비상사태선언'에 따르면 국제정세와 북한의 양상을 예의주시한 결과 국가안전보장이 사실상 중대한 위기에 이르렀다고 하고, 정부와 국민은 이 비상사태를 극복할 결의를 새롭게 해야 한다는 것이다.

박정희는 사실적이고 객관적인 상황이 없음에도 스스로 그러한 상황을 규정하여 계엄을 선포했다. 즉, 1972년 10월 17일 전국에 비상계엄을 선포하고, '10월 유신'의 비상조치를 선포했다. 비상조치에 따라 국회를 해산하고, 정당의 활동을 금지했다. 한태연조차 "1962년 헌법에는 대통령의 국회해산권이 설정되어 있지 않은 까닭에 대통령의 국회해산은 쿠데타에 해당하는 초헌법적인 '헌법적 긴급조치'(Verfassungsdurchbrechung)를 의미한다"라고 설명한다(한태연 외 4인, 1988: 99). 비상계엄 선포 자체도 위헌이지만, 비상계엄이라고 하더라도 국회 해산과 정당 활동 금지는 헌법적·법률적 근거가 없는 위헌적인 조치였다.

비상국무회의는 10월 23일 "비상국무회의법"을 통과시켰다. 그 주요 내용은 다음과 같다. ① 비상국무회의는 대통령·국무총리·국무위원으로 구성되며, 대통령이 의장, 국무총리가 부의장이 된다. ② 비상국무회의는 해산된 국회에 제출되었던 법안, 예산안, 조약의 체결·비준에 대한 동의안, 국채의 모집 또는 예산 외에 국가의 부담이 될 계약 체결에 대한 동의안은 이미 처리된 것을 제외하고, 모두 비상국무회의에 제출된 것으로 본다. ③ 의안은 대통령 및 국무총리가 제출한다. 또한 "국민투표에 관한 특례법"과 "선거관리위원회에 관한 특별법"을 의결·공포하였다.

비상국무회의는 10월 27일 헌법개정안을 의결하고 공고했다. 공고된 개헌안(제10차)은 11월 21일 국민투표에 부의되었다. 국민투표에는 유권자 총수 15,676,359명 중에서 14,410,714명이 투표했다. 91.9%의 투표율이었다. 국민투표 결과 찬성자 13,186,559명, 반대자 1,106,143명, 무효표 110,812명으로 91.5%의 찬성률로 개정헌법을 확정했다. 박정희는 12월 13일 비상계엄을 해제했다. 12월 23일 통일주체국민회의는 박정희를 대통령으로 선출했다. 박정희가 개정헌법을 12월 27일에 공포함과 동시에 이른바 '유신헌법'이 발효되었다.

(4) 1972년 계엄령의 헌법적 평가

대법원은 전두환·노태우 등의 군부반란에 대해 헌법적 평가 기준을 제시했다. 먼저 정권 장악의 문제다. 군사반란과 내란을 통해 폭력으로 헌법적 국가기관의 권능 행사를 사실상 불가능하게 하고 정권을 장악한 후 국민투표를 거쳐 헌법을 개정하고 개정된 헌법에 따라 국가를 통치했다고 하더라도 그 군사반란과 내란을 통하여 새로운 법질서를 수립한 것이라고 할 수 없다고 본다. 헌법 질서 아래에서는 헌법에 정한 민주적 절차에 의하지 아니하고 폭력에 의하여 헌법기관의 권능 행사를 불가능하게 하거나 정권을 장악하는 행위는 어떠한 경우에도 용인될 수 없다는 것이다. 그 군사반란과 내란 행위는 처벌의 대상이 된다.[8]

박정희는 1961년 5·16 군사 쿠데타를 통해 군사반란을 일으켜 정권을 잡았고, 1972년 비상계엄 선포를 통해 내란을 통해 민주공화국 체제를 무너뜨린 것이다. 1972년 계엄령이 내란죄에 해당함은 대법원 판결을 통해 확인할 수 있다.

대법원은 내란죄의 구성 요건인 폭동의 내용으로서의 폭행 또는 협박은 일체의 유형력의 행사나 외포심을 생기게 하는 해악의 고지를 의미하는 최광의의 폭행·협박으로 이해한다. 이를 준비하거나 보조하는 행위를 전체적으로 파악한 개념이고, 그 정도가 한 지방의 평온을 해할 정도의 위력이 있음을 요한다고 해석한다.[9]

그런데 비상계엄의 선포는 필연적으로 국민의 기본권을 제약하게 되므로 계엄령 그 자체만으로 국민에게 기본권이 제약될 수 있다는 위협을 주는 측면이 있다. 민간인인 국방부장관은 계엄 실시로 인하여 계엄사령관에 대하여 가지고 있던 지휘감독권을 잃는다. 군부를 대표하는 계엄사령관의 권한이 더욱 강화됨은 물론 국방부장관이 계엄 업무로부터 배제됨으로 말미암아 계엄 업무와 일반 국정을 조정 통합하는 국무총리의 권한과 이에 대한 국무회의의 심의권마저도 배제된다. 이러한 결과가 법령과 제도 때문에 일어나는 것이라고 하더라도, 이러한 법령이나 제도가 가지고 있는 위협적인 효과가 국헌 문

---

8 대법원 1997.4.17. 96도3376.
9 대법원 1997.4.17. 96도3376.

란의 목적을 가진 자에 의하여 그 목적을 달성하기 위한 수단으로 이용되는 경우 비상계엄은 내란죄의 구성 요건인 폭동의 내용으로서의 협박 행위가 된다. 따라서 계엄령은 내란죄의 폭동에 해당하고, 그것은 전국의 평온을 해하는 정도에 이르렀음을 인정할 수 있다.[10]

아직도 계엄 선포를 통치행위로 옹호하는 견해가 있다. 대법원과 헌법재판소는 여전히 통치행위론을 동원하여 헌법적 판단을 유보하기도 한다. 그리고 소극적이다.

전두환·노태우 등의 군사반란에 대한 대법원 판결에서도 대통령의 비상계엄의 선포가 고도의 정치적·군사적 성격을 지니고 있으므로 사법부가 판단하기 어렵다는 의견이었다. 예외적인 경우는 "그것이 누구에게도 일견하여 헌법이나 법률에 위반되는 것으로서 명백하게 인정될 수 있는 등 특별한 사정이 있는 경우"다. 그렇지 않으면 "계엄 선포의 요건 구비 여부나 선포의 당·부당을 판단할 권한이 사법부에는 없다는 것"이다. 다만 비상계엄의 선포나 확대가 국헌 문란의 목적을 달성하기 위한 것인 경우 법원은 그 자체가 범죄 행위에 해당하는지를 심사할 수 있다고 판결했다.[11]

대법원과 헌법재판소의 판례가 계엄 선포에 대한 사법적 판단에서 소극적이기는 하지만, 1997년 대법원 판결을 원용하면 1972년의 계엄령 선포가 내란 행위임을 부정하기는 어렵다.

---

10 대법원 1997.4.17. 96도3376.
11 대법원 1997.4.17. 96도3376.

3) 1971년 위수령과 1972년 계엄령의 불법성 제거방안

(1) 피해자 인권의 관점

불법적인 국가범죄는 대규모 인권 피해자를 낳는다. 국가범죄의 불완전한 과거 청산은 끊임없이 한 사회의 미래를 갉아먹는다. 그 폐해가 현재에 누적되어 또 다른 청산의 과제를 쌓기 때문이다. 그 사회는 점점 사람이 살 수 없는 곳이 되어간다. 한국 사회가 해결해야 할 대규모 인권 침해 사안이 점점 많아지고 있다. 이것을 해결하지 않으면 현재는 불법적 과거의 연장일 뿐이다.

유엔 총회의 '인권피해자 권리장전'을 입법화해야 한다. 전환기 정의(transitional justice) 원칙은 인권 침해 사건의 진실규명, 가해자의 처벌과 징계, 피해자에 대한 배상과 원상회복, 치유와 재활 조치, 재발방지를 위한 제도 개혁과 공직자·미디어 종사자·공공기관 종사자 등에 대한 인권 교육, 시민에 대한 일반적인 인권 교육을 포함한 만족과 사죄 등을 담고 있다. 이것은 형사처벌이나 금전배상과 같은 법적 수단으로 환원할 수 없는 적극적인 정치적 열망을 표현하고 있으며, 인간의 정신적 정화와 사회제도의 근본적 변혁을 추구한다. 이를 통해 과거 국가범죄에 대해 공동체가 지는 책무는 엷은 의무가 아니라 두터운 의무다(이재승, 2014: 184).

진상규명은 국가범죄의 양상과 내용을 밝히는 것이다. 피해자가 개인적 고통을 딛고 사회적으로 국가범죄를 고발한 기소자로서 발언하게 해야 한다. 가해자의 처벌과 징계는 최소한의 당연한 조치다. 그런데 가해자에 대한 제재는 국가범죄의 속성상 형법과 행정법의 영역보다 넓어야 한다. 법망을 피했던 '가해자들'에게 정치적 책임을 묻는 과정이 필요하다. 통상 '가해자의 사과' 형태를 취하지만, '사과한다는 말'로 해소될 수 없다(오동석, 2019: 8).

피해자의 고통과 상처가 깊은 만큼 그 피해에 '맞설 수 있게 하는(치유하는)' 과정은 피해자 회복에 조력하는 인권옹호자가 필요하다. 국가인권위원회 같은 인권 옴부즈퍼슨이 그러한 역할을 해야 하는데, 한국 사회에서 이러한 역할자의 모습을 아직은 발견할 수 없다. 인권옹호자는 피해자가 가해자와 동료 민주시민으로서 대등한 관계가 되도록 필요한 환경 조건을 조성한다. 인권 옹호자가 불법행위에 관여한 공직자와 공공기관 종사자에게 인권 교육을 하는 것이 그 방법 중 하나다(오동석, 2019: 8).

다음으로 피해자는 개인적 배·보상과 명예회복을 넘어 사회적 배·보상과 명예회복 그리고 사회적 기억을 요청한다. 피해자 개인이 개별적인 법적 배·보상 소송을 하게 하지 않고 입법에 의한 일괄적 배·보상이 가능해야 한다. 피해자의 범위가 법적 피해자의 범위를 넘어 사회적·정치적 피해자로 확장해야 한다(오동석, 2019: 8).

원상회복은 불가능하다. 피해와 상처가 사라지지 않기 때문이다. 기억을 지울 수도 없다. 마치 피해자 명예회복 관련 정책이나 금전적인 피해배상이나 보상으로 할 일을 다 한 것처럼 구는 것이야말로 또 다른 가해다. 회복적 정의는 국가범죄의 상처를 회복하는 인권과 민주주의를 보장하는 헌법 체제의 원기를 회복하는 일이어야 한다(오동석, 2019: 9).

(2) 법제 개혁의 관점

피해자를 피해자로만 남아 있지 않게 하는 일이 회복적 정의다.

피해자가 민주시민으로 돌아오게 하기 위해 동료 민주시민이 해야 할 일이며, 피해자의 요구이자 권리다. 회복적 정의는 처벌과 배상 그리고 회복을 넘어 사회구조의 혁신을 정면으로 추구하는 변혁적 정의(transformative justice)다(오동석, 2019: 9).

불법적인 계엄령 재발 방지 차원에서 "계엄법"의 개정이 필요하다. 위수령은 폐지됐지만, "계엄법"의 위헌적 요소는 남아 있다. 1981년 전면 개정을 했지만, 1987년 헌법 체제에서의 개정은 없었다. "계엄법"의 문제 중 하나는 계엄사령관이 비상계엄의 경우 계엄지역 내의 모든 행정사무와 사법사무를 관장하고, 당해 지역 내의 행정기관 또는 사법기관을 지휘·감독하는 규정이다. 헌법의 문민 통제원칙 위반이고, 사법기관에 대하여는 권력분립 원리와 사법권 독립 원칙 위반이다. 다른 하나는 비상계엄지역 내에서 계엄사령관은 군사상 필요에 따라 체포·구금·압수·수색·거주·이전·언론·출판·집회·결사·단체행동에 관하여 특별한 조치를 할 수 있도록 규정한 것이다. 헌법에서 일부 근거를 찾는다고는 하지만, 헌법상 기본권 제한 법리에 위배된다. 관련 법에 따라 대응하면 될 일이다.

한편 헌법 제110조는 군사재판을 하는 '특별법원'으로 군사법원을 둘 수 있게 하는 근거조항을 두면서(같은 조 제1항) '재판관의 자격을 법률에 위임'하고 있으며(같은 조 제3항), 심급에 의한 재판을 받을 권리를 제약하고 있다(같은 조 제4항). 즉 비상계엄에서의 군사재판은 일정한 경우에 대법원 판단 없이 단심으로 할 수 있다. '합위지경'(비상계엄)에서 공소와 상고를 인정하지 않았던 일본 계엄령의 잔재인 동시에 한국전쟁 시는 물론이고 그 이전부터 인권 침해의 대표적 도구였던 단심제를 헌법이 명시적으로 승인한 점에서 문제가 많다. 군사법원은 평시에 폐지하고, 전시에는 전쟁법과 국제인도법 위반에 대한 처벌을 중심으로 하는 군사법원 법제를 마련해야 한다(오동석, 2010).

3. 결론

군대에서는 평시 군의 동원과 군사법원의 유지, 해외 파병, 군대 성폭력을 비롯한 인권 침해 등 다양한 헌법적 문제가 거듭해서 일어나고 있다. 군은 즉자적이고 형식적인 미봉책을 낼 뿐이다. 각종 법제와 관행에서 아직도 군은 국가안전보장을 볼모로, '군의 특수성'을 빌미로 입헌민주주의적인 통제를 거부하고 있다. 계엄령과 위수령의 불법을 단죄하는 문제는 군사독재에서 비롯한 '계엄 통치 체제'를 청산함을 의미한다.

헌법의 권력 비판 정신은 민주화 진행에 따라 권력에 대한 세밀한 통제를 요구한다. 이쯤에서 정치권력의 자의적 활용 수단이었던 계엄 제도를 개선하는 것을 넘어서서 아예 폐지해야 한다. 그 대신에 전시 입법을 공개적으로 제정함으로써 인권적이고 입헌민주주의적인 전시 법제를 마련해야 한다. 그것이 군사 쿠데타와 군사독재 그리고 계엄령과 위수령에 의한 군사 통치를 마감하는 일이다. 무(武)에 대한 문(文)의 통제를 넘어 민(民)의 통제로 나아가는, 문민 통제의 시금석이다(오동석, 2010).

참고문헌

김도창.『국가긴급권론』. 청운사, 1968.

김무용. "제헌국회의 계엄령 헌법화와 계엄법안의 차별화," 고려사학회.「한국사학보」49 (2012. 11.), 335-374.

김순태. "제주 4 · 3민중항쟁 당시의 계엄에 관한 고찰: 계엄의 법적 근거 유무에 대한 판단을 중심으로," 민주주의법학연구회,「민주법학」14 (2008), 257-275.

김원중· 양철호. "「위수령」의 입법적 문제점과 개선방안," 한국토지공법학회.「토지공법연구」63 (2013. 11.), 437.

김창록. "1948년 헌법 제100조: 4 · 3계엄령을 통해 본 일제법령의 효력," 부산대학교 법학연구소.「법학연구 39(1)」)1998. 12.), 477-493.

김춘수. "여순사건 당시의 계엄령과 계엄법. 여순사건과 대한민국의 형성," 여수지역사회연구소 주최.『여순사건 60주년 기념 학술심포지엄 자료집』. 2008. 10. 17, 151-172.

문홍호. "계엄령 해제 후의 대만, 민주화로 가나," 세계평화교수협의회.「광장」167 (1987. 6), 212-216.

박종보. "계엄제도에 관한 비교법적 고찰: 미국을 중심으로," 한양대학교출판부.「법학논총」23(2) (2006. 12.).

백윤철. "계엄법에 관한 연구: 일제의 계엄령과 건국 초기의 계엄법," 단국대학교 법학연구소.「법학논총」33(1) (2009. 6.), 87-109.

오동석. "한국전쟁과 계엄법제," 민주주의법학연구회.「민주법학」43 (2010. 7.), 45-79.

_____. "대한민국헌법이 '계엄헌법'인 까닭,"「한겨레21」1225, 2018. 8. 15.(수정) <http://h21.hani.co.kr/arti/cover/cover_general/45788.html>, 검색일: 2021. 9. 30.

_____. "블랙리스트 피해자 명예 회복 및 사회적 기억의 원칙과 방향. 팝업씨어터 공개사과 이후: 블랙리스트 피해자 명예회복과 사회적 기억사업을 시작하며," 문화체육관광부· 한국문화예술위원회 주최. 대학로예술극장 씨어터 카페. 2019. 12. 2., 8-12.

유진오.『헌법해의』. 채문사, 1952.

이인호. "전시 계엄법제의 합리적 운용에 관한 고찰," 중앙대학교 법학연구소 「법학논문집」 30(2) (2006. 12.).

이재승. "제주4·3군사재판의 처리방향," 민주주의법학연구회. 「민주법학」 23 (2003), 401-419.

_____. "다시 리바이던의 뱃속으로," 민주주의법학연구회. 「민주법학」 39 (2009), 209-236.

_____. "논평: 한국 사회와 인권. 5·18 30년, 새로운 민주주의의 모색," 5·18기념재단 주최, 5·18 민중항쟁 30주년 기념 국제학술대회. 2010. 5. 26. - 5. 28.

_____. "국가범죄와 야스퍼스의 책임론," 「사회와역사」 101 (2014. 3), 183-217.

한태연 외 4인. 『한국헌법사(상)』. 한국정신문화연구원, 1988.

제4부

유신 체제 유지와 극복의 양대 축

— 재벌 경제와 노동운동

박정희의 경제성장 신화와
재벌 공화국의 명암

장상환

(경상대학교 경제학과 명예교수, 한국농어촌사회연구소 이사장)

1. 머리말

박정희 장기독재정권의 공과를 어떻게 평가해야 할 것인가. 언론
과 많은 국민들은 박정희 대통령의 독재와 인권 억압은 잘못이지만
그 시대의 개발독재 덕분에 고도경제성장을 이룰 수 있었고, 이러한
경제발전이 바탕이 되어 1980년대 후반 이래의 민주화도 가능했다고
박정희 개발독재를 전체적으로는 긍정적으로 평가하고 있다. 그러나
개발독재는 산업화 초기에도 경제성장을 위해 불가피한 대안이 아니
었으며, 개발독재 불가피론은 독재 정당화 논리에 불과하다.

박정희식 경제성장의 역사적 의의에 대하여는 크게 나누어서 긍

정적 평가론과 부정적 비판론으로 나눌 수 있겠지만, 더욱 세분한다면 세 가지 견해가 있다고 할 수 있다. 첫째, 박정희 개발독재는 경제성장을 위해서 바람직하였고, 현재에도 그러하다는 견해이다. 절대적 긍정론으로서 암스덴, 크로티 등의 견해는 이 범주에 속한다고 볼 수 있다. 암스덴(1990)은 한국에서는 강한 국가(strong state)가 신규 산업 진출에 관한 투자 결정 등 일종의 기업가 기능을 수행하고, 팽창정책과 외자 도입을 통해 단기적 안정화정책을 성공적으로 시행했고, 외국 기술 도입 운영으로 생산성을 향상시킴으로써 성장 추진력을 계속 유지시켰다고 주장한다. 크로티 외(1998)는 "아시아 국가들은 최근까지는 IMF와 미국 자유시장의 명령 지시에 따라서가 아니라 다소간 그들 자신의 조건들에 입각해서 자립경제를 추구해왔다. 동아시아 국가들은 파괴적인 신자유주의 원리들보다 의식적인 국가 주도의 산업정책들을 채택했기 때문에 높은 국민총생산을 경험한 유일한 지역이 되었다"고 말하고 있다. 이러한 개발독재 불가피론에 대한 의문은 국가 주도 자본주의 발전 전략은 한국만이 아니라 다른 후진국에서도 널리 추구되었는데도 한국과 대만 등만 신흥공업국으로 성장할 수 있었는가 하는 점이다. 동일한 국가 주도 자본주의 전략을 사용했더라도 성과가 달랐다면 한국과 대만에는 다른 후진국에는 없는 특수한 조건이 존재했다고 봐야 할 것이다.

좌승희 박정희대통령기념재단 이사장은 1960~1970년대 고도경제성장에 박정희 대통령의 역할이 결정적이었다고 평가하고, 한국경제의 저성장과 분배 악화 현상을 극복하기 위해서는 박정희 대통령이 추진했던 시장과 기업 친화적인 경제정책으로 복귀해야 한다고 주장한다.

한강의 기적은 수출주도 산업화가 성공했기 때문이고, 그 성공은 개발연대의 실질적인 리더 박 대통령과 그를 보좌한 개발연대 경제 주역들의 조국 근대화에 대한 끊임없는 열정에서 비롯되었다 해도 지나치지 않을 것이다. 특히, 한강의 기적은 국가 최고경영자의 비전과 전략이 국가의 명운과 사활에 얼마나 중요한 역할을 하는지를 잘 보여준다. 박 대통령은 경제개발계획의 입안, 집행에서부터 사후관리에 이르기까지 경제개발의 제반 과정을 진두지휘하여 허허벌판의 우리나라에 전 세계가 부러워하는 산업사회를 건설한 개발연대 국가 최고경영자로서의 역할을 유감없이 발휘하였다. 또한 그는 개발연대 내내 국민들이 경제개발에 적극적으로 동참하고 분발할 수 있도록 계도했을 뿐만 아니라, 모든 정책 운영에 있어 성과에 연동한 신상필벌의 보상체계를 엄격히 시행함으로써 모든 기업과 국민들이 열심히 노력하도록 동기를 부여하였다. 이를 통해 '하면 된다. 우리도 할 수 있다'는 발전의 정신을 고취시켰고 수출, 경제성장, 새마을운동 등에서 획기적인 성과를 이끌어 냄으로써 한국이 '세계의 경제 강국'으로 비상할 수 있는 토양을 배양하고 오늘의 산업국가 한국을 태동시키는 데 결정적인 공헌을 하였다(좌승희, 2007).

박정희 정부의 수출산업육성, 중화학공업육성, 새마을운동지원 등 모든 산업지원정책은 철저히 성과에 기반한 차별적 지원정책이었다. 정부는 시장의 차별화 기능에 역행한 것이 아니라 오히려 이를 강화함으로써 기업들의 성과와 수월성 경쟁을 촉진하고 지역 간, 마을 간 수월성 경쟁을 촉진하여, 자조 정신에 기반한 한강의 기적을 이끌었다. … 유신은 중화학공업화를 통한 산업혁명의 실현과 방위산업 육성으로 공산화의 위험을 막아내어 조국 근대화를 앞당겨 달성했다. … 정치가 경제의 성장과 발전을 담보하려면 시장의 성과에 따른 차별적 선택기능을 보호·장려하는 '정치의 경제화'가 필요하며, 이에 반하는 평등 지향의 경제 정책을 추구하는 '경제의 정치화'는 경제의 몰락을 초래한다는 것이 역사의 교훈이다. 지금의 한국경제의 저성장과 분배악화 현상은 바로 성과를 중시하는 박정희식 '정치의 경제화' 전략을 청산하고, 지난 30여 년간 경제민주화라는 이름하에 경제를 정치화하여 성과와 수월성(秀越性)을 무시하는 경제평등주의 정책을 채택한 결과라 할 수 있다. 하루빨리 박정희 대통령이 일찍이 추진했던 시장과 기업 친화적인 경제정책으로 복귀하는 것만이 근로자 중산층의 복원을 통한 포용적 동반성장을 회복하는 길이다(좌승희, 2019).

둘째, 개발독재는 산업화 초기에는 경제성장을 위해 불가피한 선택이었으나 현재에는 환경 변화로 그 필요성이 상실되었다는 평가이다. 개발독재 한시적 긍정론이라고 할 수 있다. 김일영(1995)은 "적어도 경험적으로는 산업화 초기 단계에서 발전지향적 권위주의 체제와 자본주의적 경제발전 사이에 선택적 친화력이 있다"고 하며 박정희 개발독재 긍정론을 편다. 이제민(1998)은 한국의 경제 기적은 정부가 시장을 효과적으로 통치한 결과라고 볼 수 있지만, 현재의 경제 위기를 야기하는 데는 국가자본주의 유산이 큰 요인이 되었다는 것이다. 산업화의 돌파구를 여는 어느 단계까지는 국가 개입이 유효하지만 그 단계를 넘고 나면 국가 개입을 줄이고 시장 기구를 활용하는 '이행'이 불가피한데 한국은 이러한 이행을 지체시켜왔고, 그 결과 경제 위기가 발생했다고 보는 것이다.

셋째, 개발독재는 산업화 초기에도 경제성장을 위해 불가피한 대안이 아니었으며, 개발독재 불가피론은 독재 정당화 논리에 불과하다고 비판하는 입장이다. 이병천(1996)은 한국의 경제발전을 '반공 권위주의적 자본주의 산업화'라고 명명하고 반공 분단 체제와 동아시아 반공 블럭이 미국의 한국 경제발전 지원과 노동자 억압 여건을 제공함으로써 산업화를 위한 온실적 배양기를 조성했고, 박정희 정권이 반공 군사 권위주의를 체제 경쟁적 개발주의와 결합시켜 북한과의 산업화 경쟁에 대중의 에너지를 동원했다고 한다. 변형윤(1997)은 고성장은 박정희의 장기 집권욕의 산물로서 1차 계획은 5·16 쿠데타의 합리화 수단의 하나로, 그 뒤 계획은 박정희의 장기 집권욕의 합리화 수단이라고 할 수 있다고 규정한다. 김용복(1998)은 개발국가에는 권위주의 국가만이 아니라 민주주의 국가가 있을 수 있고, 개발독재 '때문에'가 아니라 개발독재에도 '불구하고' 다른 요인에 의해 고도성장을 할 수 있었으며, 박정희 정권은 개발을 위해 독재를 했다기보다는 독재를 위해 개발을 주창하고 '결과적'으로 달성했다고 본다.

임혁백(2011)은 1960년대의 경제성장은 정치 체제가 민주주의에서 권위주의로 바뀌었기 때문에 가능했다기보다는 도시 중심의 산업화에 친화적인 계급 구조의 형성, 국제 분업구조의 변화와 같은 구조적 조건의 성숙, 국가와 시장 간의 적절한 분업구조의 형성, 적절한 발전 전략의 선택 등과 같은 내생적 조건 그리고 미국의 자비로운 헤게모니와 같은 외생적 조건의 다양한 결함으로 보는 것이 더 타당하다고 주장한다(「민주평화복지포럼 자료집」, 2011, 107)

수출지향적 산업화 전략의 선택, 계획 합리적 발전 국가의 선택은 박정희의 공이고 박정희의 개발주의적 리더십에 기인하는 바가 크다. 그러나 반드시 그 선택을 권위주의 지도자만이 할 수 있는 것은 아니다(112).

… 모든 '국가 주도 경제'가 권위주의적이었던 것은 아니다. 핀란드, 오스트리아, 일본의 발전 국가도 국가주의적인 경제 발전을 민주주의하에서 훌륭하게 이룩하였다. 박정희는 '산업화의 심화'를 위해 권위주의 독재를 선택한 것이 아니라, 자신의 권력을 공고화하기 위해 (유신) 산업화의 심화(중화학공업화 HCI)를 명분으로 내걸었고, 성공적으로 수행하였다. 산업화를 위해서 개발독재가 반드시 필요했다는 역사적 필연론은 경험적으로도, 당위론적으로 지지되지 않는다. 권위주의적 산업화와 자유주의적 산업화는 선택의 문제이지 역사적 필연은 아니다(117).

정일준은 개발독재가 불가피한 선택도 아니었고 급속한 경제성장이 개발독재 때문도 아니었다고 주장한다.

한국 사회는 전근대에 이미 중앙집권화된 효율적 관료 체제를 가지고 있었다. 일제 식민지를 겪으면서 일본식으로 근대화된 인적 자원과 제도가 축적되었다. 미군정과 한국전쟁을 겪으면서 미국식 아이디어와 제도가 유입되었다. 또 한국전쟁 휴전과 한미동맹으로 안보가 일정 부분 확보되었다. 전쟁을 통해서는 시민사회와의 관계에서 국가의 역량 축적이 강화되었다.
한편 이승만 정권에서 이루어진 토지개혁이 성공하면서 지주 계층이 몰락하고 자본주의 산업화에 대항할 만한 사회 세력이 부재했다. 또 교육의 팽창으로 인적자본이 축적되어 자본주의 산업화를 가능케 하는 조건들이 마련되었다. 한국의 자본주의 산업화는 지정학적으로 볼 때 미국이 냉전기 동아시아에서 반공 블록을 구축하면서 일본을 중심으로 한국을 하위 파트너로 자리매김하면서 가능했다. 박정희 정권의 수출주도형 산업화는 미국이 시장을 개방해주고 일본으로부터 자본과 기술을 도입했기 때문에 가능했다. 박정희는 기회 포착을 잘한 것이지 경제 기적을 만들어낸 것은 아니다(정일준, 2011, 81-82).

황석만(2012)은 한국 발전 국가가 고도경제성장의 성과를 낼 수 있었던 배경으로 선행한 역사적 조건을 중요시한다. 경제성장이 시작되기 전 이미 수백 년 이상 정교한 중앙집권적 국가를 경영했던 경험이 있으며, 상당한 수준의 교육, 일본 식민지하에서의 산업화 경험 등 발전에 필요한 조건의 상당 부분을 갖고 있었다는 것이다. 당시 국제 정치경제적 요건도 발전 국가가 작동하기에 유리한 조건을 형성하고 있었다. 한국 발전 국가는 이처럼 선행했던 역사적 조건을 활용할 수 있었기 때문에 작동 가능했다는 것이다.

유종성은 국가 주도 경제발전이 박정희 대통령의 기여라기보다는 한국 공업화의 역사적 조건에 힘입은 것으로 본다. 발전 국가론은 능력주의 관료제에 초점을 맞추면서 국가 자율성과 능력의 중요성을 강조하는데, 한국 경제발전에 대한 기존 연구들은 박정희가 그런 국가를 수립했다고 평가하지만, 한국의 관료 충원과 진급 체제에서 능력주의는 이승만 정권기와 짧은 민주화 시기(1960~1961)를 포함해서 수십 년간 점진적으로 발전해왔다는 것이다.

그러면 한국에서 발전 국가를 형성한 요인은 무엇인가? 농지개혁이 국가 자율성에 유리한 사회구조적 조건을 창출했을 뿐만 아니라, 교육의 급격한 팽창과 정치적 후견주의(political clientelism) 완화를 통해서 능력주의 관료제의 발전을 촉진했다고 주장한다(You, 2017).

필자는 셋째 견해를 가지고 있다. 1960, 70년대에 전개되었던 박정희식 근대화(경제성장)는 초과 착취적 압축성장 모델이라고 할 수 있다. 1960, 70년대에 단기간에 고도성장을 할 수 있었던 배경, 고도성장을 추진한 경제 운영 방식, 박정희식 고도성장 모델을 추진한 결과 얻은 고도 성장의 성과와 한계 등을 살펴보기로 한다.

2. 초과 착취적 압축성장의 성공 요인

여러 논자들은 한국의 압축적 고도성장의 요인을 일제시대의 근대화 기반, 박정희 정권의 군사 권위주의적 통제, 미국 원조와 외자 도입, 수출공업화정책에서 찾고 있지만 이 같은 논리는 일면적이다. 왜냐하면 후진국들은 시기나 정도의 차이는 있으나 대부분 정부 주도로 외자 도입에 의한 수출공업화정책을 추구했기 때문이다. 대부분의 후진국들이 유사한 공업화정책을 추구했는데도 신흥공업국으로 발돋움할 수 있었던 국가가 대만과 한국 정도에 그친 것은 이들 국가에 특유한 조건이 있었기 때문이다. 한국의 1960~70년대 고도경제성장 당시 처한 여건은 고도성장을 가능하게 하는 조건이었다.

첫째, 세계 체제적 조건으로서 1960, 70년대 당시의 대외적 조건이 후진국의 수출지향적 공업화정책 수행에 특별히 유리했다. 세계 경제가 전례 없는 고도성장과 무역의 확대를 경험하고 있었고, 다각주의에 기반을 둔 안정적인 세계 경제 질서가 형성되고 가트 체제가 선후진국 간의 비대칭적 관계를 허용하였고, 전후 미국의 압도적인 군사적인 우위하에서 자유무역, 자유로운 자본 이동을 목표로 하였기 때문에 경제적으로 일부 후진국의 중심부로의 진입을 저해하지 않았다. 선진국들은 후진국들에게 일반특혜관세라는 유리한 조건을 제공했다. 이러한 조건을 토대로 개도국(한국)은 외자 도입과 수출시장 확보가 가능했다. 그러나 이렇게 수출지향적 산업화에 유리한 조건을 포착할 수 있었던 나라는 소수에 그쳤다. 단순 노동집약적 공산품의 생산능력을 갖춘 개도국은 많지 않았고, 이들 나라 중 적기에 정책을 전환한 나라는 적었기 때문이다. 수출지향적 공업화는 몇몇 개발도상국들에 대해서만 실행 가능한 발전 전략으로서 집단적인 상향 이동은 불가능했고, 개별적인 상향 이동만 가능했다(이제민, 1995).

둘째, 국내적으로는 농지개혁에 의한 지주 계급의 몰락과 자본가 계급의 육성 촉진, 다수 농민의 자작농화 그리고 한국전쟁에 따른 노동자 농민의 권리 억압과 희생이 초과 착취적 축적 모델에 의한 고도성장에 유리한 조건을 조성했다.

농지개혁은 지주 계급의 몰락과 자본가 계급의 창출을 촉진함으로써 고도성장의 조건을 제공했다. 농지개혁으로 지주 계급은 토지를 상실하고 지가증권을 받았는데 상인들과 자본가 계급은 이 지가증권을 사들여 귀속재산을 불하받는 등 자본을 본원적으로 축적하게 되었다. 대부분의 지주들은 농지개혁 후 자본가 계급으로 전신하는 데 실패하였지만, 그들이 소유하던 자산은 산업자본으로 전환되어 그 뒤의 자본주의화에 밑거름이 된 것이다.[1] 또 농지개혁을 통하여 지주 계급

---

1 지주 계급은 농업 투자를 않더라도 매년 소작료를 수취할 수 있으므로 본질적으로 기생적이다. 반면 자본가 계급은 직접생산자의 잉여노동을 착취하기는 하지만 기술혁신을 태만히 하면 경쟁 과정에서 몰락해버리므로 끊임없는 재투자를 해야 하고, 이것이 자본주의가 가진

은 정치적 영향력을 상실하였기 때문에 국가가 자본가 계급에 유리한 공업화정책을 좀더 원활하게 추진할 수 있게 되었다. 농지개혁으로 자작농이 된 농민들은 더 이상 소작료를 내지 않아도 됨으로써 자녀들을 교육시킬 수 있게 되었다. 한국의 종속적인 고도성장의 원동력을 '양질의 풍부하고 저렴한 노동력'이라고 하는데, 이들 노동력은 대부분 농가의 자녀들이었다.[2] 이렇게 농가의 자녀교육 확대로 저렴한 임금 노동력을 공급한 것이 자본주의 발전을 촉진하였고, 그 외에도 저곡가를 통한 수탈, 조세 수탈과 인플레이션에 의한 수탈로 거둬들인 재원을 재벌들에게 특혜로 제공함으로써 자본주의 발전이 촉진되었다(장상환, 2000a).

다음으로 한국전쟁은 자본주의 발전에 유리한 계급 역학관계를 결정적으로 조성했다. 전쟁을 통해서 한편으로 전근대적인 신분 관계를 일소함으로써 자유로운 노동력을 창출하게 되었고(정진상, 1995; 커밍스, 2001), 다른 한편으로 진보적 사회운동 역량이 활동할 수 있는 공간을 거의 없앰으로써 자본가 계급은 노동자계급을 일방적으로 지배할 수 있게 되었다(장상환b). 내전과 분단에 의한 저항 세력의 무력화와 그에 의한 정치적 안정은 외국 자본 도입에 유리한 조건을 조성한 것이다.

요컨대 한국이 대만과 함께 신흥공업국의 선두에 서게 된 공통적 요인은 모든 후진국이 처한 국제경제적 여건을 일단 제쳐둔다면 내부

생산력의 비약적 발전의 원동력이다.

2 1950~1960년대에 흔히 대학을 '우골탑'이라고 했는데, 이것은 곧 농민의 수탈에 의한 대학의 비대한 성장을 상징하는 말이지만, 이를 다른 측면에서 본다면 일부 농가에는 소를 팔아서라도 자녀를 대학에 보낼 수 있는 여유가 있었음을 의미한다.

의 구조적 변혁에 있다. 반봉건적 지주제를 철폐하여 기생적 요소를 크게 감소시킨 것이 주요한 요인이었고, 여기에 전쟁을 겪으면서 노자 간의 계급적 역학관계가 자본가 계급에게 일방적으로 유리하게 된 것이 자본가 계급과 급속한 자본주의화에 유리한 요인으로 작용한 것이다. 이러한 대내외적 조건은 특정한 시대적 상황이 조성한 조건이었다. 따라서 이러한 특수한 조건 위에서 성립되어 상당한 성과를 거둔 한국 공업화 모델을 후진국 공업화의 전형적 모델로서 규정할 수는 없다. 한국의 경제 기적은 박정희를 필두로 하는 정치군인들의 독재가 아니라 다수 직접 생산 민중들의 피땀으로 얼룩진 노동으로 설명할 수 있는 것이다.

3. 압축적 경제성장의 내용

1) 개발독재

1960, 70년대에 박정희 정부는 기업 활동의 자유를 보장하는 정책과 자본을 육성하는 정책 그리고 노동을 억압하는 정책을 구사했다. 따라서 개발독재라고 불리지만 본질적으로는 자유주의 단계의 정책이라고 할 수 있다.

선진자본주의국가의 초기 산업화, 자유주의 단계에서 국가는 봉건적 규제를 철폐하여 경제적 자유를 보장하는 역할 이외에 자본을 육성하고 노동을 억압하는 역할을 했다. 첫째, 국가는 관습법이든 성문법이든 재산권과 계약의 자유를 보장하고, 봉건적 특권과 길드 규제를 철폐하고 영업의 자유를 확립했다. 둘째, 국가는 자국 산업을 보호하는 역할을 했다. 현재의 선진국들도 공업화 과정에서 유치산업을 보호하고, 외국의 숙련된 노동력을 빼돌렸으며, 선진국들이 수출을 금지한 기계를 밀수입했고, 산업 스파이를 고용했다. 다른 국가의 특허권 및 상표를 의도적으로 도용했다. 보호관세, 수출 보조금, 수출 상품 제조에 사용한 수입 원자재에 대한 관세 환급, 독점권 부여, 카르텔 조직, 정책금융, 정부 투자계획, 인적 자원계획, 연구개발 지원, 관민 협력 제도 장려 등을 통해 자본축적을 촉진했다. 거셴크론은 독일, 일본, 러시아, 미국 등 후발 선진국 공업화의 특징으로 선진국 자본과 기술 도입에 의한 급속한 공업화, 중공업 선도와 대기업 성장, 민족주의 등의 강력한 이념 등과 함께 국가 주도를 지적했다 (Gerschenkron, 1965). 셋째, 자유주의 국가는 노동을 억압하는 역할을 했다. 영국에서는 결사금지법(Combination Act, 1799~1824)을 제정해 노동자의 결사를 금지하고 노동운동을 탄압했고, 1871년에 노동조합에 법적 지위를 부여하는 노동조합법(Trade Union Act)이 제정되었고 1875년에 와서야 노동쟁의에서 파업행위를 공인하는 법률을 제정했다.

　박정희 개발독재에서 나타나는 국가 주도 경제개발은 선진자본주의국을 쫓아가는 과정에 있었던 독일, 러시아, 일본 등 후발 선진국이나 전후 개발도상국에 공통적으로 나타나는 현상이다. 박정희 개발독재는 직접적으로는 일본의 식산흥업정책을 모델로 한 것이다. 한국의 압축적 고도성장은 '대외 종속과 국가 주도에 의한 개도국형 산업혁명'이라고 할 수 있다. 선진자본주의국가에서도 자본의 원시적 축적기 및 산업혁명기에는 국가적 폭력에 의한 자본의 형성과 노동자들에 대한 가혹한 착취가 일반적이었다. 그러한 특징에 더해서 후진국은 선진국의 헤게모니하에서 공업화를 추진해야 했기 때문에 국가의 경제개입이 훨씬 심화되었다.

그러나 시장 중심이냐, 국가 주도냐의 논란은 초점을 잘못 맞춘 논란이다. 이 모델에서 국가의 활동은 고도로 발달한 시장의 실패를 극복하기 위한 것이나 반시장적인 것은 아니었고, 시장 형성적(market fostering)인 것이었다. 시장의 발달이 미약한 상황 속에서 시장에 의한 자원배분과 자본축적 촉진 기능이 취약한 조건 아래 국가가 앞장서서 자본축적을 촉진했고, 시장을 형성해간 것이다.

한국에서는 급속한 경제발전 과정에서 국가에 의한 '경제통제'가 필연적이었다. 후진국의 경제발전은 기존의 체제를 유지 성장시키는 것이 아니고, 기존 균형을 파괴하고 경제구조를 질적으로 변혁하는 과정이라고 할 수 있다. 기존 경제구조의 질적, 구조적 변혁은 기존 사회질서와 가치 기준의 변혁을 필연적으로 동반하는 것이므로 이를 사기업이나 개인에게 기대하기는 어렵다. 뿐만 아니라 공업화의 전제가 되는 거액의 자본 동원 또한 취약한 민간자본에 의존할 수 없다. 또 당시 민간 금융기관이 스스로의 신용으로 국제 차입을 하는 것은 불가능했기 때문에 정부의 개입은 불가피했다. 투자계획에서도 공업화의 기초가 되는 사회간접자본, 기간산업 등과 같이 투자의 우선순위가 부여되어야 할 부문은 자본소요액, 자본회임기간, 이윤율 등의 문제로 인해 민간자본이 감당하기 어려운 것이므로 경제 활동에 대해 정부가 직접 개입해야 할 범위는 확대되지 않을 수 없다. 따라서 후진국에서는 계획 목표의 달성 수단이 간접적이고 유도적인 것보다는 정부에 의한 강제적 자본동원 및 투자를 주축으로 하는 직접적 수단이 큰 비중을 차지하게 된다.

박정희의 경제 운영 방식은 거시적 경제 운영뿐만 아니라 미시적 산업구조 개편까지 정부가 주도하여 관리하는 방식이었다. 박정희 정권 때 경제수석비서관 오원철은 이것을 "경제 건설의 공학적 접근법"(Engineering Approach to Economic Construction), "국가적 계획경제 체제" 또는 "한국경제주식회사 체제"로 불렀다. 공학적 접근 방식에서는 시장기구, 개방경제에서의 효율성, 즉 경제성을 평가 기준으로 하여 자본과 자원이 빈약한 개방경제의 조건에서 수출 촉진을 최우선시했다. 목표(생산, 수출, 경제성장률 상승 등)를 제시하고, 목표 달성을 위한 방법론을 선택하고, 시기별 육성 계획을 세우며, 외국의 경험과 지식을 도입하여 더욱 세부 계획을 세우고, 이것이 실천되도록 한다. 실천의 주체는 기업이었다. 정부는 기업가에게 이윤을 보장해주기 위해 여러 조치를 강구했다. 산업단지를 제공하고, 투자자금을 지원하여 이자를 싸게 해주고 상환 기간도 길게 해주었다. 관세 내국세에 대한 특혜도 제공했다. 공장 허가를 제한하고 국내시장 보호를 위해 수입 금지정책도 사용했다. 사회간접자본도 공업 육성 면에 우선순위를 두었고, 기술자, 특히 기능공도 정부에서 양성했다. 그리고 재벌기업가를 애국자라고 찬양했다(오원철, 1996, 제3권 12장). 요컨대 산업구조 고도화를 위한 박정희 정권의 산업정책은 무역, 재정, 금융, 산업조직, 지역개발정책까지 포괄한 경제 시스템이었던 것이다.

일련의 5개년 경제계획하에서 정부는 기초적인 건설 및 운영에 직접적으로 참가하고, 민간경제에 대하여도 각종의 규제를 가했다. 이 과정에서 정부에 의한 자금 배분, 공산품에 대한 정부의 직접적인 가격 규제, 신규 사업자의 시장 진입 제한, 수입 규제 등 경제통제가 확대되었다. 이러한 규제는 자본주의 시장경제의 발전에 따른 모순의 출현에 대비한 것이기보다는 국가가 민간 부문, 즉 사적 자본의 취약한 능력이라는 조건 위에서 급속한 자본축적을 촉진하기 위해 동원했던 것으로, 본질적으로는 시장을 형성해가는 경제규제라 할 수 있다. 그러나 국가 주도가 바로 개발독재인 것은 아니다. 국가 주도라 하더라도 군부독재의 형태를 띠지 않았던 싱가포르와 대만의 경우보다 한국이 훨씬 후진성을 띠었다.

개발국가는 기업 활동의 자유를 제한하기보다는 최대한으로 보장하는 정책을 수행했다. 군사정부에서 부정 축재자 처리를 대폭 완화한 것은 사기업 활동의 분위기를 개선하는 조치였다. 군사 쿠데타를 통해 집권한 박정희 정부는 '시급한 민생고를 해결한다'는 혁명 공약에서 귀결된 바대로 자본주의적 공업화를 통한 일자리 창출을 핵심적인 경제정책 방향으로 삼았다.

개발국가는 사회간접자본을 확충하는 데 결정적 역할을 했다. 박정희 정권은 자본주의적 공업화의 전제조건이라고 할 수 있는 사회간접자본 건설을 정책적 우선순위를 두고 추진했다. 전력 개발에서는 1970년대 초까지 건설비가 적게 드는 화력발전에 주력했다. 1964년부터 전력 사용 제한을 점차 해제하기 시작하여 1968년 이후에는 전력의 심각한 공급부족 사태는 없어졌다. 1970년대 중반에 실시된 농어촌 전화 사업 등 발전량의 증대와 송배전 시설의 확충으로 도시와 농촌의 전화율(電化率)은 급격히 상승하여 1970년대 말에는 농촌지역의 거의 전 가구까지 전기 혜택을 볼 수 있게 되었다. 1인당 전기소비량도 1961년 70kWH에서 1970년대 말에는 828kWH로 증가했다. 공업화로 수송 수요도 급증했다. 1961~79년간 국내 화물 수송량과 여객 수송량은 각각 연평균 13%와 11%씩 증가했다. 1차계획 기간에는 철도 수송시설 확대에 주력했지만, 2차계획 기간부터는 도로 수송 확대에 정책적 초점을 맞췄다. 총 도로 연장은 1962년의 27,169km에서 1979년에는 46,333km로, 포장도로 비중도 이 기간 중 5%에서 30%로 확대되었다. 경인고속도로, 경부고속도로, 호남고속도로, 영동고속도로가 개통되었다. 해운 시설도 확충되었고 국적선 수송 분담률도 1962~79년 기간에 28%에서 47%로 높아졌다. 박정희 정부는 공업화에 따른 통신 수요에 대응하기 위해 우체국, 전화 전기통신 등 통신시설의 확충에도 역점을 두었다. 1961~79년 기간에 우체국 수가 2.5배로 증가하여 1인당 연간 우편물 수가 6.2통에서 27.3통으로 급증했다. 인구 1,000명당 전화 가입자 수는 1961년의 5명에서 1979년에 63명으로 급증했다. 1962~79년간 국내 및 국제 장거리 전화도수는 1,200만에서 3억 1,900만으로 증가했다.

개발국가는 산업정책을 수립하고 집행하여 경제구조와 공업구조를 고도화시켜 나갔다. 박정희 정부는 제1차 5개년계획 기간(1962~66)에는 시멘트, 비료, 정유, 화학공업과 섬유공업(주로 합성섬유사 공장) 등 주요 수입대체산업을 선별하여 육성하는 데 주력하고 상당한 시설확장에 성공했다. 중요 수입대체산업에 대한 민간투자를 촉진하기 위해 외자의 원리금 상환을 정부가 보증하고, 국유화된 국내 금융기관을 통해 우대금융을 제공토록 했다. 제2차 5개년계획 기간(1967~71)에 정부는 선별적 산업정책을 법제화함으로써 그 후의 중화학공업 육성을 위한 제도적 기반을 마련했다. 기계공업진흥법(1967), 조선공업진흥법(1967), 섬유공업근대화촉진법(1967), 전자공업진흥법(1969), 석유화학공업육성법(1970), 철강공업육성법(1970), 비철금속제철사

업법(1971) 등을 제정한 것이다. 이 기간 동안 정부는 석유화학 콤플렉스와 종합제철공장의 건설을 추진했다. 1970년대에 정부는 중화학공업정책을 집중적으로 추진했다. 1973년 초에 중화학공업화를 선언하고 철강, 비철금속, 기계, 조선, 전자와 화학 등 6개 중화학공업의 건설 육성을 위해 1973-81년에 총 96억 달러 상당을 투자한다는 계획을 발표했다. 창원기계공업단지, 여천석유화학단지, 구미전자공업단지 등이 건설되었다. 1970년대에 중화학공업화를 추진한 배경은 취약한 방위산업의 육성, 노동집약적 제품에 대한 선진공업국 무역장벽의 증대, 계속되는 국제수지 적자의 개선 등이었다. 중화학공업은 민간기업이 담당해야 하는 부문이었으므로 민간기업의 투자를 유인하기 위한 여러 정책 수단이 동원되었다. 정책적인 장기금융자금 공급의 증대, 조세감면조치, 전문 및 직업교육기관의 정원 확대와 시설 능력 확충을 통해 인력 공급 확대, 중화학 분야 연구소 설립, 공업단지 건설 등이었다. 그리고 중화학공업은 대규모 장치산업의 성격을 지녔기 때문에 대기업 육성이 필요했고, 당시 대기업은 대부분 재벌계열기업이었다. 중화학공업화는 결국 자본 육성, 재벌 육성 보호정책으로 작용했다.

2) 요소 투입 극대화에 의한 성장

고도성장을 지탱한 원천은 폴 크루그만(1994) 등이 지적했듯이 생산성의 향상보다는 주로 노동과 자본 등 요소 투입의 양적 확대에 있었다. 단위 투입당 산출로 정의되는 총요소생산성(total factor productivity, TFP)의 증가는 별로 높지 않았다. 1963~1990년에 연평균 성장률

8.74%에 대한 기여도를 보면 요소 투입이 6.36%로 약 3/4을 차지하고 TFP는 약 1/4에 해당하는 평균 2.4% 상승하였을 뿐이다(표 1).

요소 투입 중에서도 노동 투입이 3.04%로 기여도가 약 절반을 차지했다. 농촌으로부터 연간 50만 명씩 이농한 것이 고도경제성장에 결정적 기여한 것이다.

<표 1> GDP 성장의 원천

	1963~73	1973~79	1979~90	1963~90
성장률(연평균)	9.00	9.26	8.21	8.74
'성장기여도'				
요소 투입	5.64	7.01	6.66	6.36
기업노동 투입	3.18	3.49	2.66	3.04
고용자 수	2.28	2.13	1.64	1.99
근로시간	0.50	0.52	-0.07	0.27
연령 및 성별 구성	-0.06	0.30	0.14	0.10
교육	0.47	0.55	0.94	0.68
비주거용 자본 투입	1.19	1.79	2.66	1.92
주거용 자본 투입	1.24	1.67	1.26	1.35
토지	0.03	0.06	0.08	0.06
요소 투입당 생산	3.37	2.25	1.55	2.38
자원배분 개선	1.23	1.76	0.96	1.24
농업 부문	1.17	1.55	0.84	1.12
비농업 자영업	0.06	0.21	0.12	0.12
농업에 대한 기후의 효과	0.23	0.18	-0.11	0.08
규모의 경제	0.26	0.34	0.21	0.26
지식 진보와 기타	1.64	-0.02	0.50	0.80

자료: OECD, "한국경제보고서", 한국개발연구원, 1994.

이러한 성장 방식은 노동력이 풍부하고 공급 능력이 부족해지기 전까지는 성장을 가져오지만, 조건이 변화되면 한계에 부딪힌다.

3) 외자 도입, 수출지향

정부는 장기투자에 대한 자금을 조달하고 국제수지의 위기에서 벗어나기 위해 외채를 도입하였다. 1960년대에는 투자재원 조달의 40% 이상을 외채에 의존하였고, 1962년부터 1971년까지 도입된 공공차관과 상업차관의 합은 24억 5천만 달러에 달했다. 차관도입이 가장 많았던 1971년에는 차관액이 국내 총고정자본형성의 35.8%, GNP의 7.8%에 달하였다. GNP 대비 외채 비율은 1965년 7%에서 1967년 14%, 1971년에는 30%로 높아졌다. 1972~79년에는 125억 5천만 달러의 차관이 도입되었다. 기간 중 차관 도입액은 GNP의 5%를 상회했다.

〈표 2〉 외채와 투자 1959~1983

기간	공공차관	상업차관	외국인 직접투자	총계
1959~61	4.4			4.4
1962~66	115.6	175.6	16.7	307.9
1967~71	810.8	1,354.7	96.4	2,261.8
1972~76	2,388.9	3,043.9	556.0	5,988.8
1977~79	2,529.5	4,793.7	328.8	7,652.0
1980~83	6,246.5	4,434.1	404.1	11,084.7

자료: 경제기획원, "한국경제주요지표", 1983.   (단위: 백만달러)

개발국가는 수출촉진정책을 극한적인 형태로 추진했다. 정부는 1964~65년경부터 수출주도 공업화로 전환했다. 1964~65년의 환율제도 개혁을 통해 원화를 크게 평가절하하고 단일변동환율제도를 채택하여 환율이 외환 수급 사정에 따라 신축적으로 변동할 수 있도록 했다. 이와 함께 정부는 1965년부터 수출우대금융, 수출용 중간재 수입에 대한 관세감면(관세환급제), 수출생산용 중간재 투입과 수출 판매에 대한 내국세 감면, 수출 소득에 대한 직접세 감면(1973년 폐지), 수출용 원자재 수입에 대한 감모허용제, 수입업 영업허가의 수출실적 링크제, 수출용 원자재 국내 공급자에 대한 관세 및 간접세 감면, 주요 수출산업 고정자산에 대한 가속상각제의 허용 등 종합적인 수출지원 제도를 마련하여 1980년대 초까지 지속적으로 실시했다. 수출지원 은 조세감면과 금융 지원으로 나눌 수 있다. 조세지원으로는 내국세 감면, 관세환급, 관세감면, 관세유예 등이 있었고, 금융지원으로는 단기 및 중장기 수출금융이 있었다. 1970년대의 일반은행 금리가 15-25%였는데 수출금융에 대한 금리는 불과 9-15%에 불과했다. 1962-71년 사이에 조세지원액과 금융지원액은 각각 수출총액의 22.28%와 23.94%를, GNP의 1.82%와 1.96%를 차지했다. 두 가지 지원액의 합은 총수출액의 46%, GNP의 3.78%나 되었다. 1972-78 년에는 총수출액에 대해서 40%가량 되었고, GNP에 대한 비중은 오히려 증가하여 10%를 넘어서게 되었다. 수출에 대한 조세지원액이 총국세수입액에서 차지하는 비중은 1960년대에는 20%, 1970년대 에는 50%나 되었다(소병희, 1996).

1968년 중 제조업 부문 수출에 대한 평균 실효보호율(직접세 감면액 과 이자보조율을 국내 가격 기준 부가가치에 합산한 것을 국제가격 기준 부가가치 로 나누어서 구함)은 약 12%로서, 동 부문의 국내 판매에 대한 실효보호 율(국제가격 기준 부가가치를 초과하는 국내 가격 기준 부가가치의 비율)인 1% 보다 훨씬 높았다. 1978년에도 수출에 대한 실효보호율은 23%로서 국내 판매에 대한 실효보호율인 5%보다 훨씬 높았다. 정부는 이러한 유인책에서 더 나아가서 직접적인 행정 수단을 이용해 수출주도 성장 전략을 추진했다. 매년 주요 상품별 및 수출 시장별로 수출 목표를 설정하여 할당했다. 국영기업인 대한무역진흥공사 해외 지점망을 확대해 기업의 해외시장 활동을 지원했으며, 대통령과 각 부처 장관, 주요 수출기업 대표들이 직접 참석하는 월례수출확대회의를 통해 수출을 독려했다. 1970년대 말까지 수입자유화를 엄격하게 규제했음에도 수출 증가에 따르는 수출용 원자재 수입의 증가와 원유를 포함한 주요 원자재의 국제가격 상승, 초과수요 상태 유지 등으로 국제수지는 만성적인 적자를 유지했고, 이것이 1980년대 초의 외채 누적과 상환위기의 원인이 되었다.

〈표 3〉 수출입의존도 추이

	1962	1966	1970	1975	1980	1985	1990	1993
수출의존도	2.2	6.8	11.1	24.3	28.9	33.2	25.8	25.0
수입의존도	15.9	19.1	23.3	34.8	36.8	34.2	27.7	25.0
수출입의존도	18.1	25.9	34.3	59.0	65.6	67.4	53.6	50.5

자료: 한국은행, "경제통계연보", "한국의 국민소득" 각년도판.

수출입의존도는 1962년 18.1%에서 1970년 34.3%, 1975년 59%, 1980년 65.6%로 급상승했다. 1985년경까지 만성적인 무역수지 적자에서 벗어나지 못했다. 이것은 국민경제의 확대재생산이 외국자본과 해외시장에 크게 의존하고 국내시장과는 연관이 약한 재생산구조가 확립되었음을 의미한다.

1970년대에 들어와 박 정권은 외국자본 도입 형태로서 차관원리금 상환 부담이 없는 외국인 직접투자를 추가하여 외채위기를 완화시키며, 중화학공업화를 통하여 생산력을 발전시키고 국제분업 체제의 변화에 대처하려 했다. 1962-79년에 14억 달러의 직접투자가 있었는데 1971-73년에 직접투자는 무려 5배나 증가했고, 수출자유지역이 설치되었다. 수출 지향 중화학공업화는 핵심 기계와 부품을 도입하여 가공 수출하는 최종재 생산형이었기 때문에 일본에 대한 재생산 구조상의 종속을 심화시켰다.

4) 재벌 육성

개발국가는 자본, 특히 재벌을 집중적으로 육성하는 정책을 폈다. 박정희 정부는 한국적인 자본 형태인 재벌을 특혜적으로 육성하고 관치금융으로 지원했다. 정부 우위하에서 재벌은 정치권력에 정치자금을 제공하고 반대급부로 각종 특혜를 받았다. 1965~85년 사이에 재벌의 부침이 심해 1965년에 10대 재벌 중 삼성과 럭키 재벌만 그 지위를 유지하고 나머지는 멸망하거나 쇠퇴했다. 정치와의 관계, 정부 경제개발정책에의 관여의 강약이 그 이유였다고 할 수 있다.

1965~85년 중의 10대 재벌의 면모를 보면 1965~75년에는 10개 중 3개만이 10대 재벌에 남아 있는 반면, 1975~85년의 기간 중에는 10대 중 8개가 10대 재벌에 남아 있다. 1950년대는 재벌의 태동기였다. 1985년 현재의 10대 재벌 중 대우그룹을 제외하고 나머지 9개 재벌은 1955년경에 이미 상당한 규모의 기업을 가지고 있었거나 또는 막 창업한 상태였다. 1950년대는 한국의 재벌이 자본의 본원적 축적을 한 기간이었다. 1960, 70년대는 재벌의 성장기로서, 재벌 성장은 박정희 정부의 재벌육성정책의 산물이었다. 1975년 이후는 성숙기였던 셈이다.

1965년부터 1985년까지 약 20년간에 상위 10대 재벌의 지위에 머문 것은 삼성과 럭키뿐이고, 중화학공업의 기수였던 현대도 1975년이 되어서야 이름이 나온다. 대우는 1965년 당시에는 존재조차 하지 않았다. 한편 이미 도산 또는 해산된 판본(서갑호), 삼호(정재호), 화신(박흥식) 등과 같은 재벌조차 있다.

〈표 4〉 10대 재벌의 변천

	1965 (매출액 기준)	1965 (부가가치 기준)	1965 (무역업 제외 매출액 기준)
1위	삼성	삼성	럭키
2위	락희(럭키금성	럭키	현대
3위	금성(쌍용)	현대	삼성
4위	판본	한진	선경
5위	삼호	효성	대우
6위	삼양사	쌍용	쌍용
7위	동양	대우	한진
8위	대한	두산	한국화약
9위	개풍	동아건설	대림산업
10위	풍한(화신)	신동아	효성

왜 삼성과 럭키는 살아남았고, 특히 1965년경에 융성했던 재벌이 그 영향력을 급속히 저하되거나 해체된 것일까. 정치와의 관계, 정부의 경제개발정책에의 관여의 강약이 그 이유로서 이야기될 수 있다. 정부는 자금과 금융 면에서 두터운 보호를 해주었는데, 한정된 자원의 배분에서는 어느 정도의 업적을 가진 기업에 우선으로 배분하는 방법뿐이었을 것이다. 정치적 배려가 개입할 여지가 생기고, 인간관계가 유효하게 기능할 가능성을 부정할 수 없다. 사업 기회에 접근할

수 있는가를 좌우하는 요인이 작용하고 있었다고 할 수 있다. 그것은 정부와의 관계 및 정치가와의 관계일 것이지만, 어떤 형태의 인간관계 존재가 기업의 성장에 크게 영향을 미친 것은 부정할 수 없다. 삼성이 1950년대 초에 무역업에 진출하고 그 후 제당업과 모직업에 진출한 것은 당시 경제 자체였던 원조에 접근할 수 있었다는 것을 의미하고, 그것은 원조의 배분권을 가지고 있었던 정부에 강한 연결이 있었음을 의미한다. 현대도 한국전쟁 발발로 큰 타격을 받았지만, 전후 부흥 과정에서 대규모의 건설공사 수주에 성공하고 또 정부의 중화학공업 전환정책에 적극적으로 호응함으로써 외자, 내자를 풍부하게 배분받을 수 있었다. 럭키금성, 쌍용, 대림산업 등은 창업자 혹은 그 근친이 유력한 정치가였다. 또 대우의 경우에는 창업자와 정계의 최고실력자와 가까운 사이가 작용했다는 것이 일반적인 평가이다.

박정희 시대 경제개발 과정에서 정부는 기업가가 이윤을 얻을 수 있도록 하기 위해 여러 지원조치를 강구했다. ① 산업단지를 제공하고, ② 투자자금 지원을 위해서 이자를 싸게 해주고 상환기간도 길게 해주었으며, ③ 관세와 내국세에 대한 특혜도 실시했다. ④ 국제 단위가 될 때까지 하나의 공장만 허가해주고, 독점을 시키고 국내시장 보호를 위해 수입금지정책도 썼다. ⑤ 사회간접자본도 공업육성 면에 우선순위를 두었고, ⑥ 기술자, 특히 기능공도 정부 시책으로 양성했다. ⑦ 대통령이 앞장서서 경제 건설에 참여하는 기업가와 근로자의 자부심을 심어주어 사기를 진작시켰다.

박정희 정부는 기업의 새로운 진입과 퇴출을 통제함으로써 재벌을 육성했다. 1961년의 부정 축재자 처리도 결과적으로는 재벌 육성을 촉진했다. 정부는 공업육성법을 통하여 진입장벽을 통해 재벌을 보호 육성했다. 여기서의 논리는 "개발 초기의 국내시장이 협소했고, 독과점업체의 규모도 국제 최소단위보다 훨씬 소규모였다. 이러한 상황에서 과당경쟁은 당시의 제한된 국내 자본과 외환 사정에 비추어 볼 때 현명하지 않다고 판단해 정부로서는 독과점 이윤을 가격 규제 등을 통해 배제시키면서 기존 업자로 하여금 하루 속히 국제적 최소규모 및 국제경쟁력을 갖출 수 있도록 육성한 후 신규 참가를 허용하는 방침을 세웠다"(김정렴, 1990)는 것이다. 정부는 기업의 진입뿐만 아니라 퇴출까지도 통제했다. 경영부실로 도산하는 기업을 정부가 인수하여 처리하는 부실기업 정리는 인위적인 퇴출 장벽이라고 할 수 있다.

박정희 시대의 정부의 시장 개입은 이렇게 직접적이고 선별적이었다. 기업가 중에서도 극히 소수를 선별적으로 육성하였다. 다수의 기업이 사업에 참여할 경우 경쟁이 치열해지는데, 박 정권은 이것을 낭비로 인식하였다.

1960년대 경제개발 초기에는 기업이 차관을 배정받는 것이 가장 큰 이권이었다. 박정희 정권은 국내에서 부족한 재원을 외자로 충당하였고, 이것은 극히 유리한 조건으로서 재벌들이 성장하는 주요 계기가 되었다. 1962년 '외자 원리금 상환에 대한 정부 지급보증'을 약속했고, 1964년 7월 '경제안정에 관한 한미공동성명'을 발표하고 미국으로부터 5,200만 달러의 차관을 제공받았으며, 1965년에는 베트남 파병의 대가로 5천만 달러의 공여가 이루어졌다. 또 1965년에는 일본과의 국교 정상화 등 외자 도입을 위한 여건을 조성했고, 외자도입법이 제정되었다. 외자 도입은 국내 이자율보다 싼 금리와 환율의 차이에서 오는 이익뿐만 아니라 정부의 지급 보증도 받는 이중적 특혜였다. 1960년대의 일반은행 대출금리는 17.5~26.0% 수준이었지만 외자금리는 5.6~7.1%에 불과했다. 1969년 말 기준으로 차관을 가장 많이 받았던 쌍용(1.5억 달러), 럭키(1.23억 달러), 대농(0.95억 달러)은 1960년대 초에는 10대 재벌에 들어가지 못했으나 1970년대 초에는 새로운 10대 재벌로 성장했다.

개발국가는 국가가 지배하는 금융기관을 통해 재벌과 산업을 지원하는 정책금융을 제공했다. 박정희 정부는 수출 공업화에 필요한 기업의 자금을 특혜 지원함으로써 공업화를 촉진하고 재벌을 육성했다. 대기업이 외자 도입을 할 때 정부는 채무 지불보증을 서주었다. 또 정부는 국영은행을 통해 대기업에 저리의 특혜 정책금융을 제공했다. 1950년대에 민영화되었던 모든 상업은행을 1960년대 초반에 다시 국유화함으로써 금융 자금 배분에 대한 정부 개입 확대의 길을 열어놓았다. 1965년에는 금 리현실화를 위한 금리 개혁을 실시했다. 1972년 8·3조치는 고리 사채를 저리로 상환할 수 있게 해줌으로써 대기업에 큰 특혜가 되었다. 국내 총금융자산의 대 GNP 비율로 표현되는 금융 관련 비율은 1962~65년간에 0.9~1.0의 낮은 수준에 있었지만, 그 후 꾸준히 상승하여 1972년에는 2.1을 기록했다(김광석·김준경, 1995). 1970년대에는 은행 대출과 정부 발주 대규모 공사의 수주와 관련하여 재벌들이 특혜를 받고 리베이트나 커미션 형식으로 정치자금을 공급했다. 박정희 대통령은 1973년 1월 '중화학공업 선언'으로 방위산업을 정책적으로 육성하고자 하였는데, 이 과정에서 정책금융과 여신관리 등의 수단을 통하여 정경유착에 의한 재벌 육성이 이루어졌다. 이 시기에 두드러지는 현대 재벌의 성장은 전형적 예이다. 지원 대상 산업 부문에 배정된 자금이 계획대로 전달되도록 하는 것과 배정된 자금이 다른 용도로 전용되지 않도록 방지하는 것이 과제로 등장했다. 이 과제를 해결하는 수단이 바로 정부의 정책 금융과 여신관리제도 도입이었다. 계열기업군에 대한 여신관리규정(1974. 5. 31.)은 금융단 협정으로서 금융기관 여신총액이 큰(당시 50억 원 이상) 계열기업군 가운데 재무구조 상태에 따라 A군과 B군으로 나누어 여신관리에 차등을 두기 위한 것이었다. 재무구조가 취약한 A군의 기업에 대해서는 신규 지급보증을 중지하고, 주거래은행이 향후 3~5년간 재무구조 개선계획서를 징구 심사하여 은행감독원장의 승인을 받도록 하였다.

이렇게 선별하여 지원한 기업이 부실에 빠진 경우에도 정부가 이를 구제해주었다. 1960년대 말부터 발생한 부실기업 문제에 대해서 박 정권은 긴급 구제 작업으로서 1972년에 8·3조치를 강행했다. 8·3조치의 내용은 다음과 같았다. 첫째, 모든 기업은 사채를 신고하고 신고된 사채는 동결되어 3년 거치 5년 분할 상환하며, 이자율은 월 1.35%(연16.2%)로 한다. 사채업자가 원하면 사채를 기업출자로 전환하도록 함으로써 기업이 쓰고 있는 사채를 탕감하도록 했다. 당시 사채 평균 금리가 월 3.84%였음을 고려한다면 기업의 사채이자 부담은 약 3분의 1로 경감되었다. 둘째, 금융기관은 2천억 원의 특별금융채권을 발행하여 조달한 장기저리자금으로 기업에 연리 8%의 저금리로 대출하였다. 당시 일반금리는 19%였다. 셋째, 일반대출금리도 19%에서 15.5%로 인하했다. 이것은 1970년대의 저금리정책의 출발이 되었다. 이를 통하여 사채동결(3,352억 원), 특별자금 대출(2천억 원), 산업합리화자금 대부(658억 원), 금리 인하, 환율 안정, 물가 동결 등으로 자본은 연간 1,028억 원의 금리부담 경감의 특혜를 받았다. 그중에서 독점자본 분파에 혜택이 집중되었다. 8·3조치는 국가가 중간계층의 희생으로 산업독점자본의 위기를 해소하려 한 것이었다. 8·3조치를 '유신의 경제적 표현'이라고 할 수 있다.

그 이후 박정희 정권하의 1970년대 중화학공업 중복 과잉투자의 영향으로 부실기업 문제가 다시 대두되어 1985년 5월~87년 말까지 5차에 걸쳐 총 78개의 기업을 정리하는 과정에서 인수기업들에게 대출원금 탕감 9,863억 원, 종잣돈(영업을 새로 개선하는 데 필요한 기본 자금) 4,608억 원, 이자 감면 및 유예 대출 원금 4조 1,497억 원, 대출원금의 상환유예 1조 614억 원 등의 금융 특혜가 주어졌으며, 조세감면 특혜도 2,414억 원에 달했다. 이는 국민부담으로 재벌기업의 부실을 메꾸어주는 것으로, 재벌에 대한 특혜이자 재벌의 폐해라고 할 수 있다.

이러한 일련의 기업 구제 조치로 기업의 재무구조는 개선되고 금융부담도 경감되어 국제경쟁력이 제고되고, 수출이 크게 신장되었다. 반면에 그것이 낳은 부작용으로서 부실기업에 대한 과도한 특혜와 보호는 기업으로 하여금 산업 환경 변화에 대한 자구적 노력 보다는 정부의 보호와 지원에 안주하려는 안일한 자세를 갖도록 했고, 과도한 차입에 의한 다각화 경영으로 나가도록 유도했다.

Young-Iob Chung(1986)은 1954~84년간에 재벌 성장을 위해서 정부가 약 80억 달러의 무상 지원을 한 것으로 추정된다는 연구 결과를 내놓았다. 1953년부터 1984년까지 32년간 우리나라 재벌이 정부로부터 실질적으로 무상으로 이전받은 소득 및 부의 총액은 귀속재산 염가불하로 3억 달러, 국영기업 염가불하로 2억 달러, 외환 보조금 형태로 23억 달러, 은행 융자에 대한 이자 보조로 70억 달러 등 약 100억 달러(지금 환율로 계산하면 약 8조 원)에 달한다. 이러한 특혜를 획득하는 데 들어가는 비용(예컨대 원조물자 가격의 과다 책정, 뇌물 기타비용 등)을 여기에서 제외한다 해도 재벌의 자본축적에 대한 정부의 순기여분은 도합 80억 달러에 달할 것이고, 이것은 당시 재벌기업 자기자본의 약 4분의 3에 달하는 규모라고 추정한다.

한편 박정희 정권하에서 독과점규제는 실질적으로 부재했다. 김정렴(1990)은 "… 정부의 규제와 행정지도의 미흡 그리고 업자의 비협조로 자주 독과점 시비가 일어났다", "박 대통령은 기업이 국가의 지원과 국민의 부담으로 육성 성장된 만큼 국민의 기업으로서 사회적 공기로서 기업의 사회적 책임을 항상 자각하고 국가와 국민에게 보답할 것을 기회 있을 때마다 촉구해왔다", "1974년의 '5·29 기업공개에 관한 대통령 특별지시'에서 박 대통령은 비공개기업의 가부장적 제도가 인재 양성과 노사갈등 해소에 걸림돌이 되는 점과 국제 경쟁에 살아남기 위해서는 소유와 경영의 분리가 시급한 점에 비추어 기업의 공개를 강력히 지시했고 또한 재벌에의 지나친 부의 집중과 소위 문어발식 기업의 확장에 경종을 올리고 그 시정을 촉진했다"고 말하는 등 박정희 대통령이 재벌 체제에 비판적이었다는 주장을 펴고 있다. 실제로 5·29 조치 내용 속에는 박정희의 다음과 같은 언급이 있다.

… 오늘날 업계에는 특정인 중심의 가족적 기업군이 형성되어 이른바 무슨 그룹이니 하여 무리하게 여러 종류의 기업을 산하에 거느리고 있는 사례조차 있다. 그 결과… 오랜 인습과 타성에 젖어 기업자산을 소수의 특정인과 그 가족의 손에 집중하려는 폐단이 남아 있으며… 그러나 이제는 그와 같은 창업기의 무리한 경영 방식을 탈피하여 기업 주식을 널리 공개하여 자기자본이나 경영 면에서 개인의 능력의 한계를 극복하여야 할 시점에 당도하였다고 본다.

그러나 공정거래법을 제정하지 않은 것을 보더라도 박정희 정권은 재벌 육성에 더 주력했다고 할 수 있다. 박정희 시대에도 독과점 기업의 횡포를 방지하고 건전한 경쟁 질서의 수립을 위해 몇 번에 걸친 공정거래법 제정을 위한 시도가 있었으나, 그때마다 번번이 성장 우선주의의 대세에 밀려 입법이 좌절되었다.

최초의 입법은 1963년의 '삼분(三粉)사건'을 계기로 시도되었다. 이 사건은 시멘트, 밀가루 및 설탕을 생산하는 소수의 대기업들이 과점시장을 형성하고 담합을 통해 공동으로 가격과 시장을 조작한 데서 비롯되었다. 물가가 앙등하고 있었던 가운데 이러한 독과점의 폐해가 노출되자 규제의 필요성에 대한 여론이 높아졌다. 이에 1964년에 정부는 전문 29조로 된 공정거래법 초안을 작성하여 발표하였다. 이 법안은 직접적인 가격통제보다는 자유경제 체제를 좀 더 충실히 구현하려는 방향이었다. 첫째, 부당한 가격 및 거래조건의 규제를 위한 담당 기관으로서 경제기획원 소속으로 공정거래위원회를 설치하고, 둘째, 거래에 실질적인 영향을 주는 사업자 또는 사업자 단체의 협정 또는 공동행위를 신고토록 했다. 그러나 업계를 중심으로 한 반대 여론이 우세한 분위기였기 때문에 각의에 상정하지도 못하고 무산되었다.

1966년에 물가 상승을 억제하기 위하여 다시 공정거래법안을 작성하여 국무회의를 거쳐 7월에 국회에 제출되었다. 자유경쟁을 보장하여 소비자 보호와 물가안정을 기하는 것이 목적이었고, 법안의 주요 내용은 다음과 같았다. 첫째, 규제 대상을 경쟁제한적 계약 행위, 독과점의 남용 행위, 기업결합, 불공정거래 등으로 구체화하였다. 둘째, 경쟁제한적 사업자단체와 카르텔을 등록하도록 하였다. 셋째, 경제기획원장관 산하에 심의기구인 공정거래위원회를 설치한다는 것이다.

그러나 다음 해 6월 6대 국회의 회기 만료로 자동적으로 폐기되었다.

그 후 도농격차, 빈부격차, 대기업과 중소기업 간의 격차 등이 확대되고 인플레이션으로 자원배분의 왜곡과 기업 체질의 약화가 초래되었으며, 1968년에 신진자동차의 코로나 승용차를 둘러싼 독과점 횡포 문제가 발생하자 정부는 1969년 독점규제법안을 작성하여 국회에 제출하였다. 주요 내용은 다음과 같았다. 첫째, 제품가격이 높을 때에 한하여 그 폐해만을 규제하고, 둘째, 1사의 공급 능력이 20% 이상인 사업을 규제 대상으로 하며, 셋째, 카르텔 행위가 경쟁을 제한하는 경우에는 경제기획원장관이 시정명령을 내릴 수 있도록 하고, 넷째, 독과점기업은 상품 및 용역의 판매가격과 원가, 생산 거래조건 및 판매조직 등을 신고토록 하고, 다섯째, 독점사업자에 금지되는 행위의 유형을 정하도록 하였으며, 여섯째, 판매상품에 대한 가격표시제를 실시하도록 하였고 경제기획원장관에게 독과점 및 카르텔 행위에 대한 강제조사권을 부여하였다. 이 법안 역시 경제의 당면과제는 기업 자금의 축적과 재화 공급의 촉진에 있으며, 독점규제법은 시기상조라는 업계의 견해에 밀려 7대 국회가 만료되는 1971년까지 제대로 심의도 하지 못한 채 회기 종료로 자동 폐기되었다. 1971년에도 매점매석 등 불공정 거래행위 금지, 독과점사업자의 부당행위 규제, 카르텔 등 경쟁제한행위 규제를 주요 내용으로 하는 공정거래법안을 국회에 제출하였으나 1972년의 비상조치로 국회가 해산될 때까지 진전을 보지 못하고 폐기되었다.

1975년에 와서야 "물가안정 및 공정거래에 관한 법률"이 제정되었다. 주요 내용은 주요 상품 또는 용역 가격에 대한 최고가격제 실시, 주요 상품의 수급 원활을 위한 5개월 이내의 수급조정조치, 독과점가격의 신고 및 지정, 거래차별행위 등 6개 유형의 불공정한 거래행위 규제, 가격담합 등 5개 유형의 경쟁제한행위 규제, 경제기획원에 물가 안정위원회의 설치 등이었다. 이 법률에 따라 1976년 3월에 "독과점 사업자의 범위와 기준에 관한 규정"이 시행되고 136개 품목, 212개 사업자가 지정고시되었으며, 4월에 20개 품목, 39개 사업자가 추가 고시되었다. 이 법률은 독과점에 대한 원인규제는 없이 폐해규제적인 입장에서 가격 규제에 중점을 두고 있었기 때문에 그 후 정부의 가격 통제의 수단으로 사용되는 등 여러 가지 부작용이 초래되었다. 가격 통제 능력의 한계에 부딪혀 1979년에는 시장지배적 사업자 및 대상 품목 수를 대폭 축소하였다. 사업자단체를 그대로 존속시켰고, 시멘 트업계의 불황 카르텔은 인정해주었다. 박 정권하에서는 독과점 규제 와 재벌 규제가 사실상 없었다고 해도 과언이 아니다.[3] 한국경제에서 독과점이 본격적으로 규제되기 시작하는 것은 전두환 정권이 들어선 1980년에 "독점규제 및 공정거래에 관한 법률"이 제정, 공포되면서부 터였다.

5) 노동자 민중의 억압에 의한 저임금 장시간 노동, 저농산물가격

종속적 공업화를 위해서는 저임금 체제와 이를 뒷받침하는 저농 산물가격이 필수적이었다. 노동관계법 개악으로 노조의 설립이 부자 유스러워졌고, 노동조합의 정치 활동이 엄격히 금지되었으며, 공무 원 교사 등의 노동기본권은 박탈되었다. 쟁의에 대한 규제도 강화되

---

3 박 정권하 독과점규제 시도의 자세한 경과에 대해서는 공정거래위원회, 한국개발연구원 (1991) 참조.

었다. 1970년대 초반에 반노동자적인 법률들을 집중적으로 제정하고 노동법을 개악함으로써 저임금 체제를 뒷받침하였다. "외국인 투자기업의 노동조합 및 노동쟁의에 관한 임시특례법"(1970년)에 의해 외자기업 노동자들의 노동운동은 사실상 금지되었다. 그리고 "국가보위에 관한 특별조치법"(1971년)을 제정하였고, 1973년에는 노동법을 개악하였으며, 1974년 긴급조치 3호와 더불어 다시 노동법이 개악되었다. 민주적 노조는 존재하지 않았고, 정부의 통제를 받는 한국노총이 어용적 역할을 하면서 노동자의 불만 표현을 통제했다. 노동관계법 개악은 '유신의 계급통제적 표현'으로 볼 수 있다.

노동자의 임금인상에 대해서는 일관되게 정부가 개입하여 1970~80년간 임금은 이론생계비의 40~50%, 실태생계비의 50~60%에 불과했다. 상당수 제조업 노동자의 노동시간은 60시간 이상이었고, 저임금이 잔업을 강요하는 구조였다. 저농산물가격으로 농가소득은 도시근로자 가구소득의 70~80%선에 머물렀다.

임금 상승이 한계생산성 상승과 거의 일치하거나 이를 상회한다는 것과 임금이 생계비와 일치한다는 것은 전혀 다른 이야기이다. 한계생산성 증가에 부응하는 정도로 임금이 상승하더라도 생계비에 못미칠 수 있는 것이다. 생산에 기여한 만큼 임금을 지급했다고 하더라도 생계비 이하였다면 노동자는 초과 착취 당한 것이다. 이영훈 교수는 이론생계비이든 실태생계비이든 계산에 큰 차이가 있어서 정치적으로 결정된다고 이야기한다. 그러나 이론생계비는 계산 방식에 따라서 큰 차이가 날 수 있지만, 실태생계비는 큰 차이가 날 수 없다. 정부 공식기관인 한국은행의 "경제통계연보"(1973) 자료와 통계청, "통계로 보는 한국의 발자취"(1995) 자료에 의하면 1960~80년 제조업의 월평균 임금은 실태생계비의 49.7%(1965), 1975년 77.3%, 95.9% (1980)로 개선되고 있었으나 생계비를 모두 충당할 수는 없었다. 국세청 발표에 의하면 1978년 현재 전체 노동자 가운데 근로소득세 인적 공제 최저선인 5만 원 미만의 비과세 인원이 전체의 76.7%를 차지했으며, 전체 노동자의 88.6%가 월 10만 원 미만의 임금을 받고 있었다(이원보, 2005, 53-54).

〈표 6〉1960~1980년 제조업의 월평균 임금과 실태생계비 비교

연도별	임금액(가)	생계비(나)	적자액(가-나)	충당률(가/나)	엥겔계수
1960	2,330	10,250	-7,920	22.7	61.0
1965	4,600	9,260	-4,660	49.7	63.4
1970	14,561	28,290	-13,729	51.5	46.6
1975	46,000	59,480	-13,480	77.3	48.8
1980	176,100	183,578	-7,478	95.9	43.2

생계비는 도시근로자 가계지출이고, 충당률은 임금으로 생계비를 충당할 수 있는 비율
자료: 한국은행 "경제통계연보"(1973) 및 통계청, "통계로 본 한국의 발자취"(1995). 이원보 (2005)에서 인용.

그러면 임금이 노동력 재생산비인 실태생계비에 미치지 못했는데 노동자들은 어떻게 살았을까. 이영훈 교수는 임금이 생계비에 미치지 못했다면 노동자의 숫자가 줄어들었을 터인데 그렇지 않았으니까 생계비만큼 임금이 지급되었다고 봐야 한다고 하지만, 사태가 어떻게 돌아갔는지는 실태를 조금만 들여다보면 바로 알 수 있다. 다수 노동자 가족들은 저임금을 받으면서도 살아남기 위해 열악한 생활을 해야 했고, 또 여러 명이 불완전 취업을 해서 생계비를 확보했다. 도시로 몰려든 농촌 인구의 대부분은 낮은 소득과 도시의 부족한 주택 사정 때문에 도시 주변에 판잣집을 짓고 생활했다. 판잣집은 서울의 경우

1961년 8만 4,440호에서 매년 10~15%씩 증가하여 1966년에는 13만 6,600호, 1970년에는 18만 7,500호에 이르렀고, 도시 주민의 약 1/3이 판자촌에 살았다. 단신으로 도시에 온 노동자들은 공장 주변에 밀집된 닭장집, 벌통집이라 불리던 불량주택이나 기숙사에서 생활했다(오늘날에는 저임금을 받는 외국인 노동자들이 이러한 불량 주택에서 살고 있다). 정부는 청계천변 판잣집 주민을 강제로 경기도 광주대단지(현재의 성남시)로 내쫓았다. 일자리를 얻기 어려워진 광주대단지 주민 3만여 명은 1971년 8월 생존권 보장을 요구하며 폭동을 일으켰다.

추가 취업희망자와 전직 희망자를 포함한 불완전 취업률은 1963년 21%에서 1971년 31%로 높아졌다. 1970년대에 들어와서도 여전해서 임금 노동자 가운데 임시직, 일용직 노동자의 비중은 1971년 40%에서 1980년 36%로 거의 줄어들지 않았다. 윤진호 교수의 연구에 따르면 노동 빈민층이라 할 수 있는 도시 비공식 부문의 종사자 수는 1970년 약 230만 명, 1975년 330만 명, 1980년 약 450만 명에 이르렀다(이원보, 2005, 52). 이들 저학력, 생산직, 여성을 중심으로 한 불완전 취업 노동자들은 비참한 근로조건에서 일했다. 저임금을 보충하기 위해 잔업과 특근을 일삼았고, 산업재해와 직업병에 시달렸다. 청계천 피복공장의 어린 여공들의 참상에 견디다 못해 분신한 전태일 열사의 절규는 바로 이러한 현실을 고발하는 것이었다.

한계생산성은 평균생산성보다 당연히 낮다. 따라서 한계생산성만큼 임금이 지급되어도 노동자의 분배 몫은 감소할 수 있다. 분배 국민소득 가운데 노동자 몫을 나타내는 피용자보수율은 1959년 38.2%에서 1964년 28.4%로 내려갔다가 1970년대 말에 가서야 비로소 40% 수준에 이르렀다. 여기에는 피용자 비율의 증가가 반영되어 있다. 여기다가 전문직·기술직·관리사무직 노동자들이 상대적으로 높은 임금을 받았으므로 실제 생산직 노동자에게 돌아간 노동소득 분배율은 훨씬 낮았다고 할 수 있다. 1960~69년 사이 제조업 노동자의 실질임금은 연평균 3% 증가에 그쳤는데, 이것은 같은 기간 동 성장률 9%의 1/3, 노동생산성 상승률 13%의 1/4에 불과했다. 1970~80년에도 실질임금은 연평균 8% 증가한 데 비해 노동생산성은 10% 넘게 상승했다(이원보, 2005, 55).

압축성장은 농민에게는 불균형적인 것이었다. 1960~92년간 쌀 수매가는 한계생산비는 물론이고, 일반 물가상승률에도 못 미칠 때가 많은 저위, 불안정한 것이었다. 농가구입가격지수로 디플레이트한 수매가의 인상률은 마이너스인 해가 15번이나 되었다(황연수, 1995). 그래서 농업경제학계에서는 1968년 이후 도입된 이중곡가제와 1970년대 중반의 일반벼와 차별 없는 통일벼 수매 등에 대해 '상대적' 고미가라고 한다. 수매가가 생산비와 소득을 충분히 보장한 것이 아니라, 그 이전이나 이후의 현저하게 불리한 수매가에 비해 좀 나았다는 뜻이다. 이것도 그 이전의 공업화 집중지원으로 도시농촌 간의 격차가 커진 것이 사회정치 불안을 초래했기 때문이다. 박정희 대통령이 역점을 두어 시행한 대표적인 농업농촌 정책도 1970년대 중반의 다수확 신품종인 통일벼 재배와 새마을운동이었다.

저농산물가격의 결과 도농 간의 격차가 커졌고, 이에 농민들은 대규모로 농촌을 탈출했다. 배진한 교수의 연구에 의하면 1960년부터 1975년까지 약 680만 명의 농촌 인구가 도시로 밀려들었고, 그중 가구 유출이 68.2%인 468만 명, 단신 유출이 31.8%인 218만 명이었다. 이러한 농촌 과잉인구의 도시 유입이 바로 저임금의 바탕이 되었다.

중화학공업화에 비해 피폐한 농촌에 대해서 강구한 대책이 신품종 도입에 의한 증산정책과 새마을운동이다. 통일벼 도입으로 1970년대 후반에는 쌀을 거의 자급할 수 있게 되었고 춘궁절량농가는 거의 해소되었다. 그러나 이 과정에서 비료, 농약, 농기계, 농용 비닐 등의 소비가 늘어나면서 농업 관련 산업에 진출한 해외 자본은 큰 이익을 남겼다. 새마을운동이 1972년부터 전개된 배경은 1960년대의 공업화 우선 정책으로 도농 간의 격차가 커지고, 1967, 68년의 연속 한발, 미국 잉여 농산물 무상 도입 중단으로 식량문제가 심각해진 점이다. 또 당시 남북한 간 체제경쟁이 절박했다. 새마을운동은 농민 노동력을 무상으로 동원하여 농촌의 사회간접자본을 건설함과 동시에 당시 과잉 생산되고 있었던 시멘트, 철근 등 건축자재를 대량으로 소비하는 것을 겨냥했다. 그리고 새마을운동 구호인 '근면, 자조, 협동'에서 드러나듯이 농촌 낙후의 원인을 정부의 농업 경시 정책이 아니라 농민의 태만, 자립심과 협동심 부족 등에 돌림으로써 정부의 책임을 회피하려고 했다. 새마을운동은 마을 진입로를 닦고 다리를 놓는 등 농촌에 사회간접자본을 확충하는 데 기여했지만, 동시에 이러한 농촌 사회간접자본 건설은 독점자본의 농업, 농촌, 농민 지배를 위한 기초가 되었다. 1970년대 말에 완성된 농어촌 전기가설사업으로 가전제품이 농가에 도입되고 농가의 소비생활도 점차 상품경제화되어갔다. 새마을운동은 '우리도 한번 잘살아보자'는 발전주의 이데올로기를 농촌지역에 확산시킨 긍정적 측면도 있지만, 강제적으로 사업을 추진하는 과정에서 농가 부채 누적 등의 부작용을 초래했고, 농민들의 자치, 협동 동력을 약화시키고 관에 지배되도록 했다. 박 대통령은 '10월유신은 새마을운동이고, 새마을운동은 10월유신'이라고 했다.

4. 박정희식 압축성장의 성과

박정희식의 '초과 착취적 압축성장 모델'은 한국경제의 생산력을 발전시키고 생활 수준을 향상시키는 데 상당한 성과를 거두었다. 대규모 재벌조직의 주된 이점은 규모의 경제를 활용하여 신규사업에 진입하고 신속히 효율적인 생산단계에 도달할 수 있는 능력이다. 상의하달식의 의사 결정 방식은 위험성은 크지만, 초기 공업화 국면에서는 결코 마이너스만은 아니었다. 과감한 신분야로의 전개 및 규모의 경제 실현을 위한 방대한 설비 투자, 적극적인 기술 도입 등을 공격적으로 또 신속하게 하는 데는 강력한 리더십이 필요하였고, 삼성의 이병철, 현대의 정주영 등 한국을 대표하는 기업가는 충분히 그러한 역할을 수행했다고 할 수 있다. 또 재벌이라고 불리는 대기업 중심의 공업화는 독과점문제 및 재벌의 횡포, 기업의 사물화 등의 비판을 면할 수 없었지만, 위험성이 큰 새로운 분야로 진출하려고 할 경우 수익을 올릴 수 있는 기존의 부문을 가지는 것은 중요한 필요조건이었다. 이러한 기업의 구조와 의사 결정 방식은 특히 한국 공업화의 선진국 추격과정에서는 상당히 유효하게 작용한 것으로 볼 수 있다. 한국경제는 1961~80년간 연평균 8.5%의 경제성장을 기록하여 국민총생산은 약 4배로 커졌으며, 1인당 국민소득은 1962년 87달러에서 1981년에는 791달러로 거의 열 배가 늘어났다. 수출은 4천만 달러에서 약 210억 달러로 늘어났다. 한국은 신흥공업국 대열에 올라서게 되었다.

20여 년간의 고도경제성장의 결과 대부분의 국민들은 빈곤으로부터 탈출할 수 있었다. 도시 공업의 고용 기회의 확대로 농촌지역의 지주소작 관계도 1960년대에 들어와 과잉인구 압력이 약화되면서 전근대적 성격을 벗어나게 되었다. 농민들은 새마을사업과 녹색혁명의 결과 드디어 절량 상태로부터 벗어날 수 있었다. 그리고 공업화 과정에서 일자리가 생겨나 연간 50만여 명의 농촌 과잉 인구를 흡수함으로써 농촌의 잠재실업을 크게 줄일 수 있었다.

급속한 공업화로 산업구조도 농업 중심에서 경공업 중심으로 바뀌어 국민총생산 중 농업 부문 비중은 1955년 43.9%에서 1983년 14.0%로 저하한 반면, 제조업 비중은 같은 기간에 11.4%에서 28%로 상승하였다. 또한 공업구조도 1970년대 초까지 경공업 중심에서 70년대 후반 이후 중화학공업 중심으로 고도화되었다. 이러한 20~30년 간에 이룩된 급속한 공업화는 선진국에서는 1백 년 이상에 걸쳐서 달성된 것이었다.

취업구조도 1963년에는 농림어업 종사자가 63%이고 광공업 종사자는 7%에 불과하였는데 채 20년이 지나지 않은 1985년에 농림어업 부문과 광공업 부문 종사자의 비중이 같아졌다. 완전한 공업사회로 전환된 것이다. 영국에서 농업 취업인구와 제조업의 취업인구의 구성비가 7배에서 1:1로 같아지는 시기는 1751년에서 1850년까지로 대략 100년이 소요되었고, 일본에서도 1890년대에서 1960년대 초로 대략 70년이 걸린 것과 비교하면 얼마나 빠른 속도였는지 알 수 있다.

〈표 6〉 산업별 생산구조의 변화(단위: %)

연도 산업부문	1955	1965	1970	1975	1980	1983
I. 1차산업						
1. 농림어업	43.9	37.6	26.4	24.7	14.4	14.0
II. 2차산업	15.5	23.3	27.5	32.3	38.7	37.9
2.광업	1.1	2.0	1.4	1,5	1.4	1.4
3.건설업	3.0	3.4	5.3	4.8	8.5	8.5
4.제조업	11.4	17.9	20.8	26.0	28.8	28.0
III. 3차산업	40.6	39.1	46.1	43.0	46.9	48.1
5.전기, 가스, 수도업	0.5	1.3	1.6	1.3	2.0	2.3
6.도소매, 음식 숙박업	15.5	16.9	18.0	19.5	17.0	17.0
7.운수, 창고, 통신업	2.5	4.0	6.6	6.0	7.7	8.7
8.금융, 보험, 부동산업	1.0	1.9	3.6	3.9	6.5	5.4
9.주택소유	7.8	3.5	3.0	2.4	2.8	2.9
10.공공행정 및 국방	5.6	4.9	4.8	3.8	4.4	4.6
11.사회 및 개인서비스	6.5	5.7	8.1	7.5	8.2	9.2
IV. 해외 부문	1.2	0.9	0.4	-1.4	-1.7	-2.0
합계(=GNP)	100.0	100.0	100.0	100.0	100.0	100.0
금액(10억 원)	114.5	805.7	2,735.9	10,092.2	37,205.0	58,279.7

자료: 한국은행, "국민소득 계정", 1984

〈표 7〉 한국의 중화학공업화율

	1961	1965	1970	1975	1980
1. 중화학공업	21.3	33.0	41.8	46.4	55.6
기초금속	2.2	2.9	2.4	4.2	5.5
기계	9.2	10.0	9.8	15.6	23.4
화학	9.9	20.1	29.6	26.6	26.7
2. 경공업	78.7	67.0	58.2	53.6	44.4
섬유	19.9	16.9	15.6	19.5	15.7
기타	58.8	50.1	42.6	34.1	28.7
3. 합계	100.0	100.0	100.0	100.0	100.0

자료: 경제기획원, "주요경제지표", 1981.

5. 초과 착취적 압축성장의 한계와 모순

그러나 이 압축성장 방식은 근본적 한계를 안고 있었다. 정치적 독재, 경제적 독재 체제(재벌 체제)의 경직성은 재벌 체제의 심화, 투기의 악화, 부정부패의 만연 등 자본주의적 모순을 급속히 심화시켰다. 유신독재 체제는 자본주의적 모순에 대한 국민들의 대항력을 봉쇄하고 경제(생산력) 제일주의, 사유재산 절대주의를 극한적으로 관철시켰다.

1) 정경유착과 부정부패

박정희식 고도성장 방식은 정경유착을 만연시켰다. 쿠데타를 행한 후 곧 공화당 창당을 준비하면서 이에 필요한 정치자금을 조달하기 위해 4대 의혹사건(부패사건)을 일으켰다. 4대 의혹사건은 일본의 새나라자동차 수입 이권, 파친코 수입 이권, 증권시장의 주가 조작, 워커힐 호텔 건설 이권 등을 쿠데타 세력이 챙긴 것으로, 모두 대규모 권력 부패사건이었다. 삼성의 사카린 밀수 사건도 박정희 정권의 정치자금 조달과 관련되어 있었다.

박정희 정권은 외자 도입, 8·3 조치, 중화학공업 육성 등을 통하여 재벌을 육성했고, 정권은 재벌 육성의 대가로 대규모 정부 사업 발주에서 일정 비율을 정치자금으로 받았고, 외국 차관 도입에서도 정치자금을 받았다. 재벌 체제는 왜 부정부패를 유발하는가. 재벌 간의 경쟁하에서 재벌들은 기술 투자보다는 외형 확대, 즉 무차별적 사업 확대와 매출액 확대에 주력한다. 재벌기업들은 해당 사업의 수익성에 대한 냉철한 평가와 합리적 경영보다는 독점이윤을 겨냥하고서 사업

확장(다부문으로의 업종 확대 내지 부문 내 설비 능력의 단순 확대)을 우선적으로 추진한다. 한 부문에서 실패해도 다른 부문에서 얻을 수 있는 독과점 이윤으로 보충한다는 식이다. 이러한 사업 확장을 관철시키기 위해 재벌들은 새로운 사업의 인허가, 특혜적인 자금의 조달 등을 추구하고, 이를 위해서 정치권력과 결탁하게 되는 것이다. 또한 재벌 체제하에서는 총수의 비자금 조성 요구를 제어할 힘이 없다. 1992년 대선 때 현대재벌 정주영 회장이 대선자금용 2천억 원을 비자금으로 조성한 것이 그 예이며, 노태우 비자금 사건 때 재벌들이 대부분 관련된 것도 이를 말해준다. 비자금 조성과 활용을 무기로 1994년 초에 4개에 불과하던 계열사를 18개로 늘리고 한보철강 건설에 5조 원 이상의 부채를 끌어들인 한보그룹도 전형적 예라고 할 수 있다. 재벌 총수가 지배하지 않는 농협이나 포철, 한국중공업 등에서는 비자금 조성이 그만큼 어렵다. 노태우 비자금 사건을 통하여 재벌 총수들이 뇌물을 바쳐서 국가로부터 막대한 특혜를 받아 재벌 대기업을 성장시킨 사실이 드러났다. 30대 재벌은 노태우 대통령이 재임하던 6공화국 기간인 1988년 4월부터 1993년 4월 동안 자산액이 64조 6,700억 원에서 178조 3,660억 원으로 무려 3배나 늘어났다.

1979년 박정희 대통령 살해사건을 수사하기 위해 청와대를 수색한 보안사 요원들이 청와대의 철제금고에서 발견한 돈의 액수가 9억여 원으로 현재 화폐가치로 치면 수백억 원대가 된다. 이것은 박 대통령이 갑자기 피살된 탓으로 퇴임 후를 대비하지 않은 가운데 드러난 액수로, 만약 퇴임 후를 대비하였더라면 훨씬 큰 규모의 비자금을 조성했을 것이다. 전두환 씨는 비자금사건 재판 과정에서 수천억 원의 비자금을 축재한 경위와 관련하여 "관행에 따른 것이었다"고 했는데,

이러한 관행은 바로 박정희 대통령 통치 시기에 만들어진 것이다. 정치군인 세력의 부패상은 전·노 씨 때 갑자기 생겨난 것이 아니라 박정희 시대에 이미 만연돼 있었다.

경제에 대한 국가의 통제는 여러 가지 부작용도 수반했다. 관료의 무능과 복잡한 절차, 정치인과 관료들의 부패 등도 경제통제의 부작용을 키우는 요인으로 작용했다. 신규산업 인허가권에 의한 진입제한은 재벌 체제를 강화하는 데 이용되었다. 가격통제는 일부 산업에서는 관제카르텔 기능을 하기도 했다. 수입통제도 국내 산업의 과보호로 기업 체질을 약화시켜 국제경쟁력 향상이라는 당초 목표에 역효과를 초래하기도 했다.

정경유착에 의한 자본축적은 경제 규모의 확대와 경제의 개방화 진전에 따라 국민경제의 효율을 저하시키게 되었고, 이것이 외환위기를 초래한 중요한 요인이었다. 대통령의 권위주의적 리더십은 많이 약화되었지만, 박정희 군사독재 체제하에서 정치화된 관료는 정책 합리성의 추구보다는 기득권 유지와 권력 눈치 보기에 의한 자리 유지에 급급했다.

2) 재벌 체제와 기업부실

재벌 육성정책의 결과 1960~1970년대의 종속적 공업화를 통해 1970년대 후반에 한국적 독점자본인 재벌에 의한 국민경제의 지배가 확립되었다. 특히 4대 재벌의 경우 중화학공업화가 진행된 1970년대에 새로운 기업을 창업하거나 부실기업을 인수하여 크게 성장했다(표 8).

구분	현대	삼성	럭키 금성	대우
모기업	현대건설 (1947)	삼성물산 (1951) 제일제당 (1953) 제일모직 (1954)	럭키(1947) 럭키상사 (1953) 금성사(1959)	
1960년대 다각화 기 업	현대자동차 (1967)	전주제지 (1965) 삼성전자 (1969)	호남정유 (1967) 금성전선 (1962)	대우(1967)
1970년대 다각화기 업	현대중공업 (1973) 현대종합상사 (1976) 현대상선 (1976) 현대정공 (1977) 인천제철 (1978)	삼성전관 (1970) 삼성전기 (1973) 삼성중공업 (1974) 삼성석유화학 (1974) 삼성반도체통신 (1977) 삼성항공 (1977) 삼성건설 (1979)	럭키금속 (1971) 금성산전 (1974) 금성정보통신 (1976) 럭키석유화학 (1978) 금성반도체 (1979)	대우기계 (1973) 영신토건 (1973) 동양증권 (1973) 한국투자 (1973) 대우전자 (1974) 대우중공업 (1976) 대우조선 (1978) 대우자동차 (1978)
1980, 90 년대 다각 화 기업	현대전자 (1983) 현대정유 (1993)	삼성자동차 (1995)	금성일렉트론 (89)	대우정밀 (1981) 대우통신 (1983) 대우전자부품 (83)

〈표 8〉 4대 그룹의 성장 과정

1970년대 중반 이후에 전 산업에 걸쳐 기계제 대공업이 확립되고, 1968-78년에 걸친 노동자 500인 이상의 거대기업의 급격한 증가, 1978년에 500인 이상 대공장의 생산액 비중 56.6%, 1970년대 중반 대부분 산업에서 상위 5사 출하집중률 60% 이상, 1978년 30대 재벌의 총괄집중률 34% 등등이 그 실태이다.

국민경제 전체 속에서 20대 재벌의 부가가치가 차지하는 비중은 1973년 7.1%에서 1978년 14%로, 46대 재벌의 부가가치의 비중은 1973년 9.8%에서 1981년 24.0%로 상승했다. 제조업에서 46대 재벌의 부가가치 비중은 1973년 31.8%에서 1978년 43.0%로 상승했다.

〈표 9〉재벌에 의한 경제력집중 심화 추이(부가가치 기준) 1973~1981

	전체 GDP									제조업		
	1973	74	75	76	77	78	79	80	81	73	75	78
5대	3.5	3.8	4.7	5.1	8.2	8.1				8.8	12.6	18.4
10대	5.1	5.6	7.1	7.2	10.6	10.9				13.9	18.9	23.4
20대	7.1	7.8	9.8	9.4	13.3	14.0				21.8	28.9	33.2
46대	9.8	10.3	12.3	12.3	16.3	17.1	16.6	19.5	24.0	31.8	36.5	43.0

자료: 사공일, "세계 속의 한국경제", 1993.

재벌 체제는 박정희가 특혜금융 등으로 구축한 경제 독재 체제로서 재벌의 과다한 채무와 방만한 경영으로 인한 부실과 도산이 현재 경제 위기의 주된 요인이 되었다. 1960년대 말의 부실기업 문제, 1980년대 초의 불황과 전두환 정권의 중화학 투자조정 등 기업부실 비상대책이 반복되었다. 정부 금융 특혜의 부작용으로 재벌기업은 과다한 차입을 추진해 재무구조가 대단히 취약하다. 1981년의 경우 한국 상장기업의 자기자본비율은 장부가격으로 18.1%(시장가격으로는 11.3%)였는데, 미국의 13개 업종 제조업체는 47.1%, 일본기업은 31.7%(시장가격으로는 43.8%)였다. 한국 기업이 얼마나 취약한 재무구조를 갖고 있는가를 보여주고 있다. 1989년 현재 50대 재벌 총자산의 47.7%는 외부 차입금에 의해 조달하고 있으며 그 규모는 47조 7천억 원에 이르고 그 가운데 38%는 단기성 자금으로 구성되어 있다. 50대 재벌그룹의 총자산 가운데 영업 활동에 필수적이라 볼 수 없는 투자 및 기타자산이 14조 7천억 원이나 있는데, 그 가운데 27%는 계열사 주식이다. 재벌의 압박에 따른 중소기업의 조락은 박 정권 이후 더욱 심해져서, 김영삼 정부하에서는 1994년에 중소기업청을 만들어 대처하기조차 했다.

3) 관치금융 — 금융기관의 비효율성

박정희식 고도경제성장을 달성하는 데 금융기관도 동원된 결과, 금융산업은 관치금융으로 만성적 저발전 상태에 놓이게 되었다. 본래의 대출심사 및 사후감독 기능을 개발한다는 목표를 상실하고 정부의 말단창구로 전락했다. 그 결과 금융기관과 기업은 광범한 도덕적 해이 현상에 빠졌다. "우선 많이 빌려놓고 보자. 정부가 책임질 것이다"라고 인식하며 행동했다. 그 결과 대규모 금융 스캔들과 금융 및 기업 부실화가 고질적 병폐가 되었다.

과거 30년 동안 은행과 자본시장 등 금융 부문은 기업에 대하여 저리의 산업자금 공급의 극대화에 주력하였고, 자금의 효율적 배분과 사후관리 그리고 자금 사용자에 대한 감시와 심판자적 기능은 거의 수행하지 못했다. 정부 통제하에 있는 은행은 재벌기업에 대한 자금 공급의 파이프라인에 불과하며, 정부에 의하여 정해진 투자 우선순위에 따라 인위적으로 정해진 저금리로 대출하는 창구 역할만 담당할 뿐 기업 투자사업의 경제성이나 채산성에 관한 대출심사 기능이 없었으며, 경영 실패의 부실기업을 제재하는 심판자 기능도 없었다. 이와 같은 은행 부문의 파행적인 대출정책과 여신관리는 기업 부문에 대하여 이익 경시, 외형 중시의 경영풍토를 조성하고 부채비율을 높이는 데 일조했다. 이에 따른 재벌 대기업의 과다한 차입과 방만한 경영은 금융기관의 경영 자체를 위기에 빠뜨렸다. 소상공인과 가계대출을 많이 한 국민은행, 주택은행 등이 비교적 건실한 데 비해 일반 시중은행들이 대규모 부실채권을 안게 된 것은 주로 재벌 대기업들이 대출한 돈을 갚지 못하게 되었기 때문이다.

한국의 자본시장은 정부의 중화학공업 성장전략에 맞추어 대기업에 대한 장기산업자금 공급에 주력해왔을 뿐 기업에 대한 감시자와 심판자로서의 기능을 수행하지 못하였다. 박정희 대통령은 8·3 사채 동결조치의 보완책으로 1973년 기업공개촉진법 제정, 1974년 5·29 대통령 특별지시, 1975년 8·8 기업공개 보완시책 등 일련의 자본시장 육성과 기업공개 촉진에 관한 정책조치를 추진했다. 그러나 기업의 부채비율을 낮추고 경영수지를 개선하는 등 재무구조와 기업경영 행태의 개선에는 별다른 성과가 없었다. 자본시장은 주식회사제도를 정비함으로써 기업의 조직과 경영을 폐쇄적인 개인기업 형태로부터 다수의 주주가 참여하고 감시하는 공개된 경영 행태로 전환시키는 데 그 의의가 있는데, 박정희 정권은 자본시장 육성을 산업자금의 장기적 공급에만 초점을 두었고, 기업 경영에 대한 감시기능을 통하여 경영 행태와 재무구조를 개선하는 데는 무관심하였던 것이다.

이러한 금융산업의 기능 약화는 1980년대에 들어와 경제의 개방이라는 사태에 대응할 능력을 약화시켜 경제 위기의 요인으로 작용했다.

4) 인플레이션과 부동산투기, 과잉 중복투자

재벌들에 대한 금융 특혜는 인플레이션을 초래했다. 1970년대 후반 인플레이션이 격화되어 1977년의 16%에서 1978~79년에는 22%로 높아졌다. 1962~69년간의 인플레이션은 평균 17.3%였으며, 1970~79년간의 인플레이션율은 19.3%로 나타났다.

〈표 10〉 인플레이션율 변화와 인플레이션 결정요인, 1964~1981

	1965~73	1974~75	1976~77	1978~79	1980~81
인플레이션					
소비자물가지수	11.55	24.77	12.70	16.41	25.01
도매물가지수	8.78	34.30	10.60	15.21	29.64
PVI[4]	14.35	27.20	18.13	21.29	22.02
결정요인					
제조업임금	20.45	31.16	35.25	31.48	21.39
농산물가격	12.56	34.86	22.22	22.57	26.07
수입원자재가격	11.98	27.92	1.58	16.35	37.55
수입석유가격	18.84	135.18	6.05	21.91	72.16
비원유원자재가격	11.60	18.10	0.40	14.77	25.55
M2[5]	46.44	26.55	33.07	33.04	26.61
은행여신	42.99	42.54	23.34	40.54	25.11

자료: 암스덴(1990, 113)에서 재인용.

---

4 PVI: 비농산물 GNP 디플레이터

5 M2(총통화)=현금통화+요구불 예금+준통화

인플레이션을 야기한 요인으로 중요한 것은 흉작으로 인한 농산물 가격 상승을 제외하면 활발한 경제 활동을 위해 취해졌던 통화증발 정책이었다. 1965~69년간에는 여신증가율이 40%~85%에 달했다. 이에 1970년에 안정화정책이 취해져서 1970년 26.5%, 71년 31.1%로 하락했다. 1972~80년간에는 21.7%~45.9%에 이르렀다.

높은 인플레이션은 제도상의 한계를 가져와서 부작용을 초래했다. 첫째, 부동산투기 문제이다. 1964년부터 1984년까지 20년 동안 물가는 11.5배 오른 반면, 토지 가격은 전국 평균 108.4배, 대도시의 경우는 171배나 올랐다. 지가상승률은 1975~79에 매년 20~30%에 달했고, 1978년에는 무려 49%(서울은 135%)에 달했다(장상환, 2004). 부동산투기는 정부의 특혜금융을 유용하여 생산적 목적보다는 비생산적 목적을 위해 사용한 대표적 사례라고 할 수 있다. 1980년대 후반부터 1990년대 초반에 더욱 심화되어 세계 최고의 지가 수준으로 고비용의 핵심 원인이 되고 있는 한국의 토지문제는 박정희 시대부터 배태된 것이다. 통화가치의 안정을 소홀히 한 데다가 고도성장 자체가 토지가격 상승 기대심리를 촉발했고, 부동산 담보대출 관행이 토지에 대한 추가 거품 수요를 야기했으며, 국가보안법의 뒷받침을 받은 사유재산 절대주의에 따라 주택임대차보호법, 점포임대차보호법이 존재하지 않았던 것 등이 함께 토지문제를 악화시켰다.

둘째, 중화학 부문에 대한 과잉 중복투자이다. 일부 기계산업, 특히 발전설비 분야에서 과잉투자에 따른 과잉설비 현상이 나타났다. 재벌들은 과점하에서의 경쟁, 정부보조금을 받는 신용대출 및 인플레이션에 대비한 실물투자 유혹 등으로 방위산업 투자가 집중된 기계산업에 경쟁적으로 참여하였고, 정부는 재벌에 대한 통제를 상실하고 재벌의 면허요구를 거부할 수 없었다.

1980년대에 인플레이션을 약화시키기 위하여 강도 높은 통화긴축정책(여신증가율은 1982년 25%, 83년 15.7%, 84년 13.2%로 하락)과 함께 임금 동결, 쌀수매가 동결정책이 취해졌다. 재벌들에 대한 특혜의 부작용 해소의 부담을 다수 국민과 생산 대중에게 지운 것이다.

5) 농업의 침체

저농산물가격으로 인해 농가소득은 통일벼가 보급 재배되고 이중 곡가제가 도입되었던 1974~77년의 예외적 몇 해를 제외하고는 도시 근로자 가구소득을 밑돌았다. 1960년대 후반에는 정도가 심하여 1965년에 도시근로자 가구소득의 99.7%였던 것이, 1979년에는 각각 84.7%로 되었다. 도농 간 소득격차가 확대됨에 따라 1년에 약 50만 명의 농촌 인구가 이농하면서 농촌의 낙후와 피폐가 급속도로 진행되었다.

농업생산력의 위축상황을 보면 농업 종사자의 비중은 1963년 64.4%에서 1979년에 39.2%로 감소했고, 여성의 비중은 농가의 경우 1963년 36.5%에서 1979년에는 43.8%가 되었다. 토지이용률은 1965년 147.1%에서 1980년 125.3%로 하락했고, 그 후 더욱 하락하여 1990년에는 113.3%로 저락했다. 이러한 농업생산력의 위축으로 인해 식량자급률은 1965년 93.9%에서 1975년에는 73.1%로 저하했고, 1982년에는 53%로 하락했다.

식량자급률이 25%, 식용 곡물 자급률이 50%로 낮아진 식량의 대외 의존성은 박정희 시대에 구축된 것이다. 개도국 중에서 도시국가를 제외하고 한국보다 식량자급률이 낮은 나라가 없다.

또한 일제하 농촌진흥운동을 모방한 새마을운동은 국민들의 자주적 능력을 약화시켰고, 유신 교육 체제도 출세제일주의의 순응적 인간만을 양성했을 뿐 현대분업사회에 필요한 창의적인 사람을 키워내지 못했다. 이것이 오늘날 한국경제 비효율의 중요한 요인이 되고 있다.

6) 직접생산자의 주체적 능력 파괴

1960~70년대의 공업화를 거치면서 피고용자수는 1962년의 230만 명에서 1980년 650만 명으로 3배 가까이나 증가했다. 1960년대에 박정희 정권은 사립학교와 공익사업체를 예외로 민간 부문에서 단결권을 보장했다. 그러나 1970년대 유신 체제에서 박정희 정권의 노동정책은 사실상 노동조합을 법적으로 인정하지 않았다. 1971년 '국가보위법' 제정 이후 노동정책은 민간 부문, 공익사업체 현업 기능직 노동자의 경우 노조 결성 자체(협의의 단결권)가 금지되지는 않지만, 단체교섭권과 단체행동권이 부인됨으로써 그 본질적인 기능이 전혀 인정되지 않는 사실상의 단결금지 정책체계이다. 이러한 단결금지 노동조합정책은 노동조합을 이름뿐인 존재로 무력화시켰고, 행정부 관료와 경찰, 정보기관이 통제하는 노동조합은 사실상 노사협의의 종업원 대표기구에 불과하게 되었다. 1973, 74년의 노동법 개정으로 노사협의회가 강화되면서 노조는 노사협의회로 대체되었다(김삼수, 2003).

노동운동 통제는 기업 경영에서 소유 자본가의 전횡과 노동자의 근로 의욕과 창의성 억압, 생산직 노동력의 부족이라는 문제를 야기했다. 노동 억압 체제는 숙련과 기술의 축적을 저해하여 투자 효율성을 잠식하였다. 또 그것은 노동의 계속적 저항을 유발하여 노동을 체제 내로 통합하기 어려웠고, 이것은 계속된 정치 불안의 원인을 제공했다.

7) 분배 불평등

독재 체제로 인권과 노동권을 억압한 상태에서 선성장 후분배 논리에 입각하여 고도성장정책을 강행한 결과 소득분배가 악화되었다. 지대(이권) 추구와 사유재산 절대주의, 지가의 급상승 등이 이것을 부추겼다. 주학중이 추계한 소득 불평등 지니계수는 1965년 0.344에서 1970년 0.332로 감소했다가 1976년 0.0391로 증가했으며, 1980년에는 0.357로 다시 감소했다(이정우, 2003).

만연한 부정부패를 고려할 때 한국의 소득분배 불균형은 정부의 공식통계로 드러난 것에 비해 훨씬 심하다. 전직 대통령들의 비자금 사건은 경제성장의 과실을 소수 특정 집단이 과점해왔음을 보여주는 증거이다.

8) 지역개발 불균형

박정희 개발독재가 장기간 지속되는 동안 수도권으로 인구가 집중돼갔다. 엘리트를 영남지역에서 충원하고 일본과 미국으로의 수출에 유리한 영남을 집중적으로 개발하고 호남지역을 소외, 차별했다. 이것은 호남과 영남의 지역 균열이 생겨나는 원인을 제공했다.

지역별 총사업체 수와 광공업 지역별 구성비를 보면 1963년에 비해 1979년에 오면 경상도 지역의 비중이 높아진 반면, 전라도 지역의 비중은 절반 정도 하락했음을 알 수 있다(표 11). 1인당 지역주민소득 (GRP)도 1979년이 되면 경남 76만 원, 경북 53만 원에 비해 전남 47만 원, 전북 46만 원으로 낮았다.

〈표 11〉지역별 총사업체 수와 광공업근로자의 지역별 구성비의 변화

구분	1963		1970		1979	
	부가가치	근로자	부가가치	근로자	부가가치	근로자
서울 경기	39.0%	34.8%	42.0%	43.3%	44.5%	45.7%
경상	29.8	34.3	34.8	32.8	38.0	40.4
전라	14.7	12.9	9.7	9.7	7.7	5.8
충청	10.8	9.3	8.4	8.4	6.6	5.9
강원 제주	5.7	8.7	5.8	5.8	3.2	2.2

자료: 경제기획원, "광공업통계조사보고서"(1965, 1970, 1979); 박상훈, "지역 균열의 구조와 행태," 『박정희를 넘어서』(푸른숲, 1998)에서 재인용.

6. 맺음말

박정희 시대 초과 착취적 압축성장의 공과는 역사 발전의 보편성과 한국 사회가 갖고 있는 특수성을 고려해야만 정확하게 평가할 수 있다. 일반적으로 산업혁명 과정에는 고도성장이 이루어진다. 농촌으로부터 들어오는 풍부한 노동력과 원시적 축적과정을 통하여 조달되는 자본이 결합되어 급속한 생산력 발전이 이루어지는 것이다. 특

히 후진국의 공업화 과정은 선진국의 공업화를 뒤쫓아가는 방식으로 추진되는 것으로, 새로운 기술을 도입하여 규모의 경제를 확보하기가 용이하므로 성장률이 과거 선진국의 초기 공업화 과정에 비하여 높아진다. 따라서 박정희식 경제성장 추진 방식이 고도성장에서 가장 중요한 요인이었다고 보는 것은 정확한 평가가 될 수 없다.

박정희 정권이 경제개발 과정에서 선택한 중화학공업 육성 전략과 이를 지원하는 정부 주도 간접금융체제는 한국 특유의 대기업 조직인 재벌 체제를 형성시켰다. 정부 주도 금융 체제하에서 금융 구조는 은행 중심의 간접금융 형태로 나타났으며, 정부의 저금리 산업자금의 공급 극대화정책에 적응하여 재벌기업들은 과다한 부채 의존의 차입 경영과 과잉 다각화, 외형 중시 경영 형태를 구조화하게 되었다. 은행과 자본시장은 정부의 투자 우선순위에 따라 자금 공급 창구 역할을 하는 데 불과했고, 금융 본래 기능인 자금 배분에 대한 투자심사, 자금 사용의 사후 관리를 위한 기업 감시, 한계 기업을 퇴출시키는 기업 심판의 기능을 수행하지 못하였다.

한국적인 재벌 위주 경제개발 모델은 1961~79년의 박 정권 시대가 전성기였다. 그리고 경제가 위기에 빠져들어가자 쇠락하기 시작했다. 재벌의 경영 상태는 외형은 팽창했지만 내실은 허약해져갔다. 1981년부터 1996년까지 15년간 한국의 20대 대그룹은 평균 연리 13%에 자본을 조달해 11.9%의 수익을 올림으로써 줄곧 밑지는 장사를 해왔다. 이에 반해 같은 기간에 미국 스탠더드 앤드 푸어스(S&P)가 뽑은 500대 기업은 연리 11.1%에 자본을 조달하여 18.9%의 높은 수익을 올림으로써 한국 기업과 대조적인 경영 성과를 거두었다(「매일경제신문」, 1997. 12. 3.).

1997년에 닥친 외환위기 및 IMF 구제금융사태라는 총체적 경제 위기는 순환적인 경기 불황이 아니며, 정부가 일시적 경기 대책으로 막을 수 있었던 것도 아니다. 그것은 박정희 시대부터 30여 년간 누적된 모순이 개방경제를 맞이하여 폭발한 것이다. 총체적 경제 위기의 주된 원인은 재벌 체제에 있다. 정부는 재벌을 육성 지원해온 책임이 있지만, 이제는 재벌이 너무 비대하여 정부조차 통제하기 어려워졌다. 재벌의 경제력 집중으로 자본재·소재·부품을 공급하는 중소기업 부문은 취약해질 수밖에 없었고, 이로 인한 수출경쟁력 저하와 만성적 수입 의존 구조로 인해 경상수지 적자가 확대되었다. 정경유착과 관치금융에 의존해 재벌은 과다한 차입으로 문어발식 사업 확장만을 추구하다가 개방경제하의 격심한 경쟁에 패배하여 연쇄 부도가 났다. 이에 막대한 부실채권을 떠안은 금융기관은 신용도 저락으로 외환 조달난에 직면하게 되었고, 기업의 수익성 악화로 주가가 폭락하고 외국인 투자가들이 자본을 철수하자 환율이 폭등하고 마침내 외환위기가 온 것이다. IMF 긴급구제금융의 크기는 700~800억 달러로 총 외채의 50~60%, GNP의 20% 내외에 이른다. 위기의 크기가 1980년대 초 외채위기 당시보다 엄청난 규모로 증폭되었다.

박정희의 핵심적 과오는 무엇인가. 그는 한국사회의 현재 구조적 모순의 출발점을 제공한 인물이다. 개발독재 체제는 자본주의적 모순에 대한 국민들의 대항력을 봉쇄하고 권력 제일주의, 사유재산 절대주의를 극한적으로 관철시켰다. 그 결과가 바로 전직 대통령과 현직 대통령 아들을 감옥으로 가게 만든 부정부패와 비자금 조성 행태, 세계 최고의 지가 수준 등 고비용구조이다. 그 정점에 있는 재벌 체제는 경제독재 체제로서 재벌의 과다한 채무와 방만한 경영으로 인한 부실과 도산이 경제 위기의 주된 요인이 되었다. 경제개발이라는 단기적 성과에 급급한 결과 잘못된 정치경제구조를 만들어 한국경제와 사회를 지속적으로 왜곡시킨 것이 박정희의 오류다. 박정희의 18년간 집권이 없었더라면 한국경제는 현재보다 훨씬 내실 있게 발전했을 것이다.

참고문헌

강광화.『경제개발계획 5개년 계획-목표 및 집행의 평가』. 서울대학교 출판부, 2000.

공정거래위원회 · 한국개발연구원.『공정거래 10년-경쟁정책의 운용성과와 과제』. 한국개발연구원, 1991.

김광석 · 김준경. "경제발전의 종합평가," 차동세 · 김광석 편.『한국경제 반세기-역사적 평가와 21세기 비전』. 한국개발연구원, 1995.

김대환. "근대화와 경제개발의 재검토 - 박정희시대의 종언을 위하여,"『경제발전연구』, 제3권. 1997.

김보현.『박정희 정권기 경제개발』. 갈무리, 2006.

김삼수. "박정희 시대 노동정책과 노사관계," 이병천 엮음.『개발독재와 박정희시대: 우리시대의 정치경제적 기원』. 창비, 2003.

김용복. "개발독재는 불기피한 필요악이었나,"『박정희를 넘어서』. 푸른숲, 1998.

김일영. "박정희 체제 18년: 발전과정에 대한 분석과 평가,"「한국정치학회보」29(1) (1995).

_____. "박정희시대 연구의 쟁점과 과제," 정성화 편.『박정희시대 연구의 쟁점과 과제』. 선인, 2005.

_____. "조국근대화론 대 대중경제론: 1971년 대선에서 박정희와 김대중의 대결," 정성화 편.『박정희 시대와 한국현대사』. 선인, 2006.

김정렴.『한국경제정책 30년사』. 중앙일보사, 1990.

김태일. "유신 체제를 어떻게 볼 것인가," 역사문제연구소「역사비평」(1995년 가을 호).

박상훈. "지역균열의 구조와 행태,"『박정희를 넘어서』. 푸른숲, 1988.

변형윤. "계획시대(1962-79)의 교훈,"『경제발전연구』, 제3권. 1997.

서중석.『한국현대사 60년』. 역사비평사, 2007.

소병희. "성장과정에서의 경제적 특혜와 재벌의 역할: 공공선택론적 평가,"『한국경제 의 진로와 대기업집단』. 기아경제연구소, 1996.

암스덴. 이근달 역.『아시아의 다음 거인 - 한국의 후발공업화』. 시사영어사, 1990.

오원철.『한국형 경제건설 1-6』. 기아경제연구소, 1995~1997.

이병천. "냉전분단 체제와 권위주의적 자본주의 산업화: 한국,"「사회경제평론」제9집

(1996).

이병천 엮음.『개발독재와 박정희시대: 우리시대의 정치경제적 기원』. 창비, 2003.

이완범.『박정희와 한강의 기적: 1차5개년 계획과 무역입국』. 선인, 2006.

이원보. "경제성장 신화와 빈곤 그리고 불평등," 서해문집.「내일을 여는 역사」22호 (2005).

이정우. "개발독재와 빈부격차," 이병천 엮음.『개발독재와 박정희시대: 우리시대의 정치경제적 기원』. 창비, 2003.

이제민. "전후 세계 체제와 한국의 수출지향적 산업화,"『한국경제: 쟁점과 전망』. 지식산업사, 1995.

_____. "한국의 경제발전모형: 기적, 위기와 대전환,"「경제발전연구」제4권 2호 (1998).

임혁백. "박정희 시대 개발독재와 근대화의 해석," 민주평화복지포럼. 민주평화복지 포럼 정책자료집『우리에게 무엇인가 박정희 시대의 실증적 역사평가』. 2011.

장상환. "박정희시대 재벌육성정책의 공과,"「경제발전연구」제3권 (1997).

_____. "농지개혁과 한국자본주의 발전,"「경제발전연구」제6권 1호 (2000a).

_____. "한국전쟁과 한국자본주의-국가보안법 체제의 성립과 몰락," 경상대학교 사회과학연구원 엮음.『한국전쟁과 한국자본주의』. 한울, 2000b.

_____. "해방 후 한국 자본주의의 발전과 부동산 투기,"「역사비평」66호 (2004).

_____. "박정희정권 조국근대화론의 공과," 서해문집.「내일을 여는 역사」34호 (2008).

정성화 편.『박정희 시대와 한국현대사』. 선인, 2006.

정일준. "박정희 정권기 개발독재 비판,"「역사비평」통권 95호 (2011). 68-92.

정진상. "해방직후 사회신분제 유제의 해체 - 경남 진양군 두 마을 사례연구," 경상대학 교 사회과학연구소「사회과학연구」제13집 1호 (1995).

제임스 크로티 외. "신자유주의 체제와 개발도상국의 발전: 동아시아 모델의 종말?" 전국노동운동단체협의회. 주간정세동향. 1998. 3. 2.

조희연.『박정희와 개발독재 시대 - 5·16에서 10·26까지』. 역사비평사, 2007.

_____.『동원된 근대화: 박정희 개발동원 체제의 정치사회적 이중성』. 후마니타스, 2010.

좌승희. "산업사회로의 도약과 박정희 정부," 김광동 편저.『한국 현대사 이해 - 새로운 세대의 새 역사교과서』. KD Books(케이디북스), 2007.

_____. "박정희의 재발견과 그 교훈," 박정희 대통령 탄신 102주년 '박정희 재발견' 보고회, 박정희대통령기념재단, 2019.

한국정치연구회 편. 『박정희를 넘어서』, 푸른숲, 1998.

황석만. "박정희 경제 체제의 형성과 지속: 경로의존적 접근," 「아시아리뷰」 제2권 제1호 (2012). 153-184.

황연수. "농산물가격정책의 방향," 『한국의 농업정책』. 미래사, 1995.

渡邊利夫(김창남 역). 『現代韓國經濟分析』. 유풍출판사, 1983.

Amsden, A. H., "Third World Industrialization: 'Global Fordism' or a New Model," *New Left Review*, No.182. 1990.

Chung, Young-Iob. "Capital Accumulation of Zaibul in Korea During the Early Stages of Economic Development," 『제2차 국제 한국인 경제학자 학술대회 논문집』. 1986.

Cumings, Bruse. "The Abortive Abertura: South Korea in the Light of Latin American Experience," *New Left Review*, No.173. 1989.

Cumings, Bruce. *Korea's Place in the Sun, Norton*. 1997. 김동노 외 옮김. 『브루스 커밍스의 한국현대사』. 창작과 비평사, 2001.

Gerschenkron, A. *Economic Backwardness in Historical Perspective*. Frederic A. Praeger, 1965.

Krugman, P. The Mith of Asia's Miracle, *Foreign Affairs*. 1994, Nov/Dec.

OECD. *OECD Economic Surveys, Korea*. 한국개발연구원·제일경제연구소 역. 『OECD 한국경제보고서』. 한국개발연구원, 1994.

Rodrik, Dani, Gene Grossman, Victor Norman. "Getting Interventions Right: How South Korea and Taiwan Grew Rich," *Economic Policy* 10(20). 1995.

You, Jong-Sung. "Land Reform, Inequality, and Corruption: A Comparative Historical Study of Korea, Taiwan, and the Philippines," *The Korean Journal of International Studies* 12(1). 2014, 191-224.

You, Jong-Sung. "Demystifying the Park Chung-Hee Myth: Land Reform in the Evolution of Korea's Developmental State," *Journal of Contemporary Asia* 47(4). 2017, 535-556.

유신 시대의 노동 통제와 여성 노동운동
─ 1979년 YH사건을 중심으로*

서아현

(독립연구자)

1. 서론 ─ 문제제기

YH사건 발발 후 40년이 지난 오늘날 이 사건의 의미를 탐색하는
연구는 좀처럼 나아지지 않는 여성노동자의 현실에 대한 의문에서 시
작한다. 1954년 대한독립촉성전국노동총동맹(대한노총)[1] 산하에 한국
섬유노조가 결성된 이후 반세기 이상의 시간이 지나는 동안 여성노동
자들의 투쟁이 꾸준히 이어졌음에도 한국사회 여성노동자들은 왜 여

---

* 본 발제문은 '유신독재 청산 주간'을 맞아 유신 체제 붕괴의 직접적인 트리거(trigger)로
작용하였던 1979년 'YH사건'이 한국 민주화운동 과정에서 미친 영향과 여성 노동운동사에
남긴 과제를 고찰한다. 연구자의 석사 학위 논문(서아현, 2019)을 재편집하였으며, 해당
논문에 대한 재인용 표시는 생략하였음을 밝힌다.
1 대한노총은 현 한국노총(한국노동조합총연맹)의 전신이다.

전히 주변부 노동 내지 주변 계급(under-class)으로 분류되고 있는가?

1979년 20대 초반이었던 '아가씨'들이 YH기업을 상대로 한 폐업 철회 농성을 벌인 뒤 약 11년이 지난 1990년 다국적기업 피코를 상대로 한 '아줌마 노조'의 투쟁인 한국피코 노동조합의 쟁의가 일어났다.[2] 1970년대의 아가씨들이 한국의 수출지향형 기업에서 농성을 벌였다면, 그들이 기혼자가 되었을 무렵 한국의 여성노동자들은 국제자본에 맞서 싸워야 했던 셈이다.

피코 노조 사건 발발 16년 후 그들의 자녀 세대라 할 수 있는 기륭전자에서 여성노동자의 싸움이 또다시 시작됐다. 한국사회가 제도적 민주화를 이뤄내는 과정에서 여성노동자들은 세대를 거듭하며 국가와 자본에 맞섰지만, 오늘날의 여성노동자는 여전히 비정규 산업군의 지위를 벗어나지 못한 채 젠더 격차와 사회적 차별 속에서 그 돌파구를 찾기 위한 싸움을 이어 나가고 있다. 1970년대 여성노동자의 치열한 노동 및 정치 투쟁이 있었음에도 오늘날 여전히 여성노동자가 차별받고 있는 현실의 원인을 찾기 위해 YH사건을 비판적으로 고찰하고자 한다.

'YH사건'은 YH노동조합원이 회사의 일방적인 폐업에 반대하며

---

2 1960~70년대 저임금 노동군으로 동원되었던 미혼 여성의 노동력이 1980년대에 들자 고갈되는 현상이 나타났고, 이를 충원하기 위해 기혼 여성들이 제조업 분야 저임금 노동자로 참여하기 시작했다. '(주)한국피코'는 장기적 투자 의도 없이 여성의 값싼 노동력을 이용하기 위해 한국에 진입한 다국적 기업 중 하나였다. 1980년대 후반에 들어 여타 철새 기업과 마찬가지로 한국보다 노동력이 더 저렴한 국가로 공장을 이전하자, 피코 노동조합은 4년간 미국의 다국적 기업을 상대로 소송을 벌였다. 국내 언론은 이를 보도하며 문제를 일으키는 '부녀자' 또는 반미주의 영웅 '아줌마'로 규정하였고, 피코 노조의 성별을 강조하였다. 김현미, 2005; 이는 김원이 지적한 1970년대 여성노동자에 대한 양대 담론, 즉 지식인에 의해 의식화된 노동자로 탈주체화되거나 민주화에 앞장선 투사로 영웅화되어 소환되었던 방식과 유사한 양상을 보인다. 또한 여성노동자가 재현되는 방식에서 노동자 또는 정치적 주체성은 삭제된 채 그들의 젠더적 특성만이 부각되었다는 공통점이 나타난다. 김원, 2004b.

1979년 8월 9일부터 신민당사 내에서 노동쟁의를 이어가던 중, 11일 서울시 경찰이 투입돼 이를 강제 해산하였으며 그 과정에서 고(故) 김경숙 열사가 사망하고 노동조합이 강제 해산된 노동쟁의사건을 뜻한다. 본 발제문은 1979년 유신 체제 붕괴의 직접적인 트리거(trigger)로 작용하였던 YH사건이 한국 민주화운동 과정에서 미친 영향을 역사사회학적 분석틀에 입각해 고찰하고자 한다. 또한 YH사건 전개 과정 속에서 형성된 여성노동자와 남성 지식인 사이의 연대체 구성 과정을 비판적으로 해석한다. 이를 통해 1970년대 여성노동자의 권리 신장 투쟁 과정에서 '여성노동자-남성 지식인'의 연대가 반독재투쟁 및 여성노동자 운동에 미친 영향을 살피고자 한다.

2. YH사건의 재구성

본 연구는 1970년대 한국사회의 사회운동 집단이 연대 또는 이합집산하는 과정에서 발발한 YH사건을 스윌(William Sewell Jr.)의 '다사건(eventful) 분석'[3] 방법론에 입각해 고찰하고자 한다. 사회구조의 변동 과정을 파악하는 역사사회학적 방법론을 통해 기존의 구술 기록과 역사 자료 등을 검토하는 한편, 이에 연관 인물을 직접 면담하는 심층면접을 통해 사건을 재구성하였다.

---

3 스윌의 다사건 분석을 국내 역사연구에 적용한 채오병은 이를 '다사적 접근' 또는 '다사건 분석'으로 번역하였다. 채오병, 2007; 2009. 본 연구에서는 구조 변동 과정에서 '사건'이 가지는 의미를 좀 더 분명히 드러내기 위해 '다사건 분석'으로 표기한다. 본 발제문에서는 자세한 이론적 배경은 생략한다.

1) 구조적 긴장

(1) 1970년대 노학연대의 형성: 전태일 분신 사건

유신 체제 이전의 제3공화국하의 박정희 정권은 1965년의 한일협정을 시발점으로 하여 수출주도형 경제개발을 본격화하기 시작했다. 한국의 국제경쟁력상의 비교우위가 값싼 노동력에 있다고 판단한 정부는 저임금과 저곡가정책을 기반으로 한 기업자본의 대형화와 수출드라이브정책을 실시하였다(이원보, 2004: 338-339). 농촌의 소작농에서도 밀려난 빈민들이 도시로 대거 몰려드는 이농현상은 도시의 저임금구조를 지탱할 수 있는 대규모 노동예비군을 형성하였다(한국기독교회협의회, 1984: 48-49).

이 같은 저임금 구조를 조성하기 위해서 정부는 필연적으로 노동운동을 억압하는 정책을 취했다. 유신 체제에도 마찬가지로 노동기본권이 제약된 상태에서 노동운동의 기폭제가 됐던 것은 전태일 노동자의 분신사건이다. 1970년 11월 13일 전태일 노동자 분신사건을 계기로 산업화시기 노동자와 지식인 사이의 연대가 시작됐다(유경순, 2011; 이남희, 2015; 이원보, 2004; Hart-Landsberg, 1993; 한국기독교교회협의회, 1984). 1962년부터 본격화된 경제개발계획으로 한국사회는 산업화가 빠르게 진행됐지만, 1960년대까지는 노동 문제는 크게 부상하지 않은 채 당시 사회 지식인의 역할을 담당했던 대학생들 또한 큰 관심을 가지지 않고 있었다. 그러나 전태일의 분신 사건으로 인해 대학가의 저항 지식인들은 '노동자'에게 시선을 돌리게 됐고, 노학연대가 형성되었다(유경순, 2011: 360).

(2) 학생 지식인과 기독교 지식인 연대 형성: 민청학련사건

박정희 정부는 개헌 청원 100만인 서명운동을 억압하기 위해 1974년 1월 8일 긴급조치 1·2호를 발동하였다. 긴급조치 1호가 발표되자 기독교계를 필두로 항거가 시작됐다. 1974년 1월 17일 기독교계 인사들이 한국기독교협의회 총무실에서 구국선언기도회를 개최하여 긴급조치 1호 철회, 개헌논의 허용, 유신 체제 폐지와 민주질서 회복 등을 주장하는 내용의 선언문을 낭독했고, 기독교회관 내 사무실에서 서명운동을 벌이다 즉시 출동한 경찰에 구속되었다.[4]

정부는 반유신 시위 시도를 '북한의 사주를 받는 좌경용공' 행위로 몰아가며 1974년 4월, 이른바 '민청학련' 사건을 일으킨다. '전국민주청년학생총연맹'에 가담한 학생들 배후에 공산주의자가 있다는 이유로 긴급조치 4호를 발동하고, 조작한 '인민혁명당' 관련자 8명의 사형을 집행하였다. 하나의 '학생 단체'를 대상으로 대통령이 비상대권을 발동한 것이다(민주화운동기념사업회, 2009: 132-133).

민청학련 조직 과정에서 기독교학생조직 또한 중요 역할을 담당하였다. 1968년에 기독교학생조직을 통합한 한국기독학생총연맹이 당시 전국의 대학을 연결할 수 있는 연합조직이었기 때문이다. 민청학련 주도자들은 그 세를 확장하기 위해 가톨릭, 개신교 등의 종교 세력을 포섭하였다. 그러나 투쟁 조직에 이름을 붙일 경우 정권에 의해 반국가단체로 몰릴 가능성이 있어 이름을 짓지 않았다(서중석, 1988: 81-83).

---

4 구국선언기도회에 참여한 이해학 전도사, 김진홍 전도사, 이규상 전도사, 박윤수 전도사, 김경락 목사와 인명진 목사는 1974년 2월 7일 비상보통군법회의에서 징역 10~15년의 중형을 선고받았다. 민주화운동기념사업회, 123.

그러나 이미 학생운동조직 다수의 신변이 노출된 상태에서 이들의 투쟁 시도는 큰 성공으로 이어지지 못하였다. 그럼에도 1974년 4월 3일 오후 박정희는 특별 담화를 통해 민청학련을 '불법단체'로 규명하고, 그 배후로 '인민혁명당'을 지목하였다. 유신헌법에 항의해 각 대학에서 분출되었던 대규모 시위 직후 박정희 정권은 긴급조치 4호를 선포했다. 이 조치는 민청학련에 대해 국가 전복을 꾀하는 반국가단체로 규정하고 민청학련과 관련된 일체의 활동을 금지했다. 대학생, 종교 지도자, 정치인, 작가, 대학교수 등 총 1,024명이 민청학련사건에 연루되어 체포 및 구금되었고, 그중 7명은 사형선고를 받았다(이남희, 2015: 274-275; 민주화운동기념사업회, 2009: 132-139).

민청학련사건과 인혁당사건으로 유신정권의 마구잡이식 '빨갱이 몰이'가 계속되자 구속자들에 대한 구명운동이 확산되며 사회적 지탄이 쏟아져 나오기 시작한다. 구속자 석방 운동은 처음에는 종교계를 중심으로 전개되었다. 민청학련사건 구속자 중에는 다수의 기독 학생들이 포함되어 있었을 뿐만 아니라, 긴급조치 1 · 4호를 위반해 구속된 203명 중에는 박형규 목사와 지학순 주교 등 다수의 신구교 성직자가 포함됐기 때문이다(한국기독교사회문제연구원, 1983: 174-175).

또한 민청학련사건은 1970년대 지식인 집단의 사회운동이 '민중' 주체를 잠재적 대상으로 인식하고 있음을 보여주었다. 1960년대 학생운동가들은 '자유민주주의 실현'을 기치로 4월혁명 과정에서 민족주의를 제기했고, 이 민족주의는 1960년대 학생운동을 중심으로 강화되기 시작하였다. 민청학련 명의로 작성된 '민중 · 민족 · 민주선언'은 이전의 학생운동권의 선언과 비교할 때 정치적 요구보다 사회경제적 문제를 먼저 제기하고 있었다. 1차 석유파동 후 물가가 치솟아 민중들의 생활고가 가중되었던 상태에서 전태일의 분신 사건으로 대학생들이 민중의 삶에 대해 더 많은 관심을 가지게 되었기 때문이다(김동춘, 1994: 249). 특히 "근로 대중의 최저 생활을 보장"하라든가, "모든 노동 악법을 철폐함으로써 노동운동의 자유를 보장"하고 "반민족적 대외 의존 경제를 청산하고 자립경제를 확립"하라는 노동 및 경제 분야의 요구가 특징적이다(민주화운동기념사업회, 2009: 355-357). 민중을 대상으로 한 학생들의 시위는 사회 변혁 주체로 민중을 인식하고 있음을 보여준다.

(3) 1970년대 노동계와 기독교계 연대 형성: YH노조의 탄생

1970년에 서울 종로 5가에 기독교회관이 준공되어 다수의 기독교 기관이 입주했고 이를 중심으로 개신교 민주화운동의 중심지가 형성됐다(민주화운동기념사업회, 2009: 414-415). 천주교에서는 1970년대 중반부터 명동성당이 기독교회관에 비견할 '정치적 성역'으로 등장하였다(민주화운동기념사업회, 2009: 415).

유신 체제기를 전후해서 노사관계는 더욱 심한 법적·제도적 제약을 받게 되었다. 유신과 긴급조치 등 비상사태 아래에서 노조의 자율적인 단체행동권과 단체교섭권이 제약되었으며, 특히 1971년 12월 27일에 공포된 '국가보위에 관한 특별조치법' 제9조 2항에 의해 국가 안보 및 동원에 지장을 줄 수 있다는 이유로 단체행동은 사실상 금지되었다.[5] 형식상으로나마 존재하였던 노동 3권을 보류할 법률적 통로

---

5 국가보위법에 따르면, 대통령은 필요시 국가비상사태를 선포할 수 있고(제2조 및 3조), 물가·임금·임대료 등의 경제적 규제를 가할 수 있으며(제4조), 국가동원령을 내려 인적·물적 자원을 통제할 수 있다(제5조). 특히 국가보위법은 언론 및 출판을 규제하고(제8조),

가 만들어졌으며, 강제적 생산성 협의기구인 노사협의회를 노조와 기능적으로 분리함으로써 노조의 독립성을 약화시켰고, 산별노조를 기업별노조로 재편시켰다. 공익사업체의 범위를 확대하였고, 노동쟁의의 적법성을 판정하는 권한을 노동위원회에서 행정관청으로 이전시켜 노사관계를 행정지도의 대상으로 전락하게 만들었다(민주화운동기념사업회, 2009: 520-522).

이처럼 노동자의 합법적인 조직 활동의 범위가 제한되었던 가운데, 노동자들을 대상으로 한 개신교회 및 가톨릭교회의 선교 활동이 점차 노동운동화되는 현상이 일어난다(민주화운동기념사업회, 2009: 372-376). 1970년대 종교계 민주화운동의 가장 대표적인 사례가 '산업선교' 활동이다. 1950년대 말부터 미국 선교사들의 주도로 시작된 개신교의 '산업전도' 활동은 1968년에 '산업선교'로 전환되며, '노동자 인권운동'을 위한 저항적 성격의 종교 활동으로 변모해갔다. 산업전도 초기에는 공장이나 공단에서 활동하던 목회자들은 정치적 개입을 극구 경계하였으며, 노동운동이 아니라 전도나 봉사활동이 주된 목표였다. 그러나 점차 평신도인 노동자와 목회자 사이에 현실적 괴리가 발생함에 따라 목회의 효과도 감소할 수밖에 없었다. 목회 방법의 대안을 모색하던 목회자들은 노동자들의 비참한 처지와 불의한 사회 상황에 점차 눈뜨게 되었고, 이 과정에서 목회자와 교회는 자연스럽게 사회구조적 변화를 지향하기 시작하였다. 1960년대 후반에 개신교의

옥외집회와 시위뿐만 아니라 단체교섭까지 규제 또는 금지할 수 있다(제7조 및 제9조). 국가보위법은 유신 시기 노동 및 정치 투쟁을 탄압하는 데에 사용되었으며 1979년 YH사건 당시 구속된 노조 간부 3인 최순영·이순주·박태연과 배후 주동 세력으로 지목된 5인 인명진·문동환·서경석·이문영·고은 또한 국가보위법 위반 혐의가 적용되었다. 전 YH노동조합·한국노동자복지협의회, 1984. 국가보위법은 1981년 12월 17일 폐지되었다.

산업전도가 산업선교로 바뀌는 과정이 의미하는 것은, 즉 도시화와 산업화 추세에 대응하기 위한 개신교의 종교적 '전도 수단'이 '사회운동'으로 변화한 것을 의미한다(Kang, 2000: 239-243).

YH노동조합 또한 이 시기 기독교 단체의 노동자 조직 운동의 과정에 영향을 받아 노동조합이 설립되었다. 노동조합 설립 초기에는 가톨릭노동청년회(JOC)를 통해 노동조합 조직화에 대한 직·간접적 도움을 받았다. 그러나 도시산업선교회에 대해서는 노동조합 결성과정에서는 관련된 바가 없었다. YH노조의 경우 작업장 내부의 '작업거부'로부터 시작되었으며, 당시 섬유노조 내의 알력 다툼이 오히려 결과적으로는 노조 결성에 도움이 되었던 경우라고 할 수 있다.

노동조합 결성의 시발점이 된 것은 1975년 3월 일어난 '건조반 스트라이크'였다. 당시 YH무역은 가발 제조 현장 노동자의 임금을 도급제 방식으로 지급하고 있었다.6 생산 성과에 따라 임금을 지급받는 도급제 노동자에게는 제품단가 및 가공비 단가가 임금과 직결된 문제였다. 이 공정 단가 책정 및 제반에 관련해서는 해당 작업반의 책임자인 '감독'의 능력이 미치는 영향이 크기 때문에 노동자들은 감독의 인사이동 문제에 민감할 수밖에 없었다. 작업공 사이에서 능력을 인정받은 박월영이 다른 부서로 이동된 것에 대한 불만과 건조반 노동 강도에 비해 임금 단가가 낮은 것에 대한 불만의 두 가지 이유로 여공들은 사흘간의 작업 거부를 시작했다(전 YH노동조합·한국노동자복지협의회, 1984: 22-23).

---

6 가발 완성작업 공정은 14단계로 개발과·자재과·염색반·절단반·정모반·쌍단침반·건조반·재단반·포스터반·수제반·미용반·검사반·포장반이 있으며, 이 중 개발과·자재과·검사반을 제외한 11개반은 모두 도급제였다. 전 YH노동조합·한국노동자복지협의회, 1984, 21.

이 같은 작업 거부는 소규모로 종종 있던 형태였지만, 건조반 스트라이크를 YH노조 결성의 디딤돌로 보는 이유는 이를 계기로 가톨릭노동청년회와의 접촉이 형성되었기 때문이다. 건조반 작업거부를 위해 기숙사를 이탈한 노동자들이 모인 장소는 '상봉천주교회'였고, 이곳에서 JOC 회원이 노동자들에게 노동조합을 소개하였으며 이를 통해 작업거부 중이던 노동자들은 노동조합의 존재를 처음 알게 되었다.[7]

1975년 3월 건조반 스트라이크 이후 YH무역의 노동자들은 노조 결성을 세 차례 시도하였으나 작업 현장 내에 지도자가 부재했고, 그로 인해 노조의 주체성이 없어 본조에 의존할 수밖에 없었지만, 섬유 본조 또한 정책이 부재했으며, 사측의 끈질긴 방해 끝에 실패했다(전 YH 노동조합 · 한국노동자복지협의회, 1984: 32).

YH노조의 결성을 시도하던 초기에는 노조 간부를 남성 직원으로 세우려고 하였다. 생산직 다수가 여성임에도 현장 문제 해결에는 남성 직원이 필요하다는 판단 때문이었는데, 이를 위해 섭외된 남성 직원 '필봐'(별명)가 이후 조직결성 시도를 그의 매형인 공장장에게 밀고하여 노조 결성 실패의 원인이 되었다. 이런 사건을 겪으며 여성노동자들은 현장의 남성 간부들을 제외한 여성들로만 이뤄진 노동조합의 필요성을 느꼈다. 이후 YH사건을 이끌어갈 핵심적인 노조원인 김경숙 · 민경애 · 최순영 등이 결집하였으며, 남성 직원을 배제하고 여성들로만 이루어진 노동조합을 결성하기로 결정하였다(앞의 책, 28-29).

건조반 스트라이크를 주도했던 김경숙 · 박금순 · 이옥자 · 전정숙

---

7 북부지구 활동 회원 이철순(세례명 마리아) 씨가 "우발적인 데모로 노동자의 문제를 해결하기는 어"려우며, 노동조합을 결성해 불만을 해결할 것을 건조반 노동자들에게 촉구했다. 전 YH노동조합 · 한국노동자복지협의회, 1984, 24.

4인이 해고 조치된 것을 계기로 YH 노동자들은 본조와의 연대 속에 이전과는 달리 공개리에 노동조합 결성을 재시도하였다. 해고 노동자와 최순영·민경애·이곡지·김수자 등의 노력 끝에 1975년 5월 24일 섬유본조 회의실에서 '전국섬유노동조합 YH 무역지부 결성대회'를 열고 노조를 출범시키는 데에 성공했다.

이후 YH노조는 한국노총 회원 조합인 17개 산업별노조 중 섬유노조 소속의 지부로 그 자격을 인정받았다. 이를 저지하기 위해 회사 측은 어용노조를 만들어 노동자 내부 분열을 꾀하였으나 어용노조의 결성 날짜가 이미 출범한 노조보다 늦었던 탓에 섬유본조로부터 인정받지 못하고 와해된다.[8] 이에 대한 보복으로 회사 측은 기존 4명의 해고자 외에도 두 명의 노동자를 해고 및 부당 전출 조치하였으나[9] 노조는 1979년 6월 3일 서울지방노동위원회에 부당노동행위 구제신청을 하였고 노사 합의를 통해 건조반 스트라이크로 인한 해고자 4명 이외의 부당 전출 및 해고자 2명은 복귀하는 것으로 합의하였다.[10]

---

8 사측의 어용노조 결성이 섬유본조로부터 인정받지 못하고 와해된 데에는 당시 본조 내부의 세력 다툼 또한 개입돼 있다. 2,000여 명의 종업원을 가진 YH무역은 의무금 분담에서 상당한 비중을 차지할 것이었으므로, 김영태(부산지역 지부장), 박은양(서울의류 지부장)이 YH노조를 지역 지부 내 분회로 편입하고자 YH 회사 측 어용노조와 결탁하였으나 이에 맞서는 전국섬유노동조합 위원장 방순조(합동대전지부장) 및 사무국장 고이석(광주 일신방직 지부장)의 반대로 어용노조 결성은 무산되었다. 위의 책, 42-43.

9 노동조합 사무장 민경애는 강원도 횡성 하청공장으로 부당 전출, 지부장 최순영과 부지부장 이정옥은 해고됐다. 위의 책, 46-47.

10 건조반 스트라이크 해고자 4명은 노사협의하에 처리 결정하기로 합의하였으나 노동조합은 YH노조 승인의 대가로 4명의 해고 노동자는 포기하였다. 당시 노동조합법 시행령에 따라 설립신고서를 접수한 날로부터 30일 이내에 신고증을 교부해야 했으나, 노조 간부인 최순영, 이옥정이 해고된 상태인 것을 이유로 서울시 노동위원회가 신고필증 교부를 지연시켜왔기 때문이다. 결국 해고자 4명은 9월 17일 해고수당으로 3개월분의 급료, 퇴직금을 받고 퇴직하는 것으로 결정됐다. 위의 책, 53-54.

YH 노동자들의 구제신청이 받아들여져 해고자 복직 및 합의 이후 1975년 6월 30일 노조설립신고필증이 발급되었고, YH노조는 본격적인 노조 활동을 시작하였다. 흥미로운 점은, 조합원 자격 문제에서 현장의 남성 관리사원을 포함시킬 것을 노조가 고민하였다는 점이다. 사측은 노조 설립 초기부터 현장직 관리사원을 조합원에서 제외시키길 원하였다. 이는 조합원 수를 최대한 축소하고 노조의 조합비 수입도 줄이며, 노조의 힘을 축소시키려는 의도였다. YH노조 또한 1975년 설립 당시에는 첫째, 반장이나 검사의 수가 아주 소수이고, 둘째, 조합결성 과정에서 적극적으로 활동하지 않았으며, 셋째, 사용자 편에서 노조를 분열시킬 가능성이 있다고 판단하여 조합원 자격에서 제외하여도 된다고 생각하였다(전 YH노동조합·한국노동자복지협의회, 1984: 61). 그러나 1976년 단체협약을 앞두고 열린 6월 30일 상집위원회에서는 가능한 한 조합원의 범위를 넓히되 "남자 사원은 조합원 자격에서 제외"하는 내용으로 단체협약 갱신 조건을 세운다. 남자 사원을 제외하는 이유에 대해서는 그들이 '권위주의적'이기 때문에 조합활동에 비협조적일 것이고, 동일방직과 반도상사의 경우를 예로 들며 관이나 기업의 편에서 노조의 단결에 해를 끼치는 것을 이유로 들었다(위의 책: 82). 이처럼 YH노조는 남성노동자를 배제하는 젠더 구분을 통해 노조의 단결을 강화하였다. 한편 남성 관리직 노동자의 경우 노동조합 결성을 와해하기 위한 저지 수단인 '구사대'로 동원되거나 여성노동자에 친화적 태도를 가지고 있을 경우 회사의 감시 대상으로 여겨졌다.

YH노동조합 쟁의 과정을 보자면, 1977부터 이미 YH무역 농성사건을 극단으로 치닫게 한 전조 증상이 나타나고 있다. 노동자의 수는 현격히 축소되었으나 YH의 수출총액은 오히려 늘어가는 상황이었으며, 회사가 하락세로 접어든 것은 사실상 경영진의 무리한 경영 확장과 운영 능력 부족, 장용호 및 진동희의 외화 도피 탓이 컸다. 당시 장용호 회장은 이미 미국으로 근거지를 옮긴 상태였으며, 한국의 YH무역은 지사격이 된 상태로 동서인 진동희가 맡아 운영했다. 이후 YH 내부에 회사 운영권과 이익 분배를 두고 미국의 장용호와 한국의 진동희가 알력 다툼을 벌였다. 이것은 단지 경제적 이익과 분배하는 과정뿐만 아니라 인력 배치 및 승진 등의 인사 조치를 포함해 회사 내 실권을 장악하는 주도권 싸움이 되었다.

2) 사건의 연쇄

방만한 회사 운영과 내부 비리가 만연한 가운데 거래 은행인 조흥은행으로부터 거래정지를 당한 YH무역은 크리스찬아카데미[11] 사건 직후 노동자들에게 돌연 폐업을 통보하였다. 오히려 노동자들은 관계 기관을 방문해 회사 정상화를 위한 방안을 알아보는 등 노력을 기울이며 폐업철회를 요구하였고, 무기한 농성에 돌입하였다.

---

11 크리스찬아카데미는 경동교회 강원룡 목사가 실시한 중간집단 교육으로, 서독 정부의 후원을 받아 노동자, 농민, 여성, 기독 청년, 교회 인사 등 1천 명의 교육 이수자가 참여하였다. 노조 간부들이 다수 참여한 것을 경계한 유신정권은 이를 반국가단체 조성 혐의로 구속했으며, 연행자들은 조사 과정에서 고문을 당하기도 했다. 노조의 단체행동으로 최순영 지부장은 다음날인 3월 24일 석방된다. 위의 책, 152.

(1) 연쇄 i: 크리스찬아카데미 사건으로 인한 자매애 강화 및 정치 투쟁 시작

긴급조치 1호부터 9호의 시기를 거치며 반독재 민주화 투쟁에 대한 박정희 정권의 가혹한 억압과 관련자에 대한 체포, 구금, 고문은 역설적으로 해당 운동을 중심으로 사회 세력의 연결망이 형성되는 계기가 되었다. 민청학련사건과 동일방직 똥물 사건을 거치며 형성된 학생·지식인-노동자-재야·종교계 지식인의 연대를 기반으로 한 사회운동은 1979년 초에 탄압의 대상이 되었다. 그러한 연유로 발생한 사건이 바로 '크리스찬아카데미 사건'이다.

크리스찬아카데미는 경동교회 강원룡 목사의 주도 아래 '현실 개혁'을 목표로 1965년 한국기독교학술원이라는 이름으로 설립되었다. 1970년에 들어서 '인간화'를 한국 사회가 추구해야 할 이념으로 내세웠다. 당시 한국 사회의 비인간화는 빈부, 통치자와 피통치자, 도시와 농촌, 노동자와 자본가 등 사이에 형성된 단절을 의미하였고, 이런 양극화를 해결하기 위해서 '중간집단 육성'에 집중하였다(이임하, 2005: 530-531).

YH노조의 최순영 지부장뿐만 아니라 동일방직의 이총각, 반도상사 장현자, 콘트롤데이타 이영순 등 여성노조의 리더들이 크리스찬아카데미에 참여해 '여성노동자 기수회'를 조직했다. 기수회는 당시 크리스찬아카데미에서 노동분과의 리더로 활동하던 신인령이 실질적인 멘토 역할을 했으며, 여성노동자 교육은 한명숙이 담당하였다. 이를 통해 민주노조운동의 핵심 간부들 간의 연계가 만들어졌다(박인혜, 2009). "여성노동자들이 깃발을 들게" 하자는[12] 취지에서 여성 지식인 신인령을 중심으로 여성노동자가 모여 사회과학 서적을 탐독했던 여

성노동자 기수회는 이후 크리스찬아카데미 사건이 발생하자 금서를 읽었다는 혐의로 연행되었다. 이 사건을 계기로 당시를 돌이켜보면 크리스찬아카데미라는 공간을 중심으로 여성노동자 및 여성 지식인을 포함해 종교계 지식인-노동자-학생운동가가 모이는 물적 토대가 되었다(박인혜, 2009).

크리스찬아카데미에 대한 탄압은 그러나 유신 체제 붕괴로 이어지는 본격적인 사건의 시작점이 되었다. 민청학련사건이 학생 지식인과 기독교 지식인 사이에 공동의 전선을 형성하는 역할을 하고, 동일방직 사건이 노동자와 기독교 지식인 사이의 연대를 공고히 하는 역작용을 초래했듯이, 크리스찬아카데미 사건은 해당 단체에 관련된 학생운동가와 종교계 지식인 그리고 노동자가 모두 정권의 탄압을 공동으로 경험하는 계기가 되었다. 크리스찬아카데미 사건 이전까지는 YH노조 또한 노동자로서 문제 제기에 머물렀던 반면, 사건을 겪으며 여공들은 사용주가 아닌 유신 체제에 대한 직접적인 탄압을 견디기 위한 '자매애'와 노동자로서의 연대 의식을 경험하게 되었다.

노동조합 결성 후 회사를 상대로 임금인상과 복지 개선을 위한 투쟁을 이어왔던 YH노조는 크리스찬아카데미 사건을 계기로 사용주가 아닌 '정보과 형사'에게 "지부장이 간첩이면 우리 다 간첩이다"라며 맞서고, 지부장을 간첩으로 모는 유신 정부에 대해서는 까만 리본을 달고 타 노조와 연대하며 "한판 붙자"는 각오를 다진다.[13] 불행 중 다행으로 크리스찬아카데미 사건으로 최순영 지부장이 3일간의 조사 후 출소한 경험은 여공들이 국가의 부당한 정치 탄압을 함께 이겨냈다

---

12 서아현, 2019, 최순영 면담자료 중.
13 서아현, 2019, 최순영 면담자료 중.

는 승리감을 고취시켜주었다. YH노조는 크리스찬아카데미 사건을 계기로 노동자로서의 투쟁 상대가 사용자뿐이 아닌 국가라는 경험을 하였다. 노동자로서의 연대성과 자매애가 공고해진 가운데, 회사의 일방적인 폐업 통보는 YH노조의 투쟁을 정치화하는 데에 불씨를 당긴다.

(2) 연쇄 ii: YH 폐업 통보로 인한 노조 투쟁 본격화

크리스찬아카데미 사건으로 연행된 지부장 최순영이 풀려난 직후 회사는 일방적인 폐업을 공고한다. YH 설립자인 장용호와 회사 운영을 맡았던 진동희 사이의 내부 이권 다툼과 수출 경기 하락으로 회사는 재정적으로 바닥으로 곤두박질쳤다. 그동안 YH노조가 무작정 손을 놓은 채 근로환경 개선을 위한 투쟁만 했던 것은 아니었다. 오히려 YH의 여성노동자들은 회사를 정상화화기 위한 대책 마련에 뛰어들어 다각도로 방법을 모색한다. 폐업 통보를 받기 4개월 전인 1978년 11월 29일부터 30일까지 노조는 회사 경영부실에 대한 대책을 안건으로 노사협의를 개최하였고, 사측은 독립채산제를 실시하여 회사 정상화를 위한 시간적 여유를 가져보되 그럼에도 정상화가 이뤄지지 않을 경우 타 기업으로 양도하는 데에 최대의 노력을 기울일 것을 약속하였다. 그러나 다음 해인 1979년에 거래 은행인 조흥은행으로부터 거래정지 통보를 받았고, 사측의 요구로 노사공동대책을 강구하기도 하였지만 정작 사태의 책임자인 장용호는 미국에 있었으며 진동희는 이미 대보해운으로 자리를 옮긴 뒤 사태에 대한 책임을 회피하였다 (전 YH노동조합·한국노동자복지협의회, 1984: 157-158).

결국 사측은 책임을 회피하고 노동자의 권리를 대변해야 할 기관으로부터 외면당한 여공들은 본격적인 회사 정상화 투쟁을 위해 4월

10일 '회사 정상화를 위한 협조 요청 공문'을 청와대, 법무부, 보사부 등의 국가 행정기관과 언론계, 종교계 등 사회 전 기관에 발송한다. 그리고 권순갑 등 3명을 섭외부로 임명하여 국회의원 등을 직접 방문하며 협조를 요청하였다. 이때 여공들이 직접 신민당의 인권위원회를 방문하여 협조를 요청했지만 "시간적 여유가 없다"는 이유로 거절당하였다(위의 책: 162).

주목할 것은 당시 여공들이 신민당뿐만 아니라 공화당, 민주통일당 등 정당 전반에 협조를 요청했으나 신민당을 포함한 모든 정당으로부터 거절을 당했다는 사실이다. 이는 사실상 YH 여성노동자들이 신민당과 직접적인 연관 관계나 지속적인 연대 관계를 맺어왔던 것은 아니었던 것임을 알 수 있다. 신민당과의 연대를 통해 노동쟁의를 정치 투쟁화한 사례로 알려진 YH사건에서 사실상 노조와 야당의 연대는 노조의 투쟁 과정 중 막바지에 이뤄졌던 것이다. 그 연합 과정에서 종교계 남성 지식인들이 양 집단 사이의 연결 고리 역할을 맡게 되었다.

(3) 연쇄 iii: YH노조의 신민당사 농성 시작

YH노조는 7월 말부터 무기한 농성을 펼쳤으며, 대외적으로 협력할 수 있는 모든 단체와 접촉을 시도한다. 그 노력의 일환으로 8월 3일 미대사관 측 대표를 만났다.[14] 당시 YH노조는 회사 자금을 횡령한 장용호를 미국으로부터 소환하도록 협조할 것을 요구하지만, "미국 시민이라면 거지라도 보호할 의무가 있다"는 매우 정치적인 답변을 받았을 뿐이었다. 사흘 뒤인 6일 회사는 일방적인 폐업을 통보하였

---

14 한국사회선교협의회의 소개를 통해 미대사관 측 대표 타마자를 만났다. 위의 책, 183.

고, 공장에 남아 농성을 지속하던 여공들을 격려하기 위해 재야의 남성 지식인들이 방문한다. 시인 고은, 이문영 교수, 금영균 목사가 찾아와 조합원을 격려하였다. 여공들은 "생존권을 건 본격적 정상화 투쟁"을 천명하고, 한국교회사회선교협의회, 영등포도시산업선교회를 비롯한 인권단체에 지원을 요청하였다(전 YH노동조합·한국노동자복지협의회, 1984).

같은 날 크리스찬아카데미 사건 공판장에서 고문이 폭로되었다. 최순영 등 노조 지부장들은 얼마 안 되어 풀려났지만, 이우재·한명숙·신인령·김세균·황한식·장상환 등 크리스찬아카데미의 중간집단 육성 교육에 참여했던 지식인들은 구속 상태에서 재판이 계속됐으며, 심지어 그들의 가족까지 연금된 상태였다. NCC 회장단 및 각 교단 대표로 구성된 크리스찬아카데미 사건 대책위원회와 한국교회사회선교협의회가 구속자 석방을 요구하는 기도회를 개최하고, 관련자의 가족들까지 연금하는 정부의 불법 연금을 규탄하는 등 교계 내에서 주목을 받고 있었다. 8월 6일 공판장에서 피고인들은 중앙정보부로부터 극심한 고문과 허위진술을 강요받았다는 것을 폭로하며 오열하였고, 공판장은 아수라장이 되었다. 이 폭로로 기독교 지식인 집단의 위기의식 및 긴장감은 극에 달하였다. 게다가 경찰이 노조 강제 해산을 위해 깡패를 동원할지도 모른다는 소문에 YH농성장 또한 긴장감이 극에 달하고 있었다. 집행부는 제2의 농성 장소를 찾기 위한 대책을 구상한다. 당시 후보에 올랐던 장소는 신민당사뿐만 아니라 조흥은행, 노동청, 미대사관, 명동성당, 공화당까지 검토 대상이었다(민주화운동기념사업회, 2009: 186).

그 무렵 YH노조는 각계에 도움을 요청할 수 있었는데, 이 과정에서 한국교회사회선교협의회(사선)와 영등포도시산업선교회(산선)를 비롯한 각 종교단체와 연을 맺게 된다.[15] 훗날 YH사건의 배후로 지목되어 연행된 서경석·인명진·이문영·문동환·고은 등은 모두 이 시점에서 YH노조와 직접적인 관련을 맺게 되었다. 서경석과 인명진은 각각 사선과 산선의 네트워크를 통해 YH사건의 국면에 참여한다. 고려대 노동연구소에도 관계했으며 기독자교수협의회의 회장으로 크리스찬아카데미 사건의 대책위원장을 맡았던 이문영은 조승혁 목사의 요청으로 YH사건 현장에 방문하며 여공들과 관계를 맺었다. 자유실천문인협의회의 일원으로 반독재투쟁에 참여하던 문인 고은 또한 YH 농성지를 신민당으로 옮기기 직전 기숙사 농성장으로 찾아오며 인연을 맺었다. 문동환 목사의 경우 한신대학교 제자이자 최순영의 남편인 황주석을 통해 YH사건에 개입하게 된다. 즉, 기독교계 재야 지식인을 통해 반독재투쟁의 전선이 YH 농성지에 집결된 것이다. YH노조는 사회선교협의회나 도시산업선교회와 활동을 직접적으로 같이하지는 않았으나 이 연대가 확장되는 과정에서 결국 기존의 노조가 주장했던 폐업 철회와 책임자 소환을 넘어서는 반독재투쟁을 전개하는 방향으로 농성의 성격과 노선이 1차적으로 전환되었다.

당시 YH노조는 산선이나 사선보다는 크리스찬아카데미 그룹에 속하는 노조였기 때문에 초반에는 산선에 도움을 요청하는 것을 꺼려했던 것으로 보인다. 그러나 여타 다른 기관에 도움을 요청하여도 아무런 응답을 받지 못한 YH노조는 지부장 최순영의 남편인 황주석을

---

15 유신정권의 신민당 당사 습격 후 사선과 산선 소속인 서경석, 인명진 목사 또한 노조의 배후로 지목되어 연행되었다. 그러나 노동조합사에서는 사선 및 산선과 관계를 맺게 된 것은 무기한 농성에 돌입한 이후가 처음이자 마지막이었다고 밝힌다. 위의 책, 184.

통해 산선에 접촉을 시도하였다(조영재, 2012).

YH노조로부터 직간접적인 요청을 받은 기독교계 남성 지식인들(황주석·서경석·신대균·이상희)은 곧 박정희 정부가 농성지에 경찰을 투입해 강제 해산시켜버릴 것이란 정보를 입수한 후 YH의 농성 방안을 논의한다. 무엇보다도 "언론의 장벽을 뚫"는 것이 급선무라고 판단한 서경석은 제2의 농성지로 신민당사가 적합하다고 판단하고 황주석을 통해 최순영 지부장에게 의견을 전달하였으며, 8월 8일 노조를 격려하기 위해 YH 농성장인 기숙사에 방문해 "성공하든지 실패하든지 사회 전반에 커다란 파급 효과를 가져올" 수 있도록 신민당사로 다음 날 농성 장소를 옮길 것을 제안하였다. 외부의 지식인들이 농성 대책을 세우는 밤 사이 이미 농성장에서 용역들로부터 습격을 당한 최순영과 여공들은 다른 방법이 없었기 때문에 제안을 받아들이기로 한다. 서경석의 제안으로 대외적으로는 명동성당으로 농성지를 위장하고, 8월 9일 신민당사로 집결하기로 결정하였다(전 YH노동조합한국노동자복지협의회, 1984: 185-187; 조영재, 2012).

주목해야 할 사실은 신민당이 여성노동자의 요청과 남성 지식인의 요청을 대하는 방식이 달랐다는 점이다. YH노조가 신민당에 도움을 요청하였을 때에는 사실상 거절한 것이나 마찬가지였던 야당이 재야의 남성 지식인들의 요청에는 협조적인 태도를 보였다. 제1야당이었던 신민당은 YH사건 이전까지는 노동 문제에 대해 다소 방관적 태도를 취하였다(구해근, 2002). 그러나 야당으로서는 대여투쟁을 위해 재야의 반독재투쟁 세력으로부터 지지를 얻는 것이 중요한 과제였던 데다가 당시 민주화운동의 아이콘이었던 김대중과 경쟁 관계에 있던 김영삼은 명망 있는 재야인사의 요청을 거절할 이유가 없었다.

즉 신민당과 김영삼은 반독재투쟁 및 정권 획득을 위한 지지 세력을 얻기 위해 재야의 남성 지식인 집단과 접점을 형성할 필요가 있었고, 마침 YH사건으로 기회가 찾아온 것이다.

YH노조의 요청에 응답하지 않았던 신민당이 기독교 재야 남성 지식인의 요구에 농성 장소를 제공하는 것을 수락하면서 야당 정치 세력과 YH노조는 관계를 맺게 되었다. 사실상 신민당과의 연결 역할을 했던 서경석 소속의 한국사회선교협의회나 문동환·이문영과 YH는 깊은 관계를 맺고 있지는 않았다. 결국 사건의 중요한 국면에 개입된 외부의 지식인 집단은 YH와는 조승혁·황주석을 통해 간접적인 관계를 맺은 상태였다. 그러나 YH노조로서는 깊은 관계를 맺었던 크리스찬아카데미의 주요 인사들이 이미 구속되며 연대세력을 상실한 상태에서 사건의 국면이 극에 달하는 가운데 연대를 확장할 수밖에 없었다.

그렇다면 이 과정은 기존의 YH사건에 대한 평가처럼, 여공들의 투쟁이 정치 투쟁으로 '흡수'되어버린 것일까?(최장집, 1997; 구해근, 2002) 그보다는 여공들 스스로가 크리스찬아카데미 사건 등을 겪으며 이미 노동자투쟁과 정치 투쟁을 포괄하는 집결력을 형성한 가운데 노동 탄압의 상황이 점점 더 절벽으로 치닫자 스스로 정치 투쟁의 노선을 선택한 것이라고 보는 것이 적절하다. 최순영은 당시 신민당사 농성을 시작하기 전에 농성 대책을 세우는 과정에서 노조원들 사이에서 이미 회사가 소생 불가능 상태인 가운데 조합원들은 블랙리스트에 올라 재취업이 불가능하였다는 것을 알고 있었다고 구술한다. 그럼에도 신민당사로 옮겨가며 투쟁을 지속적으로 전개하려고 했던 이유는 "민주노조를 보호해야 한다"는 동기 때문이었다고 고백한다.[16]

1978년 동일방직 사태 발생 후 민주노조를 해체하기 위해 박정희 정권이 동일방직뿐만 아니라 YH, 반도상사 등의 노조를 파괴해 나갈 것이라는 소문이 있었다. 이에 YH노조는 이미 회사 폐업이 돌이킬 수 없는 상태임을 알았지만, 민주노조를 보호해야 한다는 목적하에 쟁의를 더욱 극단으로 밀어붙이기로 결정하였다고 최순영은 회고한다. 그리고 이를 위해 모든 세력과 자원을 총동원했다. 그러나 함께 할 수 있는 '모든 세력'에 같은 작업장 내의 남성노동자는 포함될 수 없었다. YH의 남성노동자 또한 회사의 일방적 폐업으로부터 피해를 입은 바가 적지 않았지만, 이미 노조 결성과정에서 '여성노동자 대 남성노동자'의 대립 구도가 굳어졌기 때문이다. 그렇지만 YH노조가 남성노동자를 적대시하였던 것만은 아니다. 남성노동자를 조합에 가입시키지는 않되 노조 활동을 방해하지만 않는다면 쟁의 결과로 얻는 성과를 함께 나누겠다는 입장이었다. 즉, YH노조는 쟁의의 성취 결과를 나누는 과정에 대해서는 노동자로서 남성을 포용하고자 하였다. 그러나 투쟁을 전개해가는 과정에서는 작업장 내부의 남성관리자에게는 대립각을 세우되 외부의 남성 지식인과는 연합하는 이중적 젠더 전략과 교차적 연대를 통해 여성노동자 집단에게 필요한 인적 네트워크를 포함한 사회적 자본을 동원하였던 정황이 드러난다.

3) 구조적 파열

기숙사 폐쇄 시도에 대항하며 제2의 농성장을 물색하던 중 기숙사에 잔류한 50여 명을 제외한 187명의 노조원이 신민당사로 8월 9일

---

16 서아현, 2019, 최순영 면담자료.

이동하였다. 신민당사로 이동한 뒤에는 YH노조와 연대세력이 의도했던 대로 언론의 집중적인 조명을 받았다. 9일 10시경 신민당사에 도착한 김영삼 총재는 노조 대표를 만나 회담을 한 뒤 "갈 곳이 없어 마지막으로 신민당을 찾아준 데 대해 책임감을 느낀다"고 노동자들을 위로하였다(전 YH노동조합·한국노동자복지협의회, 1984; 190).

그러던 중 신민당사 농성 2일차인 10일 인명진·서경석·문동환·이문영·고은 5인이 YH사건의 배후로 지목돼 수사기관에 연행되었으며, 이 소식은 신민당사의 노조원들에게도 전달되었다. 이렇게 9일과 10일 양일간의 투쟁 분위기가 고조되는 가운데 여전히 기동대는 철수하지 않은 상태에서 노조와 신민당 그리고 경찰 사이의 긴장감이 극에 달하였다. 결국 11일 경찰은 일명 '101호 작전'을 실행한다(전 YH노동조합·한국노동자복지협의회, 1984; 188-201). 사다리차 2대, 물탱크차 2대와 조명용 소방차 2대가 신민당사를 에워쌌고, 4층에서 잠자던 노동자들에게 1천여 명의 정사복 경찰관들이 밀어닥쳤다. 철모와 곤봉으로 무장한 기동 경찰들이 여성노동자들을 마구잡이로 몰아냈고, 아수라장 속에 10여 분 만에 모두 당사 밖으로 끌려 나왔다. 이 과정에서 YH노조의 고(故) 김경숙이 사망하였으며, 현장에 있던 김영삼 총재와 신민당원들 그리고 기자들까지 모두 폭행 사태에 휘말려 부상을 당했다(위의 책, 201).

YH무역 농성사건은 8월 11일 경찰의 급습으로 강제 해산되었고, 노조원은 강제 귀향 조치되었다. 하루 전 YH사건 관련자, 배후주동자로 연행된 인명진·서경석·문동환·이문영·고은과 마찬가지로 최순영 지부장·이순주 부지부장·박태연 사무장 3인이 구속되었다.[17] 기숙사에 남아 농성을 하던 50여 명의 조합원도 마찬가지로 경찰에 해산되었으며, 정영인, 강금자 등 3명은 태릉경찰서로 연행되었다(위의 책, 207). 12일 조합원들은 강남경찰서와 청량리경찰서에서 조사를 받은 뒤 YH 본사 입구로 실려와 월급과 퇴직금을 강제로 받은 뒤 해산되었다. 그리고 기숙사로 돌아와 짐을 정리한 뒤 13일 경찰이 마련한 각 지역별로 귀향하는 버스를 타고 강제로 흩어졌다(위의 책, 208-211).

그러나 국내외 언론이 이를 보도한 뒤부터 YH사건은 본격적으로 정치 투쟁으로 전환되었다. 이슈의 중심도 YH노조의 노동운동보다는 독재정권의 탄압에 저항하는 야당의 대여투쟁에 초점이 맞춰졌다. YH사건이 유신 체제의 폭력성을 가시화한 덕분에 신민당의 반독재 투쟁 명분이 강화되었기 때문이다(성기철, 1995: 530; 민주화운동기념사업회, 2009: 306에서 재인용). 김영삼은 이를 '8·11 폭거'로 규정하였고, 이후 투쟁의 구도 또한 여야 간 정치 대립 형태로 전환되었다. 국내외 언론의 주목을 받으며 여공을 지원한 야당의 리더로 부각된 김영삼은 그러나 당내 분쟁에 휘말리게 되었다. 당시 김영삼 총재를 견제하던 당내 비주류 계파(이철승·신도환·고흥문·이충환·유치송)와의 갈등이 심화됐고, 결국 8월 13일 김영삼 총재를 비롯한 총재단에 대한 직무집행 정지 가처분 신청이 제기되었다(전 YH노동조합·한국노동자복지협의회, 1984: 229). 같은 날 한국노총은 긴급중앙회의에서 채택한 결의문을 통해 YH사건을 사전에 수습하지 못한 노동행정당국에 책임을 물으면서 동시에 YH노조를 외부세력과 결탁한 조직이라고 비판하였다

---

17 YH사건의 '배후주동자'로 몰린 5인에 대한 구속 또한 기습적으로 이뤄졌다. 문동환은 경찰에 저항하며 "아니, 데모하는 아가씨를 민주당에게 전화하라고 주선해준 건 헌법 어디에 위배됩니까?"라고 항의하였다. 그러나 정확한 기소 연유와 내용도 알지 못한 상태에서 이들은 구속되었다. 연규홍, 2012.

(위의 책, 1984: 225-229). 8월 31일 김영삼은 기자회견을 통해 당내 비주류파의 행위가 8월 11일 유신정권의 폭거 과정에서 배반한 당내 배신자와 독재정권 사이의 결탁이 만들어낸 '야당말살 음모'라고 주장하였다(위의 책, 229). 김영삼의 이 선언으로 YH사건은 비록 노동조합으로서 회사 내부비리를 고발하고 노조 운영에 대한 탄압과 사측의 일방적 폐업에 대항하기 위해 시작한 쟁의였으나 신민당 습격사건을 거치며 이제는 강제 해산된 여성노동자들의 관점이 아닌 제1야당 당수인 김영삼의 관점에서 야당에 대한 유신 체제의 탄압으로 재해석되었다.

결국 원외지구당 위원장 윤완중, 유기준, 조일환 3명이 제기한 직무집행정지 가처분신청이 9월 8일 서울민사지법에서 받아들여졌고, 이후 10월 4일 국회의사당 146호실에서 여당 의원만의 밀실 회의를 통해 10분 만에 김영삼 신민당 총재가 의원직 제명되기에 이른다. 이에 반발한 신민당 의원 66명 전원과 통일당 의원 3명 전원이 국회의원직을 사퇴하며 정국은 더욱 혼란에 빠지고, 당시 미 대통령 카터는 김영삼 총재 제명 조치를 비난하는 의견을 밝혔다(위의 책, 230). 이처럼 국내에서는 제1야당과 반독재 민주화운동 세력의 저항에 부딪히고, 외교적으로도 카터 정부의 지속적인 압박을 받으며 유신 체제 전반에 가해진 정치적 압력이 이미 과부하가 된 상태였다. 그런 가운데 10월 16일 부산과 마산에서 발생한 부마항쟁은 YH사건으로 이미 균열을 일으킨 유신 체제를 완전히 파열시키는 사건으로 작용한다.

YH사건 이전에도 박정희 정부는 카터 정부로부터 상당한 정치적·경제적 압박을 받아왔다. 미국의 베트남 전쟁 개입 실패로 인한 반전(反戰) 여론에 힘입어 당선된 카터 정부는 주한미군의 철수를 고려하였다. 한국에서 미군이 철수할 경우 국제정치적으로 고립될 것을 우려한 박정희 정부는 자주국방을 기치로 내걸고 방위산업의 기반이 되는 중화학공업 육성정책을 서둘렀다. 여기에는 이미 제조업 분야의 미숙련 단순 노동력의 공급 부족이 가시화되고 수출시장의 무역장벽이 높아지는 상황을 돌파하기 위해 경공업에서 중화학공업으로 전환해야 한다는 경제정책적 고려도 동시에 작용하였다(이대근 외, 2005). YH노조의 농성과 신민당 습격 그리고 김영삼 총재의 제명으로 이어진 체제 저항에 맞서기 위해 유신 체제 말기 박정희 정권은 점차 더 강력하고 엄격한 통제와 조치로 맞섰다. 10월 16일 부산과 마산 일대에서 일어난 시위에 곧바로 계엄령을 선포한 것 또한 이미 박 정권이 체제 변동에 대한 두려움을 가지고 있었음을 역설적으로 드러낸다.

　김영삼의 지역구가 부산 서구였던 데다가 부산·마산과 가까운 거제도가 그의 고향이었기 때문에 김영삼 의원 제명 사건은 부마항쟁의 1차적인 원인으로 작용하였다(이은진, 2008: 99).[18] 부마항쟁 발발 하루 전인 15일 부산대 내에서 시위가 있었으나 불발되었고, 이튿날인 16일 더욱 폭발적인 교내 시위가 일어났다. 부산대 시위는 경찰의 방어선을 뚫고 시내 중심가의 가두시위로 곧장 확산되었다. '유신철폐'와 '독재타도'를 외친 학생들은 4~5천 명에 이르렀고, 퇴근 무렵인 6시가 되자 귀갓길의 직장인이 합류하여 수천 명으로 불어났다. 이들

---

18 1970년대 정당 갈등 구도는 유신 체제에 저항하는 '민주 대 반민주' 구도가 있었던 한편, 지역주의 파벌화, 즉 영남과 호남 사이의 균열이 강화되고 있었다. 1970년 대통령후보 지명전과 1971년 제7대 대통령선거 양대 선거를 계기로 지역연고주의가 정치인을 규합하는 데에 주요한 정치자원으로 부상하였다. '40대 기수론'을 내세우며 독자적 세력을 구성하였던 신민당의 김대중, 김영삼, 이철승 의원은 파벌구성에서 출신 지역을 기반으로 유대세력을 구축하고 있었다. 1979년 5월 제7차 전당대회에서 김영삼이 총재로 선출된 것은 신민당을 지지하는 대중 지지세력 중에서도 영남권의 지지가 우세하였다는 점을 보여준다(양성은, 1998).

은 '유신철폐', '독재타도', '언론자유', '김영삼 총재 제명 철회'를 외쳤다. 17일까지 시위가 확산되자 박정희 정권은 18일 새벽 0시를 기준으로 부산지역에 비상계엄을 선포하였고, 2개 여단의 공수부대를 투입했다(부마민주항쟁기념사업회 · 부마민주항쟁십주년기념사업회, 1989).

18일 부산에 비상계엄령이, 20일 마산과 창원에 위수령이 발동한 뒤 대구의 주요 대학에서도 시위의 조짐이 보이던 중, 중앙정보부장 김재규에 의해 10 · 26 정변이 일어났다. 26일 밤, 중앙정보부 궁정동 안가 만찬장에서 부마항쟁과 대야공작에 관해 보고를 받던 박정희는 정보부장 김재규에 의해 저격당하였고, 동석하였던 경호실장 차지철도 살해되었다. 김재규는 전두환 휘하의 보안사 요원에게 체포되었으며, 이로써 유신 체제는 급작스러운 종말을 맞게 되었다(민주화기념운동사업회, 2009: 350-351).

1979년 YH사건-김영삼 의원 제명사건-부마항쟁으로 이어지는 일련의 사건을 통해 유신 체제는 구조적 파열 상태에 접어들었다. 국내 여론의 악화와 대미 관계의 악화는 체제 및 정부 내 고위 관계자들 사이에도 팽팽한 긴장감을 형성하였고, 결국 내부 분열로 인해 체제는 완전히 붕괴되었다. 이러한 흐름은 1970년대 민주노조 결성운동을 중심으로 일어났던 경공업 여성노동자 운동이 학생운동 및 재야 지식인, 종교 세력과 연대한 결과 야당인 신민당을 통해 야권의 대여 투쟁으로 확산되었으며, 그 결과 신민당과 김영삼이 지지기반을 획득하고 있던 부산과 마산지역의 시민항쟁으로까지 이어졌다. YH사건 이후 촉발된 부마항쟁은 유신 체제에 파열을 일으켰다. 이 파열은 본격적인 체제 및 지배 구조의 파열로 이어지는 혁명의 불씨가 될 수도 있었으나, '박정희 암살'이라는 뜻밖의 사건으로 전개되며 갑작스럽게 구조의 재접합이 이루어진다.

4) 불완전한 재접합

YH사건으로 구속되었던 관련자들은 형무소 안에서 박정희 피살 소식을 접하였다. 문동환 목사는 10·26 정변 소식을 서대문형무소에 면회온 부인을 통해 알게 되었다고 회고한다(연규홍, 2012).

박정희의 갑작스러운 사망으로 곧 출소할 것을 기대하였던 문동 환은 그러나 최규하가 "어물어물해서 전두환을 대통령" 만드는 바람 에 크리스마스 즈음에 출소한 것으로 기억하고 있다. 최순영 또한 박 정희 암살 소식을 감옥에서 접한 뒤 12월 초 보석 허가가 결정되며 구속 후 4개월 만에 출소하였다.[19] 최순영은 출소 당시에도 "만삭이니 까 먼저 나가라"고 했을 뿐, 구체적으로 어떤 이유로 보석 신청이 받아 들여지게 되었는지 제대로 설명이 없었다고 회고한다.

유신 체제를 계승한 전두환 5공정권의 등장이라는 구조의 불완전 한 재접합은 노사관계 영역에서도 제도적 환경의 과거 회귀를 초래했 다. 1980년 12월 31일 개정된 노동법은 유신 체제보다 더욱 가혹한 '노동법 개악'의 절정을 이루었다. 전두환 정권이 주도한 1980년 노동 법 개정의 핵심은 '제3자개입 금지' 조항이다.[20] 조항 내용은 "직접 근로관계를 맺고 있는 근로자나 당해 노동조합 또는 법령에 의하여 정당한 권한을 가진 자를 제외하고는 누구든지" 노동조합 활동을 "조

---

19 "YH사건 관련자 4명 보석으로 석방," 「중앙일보」, 1979. 12. 11.
   https://news.joins.com/article/1525460
20 노동조합법 제12조의 2, 노동쟁의조정법 제13조의 2, 노사협의회법 제27조.

정·선동·방해하거나 기타 이에 영향을 미칠 목적으로 개입하는 행위"를 금지하고, 위반자는 징역형(3년 이하 또는 5년 이하) 또는 벌금형의 중죄로 처벌하도록 규정하였는데, 이는 YH사건을 계기로 민주노조 결성을 지원한 산업선교회 등 외부 세력을 배제한다는 목표를 가지고 신설된 조항이었다(한국기독교교회협의회, 1984: 701). '제3자'의 범위에는 산별노조 또한 포함되어 기업별 노조 체제 안에 노동운동을 묶어놓는 제도적 장치가 완성되었다. 제3자개입 금지 조항은 1980~90년대 민주노조와 노동운동가들을 탄압하고, 노동조합의 연대를 철저히 금지하여 노동을 통제하는 주요 무기가 되었다. 이 법이 등장한 뒤부터 수많은 노조 간부 및 열성 조합원, 기타 노동운동가들이 이 조항에 의해 처벌 받았다(역사비평 편집위원회, 2009: 439-441). 즉, 유신 체제기 박정희 정권이 국가 코포라티즘적 노동 통제 도구로 국가보위법을 이용하였다면, 전두정 정권의 신군부는 유신 체제에 맞서 저항하였던 노동자와 지식인 집단의 연대를 해체하기 위해 제3자개입 금지 조항을 악용한 것이다.

또한 1970년대 기독교가 노동운동에 기여하며 담당하였던 역할을 1980년대에는 학생들이 대신하기 시작하며, 학생 출신 노동자들이 많은 쟁의에 관여함으로써 노사갈등을 정치화하였다(구해근, 2002; Ogle, 1990). "1980년대 중반 남성노동자들이 스스로 행동하기 시작했을 때, 그들은 10년 이상 정의를 위해서 투쟁해온 여성들의 어깨 위에 자신들이 서 있는 것을 발견했다"는 오글(1990: 86)의 분석은 1980년대 중화학 산업구조로 개편됨에 따라 남성노동자의 활약이 두드러졌음을 시사한다.

3. 결론

본 연구는 1979년부터 1980년까지 사회적 이슈로 떠올랐던 YH 노동조합 쟁의 과정을 스멜의 다사건 분석 틀로 재구성하고, 해당 사건에 직간접적으로 연관된 인물을 구술 인터뷰하여 당시 젠더 및 계급을 초월한 연대를 통해 폭발적으로 일어났던 노동 및 반유신 투쟁 운동의 연대 동기가 무엇이었는가 되짚어보았다.

1970년대 한국사회의 민주화운동은 경공업 산업에 종사하는 여성노동자와 남성 지식인 사이의 연대를 중심으로 노동 및 반독재투쟁이 확산되던 시기였다. 1960년대부터 시작된 박정희 대통령의 수출정책과 산업육성정책에 따라 경공업이 폭발적으로 증가하였고, 농촌의 여성들은 비숙련 노동자로 동원되어 노동력을 제공하였다. 전국 각지의 여성노동자들이 공업지대로 대거 유입되는 한편, 남성의 비율이 절대적으로 높았던 대학가에서는 마르크스주의 이론 열풍이 불었고 학생 운동가들은 기층노동자를 사회변혁의 '주체'로 가정하거나 '의식화'의 대상으로 바라보았다. 또한 기독교 재야 지식인을 중심으로 한 민주화운동이 지속되는 가운데 종교계에서는 '산업선교'의 명목하에 기존의 전도 방식과 다른 접근을 통해 여성 성도를 확보하기 시작했다. 학구열이 높았던 여성노동자들은 대학가 지식인 또는 종교계 지식인들이 제공하는 야학 등의 소모임을 통해 배움의 열망을 해소할 수 있는 대안을 모색해 나갔다. 이처럼 각 집단의 욕구와 필요가 교차하는 지점에서 여성노동자와 사회운동에 참여하고 있던 재야 각계의 남성 지식인은 접점을 형성하였다. 반면에 경공업에 종사하고 있던 남성노동자는 이 연대에서 배제되었다. 여성노동자가 절대적 다수를 이루었던 경공업 산업 내에서 남성은 주로 현장의 관리 감독직을 수행하였으며, '구사대' 역을 맡거나 어용 노동조합을 결성하는 데 동원되는 등 여성노동자들의 민주노조 결성을 훼방하고 탄압하였으며 사용자 편에 가까운 세력으로 분류됐기 때문이다.

이렇게 경공업 종사 노동자 계층 내부의 젠더 경계는 견고했던 반면 상이한 사회계층인 노동자와 지식인 집단 사이에는 젠더의 경계를 교차하며 넘나드는 흥미로운 연대가 1970년대 전반을 거쳐 형성되었다. 그리고 이 복합적인 연대는 1979년 YH사건에 이르러 구조적 파열을 일으키며, 유신 체제를 붕괴시키는 트리거로 작용하였다.

YH노동조합은 사측의 남성 관리자 및 남성노동자와는 대립하는 가운데 외부의 남성 지식인과는 연대하는 과정을 통해 노동조합을 운영해 나가는 이중적(dual) 젠더 전략을 펼쳤다. 즉, 여성노동조합과 당시 야당이었던 신민당을 비롯한 재야 남성 지식인과 연대함으로써 이후 YH노동조합의 운동성을 정치권으로 확산 및 이전시켰다. 이 같은 YH 여성노동자들의 투쟁 확산 과정에서 불가피했던 사회운동 세력과의 교차적 연대는 서로의 문제에 대한 인식을 공유한 연대의 성격이라기보다는 반독재투쟁을 위한 정치적 연합의 성격이 강했다. 그 결과 신민당 습격 사건 이후 운동의 중심점이 여성과 노동자 집단이 아닌 유신 타도를 위한 정치 세력과 일부 재야운동 세력으로 축소되었던 한계가 드러난다. 그러나 YH노동조합 여성노동자 스스로 '민주노조 수호'를 위해 파업의 마지막 단계에서는 스스로 폐업철회 농성을 반독재투쟁으로 이끌어 나가고자 하는 정황 또한 포착되었다. 즉 YH 노조는 사측의 내부 비리와 방만한 운영에 맞서는 과정에서 자연스럽게 권위주의 독재국가에 도전하는 정치 투쟁에 참여하였던 것이다.

이로써 YH노동조합은 한국 민주화운동 역사에 여성노동자의 족적을 남겼으며, YH사건은 유신 체제를 붕괴시키는 비가역적 정치과정의 기폭제 역할을 담당하였다는 역사적 의의가 있다.

YH노조를 비롯한 1970년대의 여성노동자가 힘겹게 쌓아 올린 노동자 운동이 있었기에 1987년 노동자대투쟁이 가능하였지만, 당시 여성노동자들이 짊어졌던 이중의 고통은 오늘날 여성노동자의 어깨에 여전히 남아 있다. 가부장적 사회구조와 노동통제 질서 그리고 친기업적 국가에 의한 이중의 고통은 유신 체제가 급작스럽게 종료되고 신군부 세력이 정권을 장악함에 따라 투쟁의 목표가 완전히 성취되지 못한 채 1980년대 새로운 산업구조 속 노동자 운동 및 민주화운동 세력이 등장하며 미완의 것으로 남았기 때문이다.

참고문헌

김경민. "70년대 노동소설에 재현된 정형화된 이미지로서의 여성노동자," 「대중서사 연구」 21(2) (2015): 217-248.

김동춘. "1960, 70년대 민주화운동세력의 대항이데올로기," 『한국정치의 지배이데올 로기와 대항이데올로기』. 역사비평사, 1994.

김원. "노조운동: 1970 년대 민주노조와 교회 단체: 도시산업선교회와 지오세 담론의 형성과 모순," 「산업노동연구」 10(1) (2004b): 1; "1970 년대 '여공'의 문화," 「페미니즘 연구」. 4(1) (2005): 101-148; "1970년대 가톨릭노동청년회와 노 동동," 민주화운동기념사회업회. 『1970년대 민중운동 연구』. 2006; 『여공 1970, 그녀들의反역사』. 서울: 이매진, 2004a.

김현택. "다시, 서발턴은 누구/무엇인가?" 「역사학보」 200 (2008): 637-663.

김현미. 『글로벌 시대의 문화번역』. 서울: 또하나의문화, 2005.

민주화운동기념사업회. 『한국민주화운동사』 Vol. 2. 파주: 돌배게, 2009.

부마민주항쟁기념사업회·부마민중항쟁십주년기념사업회. 『부마민주항쟁 10주년 기념 자료집』. 1989.

박인혜. "1980년대 한국의 '새로운' 여성운동의 주체 형성 요인 연구," 「한국여성학」 25(4) (2009): 141-174.

부산민주운동사편찬위원회. 『부산민주운동사』. 부산광역시, 1998.

서중석. "특집·해방후 학생운동의 민족사적 위치 3 선개헌반대, 민청학련투쟁, 반유신 투쟁," 『역사비평』. 1988, 68-92.

신치호. "박정희 정권하의 국가와 노동관계," 『노동연구』 10 (2008): 68-92.

양성은. "신민당 파벌재편에 관한 연구: 1967-1979," 이화여자대학교 석사학위논문. 1998.

유경순. "1970년대 청계피복노동조합 노동자와 지식인의 연대관계 형성 및 상호영 향," 「한국사학보」 44 (2011): 343-379.

역사비평편집위원회. 『논쟁으로 읽는 한국사』 Vol. 2. 서울: 역사비평사, 2009.

이원보. 『한국 노동운동사』. 서울: 지식마당, 2004.

이은진. 『1979년 마산의 부마민주항쟁-육군고등군법회의 자료를 중심으로』. 민주화 운동기념사업회·부마민주항쟁기념사업회, 2008.

이종구·강남식·권진관·김경희·박해광·임규찬·장미경·장상철·한홍구.『1960-70년대 노동자의 생활세계와 정체성』. 파주: 한울, 2006.

임송자. "1970년대 도시산업선교회와 한국노총의 갈등·대립,"『사림』 35 (2010): 311-344.

장달중. "제1부 한국과 미국의 정치·안보관계; 반미운동과 한국정치,"『한·미관계의 재조명』. 1988, 123-143.

장미경. "근대화와 1960-70년대 여성노동자-여성노동자 형성과정을 중심으로,"「경제와사회」 61 (2004): 106-134.

장숙경.『산업선교 그리고 70년대 노동운동』. 서울: 선인, 2013.

정주신. "10·26 사건의 배경 분석,"「사회과학연구」 18 (2008): 113-144.

전 YH 노동조합, 한국노동자복지협의회.『YH노동조합사』. 서울: 형성사, 1984.

조병호.『한국기독청년학생운동 100년사 산책』. 서울: 땅에쓰신글씨, 2005.

조희연.『현대 한국 사회운동과 조직』. 서울: 한울, 1993.

_____.『박정희와 개발독재 시대』. 서울: 역사비평사, 2007.

차성환·유경순·김무용·김원·홍현영·김태일·이임하.『1970년대 민중운동연구』. 서울: 민주화운동기념사업회, 2005.

채오병. "사건사의 인식론과 방법론,"「사회와 역사」 83 (2009): 157-185.

_____. "식민구조의 탈구, 다사건 그리고 재접합-남한의 탈식민 국가형성".「담론 201」 13(1) (2010): 65-97.

최장집.『한국의 노동 운동과 국가』. 서울: 나남, 1997.

최민화. "우리가 하나 되던 때,"『실록 민청학련: 1974년 4월』 Vol. 2. 민청학련운동계 승사업회 편. 서울: 학민사, 2004.

한국기독교교회협의회.『1970년대 노동현장과 증언』. 서울: 풀빛, 1984.

한국기독교사회문제연구원.『1970년대 민주화 운동과 기독교』. 서울: 한국기독교사회문제연구원, 1983.

한상욱. "한국 가톨릭 노동운동연구 (1958-95): 자율적 공간의 생성과 소멸을 중심으로," 성공회대학교 박사학위논문. 2017.

Abrams, Philip. *Historical Sociology*. Ithaca, NY: Cornell University Press, 1982.

Barraclough, Ruth. *Factory girl literature: sexuality, violence, and representation in industrializing Korea*. 김원, 노지승 공역.『여공문학』. 서울: 후마니타스, 2017.

Bhaskar, Roy. *A Realist Theory of Science*. 이기홍 역.『비판적 실재론과 해방의 사회

과학』. 후마니타스, 2007.

Bourdieu, Pierre & Nice, Richard. *Outline of a Theory of Practice*. Cambridge: Cambridge University Press, 1977.

Giddens, Anthony. *The Constitution of Society*. Cambridge: Polity, 1984.

Kang, In-Chul. Religion and the democratization movement. *Korea Journal*. 40(2) (2000): 225-247.

Koo, Hagen. *Korean workers: the culture and politics of class formation*. 신광영 역.『한국 노동계급의 형성』. 서울: 창작과 비평사, 2002.

Lee, Namhee. *The making of minjung: democracy and the politics of representation in South Korea*. 유리, 이경희 역.『민중 만들기: 한국의 민주화운동과 재현의 정치학』. 서울: 후마니타스, 2015.

Ogle, George. *South Korea: Dissent within the Economic Miracle*. London: Zed Books, 1990.

Sewell Jr, William. "Ideologies and Social Revolutions: Reflections on the French Case." *Journal of Modern History*. 57 (1985): 57-85.

_____. "A theory of structure: Duality, agency, and transformation." *American journal of sociology*, 98(1) (1992): 1-29.

_____. Three Temporalities: Toward an Eventful Sociology. *The Historic Turn in the Human Sciences*. Ann Arbor: University of Michigan Press, 1996a, 245-280.

_____. Historical Events as Transformations of Structures: Inventing Revolution at the Bastille. *Theory and Society*. 25 (1996b): 841-881.

_____. *Logics of history: Social theory and social transformation*. Illinois: University of Chicago Press.

Hart-Landsberg, Martin. *The rush to development: Economic change and political struggle in South Korea*. NY: Monthly Review Pr., 1993.

Williams, Rhys H. Religious social movements in the public sphere. *Handbook of the Sociology of Religion*. 2003, 315-330.

한국학중앙연구원 현대한국구술자료관 소장 자료

연규홍. 2012. "문동환 구술" 녹취자료.
    https://mkoha.aks.ac.kr/oralRecord/OralRecordSelect.do?sub-
    jCode=00005&cpa45&searchType=&searchValue=ge=&oralRecSeq=3
    (검색일: 2019. 11. 1.)
조영재. 2012. "서경석 구술" 녹취자료.
    https://mkoha.aks.ac.kr/oralRecord/OralRecordSelect.do?sub-
    jCode=00003&oralRecSeq=203 (검색일: 2019. 11. 1.)
_____. 2010. "이문영 구술" 녹취자료.
    https://mkoha.aks.ac.kr/oralRecord/OralRecordSelect.do?sub-
    jCode=00003&oralRecSeq=43 (검색일: 2019. 11. 1.)

국회도서관소장 디지털 자료

외교문서 [전자자료]. 1979. "김영삼 의원 징계에 대한 미국 반응". 2009-5. 12619
외교문서 [전자자료]. 1979. "YH무역 여노동자 신민당사 농성사건에 대한 미국 반응".
    2009-5. 12621.

신문 기사

중앙일보(1979. 8. 17.). "YH농성 배후 인사 5명 구속".
    https://news.joins.com/article/1517053 (검색일: 2019. 1. 17.)
중앙일보(1979. 12. 11.). "YH사건 관련자 4명 보석으로 석방".
    https://news.joins.com/article/1525460 (검색일: 2019. 1. 17.)

노동자의 유신독재 청산 과제
—1970년대 원풍모방노조와 청계피복노조 활동을 중심으로

김영곤

(노동사 연구, 전국대학강사노동조합 대표)

1. 전태일 열사 50주기를 맞아 유신독재의 잔재를 청산하여 전태일 열사의 정신을 살리자

전태일 열사의 "노동자는 기계가 아니다"라는 선언과 분신의 충격은 말할 수 없이 컸고, 노동자가 노동자성을 찾고 민주노동운동을 발전시키는 데 크게 기여했다.

이 글에서는 먼저 1970년대 재벌, 독재 체제, 민주노동운동을 돌아보고 성과와 청산 과제를 살펴보려 한다. 여기에는 유신독재 피해자의 명예회복과 보상이 있고, 또 유신독재 시기 노동자의 피해, 기업별 노조 체계 등이 있다. 다음으로 유신독재가 무너진 뒤 40년 동안 진행된 민주노동운동의 성과와 한계를 보고, 이 시기를 관통하는 분리와 지배 체제를 살펴보고자 한다.

이를 바탕으로 유신독재의 청산 과제를 정리하려 하는데, 여기에는 피해자의 명예회복과 피해에 대한 보상이 우선이다. 동시에 유신독재 시기에 노동을 한 은퇴 노동자와 그 가족에 대한 생활 대책이 있어야 한다. 아울러 유신독재 시기와 그 뒤 40년 동안 진행된 민주노동운동을 평가하고, 거기서 파생되어 축적한 부정적인 영향에 대한 대안을 모색한다. 이종구가 2019년 유신청산 토론회에서 피력한 "온길을 알아야 갈 길도 제대로 찾는다. 지금이야말로 민주화운동이 무엇이었는가를 냉정히 돌이켜봐야 할 시점"[1]이라는 주장에 적극 동의한다.

용어 사용에서 민주노동조합운동과 민주노동운동을 구분했다. 민주노동조합운동은 독립적 자주적 노동조합을 말한다. 민주노동운동은 민주노동조합과 그를 둘러싼 지식인, 학생, 종교인, 문화예술인, 외국인 등의 민주화운동을 더하는 범위이다. 노동조합운동은 현실에서 노동조합에 속한 조합원의 권익에 치중하는 경향이 있다. 현재 노동조합은 기업별 체제로서 산업별 노동자나 노동계급의 이해관계를 반영하지 못한다. 서술 범위를 노동조합에 한정할 경우 다른 노동자나 노조원이 아닌 사회구성원의 권익을 외면하는 위험성이 있기 때문이다.

---

1 이종구, "1970년대 민주노동운동과 유신청산," 민주화운동기념사업회, 2019. 11. 29.

2. 유신독재기 민주노동운동의 성과와 한계

1) 박정희 정권은 3선개헌에 이어 1972년 유신을 선언하며 종신 집권을 꾀했다

1970년대에 들어와 1975년 미국이 베트남 전쟁에서 패배해 철수하고, 1979년 미국과 중국이 수교했다. 3선개헌으로 장기 집권한 박정희 정권은 이러한 정세 변화를 빌미 삼아 종신 집권을 노려 유신을 선언했다. 남한과 북한은 7·4남북공동성명을 선언했지만 내부적으로 남은 유신독재를, 북은 김일성 유일 체제를 채택했다.

〈표 1〉 민주노동운동 연표

	정치 노동정책	노동조합	사회운동	경제사회 이데올로기	생태 환경	국제
~ 1969	6·25, 진보당사건, 5·16 쿠데타	전평 해체 (1948), 한국노총	가톨릭노동청년회(1958), 가톨릭농민회 (1972)	국가보안법 (1948, 1961), 반공법 (1961~1980)		메이데이(1889), ILO(1919), GATT(1947), 베트남 전쟁, ASEAN(1967), 68혁명
1970 ~ 1979	외국인 투자기업의 노동조합 및 노동쟁의 조정에 관한 임시특례법, 국가보위에 관한 특별조치법, 유신헌법, 노동조합법·	청계피복노조, 원풍모방노조, 동일방직 사건, 해태제과, YH 사건	크리스챤아카데미(1965), 고대 노동 문제 연구소, 산업선교회, 전태일 분신, 민청학련-인혁당 사건, 부마민	산재사망 사고, 김상진 자살 (1975), 대학 강사 교원지위 박탈(1977)	리우협약 (1992)	로마클럽 (기후) 보고서(1972), 신자유주의(1978), 미중수교(1979)

	쟁의조정법 개정, 긴급조치 1~9호, 10·26 박정희 피살		주항쟁				
1980 ~ 2020	12·12 쿠데타, IMF 사태, 민주노동당, 촛불혁명	전노협, 민주노총	5·18 광주민화운동, 87년 6월 민주화운동·노동자대투쟁, 언론·농민·여성·환경운동	문송면 산재 사망(1988), 서정민 자살(2010), 협동조합기본법(2012)	코로나19	폴란드 자유노조, EU(1993), WTO, 오큐파이, 『21세기 자본론』(2013), 캄보디아 NEPA	

1960~70년대 고도경제성장은 당시 대외적 조건이 수출지향적 공업화정책 수행에 유리한 덕분이었다. 1970년대 수출 위주의 경제는 미국 일본을 중심으로 하는 국제분업 체계의 필요와 한국의 수출경제정책에서 비롯되었다. 미국은 압도적인 군사적 우위 아래 후진국이 중심부로 진입하는 것을 막지 않았다. 선진국들은 후진국들에게 일반특혜관세라는 유리한 조건을 제공했다. 국내적으로 농지개혁은 지주계급의 몰락과 자본가 계급의 창출을 촉진했다. 농지개혁으로 소작에서 해방된 자작농은 그 자녀를 교육시키고, 그 자녀는 도시에서 '양질의 풍부하고 저렴한 노동력'이 되었다. 정부는 기업 활동의 자유를 보장해 재벌을 육성하는 반면 노동을 억압하는 정책을 구사했다. 한국의 압축적인 고도성장은 '대외 종속과 국가 주도에 의한 개도국형 산업혁명'이라고 할 수 있다.[2]

선진국은 대량생산과 대중소비시장을 확보하기 위해 후진국에게 저임의 저가상품 생산을 요구했다. 한국은 기술력이 약한 상태에서

---

2 장상환, 『1990년대 자본축적과 국가의 역할, 한국 자본주의의 축적 체제 변화』(한울아카데미, 2006), 177.

저임의 상품을 수출했으며, 노동자는 저임 상태에서 생활하기 위해 장시간 노동하지 않을 수 없었다. 이런 사실을 출혈적(出血的) 테일러리즘이라고 부르기도 했다.[3]

한국은 수출생산에 필요한 생산설비를 마련하는 데 많은 외채를 들여왔다. 한국의 외채는 1975년 84.6억 달러에서 1979년 202.9억 달러로 증가했다.[4] 한국경제는 미국과 일본에게 종속되었다. 거꾸로 미국과 일본이 한국을 자신의 의도대로 움직이게 하는 지렛대가 되었다. IMF 사태 때 외채를 고리로 한국의 제조업을 장악하고 비정규직을 일반화했다.

주력산업은 의류, 섬유, 신발을 비롯한 경공업과 조선, 전자 등의 조립가공형 중화학공업이었다. 이러한 산업은 저임 노동력에 기반을 두고 있다. 저임금과 장시간 노동의 열악한 노동 조건은 수출경쟁력을 확보한다는 명분으로 합리화되었다. 저가 수출은 저임과 장시간 노동의 여성노동에 의존했다. 장시간 노동은 세계 최고 수준을 유지하여 이집트에 이어 2위를 차지했다. 유럽과 미국 등 선진국의 노동시간은 40시간이 표준으로 되어 있었다.[5]

1970년대 집중적으로 세운 중화학공업은 에너지를 많이 소비하는 공정으로 선진국의 공해를 후진국에 반출하는 과정이었다. 로마클럽(Club of Rome)은 1970년 6월부터 2년 동안 첫 사업으로 '인류의 위기에 관한 프로젝트'를 진행했다. 12개의 세계 모형(오염 수준·인구성장·자원 이용 등)을 바탕으로 100년 후의 미래를 예측했다. 2020년은 인

---

3 김진균, "노동통제의 복합적 구조와 노동자계급문제 ― 제3세계 노동 문제와 관련하여,"『우리 시대 민족운동의 과제』(한길사, 1986), 362.
4 조지 카치아피카스 지음, 원영수 옮김, 『한국의 민중봉기』(오월의봄, 2015), 252.
5 이옥지, 『한국 여성노동자운동사 I』(한울, 2001), 131.

류문명에 변화가 일어나는 정점이며, 2040~50년쯤에는 인류가 멸망한다는 결과가 나왔다. 이것은 기후 문제와 종다양성 문제를 일으키고, 오늘날 코로나19로 가시화되었다.

유신정권은 노동자를 경제적으로 동원하고 노동자의 정치적 권리 주장을 차단했다. 유신 체제의 정치적 자유 부재는 노동 조건 개선에 대한 노사 교섭의 제도화 및 민주적 노조관계 형성을 저해했다. 또한 기업주들은 1970년 한국경영자협의회를 창설하여 노동운동 발전 저지를 준비했다.

동시에 한국사회의 노동자 비중은 급격히 높아졌다. 1962년부터 1975년까지 750만 명에 이르는 농촌 인구가 대도시로 이주했다. 임금노동자 수는 1970년 378만 6천 명에서 1979년 648만 5천 명이 됐다. 취업자 가운데 임금노동자 비율은 38.8%에서 47.3%로 늘었다. 반대로 빈민은 서울 도심에서 밀려 외곽으로, 수도권으로 이주했다. 청계천에서 철거된 주민들이 성남에 집단 이주돼 광주대단지사건이 일어났다.

2) 유신독재는 노동자의 기본권을 탄압하며 재벌과 독점자본의 이익을 보장했다

10대 재벌의 매출 총액은 1974년 GNP의 15.1%에서 1978년 30.1%, 1981년 55.7%로 늘어났다. 종합상사는 수출진흥정책의 하나로 1975년에 처음 도입되어 주로 대량생산한 제품을 해외에 수출하는 수출 위주 전략으로 1980년대에 전체 수출의 70%가량을 도맡았다. 대표적인 종합상사로는 삼성물산·현대종합상사·LG상사·대우인터내셔널 등이 있다. 이들은 현재 한국사회를 지배하며 초국적 자본으로 커진 재벌의 뿌리이다.

공장새마을운동은 군대식 집단훈련과 일상적 의례를 반복함으로써 노동자들을 '공동체적 질서' 속으로 편입·통합하고 근면과 성실, 충성과 효도를 강조하면서 기업주들로 하여금 무보수 연장근로나 무급휴가와 상여금 삭감 등 노동 비용을 절감시키게 하는 방편이 되었다. 그러나 노동자들은 공장새마을운동을 일면 수용하는 듯하면서도 1970년대 후반 동일방직, 원풍모방, 콘트롤데이타, 반도상사, YH노동조합 등 10여 개 사업장에서 민주노조를 건설함으로써 유신정권을 몰락시키는 중요한 촉매 역할을 하였다.[6]

3) 개발독재 아래 재벌이 형성되고, 중간에 테크노크라트(technocrat, 기술관료·참모)의 중산층이 있고, 그 아래에 노동자가 있다

계층 구성은 자본과 테크노크라트(기술관료) 중산층 그리고 노동자, 특히 여성노동자로 구분되었다. 개발독재는 재벌을 중심에 놓고 중산층 테크노크라트를 우대하고 노동자를 차별하는 분리 지배(devide & rule) 정책을 폈다.[7] 이것은 관료, 군인, 언론인, 교수, 노동자 등 모두에게 해당되었다. 노동자도 간부 관리직과 일반 생산직 노동자를 구분하여 분리 지배했다. 테크노크라트는 대부분 독재에 협력했다.

한국은 여성임금 차별 1위 국가였다. 1980년 여성노동자 임금은 남성노동자의 44.5%밖에 되지 않았다. 이런 여성노동자들은 많은 경

---

6 유경순, "공장새마을운동과 민주노조운동,"「내일을 여는 역사」제63호 (2016년 여름): 48-64.

7 필자의 기억으로 박정희는 10·26 피살 직전에 자신이 "동아일보 회장에게 충성하는 자를 간부로 특별한 대우를 하라고 했다. 그 뒤 그 간부를 통해 언론을 통제할 수 있었다. 이런 좋은 방법을 놔두고 필화사건이라는 칼을 써 손에 피를 묻혔다"고 술회했다.

우 오빠나 남동생의 학업을 뒷바라지했고, 회사에서는 남성관리자에게 차별을 받았다(이옥지, 135).

유신독재에 협력하는 대신 수혜를 받는 중산층 기술관료는 사회 각 부분에 존재했다. 경찰, 검찰, 법원이 유신정권의 탄압에 적극적으로 협력했다. 그리고 이들은 유신독재가 무너진 뒤에도 반노동자적 권력을 뒷받침했다. 양승태 대법원장은 유신독재 시기 긴급조치로 구속된 사람들에게 모두 유죄판결을 했고, 박근혜 정권 시기에 대법원장이 되었다.

유신독재는 1977년 12월 교육법을 개정해 시간강사에게서 교원 지위를 박탈해 전임교수와 비정규 강사를 차별하고, 이를 통해 학문 연구와 학생 교육, 지도에서 정권, 사회 비판의 소지를 제거했다. 비판의 금지는 학문 연구와 교육의 질을 낮춰 선진국과 연구의 격차를 키우고, 서울과 지방 사이에도 편차를 키워 학벌을 조장했다. 교수가 이러한 구조를 이용하여 강사에게 논문을 대필시키고, 이는 대학원생에게까지 퍼져 교수가 대학원생의 논문을 가로채는 일이 관행이 되었다.[8]

2010년 조선대 서정민 강사가 유서에서 10년 동안 자신이 쓴 논문 54편에서 조학○ 지도교수의 이름을 빼달라고 했다. 이 사건을 계기로 강사의 교원 지위를 회복한 강사법(고등교육법 제14조)이 2019년 8월 시행되었다. 그러나 개정 강사법에서도 여전히 교육공무원법과 사립학교법을 적용할 때 강사는 교원으로 보지 않는다(고등교육법 제14조2의 ②)는 단서를 달아 교원인 강사를 대학 행정의 구성원에서 배제했고, 서정민 강사의 논문에서 조학○ 이름의 삭제는 논문 대필에 강제성이 없었다는 법원의 판결에 따라 이루어지지 않았다.

---

8 현재 국회 앞에서 전국대학원생노동조합이 열악한 환경에서 일하는 학생연구원의 처우를 개선해 달라며 농성하고 있다.

4) 유신독재는 노동정책에서 노동자의 단체교섭권, 단체행동권을 박탈했다

이 시기 이루어진 노동운동과 노동조합에 대한 탄압을 보면 첫째, 외국인 투자 기업의 노동조합 및 노동쟁의 조정에 관한 임시특례법(1970. 1. 1.)은 강제 중재가 가능하고 노조 설립을 제약했다.

둘째, 국가보위에 관한 특별조치법(1971. 12. 27.)은 비상사태하 단체행동·교섭권을 유보해 주무관청에게 조정 결정권을 부여했다. 국가 안보 및 동원에 해가 될 우려가 있을 경우 단체행동의 규제도 가능했다.

셋째, 유신헌법(1972.12.17.)은 노동 3권을 법률을 통해 유보 가능하고, 국민경제에 커다란 영향을 주는 사업장(공익사업장)에 대한 단체행동 제한 및 금지가 가능했다.

넷째, 긴급조치 1~9호(1974. 1. 8. ~)에서 노조는 자율적인 단체행동·교섭권을 박탈당했다. 특히 국가 안보 및 동원에 위해가 될 우려가 있다는 이유로 단체행동권을 제약했다.

다섯째, 노동관계법을 개정해(1973) 노동조합법에서는 ① 노사협의회의 기능을 노동조합의 기능과 분리해 노사협의회에서 근로자 대표와 사용자가 생산증강과 불만 처리 등에 관해 협의 협조토록 해서 생산성 향상에 전념토록 했으며(제6조), ② 노동쟁의 제기를 총회의 의결사항으로 했고(제12조 1), ③ 노조 조직에 관해 '전국적 규모를 가진 노동조합'과 '산하노동단체'라는 표현을 삭제해서 종래 노조법이 산별 체제를 전제 내지 지향하는 듯한 규정(구법 제13조 1·3, 제14조 2, 제20조, 제26조, 제33조)을 없애버리고 기업별 또는 사업장별 조직이 가능하도록 했다. 이를 통해 노조 조직의 산별 체제를 지향했던 1963년

이래의 태도를 지양하고 기업별 노조를 가능토록 하고 고착시켜 현재에 이르고 있다.9

임시특례법은 유신독재의 노동조합 정책의 기조이다. 여기에 특별조치법, 유신헌법이 단결권을 전반적으로 억압했다. 노동자의 단결권만 인정하고 단체교섭권과 단체행동권을 부정했다. 그리고 독재를 부정하는 일체의 정치적 주장을 금지했다.

5) 노동자 투쟁이 유신 체제 종말을 앞당겼다

유신 체제의 종말에는 민주노동조합의 노력과 아울러 민주화운동을 전개한 지식인, 학생, 종교인, 언론, 문화예술인, 외국인의 노동운동 참여와 민주노동조합운동 지원이 있다.

민주노동조합은 독재, 고한노동(苦汗勞動, sweatshop)의 더 이상 견딜 수 없는 상황에서 높은 노동자 의식과 굳은 의지를 갖고 단결하여 싸웠다. 민주노조운동은 1970년 청계피복노조 결성을 비롯해, 1972년 원풍모방노조 민주화와 동일방직노조 민주화, 1973년 콘트롤데이타노조 결성, 1974년 반도상사노조 결성, 1975년 YH무역노조 결성, 1979년 해태제과노조 8시간 노동제 쟁취 등 신규 노조 결성과 어용노조 민주화 그리고 근로조건 개선을 통해 전개되었다. 이러한 조직들은 한국노총 산하 산별연맹의 지부나 분회 형태로 존재했지만, 노조 활동 방식이 기존 한국노총과 전혀 달랐다.

독재는 노동과 학생 지식인 종교인 등의 민주노동조합 지원에 대해 간첩단 사건이나 혁명정당 사건을 만들이 빨갱이, 간첩으로 낙인

9 김영곤, 『한국노동사와 미래II – 개발독재와 저임노동』 (현장에서 미래를, 2005), 154.

찍고 구속하고, 그 지도자들을 사형시켜 노동자 투쟁을 잠재우고, 지지자에게는 공포심을 불러일으켜 저항과 연대를 차단하려고 했다.

김낙중 고려대 노동 문제연구소 사무국장은 노동자 교육과정을 운영했다. 그는 유신 선포 직후 '민우'지-김낙중 간첩단 사건으로 구속되고 원풍모방 노동자 2명이 연행되어 피해를 당했다.[10] 노동 교육은 김낙중이 구속되면서 중단되었다.

박정희는 1974년 민청학련-인혁당 사건을 일으키고 법원은 이들에게 사형을 언도했다. 사형수 8명은 법원의 사형집행 명령 이전에 사형되었다. 사형 명령자를 찾아 책임을 지워야 한다. 경북대 학생 여정남은 세브란스병원 간호부 파업 현장을 지지 방문했는데 사형당했다.

1979년 크리스찬아카데미 사건이 일어나 한명숙 등 6명이 구속되었다. 도시산업선교회, 가톨릭노동청년회(JOC, 1957년 결성), 크리스찬아카데미 등이 노동자를 교육하고 소모임을 지도했다. 도시산업선교회는 성직자가 중심에 있는 활동이고, JOC는 구성원 스스로의 활동을 강조했고, 크리스찬아카데미는 교육을 중심으로 했다.[11]

교회는 한국노총이 노동자를 대변하지 못하고 정부가 노동자를 억압하는 상태에서 노동자의 울타리가 되었다. 교회는 저항하는 노동자를 빨갱이로 모는 이념 공세에서 비교적 자유로웠다.[12] 교회의 이런 역할은 노동자가 의식과 조직에서 성장하고 자본의 교회에 대한 공격

---

10 원풍모방노동운동사발간위원회 · 민주화운동기념사업회 기획/김남일 정리,『삶이보이는 창』(2010), 166.

11 김원,『그녀들의 反 역사』(이매진, 2005), 601.

12 구해근,『한국 노동계급의 형성』(창작과비평사, 2002), 122.

이 심해지는 1980년대 초반까지 계속되었다.[13]

학생들도 산업화 이후 진행되는 노동자의 고통을 보고 전태일 열사의 노동자도 인간이라는 선언에 힘입어 노동자 곁으로, 공장으로 들어가는 학생이 늘었다.

언론과 문화예술가의 노동운동 지원이 있었다. 언론은 전태일 열사의 평화시장 실태조사와 노동부 진정 등을 보도했다. 잡지「씨올의 소리」, 「월간 대화」, 「뿌리깊은나무」의 노동 르포들은 노동자들이 즐겨 읽었다.

조영래 변호사가 전태일 일기를 바탕으로 쓴『전태일 평전 ─ 어느 청년노동자의 삶과 죽음』은 아직 출판(1983)되지 않아 등사본으로 노동현장에서 읽혔다. 황석영의『객지』와『야근』은 노동 현장의 실정을 알렸다. 윤흥길은『아홉 켤레의 구두로 남은 사나이』에서 광주대단지 사건을 통해 도시빈민의 수난을 포착했다. 조세희의『난장이가 쏘아올린 작은 공』은 노동력이 상품이 되는 것이 아니라고 했다. 노동자가 직접 글을 쓰기도 했다. 석정남의『불타는 눈물』, 유동우의『어느 돌멩이의 외침』, 송효순의『서울로 가는 길』, 글모음집인『비바람 속에 피어난 꽃』은 노동자의 소외를 밝혔다.[14]

6) 1970년대 민주노동운동이 국제적으로 지원 받았다

미국 독일 일본 등의 민중운동가들은 한국의 노동운동에 깊은 관심을 가졌다. 호주의 딕 우튼 목사 등이 영등포산업선교회를 통해 한

---

13 장숙경,『산업선교 그리고 70년대 노동운동』(선인, 2013), 357.
14 주강현, "반유신과 문화예술운동,"『유신과 반유신』(민주화운동기념사업회, 2005), 661.

국 노동운동을 지원했으며, 우튼 목사는 나중에 호주 멜버른에서 '호주 아시아 노동자연대'(AAWL)를 만들어 연대 활동을 했다. 호주인 스테펜 라벤다(Stephen V. Lavender)는 소유주가 재일교포인 방림방적 상품 불매운동을 일본 여성단체와 추진하다가 추방당했다. 크리스찬아카데미 사건을 비판한 일본인 사와 마사히코(澤正彦) 목사도 추방당했다. 일본인 안도 이사무 신부와 독일인 폴 슈나이스(P. Schneiss) 목사는 유신정권의 민중운동 탄압을 세계에 폭로했다. 일본인 아리모토 모토코는 동일방직 싸움을 지원했다.

진보적 교회단체인 WCC(세계교회협의회)의 주최국인 미국 교회는 마침 식민지에서 벗어나 산업화가 시작 단계인 아시아 지역에서도 서구의 산업화 과정에서 발생했던 문제들이 반복될 것이라고 예측하고, 산업전도를 지원해 이 문제들을 미연에 방지하고자 했다(장숙경, 383). 미국인 조지 오글(George Orgle, 한국명 오명걸) 목사는 인천도시산업선교회 설립을 돕고 인혁당 사건이 고문으로 조작한 것임을 폭로하다가 추방당했다. 오글 목사는 여성 공장 노동자들의 투쟁이 민중의 의식을 변화시켰고 1980년대 노동운동의 기반을 닦았다고 결론지었다(조지 카치아피카스, 252). 제임스 시노트(James Sinnot) 신부는 인혁당 사건을 폭로하고 동아투위 해직 언론인과 시위를 같이 하다가 추방당했다. 패리스 하비(Paris Harvey) 목사는 민청학련사건을 지원하다 추방당했다. 린다 존스와 데이비드 존스 부부는 영등포와 청주 도시산업선교회에서 일했다.

서독 사회민주당 계열의 프리드리히 에버트 재단은 고대 노동 문제연구소를 재정 지원했고, 한국 주재 대표 홀체는 유신독재의 민중운동 탄압이 심해지며 한국에서 철수했다.[15]

이후에도 노동자 투쟁은 계속되어 YH사건과 부마항쟁이 일어나면서 유신독재 내부가 균열되어 김재규에 의해 박정희가 피살되는 10·26 사건이 일어나, 유신독재는 끝났다.

7) 수출 과정에서 한국의 노동자는 물론 제3세계의 노동자도 희생 당했다

국제분업 고리에서 한국은 중간 단계이다. 지금은 중국, 동남아시아 등에서 1970년대 한국 노동자가 겪던 것과 같은 장시간 저임노동 체제가 진행 중이다. 한국이 세계 무역량에서 10위권에 들지만, 민주 노동운동은 세계의 노동운동에 큰 관심을 기울이지 못했다. 다른 나라의 노동 조건 개선은 그 나라 노동자에게 도움이 되는 것과 아울러 한국에서 기업이 낮은 임금을 찾아 해외로 이주하는 것을 견제한다. 중국 2억 5천만 명의 농민공은 저임의 무권리한 상태에서 한국의 기업이 노동조합과 임금 상승을 피해 나가는 도피처가 되었다. 지금은 동남아, 인도의 저임 노동자가 그 역할을 한다.

한진중공업은 필리핀 수빅 조선소에서 2006년 가동 이래 산재 사망자가 무더기로 발생해, 필리핀 의회에서 나쁜 기업이라고 증언이 나왔다. 한국의 민주노동운동은 수빅 조선소의 필리핀 노동자나 한국인 파견 노동자에게 관심을 기울이지 않았다. 한진중공업은 10년 만에 조선소를 필리핀에 매각하고, 한국인 파견 노동자는 귀국했다.

2014년 한국 기업 네파(NEPA)가 운영하는 캄보디아 공장에서 봉

---

15 김영곤, "1970년대 민중운동과 민중 지향," 『유신과 반유신』 (민주화운동기념사업회, 2005), 590.

제노동조합이 저임금 해결을 요구해 파업했다. 네파는 캄보디아에 군대 출동을 요청해 유혈 진압으로 노동자가 사망했고, 캄보디아 의회에서 문제가 되었다.

제3세계 노동 조건의 향상은 한국 민주노동운동의 관심과 아울러 일국의 문제를 세계가 함께 해결하기 위해 세계부유세를 부과하는 등의 과제와 연결되어 있다.

3. 원풍모방노동조합과 청계피복노동조합 투쟁과 교훈

1) 원풍모방노동조합

원풍모방의 뿌리는 전신인 한국모방으로부터 시작된다. 섬유노조 서울지부 한국모방분회는 1963년 9월에 결성되어 1972년까지 활동했는데, 그동안 어용노조로 활동하면서 노동 조건은 점점 악화되어 갔다.

회사가 1971년 퇴사한 노동자 40명에게 퇴직금을 지불하지 않자 노동자들은 1972년 4월 '퇴직금받기 투쟁위원회'를 결성하여 회사를 상대로 40명의 퇴직금 314만 원의 지불을 요구하는 고발장을 노동청에 제출했고, 노동청은 한국모방을 퇴직금 체불 혐의로 검찰에 고발했다. 이런 노력이 성과가 없자 노동자들은 8월 17일 대의원대회를 열어 지동진을 지부장으로 선출했다. 회사는 해고 14명, 부서이동 25명, 직위해제 2명으로 맞섰다. 노동자들은 특근을 거부했고 회사는 무기휴업 공고로 대응했다. 회사를 뛰쳐나온 노동자들은 명동성당에서 농성을 시작했고, 경찰이 중재하여 조합원에게 보복 조치를 하지 않고 부서 이동자를 원 부서로 환원한다는 합의를 보았다.

그러나 회사 측이 다시 노동자들을 국가보위에 관한 특별조치법 위반으로 고발했고, 경찰은 노조 간부 2명을 구속했다. 이것이 언론에 보도됨으로써 결국 회사는 노조의 자주적 활동을 보장하고 경찰은 구속 노동자들을 석방했고, 10월 27일 단체협약을 체결했다.

회사는 한국모방 사장이 사원 퇴직금을 정치자금으로 유용하면서 누적된 부채로 점점 더 경영이 악화돼 1973년 6월 부도가 발생하자 사장은 40억 원의 부채를 안고 해외로 도피했다. 노조는 '한국모방 수습대책위원회'를 구성하여 은행 측의 양해 아래 2년 뒤 원풍그룹이 인수할 때까지 회사를 가동했다. 4개월 동안 1,600여 명 노동자의 임금체불이 발생하지 않았고, 8월에 임금을 30% 인상하고서도 새 경영자에게 다시 운영권을 넘겨줄 당시 잉여금이 3,000만 원이나 되었다. 이것은 경영 악화가 사주 측의 부실 경영에 기인한 것으로, 경영 합리화로 임금을 인상하고 흑자를 올릴 수 있음을 입증했다.

그러나 신임 경영진이 종업원 퇴직금 전액 은행 예치 등의 약속을 이행하지 않고, 12월 31일 백승빈 사장이 지동진 지부장을 구타하는 일이 벌어졌다. 이에 종교단체 등 18개 단체로 구성된 신구교노동문제공동협의회를 구성해 기업과 정부를 상대로 사태 해결을 촉구하는 동시에, 한국노총과 섬유노조에 대해서도 노동자들의 기본권 보장을 위해 일하지 못할 바에는 해체하라고 요구했다. 이 사건을 계기로 한국노총과 산별본부 등 기성 노조와 도시산업선교회, JOC로 대표되는 종교 세력이 대립했다.

1974년 6월 방용석 지부장을 선출하고, 1975년 1월에는 한국모방을 원풍산업이 인수함으로써 섬유노조 원풍모방지부로 개칭된다. 이 시기에 소모임 활동을 매개로 노조가 조합원들과 항상적으로 연관을 맺고 단체협상 등을 진행했다. 섬유노조는 1976년 김영태가 위원장직을 차지하면서 어용의 길을 걷고, 1978년 1월 본조의 규약을 일방적으로 개악해 산하 조직에 대한 통제권을 강화하려고 하였다. 이렇게 개악된 규약에 대해 원풍모방노조, YH노조, 반도상사노조만이 반대를 표시했다. 원풍모방노조는 정기대의원대회를 통해서 본부 규약에 대한 토의 자체를 거부했고, 이어 섬유노조가 동일방직 노조를 사고지부로 규정했다.

1980년 5월 17일 이후 '정화조치'를 명목으로 원풍모방을 비롯한 모든 민주노조들은 해체되거나 어용화되고, 간부들은 삼청교육대에 보내지거나 구속되고 이후에도 '블랙리스트'가 작성되어 취업이 막혔다.

신군부 출범 초기인 1982년 노조 간부 8명이 구속되고 노조원 559명이 강제 해고되면서 원풍모방노조는 사실상 막을 내렸다.

1984년 새로운 노동운동을 모색하는 가운데 1970년대 민주노조 운동의 경험을 토대로 노동운동을 지원할 조직체를 만들려는 움직임이 나타났다. 그리하여 1984년 3월 10일 서울 홍제동 성당에서 2천여 명의 노동자, 학생, 시민들이 모여 '한국노동자복지협의회'(노협, 위원장 방용석)를 발족시켰다(김남일 정리, 693).

2) 청계피복노동조합

1970년 11월 13일 전태일 열사가 분신한 뒤 전태일의 동료와 어머니 이소선은 1) 주일휴가(유급휴일)제 실시, 2) 법으로 임금인상(월급

꽁), 3) 8시간 노동제 실시(초과근로수당제), 4) 정규 임금인상, 5) 정기적인 건강진단 실시, 6) 여성 생리휴가, 7) 이중다락방 철폐, 8) 노조 결성 지원 등 8개 요구사항을 내걸고 장례식을 치르지 않겠다고 버텼다. 사회적 파장을 우려한 당국이 노조 결성 지원을 약속했고, 11월 27일 전국연합노동조합 청계피복지부(청계피복노조)를 결성했다. 기업 단위가 아닌 지역노조 형태였다.[16] 초대 지부장 김성길, 2대 지부장 구건회를 선출했다. 이어 1971년 1월 9일 첫 단체협약을 조인했고, 9월 12일 3대 지부장에 삼동회 출신 최종인을 선출했다. 그리고 11월 6일에는 단체협상으로 주휴제를 타결했다.

평화시장에는 1970년 기준 850개가 넘는 노동 착취형 의류공장이 2만 7,000명이 넘는 노동자(이 중 대부분이 여성)를 고용했다. 조합원은 가장 많을 때 8,000명이었다.

청계피복노조는 소모임, 노동교실을 운영했고, 평화시장 노동자들은 임금인상과 노동시간 단축 외에 다른 노동자의 권익을 위해서도 연대해 싸우고 민주화운동에 적극 참여했다.

이후 청계피복노조의 주요 활동을 정리해보면 다음과 같다.

1972년 노동자들의 교육 장소로 동화시장 옥상에 '새마을노동교실'을 만들었다.

1974년 8월 20일 복지의원을 개관했다.

1975년 2월 7일 노동교실 운영권을 빼앗으려는 사용주들에 맞서 7시간 농성 끝에 요구조건을 전면 관철하고, 유림빌딩 3, 4층을 임대해 노조

---

16 청계피복노조조사 편찬위원회 기획, 안재성 씀, 『청계, 내 청춘 – 청계피복노조의 빛나는 기억』(돌베개, 2007), 26.

관리 아래 노동교실을 지속적으로 운영했다.

1975년 12월 16일 청계천 일대 580여 공장에서 저녁 8시 퇴근을 실시했다. 12월 23일에는 노동시간 단축을 요구하며 농성했다.

1976년 5월에는 와이셔츠업체를 중심으로 임금인상 파업을 했으며, 7월 초에 유진산업 노동자 83명이 청계피복노조에 가입하자 회사 측은 7월 19일 직장을 폐쇄하고 조합원을 전원 해고했다. 조합원들은 정상가동을 요구하며 농성에 들어가, 7월 20일 6개월 이상 근무자는 2개월분의 해고수당을 받기로 하고 투쟁을 마무리했다.

1976년 12월 23일, 1일 작업시간 14~16시간을 1일 10시간으로 단축하고 주휴일제 실시를 요구해 농성하여 관철되었다.

1976년 9월 양승조가 풍천화섬 노조 결성을 지원해 구속되었다.

1977년 노동교실 실장인 이소선이 장기표의 재판에서 법정모독죄로 구속되고 노동교실이 폐쇄되었다. 9월 9일 조합원 50여 명이 경찰 봉쇄를 뚫고 농성해 5명이 구속되고, 1명이 3층에서 뛰어내려 부상당했다.

1980년 4월 7일 신군부 체제하에서 임금인상, 퇴직금 전면 실시를 요구하며 11일 동안 농성해 임금인상과 10인 이상 업체 퇴직금 실시에 합의해 단체협약으로 체결했다. 5·17 쿠데타가 일어나 10월 11일 이소선이 포고령 위반으로 구속되었다. 1981년 노조는 해산 통보를 받았다. 이후 2015년 대법원은 청계피복노조의 강제 해산은 불법이었으며 국가가 배상해야 한다는 판결을 내렸다.

조합원들은 1월 30일 미국노동총연맹(AFL) 한국지부(아프리)를 점거하고 미국인 사무소장을 붙잡고 농성을 했으나 진압되었다.

조합원들은 법외노조 활동을 하다가 1984년 4월 8일 청계피복노조를 복구했다. 1985년 9월 민종덕 위원장을 구속시키고 이어 경찰은 노조사무실을 봉쇄했다.

청계피복노조는 같은 해 대우어패럴노조 등 구로동맹파업에 동맹파업을 했고, 김영대가 구속되었다. 동맹파업 해고자를 중심으로 서울노동운동연합(서노련)을 결성했으나 서노련이 정치 투쟁에 중심을 두면서 노동조합인 청계피복노조는 탈퇴했다. 1986년 대통령 직선제를 요구하는 인천지역 5·3시위에 참여했다.

1987년 노동자대투쟁 이후 청계피복노조를 재설립해 종로구청에 설립 신고했고, 1988년 5월 2일 청계피복노조 신고필증이 발부되었다.

1998년 4월 서울의류노조로 통합되었고, 서울의류노조는 전국사무금융 노동조합연맹 소속으로 현재 전국민주노동조합총연맹에 속해 있다.

3) 원풍모방노동조합·청계피복노동조합 활동 평가

첫째, 전태일의 희생은 한국 노동계급 형성의 시작을 알리는 사건이었다. 그것은 수백만 노동자 가슴 속에 저항의 정신을 심어주었고, 한국 노동계급의 집단적인 목표를 위해 노동자를 참여할 수 있게 하는 강력한 상징이 되었다(구해근, 112).

둘째, 원풍모방노조와 청계피복노조는 섬유·의류산업 여성노동자가 '인간으로서 최소한의 삶을 보장받기 위하여'(김남일 정리, 6) 노력해 탄생한 독립적, 자주적인 민주노동조합이다.[17] 청계피복노조는 1971년 11월 27일 결성된 최초의 민주노조였고, 원풍모방노조는 1972년 8월 17일 기존 노조를 민주화시킨 노조로서 1970년 전태일 열사 분신, 노조 결성 이후 전투적 노동운동을 전개하면서 군부독재

---

17 전순옥, 『끝나지 않은 시다의 노래』 (2004), 39.

시기에 한국의 민주노조운동, 노동운동, 민주화운동에 크게 기여하였다. 이들의 활동 양상은 일제 강점기의 원산파업이나 소작쟁의가 노동자 농민의 권익을 향상시키고 독립운동에 기여한 것과 비슷하다.

셋째, 근로조건을 개선했다. 노동 3권을 거의 행사할 수 없는 극도로 억압된 유신 체제 아래에서 대부분의 노조들은 교섭권이나 파업권 사용에 대해 엄두도 낼 수 없었지만, 민주노조들은 농성, 시위, 태업, 준법운동 등의 단체행동을 통해 노동시간 단축, 임금인상, 작업환경 개선 등을 달성했다. 청계피복노조는 여성노동자가 80%에 달하는 평화시장에서 여성노동자의 권익을 향상시켰다.

넷째, 청계피복노조에는 삼동친목회, 아카시아회, 횃불회 등이 결성되어 1970년 내내 청계노조 활동의 근간이 되었다. 원풍모방노조는 노조 간부들이 일상적으로 소그룹을 조직해 조합원의 50% 이상이 총 72개 소그룹 활동에 참여했다.

소모임은 5명 이상 10명 이내로 구성하며, 조합 자체와 외부의 조합원 교육을 결합하여 조합원의 노동자 의식을 높이고 조합원을 확대하는 한편 집행부와 현장을 연결했다. 사용자의 근로기준법 위반, 체불임금 등 문제가 생기면 200~300명의 노조원들이 몰려가 시위하고(이옥지, 322) 농성, 파업 등을 통해 해결해 노조를 활발하게 운영했다(장숙경, 386). 원풍모방노조는 한국모방 도산에 대해 생산시설을 노조가 운영하고 원풍모방으로 성공적으로 승계했다.

다섯째, 다른 노동조합 투쟁에 연대했다. 구로동맹파업에 참여하고, 대통령 직선제를 요구하는 5·3 인천투쟁에 참여했으며, 블랙리스트 철폐 투쟁에도 참여했다.

여섯째, 다른 노동조합과 연대하고 민주화운동에 적극적으로 참여했다. 아울러 원풍모방노조는 신용조합을 운영했고, 청계피복노조는 복지의원을 운영했다.

일곱째, 지식인 종교인 등의 지원을 받아 노동조합의 운영과 노동운동의 방법을 배우고 사회과학적인 인식을 갖추며, 노조 활동을 통해 민주화운동가로 거듭났다(안재성, 26). 한편 대학생들이 전태일 열사의 정신과 이들의 활동을 배우며 야학을 운영하고 스스로 노동자가 되어[18] 노동운동에 참여하기도 했다. 이런 과정을 통해 1980년대를 거쳐 현재로 이어지는 민주적 노동운동과 사회운동 활동가들이 배출되었다(이종구, 2019. 11. 29.).

여덟째, 두 노조의 투쟁에 국제적 지원이 있었다. 외국인들이 물심양면으로 민주노동운동을 지원하고, 일부는 추방당했다.

아홉째, 1987년 노동자대투쟁 이후 해고된 선진노동자를 중심으로 한국노동자복지협의회, 서울노동운동연합 등 사회변혁을 지향하는 노동운동단체를 결성했다. 이들은 1988년 전국노동운동단체협의회 구성에 합류해 전노협, 민주노총, 진보정당 조직을 돕고 참여했다. 이것은 1970년대 민주노조운동이 개량주의적이라는 비판[19]에 대한 변화이다.

---

18 유경순, 『1980년대, 변혁의 시간 전환의 기록 1 - 학출 활동가와 변혁운동』 (봄날의박씨, 2015), 155.

19 이원보, 『한국노동운동사 100년의 기록』 (한국노동사회연구소, 2005), 254.

4. 유신독재 이후 40년의 민주노동운동의 성과와 한계

1) 정치: 1987년 민주항쟁을 거쳐 대통령 직선제를 회복해 정치적 민주주의를 이루었다

1980년 5·18 민주항쟁에서 2020년 코로나19 사태가 일어나기까지 40년간 정치적 민주주의는 이루었지만, 경제적·사회적 민주주의는 이루지 못했다. 1987년 대통령 직선제는 한국이 군사독재 체제에서 벗어나 정치적 민주주의로 전환했음을 의미한다. 미국은 개발독재 국가에서 군사독재와 자본을 분리해 1986년 전두환 군부의 4·13 호헌조치와 쿠데타 기도를 반대하고 정권의 문민화를 요구했다. 군부 권력을 자본이 대체하고, 대통령제와 재벌이 정치의 중심이 되었다.

노동정책은 비정규직을 공식화, 일반화했다. IMF사태 당시 국제 투기자본은 한국정부에게 제조업의 개방과 비정규직의 전면화를 요구했다. 김대중 정부가 이를 수용하고 민주노총 역시 수용함으로써 비정규직이 크게 늘었고, 비정규직 노동자, 영세기업 노동자, 소농 등이 희생의 대상이 되었다.

87 체제는 대통령직선제, 자본 우위 아래 비정규직 노동자를 전면 확대했다.

2) 경제: 국제분업 체계에서 저임 장시간 고한노동이 영국에서 시작하여 미국 - 독일·일본을 지나 한국을 거쳐 지구를 한 바퀴 돌고 있다

즉, 영국 → 미국 → 일본·독일 → NICs(한국, 홍콩, 대만, 싱가포르, 브라질, 멕시코 등 신산업국가) → 중국 → 동남아 → 인도·아프리카에 이르며 각국에서 대자본 재벌을 형성하고 초국적 기업이 등장했다.

한국의 산업은 직물, 의류, 봉제 경공업 → 전기·전자, 조선, 자동차, 철강, 석유화학 중화학공업 → 반도체, 자동차, 반도체 소재 부품 장비 → 문화산업으로 중심이 이동해왔다.

이자·지대 증가 속도가 국민소득 증가 속도를 능가해 빈부격차가 더 심해지고 있다. 따라서 기업 내 단체협상의 효력이 축소되었다.

기득권 자본이 인터넷, AI와 결합하면서 빈부격차가 더욱 심해지고, 이자와 지대의 자본수익률(r)이 항상 경제성장률(g)보다 높아[20] 노동 조건이 절대적으로 개선될 수 없다. 코로나19로 비대면 사회가 되면서 격차는 더 심해졌다. 노동자가 일자리에서 격리되는 사이에도 자본은 앉아서 돈을 벌었다. 세습자본주의에 경고하고, 자본세, 누진세제, 세계부유세 부과와 최고세율 80% 적용을 통한 부의 재편과 복지의 일반화가 대안이다.

오늘날 자본주의 시장경제에서 수요 부족이 큰 문제가 되고 있다(류이근 기획, 322). 세계도 한국도 경제정책을 공급이 소비를 창출한다는 공급주의에서 소득주도 성장으로 전환했다. 각국이 최저임금을 올리고 있다. 전통적으로 공급주의 경제정책을 펴던 미국 공화당의

---

20 류이근 기획, 인터뷰, 정리, 피케티 외 글, 『왜 자본은 일하는 자보다 더 많이 버는가』(시대의 창, 2014), 283.

트럼프 정부도 최저임금을 올리는 등 소비를 늘리는 정책을 폈다. ILO는 임금주도성장정책을 주도하고 있다. 문재인 정부는 자영업자를 고려하여 이를 소득주도성장정책으로 바꾸어 시행하고 있다.

기업 내에서 진행하는 단체협약만으로는 자본수익률(r)이 항상 경제성장률(g)보다 높아 발생하는 빈부격차를 해결할 수 없음을 의미한다. 한국 사회, 나아가 세계 사회 전체의 부를 재편해야 하는 과제가 있다. 국내에서 부의 재편은 기업 내 임금인상 등의 단체협약과 아울러 세제를 통해 진행된다.

한국은 노동자의 사내 임금 위주에서 사회적 임금을 올리는 방향으로 가야 한다.

2014년 국회 입법조사처의 '나라별 가계비 중 사회임금의 비중'에 따르면, 2012년 기준 OECD 평균이 40.7%이고 미국 25%, 영국 37.8%, 독일 47.5%, 프랑스 49.8%, 스웨덴 51.9%인 데 비해 한국은 12.9%에 불과하다. 다시 얘기하면 우리나라 국민은 생활비의 87%를 개인의 능력으로 책임져야 하는 데 비해 스웨덴은 48%만 개인이 책임진다. 한국 국민에게는 사회적 안전판이 취약해서 개인이 시장에서 낙오하면 매우 위험해진다. 한국 노동자는 사회적 임금이 낮아 파업을 해서라도 시장임금을 높여야 하는 실정이다. 유럽 선진국에서 사회임금의 비중이 50%에 육박하는 것은 개인의 위험을 최소화하기 위해 국가가 책임을 반분한다는 의미이다. 2011년 한국의 국민부담률은 25.9%로 경제개발협력기구(OECD) 회원국 평균 34.1%보다 크게 낮은 수준이다(류이근 기획, 2014, 307).

86 아시안게임과 88 올림픽을 계기로 이주민이 들어와 현재 국내에 체류하는 외국인은 외국인 노동자를 포함하여 130만 명 정도로,

인구의 2%를 넘는다. 미등록 외국인노동자를 포함하면 200만 명이 넘는다. 노동자의 은퇴와 출산율 감소의 영향으로 앞으로 이주노동자는 더욱 크게 늘어날 것이다. 이주노동자는 현재의 고용허가제를 노동허가제로 바꾸라고 요구한다.

3) 민주노동운동: 1987년 노동자대투쟁 이후 노동자는 전평 금지 이래 최초로 독립적, 자주적인 민주노동조합을 결성했다

민주노동운동은 전노협과 민주노총을 결성했다. 전노협은 평등 사회 지향을 표방했다. 민주노총은 산업별 노조로 재편을 표방했으나 보건의료노조에서 약간의 시도가 있었지만 산업별노조 단위의 단체협상으로 나가지는 못했다.

노동조합의 힘으로 임금을 인상했으나 그 수혜 대상은 남성, 정규직, 대기업, 공공부문 등의 조직노동자에 한정된다. 비정규직, 중소기업 노동자, 여성, 이주노동자는 그 대상이 아니다. 농촌에서는 농민회, 농업경영자회 등에 소속된 대농과 미조직 소농으로 구분된다.

또 노동자 생활 조건이 변화하여 조직노동자라고 해도 사내 복지만으로는 충분하지 않다. 노후, 코로나19로 인한 감염병 대책과 보건의료, 자녀 세대의 교육, 주거, 취업의 전망이 불안한 상태이다.

4) 사회: 한국사회는 1:9:90의 사회이다

한국 사회에서 부의 세습이 고착되었다. 부의 세습이 교육 학벌, 의료, 주거, 문화 격차 등으로 이어졌다. 모든 분야에서 열악한 지방이 정체하는 원인이다. 청년 세대 대부분이 이에 해당한다.

정규직과 비정규직이 단절된다. 정규직은 안정된 일자리와 높은 임금, 사내 복지에 안주한다. 구조조정에 대해 직장을 사수하지 않을 수 없다. 쌍용자동차는 구조조정 해고에 완강히 저항했고, 이 과정에서 30여 명의 조합원과 가족이 희생되었다.

비정규직 노동자는 직장이 불안정하고 임금이 낮고 장시간 노동을 해야 한다. 플랫폼 노동자가 과로사한다. 청년세대 대부분이 비정규직보다 더 어렵다.

노동조합 조직률은 10% 남짓하며, 단체협약 적용률도 마찬가지이다. 2016년 기준 노동조합 조직률은 정규직 11.9%, 비정규직 2.6%였다. 2012년 단체협약 적용률은 11.7%였으며, 단체협약 효력확장 제도는 운영되지 않고 있다. 민주노총은 경제사회노동위원회의 사회적 협의기구에 들어가지 않았다. 결국 민주노동운동의 역할은 10%에 그치고, 이에 연동된 진보정당의 역할이 10%에 한정되고 확장성이 약하다.

〈표 2〉 1:9:90 사회의 분리 지배 구조

	1	9	90
1970년대	대기업 재벌	중산층 테크노크라트	노동자
1980~현재	초국적자본·재벌	전문직, 대기업·공공부문의 조직노동자, 대농	비정규직·미조직 노동자, 여성, 영세자영업자, 소농

소득구조가 20:80 → 10:90 → 1:99로 악화되고 있다. 2008년 금융공황 때 세계 여러 나라에서 1:99 사회를 타파하자고 오큐파이

(occupy) 시위를 벌였다.

1:99 사회의 구조에 한국의 정규직과 비정규직의 대립구도를 적용하면 1:9:90 사회가 된다. 빈부격차에 대해 9가 90과 힘을 합쳐 1에게 부를 나누자고 요구하고, 그 성과를 나누어 90의 삶의 조건을 개선해야 한다.

노동자 가운데 대기업·정부·공기업 고용 정규직 노동자가 10%이고, 노조 조직률이 10%로 조직노동자가 10%이다. 이들은 상위 10% 가운데에서 하위인 9를 형성하고, 하위 99 가운데 상위 9%를 형성한다(표 2).

87년 체제가 30년이 되면서 9의 작은 기득권이 되어버린 민주화운동 참여 계층은 현실에 안주하고, 90을 품는 사회변화를 원하지 않고 당연히 싸우지도 않는다. 노동조합, 농민회, 교수, 교사, 언론인, 정파와 진보정당 상당 부분의 입장과 행동이 조직이기주의에 해당한다. 이들은 진보를 표방하지만, 실제로는 사회 변화를 바라지 않는다. 진보가 아니다.[21]

5) 민주노동운동은 사회적 임금 수용으로 전환해야 한다

민주노총은 경제사회노동위원회 참여를 거부했다. 민주노총은 김명환 위원장의 제안으로 '코로나19 위기 극복을 위한 노사정대표자 회의'를 열어 고용유지를 위한 정부 지원 확대, 노사협력 증진, 전국민 고용보험제도 추진, 상병급여 논의 등에 합의했다. 그러나 민주노총

---

21 김영곤, 『1:9:90의 사회의 일과 행복』(선인, 2019), 333.

조합원 투표에서 61.73% 대 38.27%로 부결됐다. 16개 산별노조 가운데 보건의료노조를 비롯한 단지 2개 산별노조만 찬성했다. 노재옥 민주노총 전국보건의료산업노동조합 고대의료원지부 지부장은 이를 두고 "사회적 임금 증가와 같은 사회적 대화의 문을 닫은 것이 아섭다"고 했다(2020. 10. 23.).

사회적 합의가 되려면

첫째, 유신독재의 잔재인 기업별 노조를 산업별 노조로 전환해야 한다. 그러자면 노조 내부에 각종 비정규직을 포괄해 노동자가 산업별로 참여할 의사 결정 구조를 만들어야 한다. 거기서 산업 내 노동자의 요구를 수렴하고, 산업별 교섭에서 획득한 성과를 정규직, 비정규직 가리지 않고 나누어야 한다.

유신독재가 노동조합법을 개정해 기업별 노조 체계를 만들었다. 전노협, 민주노총은 산별노조로 전환을 전망했으나 그것을 실현하지 못했다. 보건의료노동조합, 금속노동조합에서 추진했으나 산업별 교섭은 이루어지지 않고 있다. 공무원노조가 산별노조라고는 하나, 산하 사업장의 노동자나 비정규직을 수용하지 못하는 점에서 사실상 정부라는 거대한 노동조직(기업)을 기반으로 하는 기업별 노조이다. 현재 기업별 노조를 넘어서는 교섭은 정부-사용자 단체와 진행하는 최저임금 협상 정도이다.

둘째, 구체적 노동의 사회적 가치를 인정하고 실현해야 한다.

언론, 학문 연구와 학생의 교육, 예술 등 노동은 임금으로 계산되는 추상적 노동과 그 노동의 무형의 가치를 외화시킨 구체적 노동의 두 가지 성격을 지닌다. 구체적 노동은 다른 사람, 즉 사회에 미치는 영향이 크다. 지식정보화 사회에서 구체적 노동이 가지는 의미가 커졌다.

노동조합은 이런 구체적인 노동에 관심이 적었다. 하지만 차츰, 예컨대 보건의료 노동자가 자신이 하는 의료 노동이 환자에게 큰 의미가 있어 단체협약에서 환자에게 더 잘 할 수 있는 조건을 요구하거나, 언론노동자가 광고주의 압력에서 벗어나 공정하게 보도할 조건을 요구하게 됐다. 민주노동운동은 임금과 노동 시간에 대한 관심을 넘어 노동자가 수행하는 노동이 사회적으로 기여하는 바가 큰 구체적 노동의 실현을 목표의 하나로 삼아야 한다.

셋째, 민주노동운동은 NL(민족해방 계열)과 PD(민중민주주의 계열)의 정파적 분절을 넘어 사회현상이나 노동 문제를 NL, PD, 생태 환경 등 여러 각도에서 분석하고 이를 종합, 입체화하여 대안을 찾아 실현하는 방식으로 사회철학에 변화가 있어야 한다.

민주노동운동이 사회변혁을 지향한다면 기존의 조직노동자의 권익을 보호하는 것을 포함하여 노동자 전체와 일하는 민중 전체의 권익을 확장하는 데 목표를 두어야 하는데, 현실에서는 노동조합 내에서 NL과 PD가 정파적 분립되어 사물을 통합적 입체적으로 바라보지 못한다.

1980년 5·18 광주민주화운동을 계기로 민주노동운동이 1970년대의 개량적이라는 비판을 극복하고 전국노동조합협의회를 거쳐 '평등사회'를 지향했지만, 40년이 지난 현재 민주노동운동은 1970년대 노동운동에서 제자리걸음 하거나 오히려 조직노동자의 이익만을 대변하는 수준으로 후퇴했다.

오히려 1970년대 민주노동운동이 노동자 지식인 학생 종교인과 국제적 흐름이 합쳐 다수의 노동을 위했던 것처럼 민주노동운동도 앞으로 질 높은 생활을 함께 누리는 사회를 실현해야 한다.

5. 노동자의 유신독재 청산 과제

1) 유신독재 치하의 직접 피해자의 명예를 회복하고 그 피해에 대해 보상,[22] 배상해야 한다

정부, 국회, 대법원, 헌재는 '유신헌법'의 원천 무효와 유신정권의 불법성을 선언해야 한다.

유신독재에 항거한 국가폭력의 피해자에 대한 진상규명과 명예회복, 국가배상을 실시할 수 있는 (가칭)유신청산특별법을 제정해야 한다.[23] 민보상법의 '관련자'를 '유공자'로 변경하고 정당한 예우를 실시해야 한다.

유신독재 공권력이 부당하게 개입했던 유신독재 시기의 노동운동 피해자들은 스스로 민주화운동관련자명예회복및보상심의위원회(민보상위)에 민주화운동 관련 판정을 요청해야 하고, 민보상위가 민주화운동 관련자로 판정한 경우에도 무죄와 보상을 바라는 경우 법원에 재심을 청구해야 한다.

구속·수배·실종 등으로 직접 피해를 당한 자는 국가가 소유한 검찰 법원 경찰 정보기관 등이 가진 자료를 바탕으로 결자해지(結者解之)의 자세로 해결해야 한다. 원풍모방노조 지원과정에서 간첩 혐의로 구속돼 7년 6개월 동안 징역을 산 김낙중 고려대 노동 문제연구소 사무국장이 이에 해당된다. 그리고 여기에서 드러나지 않은 경우에는 피해자의 신고를 받아 보완해야 한다.

---

22 연세민주동문회 주최, "민주화유공자예우에 관한 법률안에 대한 검토 및 의견," 2020. 10. 21.
23 "유신청산민주연대가 결의한 9개 과제와 요구사항," 「한국NGO신문」 2020. 6. 1.

민주노동운동을 지원하다 활동을 정지당하거나 추방된 외국인에 대해 명예를 회복하고 보상해야 한다.

동일방직 노동자들이 제기한 국가배상 청구소송에서 대법원(2014. 3. 13. 선고 2012다45603 판결)은 '민주화운동 관련자 명예회복 및 보상 등에 관한 법률'(이하 민주화보상법) 제18조 제2항의 재판상 화해규정을 적용하여 기각했다.

원풍모방 노동조합은 1980년대 초 권력을 잡은 신군부가 기획한 '노동계 정화조치'의 일환으로 조합원 500명이 해고당했다. 이들은 2010년 '진실·화해를 위한 과거사정리위원회'를 통해 국가폭력의 피해자로 인정됐다. 이후 국가를 상대로 손해배상 소송을 제기해 1·2심에서 승소했지만, 민주화보상법에 따라 생활지원금을 받아 이미 화해를 했다며 법원에서 기각되었다. 상대적으로 곤궁하여 생활지원금을 받은 노동자 피해자들은 국가배상을 청구하지 못하게 되고, 반대로 여유가 있어 생활지원금 지원 대상이 아닌 피해자들은 국가배상을 청구할 수 있는 역차별이 발생한 것이다.

법원의 형사피해보상 결정 이후 6개월 이내에 배상을 청구해야 하고 그 기간을 넘으면 배상청구권이 사라지는 것은 잘못이다. 피해자 권리 침해 행위이다.

박근혜 정부 시절인 2015년 대법원은 긴급조치가 위헌일지라도 이를 선포한 대통령의 행위는 "고도의 정치적 결단에 의한 통치행위"라며 긴급조치 적용으로 인한 고문, 불법 구금 등 형사절차 과정에서 문제가 발견됐을 경우에만 국가 책임을 인정했다. 대법원은 "긴급조치 9호는 위헌이지만 공무원의 직무 수행은 적법하므로 국가의 배상 책임은 없다"는 궤변 판결을 취소하여야 한다.

유신독재 피해자에 대해 국가의 책임을 인정하는 대법원 판례가 없어 유신독재에 저항한 행동은 법적으로 민주화운동으로 인정받지 못하고, 다만 고문, 불법 구금 등 형사 절차 과정에서 문제가 발견됐을 경우에만 국가 책임을 인정했다. 민주화 행동 자체가 민주주의 진전에 기여한 가치를 인정해야 한다.

인혁당 사건 8명의 사형에 대해 박정희 대통령의 책임을 물어야 한다.[24] 5·18 광주학살에서 전두환의 발포 책임을 묻는 것과 마찬가지이다. 아울러 인혁당 사건 피해자에 대한 '기지급 배상금 환수'를 중지하고 원상을 회복해야 한다.

2) 유신독재가 남긴 제도와 인적 유산에 따른 피해를 복구하고 인적 청산해야 한다

대표적인 경우로 '진실·화해를 위한 과거사정리위원회'가 발간한 긴급조치 위반사건 재판에 관한 보고서에 기재되어 있는 것처럼, 양승태 전 대법관은 박정희의 유신헌법을 철저하게 관철하고 긴급조치 위반사건으로 기소된 학생들과 시민들에게 모조리 유죄를 선고하여 합법이라는 정당성을 부여한 대표적 판사이다.[25] 양승태는 이후 승승장구해 대법원장으로 박근혜 정부와 사법 거래를 했다.

기타를 생산하는 (주)콜트는 국내 공장을 폐쇄하고 인도네시아와 중국으로 옮긴 뒤 노동자를 전원 해고했다. 민주노총 금속노조 콜트

---

24 4·9(학살)진상규명위원회.

25 "양승태 전 대법관의 대법원장 지명을 철회하라," 2011. 8. 19., 민주사회를 위한 변호사 모임 회장 김선수.

지회(지회장 방종운) 조합원들은 해고무효 소송을 제기했고, 대법원은 해고무효를 판결했다(2009두15401). 그러나 회사는 노동자들을 복직시키지 않고 2차 해고했다. 2차 해고무효 소송에서 대법원은 구제실익이 없다는 이유로 패소 판결을 했다. 이는 양승태의 사법농단의 영향으로 판단된다(1심: 2013가합 33825, 2심: 2014나2030047, 3심: 2016다230478). 회사는 3개 공장 가운데 하나만 매각한 뒤 부동산임대업으로 업종 전환한 채 계속 기타를 생산 판매한다. 방종운 콜트 지회장은 오늘(2020년 11월 5일 기준)로 14년째, 5027일째 싸우고 지금 대법원 앞에서 887일째 농성 중이다.

양승태 대법원의 오심에 잘못이라고 헌법재판소에 헌법소원을 하고 싶지만 그럴 수 없다. "헌법재판소법 제68조(청구 사유) ① 공권력의 행사 또는 불행사(不行使)로 인하여 헌법상 보장된 기본권을 침해받은 자는 법원의 재판을 제외하고는 헌법재판소에 헌법소원심판을 청구할 수 있다. 다만 다른 법률에 구제절차가 있는 경우에는 그 절차를 모두 거친 후에 청구할 수 있다"에 따라 대법원의 판결을 헌법소원의 대상으로 할 수 없기 때문이다.

그러나 독일 헌법재판소법은 대법원의 판결도 헌법소원의 대상이된다. 헌법재판소법 제68조 ①을 개정해 대법원의 판결이 노동자의 기본권을 위배한다고 판단되는 노동자에게 헌법소원의 기회를 보장해야 한다. 이전에 국회에서 헌법재판소법 개정 발의가 있었지만 본회의를 통과하지 못했다.

3) 민주노동운동은 기업별 노조의 유신독재 유산을 청산하고 비정 규직을 포괄하는 산업별노조로 가야 한다

민주노동운동은 비정규직 등 약자를 포함하는 노동자 민중 계층 을 포괄하여 다수를 대표하여야 한다. 인천공항에서 정규직 조합원은 비정규직 노동자의 정규직 전환을 막았다. 노동자는 모두 정규직으로 근무하는 원칙을 노동조합이 받아들여야 한다.

유신독재의 책임과 아울러 이를 산업별 노동조합이나 노동자 민 중을 배려하지 못하는 민주노동운동의 한계가 있다. 기업별노조를 넘어 산별노조로 전환해야 한다. 비정규직 등 약자를 조직하고 결합 해 자본, 정권에 대응하며, 노동자에게 필요한 일자리, 임금, 비정규직 의 정규직 전환과 비정규직 임금 단가의 인상, 기초연금, 무상보육, 무상급식, 무상의료, 무상주거, 무상교육에 필요한 사회적 임금을 확 대하고, 코로나19에서 분명하게 드러난 기후 복원과 종다양성 보호 에 기여해야 한다.

4) 유신 시대 노동자와 그 자녀 노동자 대책, 즉 노동자 일반을 위해 사회적 임금을 확대해야 한다

첫째, 유신독재의 저임 장시간 노동에 피해를 입은 노동자 당사자 와 그 가족에 해당하는 일반노동자를 위하여 은퇴한 노동자의 노후 대책 그리고 그 이웃과 자녀를 위해 사회적 임금을 확대해야 한다. 안정된 임금을 받고 사내 복지를 누리는 조직노동의 정책 전환이 전제 이다. 노동자를 포함한 모두가 인간답게 살 권리를 실현해야 한다.

둘째, 정규직 고용을 원칙으로 하되 노동의 유연성이 필요해 고용한 비정규직 노동자에게는 가산임금을 지급한다. 미국, 영국, 일본, 독일에서처럼 비정규직 노동자를 보호하는 장치로서 비정규직에게 정규직 단위 시간당 임금에 25%를 더 주는 캐주얼 로딩(casual loadging, 가산임금제도)을 실시해야 한다. 이것은 사용자의 비정규직 선호를 억제하는 장치이다.

셋째, 동일노동 동일임금의 원칙을 실현해야 한다. 자동차 바퀴를 다는데 오른쪽 바퀴를 다는 정규직 노동자와 왼쪽 바퀴를 다는 비정규직 임금이 다를 이유는 없다.

넷째, 사회적 임금 비율을 높인다. 격차 해소를 위해 무상의료, 무상교육, 무상주거 등을 실현해야 한다. 한국의 건강보험제도가 비교적 잘돼 있지만, 공공의료의 확대, 보건의료의 무상화로 가야 한다. 무상주거는 가난한 노동자와 결혼하는 청년에게 절실하다. 무상교육은 고교까지는 시행되고 있는데 대학으로 확장되어야 한다. 누구나 공부하고 싶은 사람은 청년이든 성인이든 대학 교육을 받을 수 있어야 한다.

2016년 대학 등록금 총액은 13조 3천억 원이다. 이 가운데 정부재원 장학금은 4조 원(국가장학금 3조 6,500억 원+근로장학금 3,500억 원)이고, 대학 자체 노력(등록금 인하, 교내외 장학금)이 3조 1천억 원이며, 학생·학부모 실부담이 6조 9천억 원이다(「한겨레신문」 2016. 2. 17.). 무상교육에 더 들어가는 돈은 6조 9천억 원이다. 동일노동 동일임금의 원칙을 시행할 경우, 대학 입학 비율이 크게 줄어 대학 무상교육은 현재의 장학금만으로 충당할 수 있다.

5) 민주노동운동은 유신 그리고 유신 이후 시대의 공통점인 분리 지배 구조를 극복해야 한다

자본과 권력의 노동정책은 노동자의 분리와 지배이다. 이것은 1970년대에는 대기업 재벌/중산층 테크노크라트/노동자로 구성되었고, 현재는 초국적자본·재벌/전문직, 대기업·공공부문의 조직노동자, 남성, 대농/비정규직·미조직 노동자, 여성, 영세자영업자, 소농으로 구분된다. 분리 차별의 대상이 바뀌었을 뿐 분리 지배의 구도는 변함이 없다. 이후 노동운동은 일자리, 임금, 비정규직의 정규직 전환은 물론 사회복지, 무상의료, 무상주거, 무상교육을 향해 사회적 임금을 올려야 하며, 9와 90이 단결하여 1에 대응해야 한다.

6) 한국은 이익을 제3세계의 노동자와 나눠야 한다

한국은 세계 수출량의 2.9%를 차지한다. 한국이 비교적 잘 사는 데는 한국 노동자의 노력도 있지만 다른 나라, 특히 제3세계 노동자의 저임과 장시간 노동으로 생산한 상품을 한국이 소비하고, 그들이 한국의 상품을 소비해주는 데 힘입은 바도 크다. 민주노동운동은 한국이 누리는 이익을 일부 이들 나라와 노동자에게 환원해야 한다. 코로나19 대응에서도 협력해야 한다.

7) 초국적 자본과 재벌에게 부유세를 부과해야 한다

노동자 일반의 복지와 사회적 임금 수준을 높이는 데 필요한 재원으로 누진세, 자본세, 부유세를 도입해야 한다. 세계 차원의 노동 문제 해결에 필요한 재원은 한국이 가진 것을 일부 나누고, 초국적 자본에 대해 세계부유세로 충당한다.

극한 탄압과 처절한 저항의 절정, 동일방직노동조합

정명자

(동일방직해고자복직추진위 위원)

　　동일방직은 일제강점기에 5대 방적 업체 중 하나였던 동양방적 인천공장이 적산으로 분리되어 미군청정에 귀속되었다가, 1955년 정부의 귀속면방업체 민영화 방침에 따라 초대 사장 서정익이 매입하여 운영되었다. 동양방적은 국내에서 손꼽힐 만큼 큰 방직업체로 성장하였다. 서정익 사장은 1966년에 회사의 명칭을 동일방직 주식회사로 바꾸고, 박정희 정권의 수출제일정책에 부응하여 성장에 성장을 거듭하였다. 그 결과 1969년 제6회 수출의 날에 철탑산업훈장을 수상하였다. 1971년의 수출 실적도 500만 달러를 넘겼다. 1972년부터

73년까지 단군 이래 최고의 호황기를 맞아서, 1973년도는 면방업체에서 최고의 매출액과 순이익을 달성하여 급성장을 하였다. 이러한 성장은 박정희 정권의 경제개발 5개년 계획을 달성시키기 위한 장시간 노동과 저임금 노동정책의 결과이기도 했다.

초창기 동양방적 노조는 전평 산하 노조로 활발하게 활동을 하다가 1961년 5·16 군사 쿠데타 이후 노동조합조직 재편과정에서 연맹 체제가 산별 체제로 바뀌게 되면서 한국노총 전국섬유노동조합 동일방직 인천지부로 개칭이 되었다. 그 이후 노동조합은 상부 단체, 즉 섬유노조 본부의 지시에 따라 단체협약에서 결정된 임금인상안을 회사에 승인 요청하는 정도로 활동이 미비했고, 현장 노동자들의 의사도 제대로 반영하지 못한 채 회사를 위해 존재하는 유명무실한 단체일 뿐이었다. 뿐만 아니라 다수를 차지하고 있는 여성 조합원들은 조합 활동으로부터 소외되고, 기술직 남자 조합원들이 대의원이나 상집간부직의 대부분을 독차지하였다.

민주노조 탄생하다

이런 상황에서 1972년 노조 정기대의원대회에서 주길자 지부장이 선출되었다. 부녀부장이었던 주길자는 회사 측의 지원을 받은 남자 후보들을 제치고 우리나라에서 최초로 여자로서 지부장이 된 것이다. 주길자 집행부는 그동안 방치되었던 '조합원들의 권익 향상'과 '임금인상', '복지후생의 확대'를 위해 노력하며 민주노조로서의 기틀을 잡아갔다.

항상 30도가 넘는 현장 온도로 여름에는 땀띠에 젖어 살았는데

선풍기가 설치되었다. 탁한 공기로 겨울에는 감기를 달고 살았는데 환풍기도 설치되었다. 회사가 마음 내키면 자선을 베풀 듯이 주던 추석 떡값을 거부하고 보너스를 요구하고, 생리휴가를 요구하고 일요일 근무 시 특근수당도 요구하였다. 식사의 질도 개선되었다. 회사는 노동조합이 단체행동으로 요구를 하자 피할 수 없어 엉겁결에 요구조건을 대부분 들어주기도 했지만, 이내 욕설, 협박, 사표 강요, 해고 등의 탄압을 시작하였다. 뿐만 아니라 노조 조직을 와해시키기 위해 남자 조합원들을 앞세워 반조직행위를 하도록 사주하였다. 이후 동일방직 노조는 조직을 사수하기 위해 끊임없는 투쟁을 전개하였다.

강제 연행 당할 수 없다: 나체(상의 탈의) 시위

1976년 대의원대회는 회사 측 대의원들의 방해로 차일피일 미뤄지고 있었다. 그런데 7월 23일 동부경찰서에서 특별한 이유 없이 이영숙 지부장과 이총각 총무를 연행하였다. 회사 측 대의원들은 이 틈을 이용하여 조합원들 몰래 기숙사 강당 문을 걸어 잠그고 자신들을 지지하는 대의원들만 참석하여 대의원대회를 개최하였다. 그들은 지부장 불신임안을 가결시키고 고두영을 지부장으로 선출하였다.

이 소식을 들은 기숙사생들은 대회장에 가고자 하였으나 회사 측이 기숙사 문을 못질을 하여 나갈 수 없었다. 기숙사생들은 창문을 뛰어내리거나 문을 부수고 나와서 농성을 시작하였다. 농성이 확산되자 경찰은 지부장과 총무를 석방해 노동자들이 농성을 중지하고 현장 작업에 들어가도록 한 후 지부장과 총무를 다시 연행해갔다. 이에 격분한 노동자들은 전면 파업농성에 들어갔다.

회사는 수도와 전기마저 끊어버렸다 당시 노동자들의 요구사항은 1) 이영숙 지부장과 이총각 총무를 석방하라, 2) 회사는 노조 활동에 개입하지 말라, 3) 엉터리 고두영은 물러나라 등이었다. 3일째 농성이 이어지자 동부경찰서의 기동대가 투입되어 해산을 시도하였다, 노동자들은 해산을 당하지 않기 위해 웃옷을 벗고 저항하였지만 경찰은 곤봉을 휘두르며 강제 연행을 강행했다. 이 충격으로 다수의 노동자들이 실신을 하였고, 2명의 노동자는 정신병원에 입원하여 정신과 치료를 받기도 하였다.

무엇이 문제일까요!!! 사건 해부식

며칠 후 노동자 300명은 노조의 정상화를 위해 섬유노조 본부에 찾아가서 '7월 23일 고두영을 지부장으로 만든 엉터리 대의원대회를 무효화시킬 것'을 요구하며 다시 농성을 시작하였다. 그 결과 지부장과 총무, 연행자 모두는 석방이 되었고 섬유노조 본부에서는 '고두영의 대회를 인정치 않겠으니 조직 수습에 최선을 다하라'는 '조직수습 지시' 공문이 내려왔다. 노조 활동은 정상화되는 듯 보였다. 그러나 현장에서는 여전히 고두영 쪽 노동자들이 노조 집행부에 대해 폭행, 폭언을 일삼았다. 섬유노조 본부는 이를 방관하였고, 회사는 농성에 참여한 사람에 대해 해고시키겠다고 으름장을 놓으며 수시로 부당노동행위를 자행하였다. 당시 섬유노조 위원장 김영태는 "여자들이 시집이나 가지 무슨 노동운동이냐"고 딴전을 피우며 수수방관하였다. 회사와 야합한 섬유노조 본부와 이들과 한통속이 된 경찰의 감시로 인해 노동조합은 또다시 위기에 처하게 되었다. 노동자들은 위기에 처한 노동조합을 정상화시키기 위해 '동일방직노조수습투쟁위원회'를 조직하였다. 위원회는 노동자를 탄압하는 현장 상황을 사회에 알려야 한다는 결론을 내리고, 1977년 2월 6일 명동성당에서 동일방직 노조 탄압의 근본 원인이 무엇인지 낱낱이 해부하고 해결하기 위한 '사건 해부식'을 갖기로 하였다. 이 집회가 이뤄지면 노조를 둘러싼 비리와 탄압 사례들이 널리 알려질 것이 두려웠는지 노동청이 나서서 노조의 요구조건을 다 들어주겠다고 하여 합의서를 작성하였다. 노조 정상화를 위한 또 하나의 결실이 만들어지는 것처럼 보였다.

똥물로 만신창이 된 대의원선거장

그 후 대의원대회에서 이총각이 지부장으로 당선이 되었으나 부당노동 행위는 멈추지 않았다. 야간작업 때 잠깐 졸았다는 이유로 출근정지를 당하고, 새벽 출근 때 지각했다는 이유로 해고를 당하고, 노조 활동으로 인해 다투다 구속이 되고, 부서 이동을 당하는 일로 노조는 늘 시끄러웠다. 1978년 2월 21일 대의원 선거가 실시되었다. 그러나 대의원 선거는 할 수 없었다. 남자 대의원들이 화장실에서 똥을 퍼다가 선거 장소인 노조 사무실과 투표를 하러 오는 노동자들에게 무자비하게 뿌렸기 때문이다. 이들은 노조 사무실의 집기들도 망치로 부수며 난동을 부렸다. 놀란 조합원들은 이 상황을 지켜보는 담당 형사에게 말려달라고 애원하였다. 담당 형사는 "조금 있다 말릴 거야" 하고 아무런 조치도 취하지 않고 강 건너 불구경하듯 팔짱을 끼고 지켜보기만 할 뿐이었다. 섬유노조 본부에서는 기다렸다는 듯이 지부장과 총무 등 집행부를 제명하고 노조를 사고지부로 낙인을 찍었다. 그

후 섬유노조 산하 조직인 조직행동대라는 깡패들이 노조 사무실을
차지하고 조합원들의 출입을 통제하였다.

똥물 먹고 살 수 없다! 노동절 행사장 시위

노조는 섬유노조에 의해 사고지부가 되고 조직행동대에게 장악
당해 정상적인 노조 활동이 불가능해졌다. 노동자들은 3월 10일 서울
장충체육관에서 열리는 노동절 행사장에 참가하여 "동일방직문제 해
결하라", "똥물 먹고 살 수 없다"라는 구호를 외치며 시위를 하였다.
방송은 잠시 중단이 되고, 시위자들은 경찰과 조직행동대에 의해 무
차별 구타를 당하며 모두 연행되어 4명이 즉결재판에서 25일을 선고
받고 유치장에 수감되었다.

동일방직문제 해결하라! 단식농성

석방된 노동자들은 다시 모여 명동성당에서 단식농성을 시작하였
다. 참여하지 못한 조합원들은 인천도시산업선교회에서 동조단식을
시작하였다. 단식 13일째가 되었다. 문제가 심각하다고 생각한 사회
단체 원로들과 정부 당국, 회사가 협상을 시작하였다. "단식을 풀고
현장에 복귀하면 동일방직 노조는 2월 21일 이전으로 환원시켜 정상
적인 활동을 보장한다"고 합의를 하였다. 노동자들은 그 합의를 믿고
단식을 풀었다. 그러나 합의는 실현되지 않았다.

까불지 마! 124명 집단해고와 블랙리스트

1978년 4월 1일자로 스스로 권익을 지키고자 합법적인 노조 활동을 하였던 조합원 124명은 회사 측으로부터 해고 통보를 받았다. 단식을 풀면 정상적인 활동을 보장하겠다는 약속은 휴지조각이 되고 말았다. 뿐만 아니었다. 섬유노조 김영태는 주민등록번호와 고향까지 적은 블랙리스트를 만들어 전국의 사업장에 배포하여 생존권을 박탈하였다.

숨가쁘게 이어지는 복직 운동

해고를 인정할 수도 없고 갈 곳도 없는 기숙생들은 인천도시산업선교회에서 집단생활을 하면서 복직 운동을 시작하였다.

- 1978년 3월 26일 여의도에서 열리는 부활절 연합예배장에서 해고된 조합원들과 원풍모방, 남영나일론, 삼원섬유 해고자, 방림방직 노동자들이 모여 동일방직 사건 해결하라고 구호를 외치며 시위를 하다 구속이 되었다.
- 4월 26일 새벽에 모두 동일방직으로 출근하여 기계 앞에서 농성을 하다 연행되어 지부장, 총무가 구속되고 7명이 불구속기소를 당했다.
- 나머지 조합원들은 산업선교회에 임시 노조 사무실을 차리고 날마다 팀을 짜서 신문사를 찾아다니며 억울한 사정을 기사화해줄 것을 요구하고, 노동청과 노총을 찾아다니며 복직을 요구하였다.
- 5월 부산에서 통일주체국민회의 대의원에 출마한 섬유노조 김영태의

비리를 폭로한 유인물을 뿌리다 5명이 구속되었다.

- 7월 지부장과 총무의 재판에 참여하여 본부노조 우종환 조직국장의 거짓 증언에 항의하다 모두 연행되어 즉결재판을 받고 유치장에 수감되었다.
- 시간이 나는 대로 동일방직 정문 앞에 가서 출근 투쟁도 시도하였다.
- 9월 22일 기독교회관에서 열리는 '고난 받는 노동자를 위한 기도회'에 참여하여 연극 <동일방직 문제 해결하라>를 공연한 후 시위를 하다 연행되어 치안본부에서 조사를 받았다.
- 해고 노동자들에게는 담당 형사가 따라다니며 행동 하나하나를 감시하였다.
- 지속적으로 복직투쟁을 하기 위해 조직을 재정비하였다. 동일방직 복직 투쟁위원회로 명칭을 정하고, 현장으로 재취업을 하였다. 상근자를 두고 노동위원회에 부당노동행위 구제신청을 했으며, 한 달에 한 번씩 동지회보를 발간하고 정기모임을 하며 소식을 나누었다.
- 1979년 10월 26일 5 · 16 군사 쿠데타 이후 19년 동안 유신헌법과 긴급조치로 장기 집권을 유지하던 독재자 박정희가 저격을 당하여 이 땅에서 사라졌다. 그동안 억압되어 고통 당하던 민주화의 열기가 되살아났다. 동일방직 노동자들도 복직을 위한 활동을 시작하였다.
- 1980년 봄 '동일방직 복직투쟁위원회'의 이름으로 노총을 방문하여 복직을 요구하고, 동일방직 복직을 지원하기 위해 만들어진 '동일방직 해고근로자 복직추진위원회'와 함께 복직 요구 유인물을 제작하여 배포하다 구속되었다.
- 1월 노총 중앙위원회에 참여하여 동일방직 해고노동자 문제 해결을 요구하였다.
- 4월 27일부터 해고노동자들은 노총회관을 점거하고 무기한 농성을 시

작하였다. 결혼을 한 사람들은 아이를 데리고 와서 참여하였다. 그러나 5월 17일 계엄이 확대되었다. 한 치 앞을 내다볼 수 없는 계엄정국하에서 노동자들은 결국 복직의 꿈을 접고 농성을 풀었다.

이후 동일방직 해고 노동자들은 결혼을 하기도 하고, 다시 노동자로 살았다. 현장에서 신분이 들통나면 가차없이 해고를 당했다. 하지만 물러서지 않고 블랙리스트 철폐투쟁(1985년)을 벌였다. 또 해고의 위협을 받으면서도 노동조합도 결성(1984년 경동산업)하였다. 뿐만 아니라 1970년대 민주노조들이 함께 결성한 노동단체 '한국노동자복지협의회' 활동을 하며 노동운동 정신을 계승하고 지원하는 활동을 하였다.

진정한 명예회복, 노동자에게는 복직이다!

1999년 다시 모임을 시작하게 되었다. 대부분 결혼하여 아이들을 낳아 기르고 살림살이도 자리가 잡혔지만, 함께 공장을 다니다 해고당하여 생사고락을 함께했던 동지들에 대한 그리움이 커져만 갔기 때문이다. 알음알이로 찾고 경찰서를 방문하여 블랙리스트에 나온 주민번호로 신원조회를 하며 사는 곳을 확인하였다. 우리들의 생존권을 박탈한 블랙리스트가 우리들을 이어주는 자료가 된 것이다. 세상 참 아이러니하다.

- 2000년 민주화운동법이 제정됨에 따라 명예회복신청서를 작성하였다.
- 2001년 3월, 1978년 당시 중앙정보부 조정관이었던 최종선 씨가 "동일방직 노조 사건은 중앙정보부의 주도하에 이루어진 국가폭력이었음"을

증언하였다.

- 2001년 5월 동일방직 사건은 부당한 공권력에 저항한 노동자들의 민주화운동으로 인정되어 민주화운동 관련자로 인정을 받게 되었다.

- 2001년 11월 동일방직 사장을 만나 해고자 124명의 복직을 요구하였다. 회사 측으로부터 정부에서 복직 권고 등 행정적 조치가 이루어지면 회사도 따르겠다는 답변을 받아냈다.

- 2004년 12월 '민주화운동 명예회복 및 보상심의위원회'에서 동일방직에 해고 노동자들의 복직을 권고하는 공문을 발송하였다.

- 2005년 3월과 6월 동일방직 인천공장에서 복직 요구 집회를 한 후 사무실 점거 농성을 하였다. 좀 더 적극적인 복직을 위해 동일방직 본사를 찾아가서 3박 4일 동안 길거리농성을 하였다. 8월에는 정부종합청사 앞에서 복직 요구 1인시위를 하였다.

- 2008년 10월 동일방직 해고 30주년 행사를 기독교회관에서 개최하고 "다시 기계 앞에 서고 싶다" 자료집을 출간하였다.

- 2011년 국가를 상대로 노동침해사건 배상청구소송(국가폭력에 대한 정신적 위자료 보상청구소송)을 제기하였다.

- 2015년 청구소송에 대해 대법원에서 "국가와 화해가 성립이 되었다"며 원고인 해고노동자에게 패소 판결을 내렸다. 이에 대해 해고자들은 대법원의 판결을 수용하지 않고 헌법재판소에 헌법 소원을 제기하였다.

- 2017년 헌법재판소로부터 "정신적 손해배상에 대한 국가배상청구 금지는 위헌이다"라는 판결을 받아냈다.

- 2018년 서울고등법원에서 손해배상에 관한 일부 승소판결을 받아냈다.

- 2020년 현재 국가 손해배상 청구소송 계류 중이다.

치열하고 극한투쟁으로 이어졌던 1970년대의 동일방직 노동조합 사건은 이제 40년 세월을 훌쩍 넘기고 있다. 지금도 우리 해고 노동자들의 염원은 복직이다. 해고 노동자들은 왜 아직까지 복직을 주장하는가. 이유는 간단하다. 첫째, 노동자에게는 노동권이 생존권이고 진정한 명예회복은 빼앗겼던 노동권을 돌려받는 것이다. 이것은 상식이다. 둘째, 부당한 해고통보서를 받은 후 들어갈 수 없었던 작업장에서 작업복을 입고 내 손으로 사직서를 쓴 후 당당하게 동일방직 정문을 걸어 나오고 싶다. 고된 투쟁 40여 년 세월의 깊은 상처가 치료되고, 부당한 일을 당해 가슴앓이를 하고 있는 모든 이들에게 희망이 되고 싶기 때문이다.

전태일의 직계 후배들, 청계피복노동조합

신순애

(전 청계피복노조 부녀부장)

청계피복노동조합은 일반적인 노동조합이 아니었다

고(故) 전태일 동지가 1970년 11월 13일 평화시장 구름다리 밑에서 온몸에 석유를 붓고 "근로기준법을 지켜라" "우리는 기계가 아니다"라고 외치다 쓰려져 병원으로 실려갔지만 끝내 숨지고 말았다.

전태일 동지의 모친이신 이소선 어머니는 아들의 죽음을 슬퍼할 겨를도 없이 노동조합을 만들기 전에는 장례를 치르지 않겠다며 전태일 친구들과 장례식장에서 투쟁을 전개하였다. 이에 정부 당국은 끝내 이소선 어머님이 요구한 대로 노동조합을 만들어줄 수밖에 없었다. 당시 서울대 법대생이었던 장기표 선생이 제일 먼저 찾아와 이소선 어머님을 위로하면서 도움을 주기로 약속하기도 했다.

이소선 어머니와 전태일의 친구들은 주일 휴가, 8시간 노동, 건강검진, 다락방 철폐 등을 요구하였다. 그렇게 하여 11월 27일 전국연합노동조합 청계피복지부가 탄생되었다. 그러나 노조가 생기기는 했지만, 조합원이 없는 노조에 무슨 힘이 있겠는가?

전태일 동지의 친구인 이승철 선배는 "청계노조가 탄생했으니 걱정 없다고 생각했다"고 하였다. 하지만 아침이면 노동조합 사무실에 나오던 친구들은 "야, 우리 이대로 있다가는 다 굶어죽겠다"며 한두 명씩 노동조합을 떠나 공장으로 돌아가기도 했다.

친구들은 라면을 끓일 때 양을 많게 하려고 물을 가득 부어 불려 먹기도 하였고, 이소선 어머니께 "어머니 배고파 못 살겠어요"라고 말하기도 하였다.

그러면서도 친구들은 노동조합을 떠날 수가 없었다.

초대 지부장 김성길, 2대 지부장 구건회에 이어 1971년 9월 12일 최종인 지부장이 탄생되었고, 한편 1월 9일 첫 단체협약으로 휴일근무제를 합의하였다.

전태일의 친구들은 노동조합이 어떤 곳인지 알아가기 시작했고, 평화시장, 동화시장, 연쇄상가, 을지상가, 통일상가 등을 돌아다니며 조합 가입원서를 받기 시작했다. 선배들의 끊임없는 노력 끝에 조합원은 한 명 두 명, 10명씩 점차 늘어갔다.

선배들은 조합원들에게 설문조사를 시작하였고, 가장 하고 싶은 것이 공부라는 결과에 평화시장 옥상에 약 7평 여 되는 공간을 마련해

학생을 모집했는데 무려 200명이나 왔다고 하였다.

그 후 박 대통령 부인 육영수 여사가 당시의 부녀부장을 청와대로 불러 그 자리에서 "무엇이 제일 필요하냐"고 물었고, 부녀부장인 정인숙 씨는 "평화시장에서 일하는 사람은 대부분 어린 여성들인데, 제일 하고 싶어 하는 것이 공부이며 공부할 수 있는 장소가 필요하다"고 대답하였다.

그 자리에서 육영수 여사는 노동부장관에게 "노동교실 하나 마련해 주라"는 약속을 하였다. 그렇게 해서 동화시장 옥상에 약 4-50평 정도 크기의 노동교실이 탄생하였고, 개관식 날 내빈들도 초대했지만 정작 개관식은 열리지 못하였다. 그 이유는 첫째, 초대장에 자주색으로 선을 그렸다는 것과 둘째, 함석헌 선생님을 초대했다는 것 때문이었다.

이어서 또 다른 문제가 생겨났다. 즉, 사용주(사장단)들은 노동교실을 직접 운영하려고 하였고, 노동조합에서는 사용주들에게 운영권을 맡길 수가 없었던 것이었다. 1972년 2월 5일 노동조합은 노동자들을 동원, 투쟁을 전개하여 결국 동화시장 옥상에 마련돼 있는 노동교실 운영의 자주권을 노조가 맡는 것으로 해결이 되었다.

이후 노동교실은 평화시장과 동화시장에서 가까운 유림빌딩으로 이전하였으며, 1974년부터 그곳에서 중등교실, 재단교실 등을 운영하였다.

노동교실은 1교시 저녁 8시 30분~9시 20분, 2교시 9시 30분~10시 20분까지 운영하였지만, 정작 노동자들이 그 시간에 퇴근을 하지 못해 빈자리가 많아졌다. 그런 시점에 노조에서는 1974년 12월 23일 농성을 시작하였다. 농성의 목적은 근로시간 단축으로, "저녁 8시에 전깃불을 내려라"는 구호와 노래를 부르며 밤을 새웠다.

농성이 시작되고 처음에는 교실이 꽉 찰 정도로 많은 인원이 모였지만, 밤 10시 이후부터는 한두 사람씩 빠져나가기 시작하더니 약 30명 정도만이 남게 되었다. 이어 24일 오전 10시쯤 되자 중부서 장○○ 계장이 전투복 차림으로 옆구리에 권총을 차고 와서 당장 해산하라고 하였지만 조합원들은 기죽지 않고 농성을 계속하였고, 마침내 오후 3시경 우리의 요구가 관철되었다.

이후 평화시장, 동화시장, 연쇄상가, 통일상가, 을지상가 등의 업체가 저녁 8시에 전깃불(퇴근)을 내리게 되었고, 조합원들은 그날 이후부터 8시에 작업이 끝나 편안하게 공부할 수 있었다.

노동교실에서는 다양한 행사도 열렸다. 연말이면 연소근로자 위안잔치, 어버이날에는 어머님들 모시고 조합원들이 정성을 들여 만든 음식을 나누는 행사를 하였다.

1975년 주휴제 단속사건

청계노조는 휴일을 지키기 위해 일요일마다 일을 하고 있는 공장을 대상으로 단속을 다녔다. 그러던 차에 단속 나갔던 당시 이숙희 교육선전부장이 폭행 당한 사건이 발생했다.

우리는 그 사건을 노동청에 고발하면서 일요일 휴무제를 강력히 요구하였지만, 당시 근로감독관은 반드시 일요일에 쉬지 않아도 된다며, 일주일에 하루만 쉬면 된다는 식의 논리를 펴면서 노동조합과 마찰을 빚게 되었다. 이는 결국 감독관이 노동조합에 사과하는 것으로 마무리가 되었다.

1976년 봄에는 단체협상에서 유니온숍 제도를 협상하면서 공장에서 일하는 노동자는 모두 자동 조합원이 되는 계기를 마련하였으며, 단체협상을 통하여 1일 8시간제를 체결하고 8시간 이후 작업시간은 시간 외 근무수당을 지급하라는 협상의 쾌거를 이루었다.

이에 따라 와이셔츠 공장 7~8개 사업장의 노동자들이 참여하게 되었고, 와이셔츠 업체에서는 큰 변화가 일어났다. 즉, 1일 8시간 근무하게 된 것이다. 물론 조합원들의 매일 매일의 투쟁으로 이뤄졌지만, 그 결과는 성공적으로 정착하게 되었다.

다림사의 경우 오후 5시 30분만 되면 공장장이 누가 먼저 미싱 전원을 끄는지 감시하기 위해 쳐다보고 있었으며, 사장, 공장장, 재단사, 재단보조, 시야게사 등이 감시를 하였지만, 당시 미싱사였던 나는 모터 전원을 먼저 끄는 것이 눈치가 보이고 두려움도 있었지만 제일 먼저 행동으로 보였던 것이다.

1976년 추석날 성수동에 있는 풍천화섬 노동자들은 길거리로 나와 시위를 하는 사건이 발생하였다. 요구 조건은 "우리도 고향에 갈 수 있게 해달라!"는 것이었으며, 약 90m 정도 행진하다 바로 경찰에 의해 강제 해산을 당했다.

경찰은 주범인 박순녀를 청계노조 총무부장인 양승조가 피신시켰다는 이유로 범인은닉죄로 구속시켰다. 이 사건으로 청계피복노동조합원들은 성동경찰서 앞에서 매일 시위를 하였다. 훗날 합동수사본부에 끌려가 조사를 받으면서 알게 된 일이지만, 합동수사부 수사관이 청계노조에서 137번 시위를 했다며 나에게 당시의 기록을 보여주기도 하였다. 나는 속으로 "그렇게 많이 했나?" 하는 의심이 들기도 했다.

이소선 어머니의 죄명은 '법정모독죄'였다

1977년 7월 10일 협신피혁에서 가스 저장 탱크를 청소하던 민종진 노동자가 유해가스로 인하여 질식, 사망하는 사건이 발생하였다.

당시 민주노동조합 조합원들은 영결식에 앞서 노동청 앞에서 노제를 지내기로 하고 장례를 진행하던 중에 경찰이 노동자들을 해산시키기 위해 전경들을 동원하였고, 이에 맞서 노동자들이 대항하는 과정에서 청계피복노동조합 박재익이 팔목의 동맥과 신경이 끊어지는 중상을 입고 40여 일을 입원하였으며, 경찰에 얻어맞고 쓰러져 병원으로 실려가는 노동자가 속출하였다.

이어 8월 20일경 도봉구 창동 소재의 이소선 어머니의 집으로 경찰이 들이닥쳐, 간첩을 잡으러 왔다고 하면서 샤워 중이시던 이소선 어머니를 연행해가서는 바로 구속해 성동구치소에 수감시켜버렸다.

이와 동시에 경찰에서는 유림빌딩에 있는 노동교실을 강제 폐쇄시키면서 출입하지 못하도록 입구를 막고 있었고, 조합원들은 무슨 영문인지 알지도 못한 채 노동교실 앞에서 발만 동동 구르고 있어야 했다.

이후 노동교실이 있는 유림빌딩의 주인은 9월 10일까지 노동교실을 비워달라는 내용증명을 보내왔다. 격분한 노조원들은 하루 전인 9월 9일 노동교실 철거를 반대하는 농성을 하였는데, 9월 9일이 북한에서 조선민주주의인민공화국 창립기념일이라는 것을 연행되어 조사과정에서 알게 되었다.

노조원들은 9월 9일 경찰이 막고 있던 노동교실을 강제로 뚫고 들어가 농성을 시작하였고, "노동교실을 돌려달라!" "어머니를 석방하라" 등을 외치며 시위를 하였다. 이 투쟁으로 민종덕이 4층에서 떨어져서 큰 부상을 입었으며, 김주훈, 이숙희, 신순애, 임미경 등이 구속되었고 농성에 참석했던 조합원들은 30일씩 구류를 살았다. 신광용, 박해창 등은 할복을 시도하기도 했다.

1980년 봄 청계노조 임금인상 단체협약을 시작하게 되었다

청계노조가 10년째 노력한 끝에 사용주들도 근로기준법을 조금씩 알기 시작하였다.

그 당시 평화시장 한 사업장의 노동자 수는 작게는 5인이며 대부분 10~14명 정도였으나 당시 근로기준법에는 16인 이상만이 퇴직금을 받을 수 있게 되어 있었다.

그래서 노동조합에서는 단체협약에 10인 이상 퇴직금 지급을 요구했으나 사용주들은 쉽게 허락하지 않았고, 이에 따라 노동조합 조합원들은 조합 사무실 옥상에서 13일 동안 단식 농성을 하면서 승리를 쟁취하였다.

계엄령이 내려져 있던 1980년 12월 어느 날, 출근하던 노동조합 간부들은 검정색 승용차 9대에 나뉘어 제각기 눈을 가린 채로 삼각지에 있는 육군본부 군특별수사대로 연행되어갔다. 그곳에서 약 15일 정도 조사를 받고 나왔지만, 박재익 조사통계부장은 그 이상의 시간을 더 있어야 했다.

이유는 광주 5·18 민주화운동 당시 광주의 많은 시민들이 학살을 당하는데도 언론에서는 보도조차 하지 않았으며, 그러한 사실들을 익명의 편지를 통하여 일부 대학의 총학생회 간부들에게 전달했다는 것이 가택수색에 의해 증거가 드러남으로써 더 많은 조사를 당해야 했던 것이다.

1984년 4월 청계피복노동조합 복구 운동이 시작되었다

평화시장 노동자들과 조합원들은 노조를 복구하기 위해 이소선 어머님과 더불어 처음으로 '법외노조' 구성을 시도하였다. 그렇게 시작된 법외노조는 2020년 현재 '봉제인 지회'로 활동하고 있다.

1980년도 이후에 일어난 청계피복노동조합과 관련한 사항들은 유신 청산과는 다소 거리감이 있는 것 같아 가볍게 다루었다.

* 본 사례 발표를 준비하면서 다소 급한 마음에 미처 다루지 못한 부분이 있다면, 양해를 바랍니다.

부록

유신청산민주연대 활동 경과(2019. 5 ~ 2022. 6)

유신청산민주연대 발족 선언문

유신 50년 군사독재청산위원회(준) 참여 제안서

유신 50년 군사독재 청산 선언문

유신청산민주연대 임원 명단

유신청산민주연대 활동 경과
(2019. 5. ~ 2022. 6.)

2019년

05. 13.	대법원 앞 기자회견과 의견서 대법원 접수 유신-긴급조치 9호 발동 44년 사)긴급조치사람들
05. 16.	국회 토론회 - 긴급조치 9호 선포 44주년 긴급조치 피해자 원상회복 토론회 박주민 의원실, 긴급조치사람들, 민청학련동지회, 민변 긴급조치변호인단 05. 16. 1차 준비회의 - 토론회 참석자 중심으로 국회 휴게실에서 개최, 유신 청산 필요성 공감 06. 19. 2차 준비회의 06. 26. 3차 준비회의 07. 09. 4차 준비회의
07. 17.	제헌절 기자회견과 선언 유신헌법의 원천무효임을 선언하고 대법원의 헌법수호와 국가폭력에 대한 책임 촉구
08. 08.	대법원 앞 기자회견 유신잔재 청산과 사법농단 피해자 구제 위한 대법원의 결단 촉구
08. 23.	국회 방문(설훈 의원실 등) 유신-긴급조치 관련 국회의원 모임 추진하기로
09. 27.	유신청산국회토론회 - 유신헌법의 파행성과 잔재 극복의 과제 강창일 의원실, 가)유신청산민주연대, 긴급조치사람들, 민청학련동지회 공동주최
10. 17.	유신-긴급조치 강연 및 북콘서트 기독교회관 유신 선포 47년 김재홍 강연과 우리 젊은 기쁜 날(최희숙) 출판 기념 토크와 노래
11. 29.	유신 체제와 민주노동조합 토론회 3·1운동 및 대한민국임시정부 수립 100주년 기념 민주 인권 평화박람회(민주인권기념관)
12. 18.	가)유신청산연대 준비 2차 연석회의

2020년

01. 13.	가)유신청산연대 준비 3차 연석회의 2019년 활동 평가와 2020년 활동계획 및 발족 준비 등
02. 12.	유신독재청산 토론회 - 유신독재 청산을 위한 사법부와 국회의 과제 이재정 의원실, (가칭)유신청산민주연대
04. 23.	대법원 앞 기자회견 긴급조치사람들 단독. 매주 월요일 대법원 앞 1인시위
04. 28.	유신독재청산 토론회 - 국가폭력 청산의 경과와 향후 과제 강창일 의원실, (가칭)유신청산민주연대
05. 28.	유신독재청산 국회 토론회 및 유신청산민주연대 발대식 1부 유신독재의 헌정유린과 국가폭력, 진상규명과 청산방안 토론회, 2부 발족식 우원식 · 설훈 · 이학영 의원실, 유신청산민주연대
07. 07.	72주년 제헌절 맞이 유신독재청산 심포지엄 - 사라진 국회 10월유신과 민주주의 말살 국회의원 설훈 노웅래 우원식 이학영 김영호 / 유신청산민주연대
08. 21.	유신독재청산 국회 토론회 - 독일 나치 과거사 청산의 역사와 성과 국회의원 서영교(행정안전위원장) / 유신청산민주연대
09. 10.	유신청산 국회토론회 - 유신 시대의 형사사법통치기구의 실상과 청산 과제 국회의원 이재정 / 유신청산민주연대
09. 25.	유신 피해자들과 함께하는 유신청산 집담회 유신청산민주연대(6·15 남측위원회 회의실)
10. 15.	부마민주항쟁 41주년 유신독재청산 토론회 - 부마민주항쟁과 유신독 재체제의 붕괴와 청산과제 부마민주항쟁기념재단 / 유신청산민주연대 / 국회의원 설훈 최인호 전재수
10. 17.	유신 올레 - 유신독재 흔적을 찾아 떠나는 도심순례여행 충무로역 3번출구 집결 - 한옥마을(구 수도경비사령부) - 구 중앙정 보부 -기억의 터 - 서울시립미술관(구 대법원) - 민주인권센터(구 치안본부 남영동) - 서울시의회(구 국회) - 동아일보(1974.10. 자 유언론실천선언) - 세종문화회관(선언문 낭독) - 안국역(구 신민당 사 터)
	10월유신 선포 48년 선언문 발표 - "현대사의 망령, 박정희 유신을 청 산하자!" 유신청산민주연대(세종문화회관 계단)

10. 27. ~ 10. 30.	유신청산 국회 전시회 - 10월유신 48년, 유신청산민주행동 유신청산 전시회 국회 의원회관 1층 로비 설훈 우원식 이학영 노웅래 유신청산민주연대 / 부마민주항쟁재단. 민청학련동지회
10. 28.	유신청산 입법 토론회 - 유신독재 청산을 위한 입법 방안 국회의원 설훈 노웅래 / 유신청산민주연대(국회 의원회관 제3간담회실)
11. 05.	전태일 50주기 유신청산 국회 토론회 - 70년대 민주노동운동과 유신독재 청산의 과제 국회의원 강은미 심상정 배진교 / 70년대민주노동운동동지회(국회의원회관 제3간담회실)
12. 17.	『박정희 유신독재체제 청산 — 한국현대사의 망령』 출간(동연출판사) 1년 반 동안의 유신청산국회토론회에서 발표된 15개의 원고+ 집담회 내용을 중심으로 수록 출판기념회는 코로나19로 연기
12. 23.	진실 화해를 위한 과거사정리위에 "10월유신 쿠데타 전후 불법행위 등에 관한 진상규명요청서"를 긴급조치사람들과 공동으로 제출. 12월 28일 두 단체 임원 등 6명, 진화위 정근식 위원장과의 간담회

2021년

2월	가칭)유신청산특별법 국회 발의 준비 진행 중 1971년 12월 국가비상사태 선포 - 1987년 11월 현행 헌법 제정까지, 헌정질서 파괴 및 국가폭력 청산을 위한 특별법 초안을 작성해 설훈 의원실 통해 국회법제실 검토 1차 완료
03. 18.	유신독재청산 국회 심포지엄 — "부마항쟁과 서울의 봄, 왜 꽃은 피지 않았나: 박정희의 죽음과 유신의 잔존" 광복회관 3층 강당(코로나 19로 국회 내 행사 변경) 국회의원 설훈 최인호 / 부마민주항쟁기념재단 / 5·18기념재단 / 유신청산민주연대
05. 27.	운영위원회(임원회·공동사무국 연석회의) 온라인 회의 강제징집녹화선도사업진실규명위(강녹진)를 참가단체 신청 승인하고, 운영위원회 및 공동사무국 역할 결정. 강녹진 사무실을 유신청산민주연대 사무실로 함께 사용할 수 있도록 승인 받음
06. 04.	유신독재청산 광주 심포지엄 "5월 광주 시민저항, 6월 전국 국민항쟁 그리고 그 이후 대한민국" 광주광역시 5·18기념재단 대동홀

	국회의원 설훈 민형배 / 부마항쟁기념재단 / 5·18기념재단 / 유신청산민주연대 / 협찬 한국연구재단 중견연구자 지원사업(홍윤기)
06. 21. ~ 06. 22.	유신청산민주연대 공동사무국 워크숍(양평) 참석 박순희 임현재 이대수 이창훈 조종주 박강호 조재현 6.9. 공동사무국 회의에서 논의되었던 '사단법인 설립 추진의 건'을 구체적으로 추진하기로 결정, 재정 기금 마련 임원 구성 등이 전제되어야 한다고 논의
08. 25.	유신청산민주연대 운영위 공동사무국 회의 김종채 역사자료정리위원장 및 운영위원 승인 10월유신 선포 49년 유신청산 행사(심포지엄 전시회 유신 올레 등) 기획안 준비, 10월 하순 국회에서 온오프로 진행 추진하기로 결정 유신50년청산추진위원회를 구성하여 활동하기로 하다. 지속적인 활동 위해 사단법인 설립을 추진하기로 결정
09. 14.	임원 공동사무국 연석회의(줌) 10월 행사를 위한 준비 기획안을 중심으로 논의하여 계엄령토론회(10. 5. 예정), 유신청산민주연대 활동 평가와 향후 구상 집담회(10. 22. 예정대로 진행), 국회심포지엄(10.26. 예정), 발표 토론자 확인, 유신 올레(10.16. 서울시의회 등) 등 전체적인 기획안에 동의하고 추진하기로 함.
10. 19.	유신독재청산 토론회 — "군사독재의 도구 계엄령의 역사와 위헌 불법성" 6·15 남측위원회 회의실 유신청산민주연대 국회의원 설훈 우원식 이학영 9.28. 국회 의원회관 개최 예정이었으나 코로나19 사정으로 장소 시간 변경해 진행
10. 22.	유신청산 집담회 — "유신청산민주연대 활동 평가와 유신 50년 청산사업 구상" 6·15 남측위원회 회의실 참가: 이대수(사회) 고은광순 김종채 이창훈 한명희
10. 31.	10월유신 쿠데타 49년 선언문 발표 "유신 쿠데타 50년, 유신독재의 완전한 청산을 위하여 — 유신 망령은 왜 다시 부활하는가?"
11. 02.	유신독재청산 국회 심포지엄 "유신독재(1971-1987)와 사법부의 역할 — 법원과 검찰을 중심으로" 국회 의원회관 제1세미나실 유신청산민주연대 / 국회의원 설훈 우원식 이학영

	후원 민주화운동기념사업회 부마민주항쟁기념재단 5·18기념재단
11. 08. ~ 11. 12.	유신 쿠데타 49년, 유신 청산 국회전시회 국회 의원회관 2층 로비에서 국회 해산과 국회의원 체포 고문 구속 사진, 당시 신문기사, 김봉준의 판화와 '아시아의 상처꽃' 등 초대 전 시 등 진행
11. 29.	유신청산민주연대 언론부문 토론회 — "유신치하 언론탄압과 피해보상" 언론노조 회의실(프레스센터) 유신청산민주연대 주최, 전국언론노동조합 / 자유언론실천재단 주관
12. 08.	유신50년청산위원회 준비위 발족식 및 유신청산토론회 — "12·12 군사반란과 유신2기, 유신군사독재 16년(1971-1987) 의 위헌 불법성" 국회 의원회관 제1세미나실

2022년

01. 18.	유신50년군사독재청산위원회 발족식 및 심포지엄 의원회관 제 1소회의실 유신50년군사독재청산위(준) 주최, 유신청산민주연대 주관 유신50년 군사독재 청산 선언문 "유신 악법과 통치기구들의 민주주 의 파괴행위 청산을 통한 '대한민국 이행기 정의'의 완성을 위하여" 발표 2부 심포지엄 "박정희 유신과 전두환 유신2기의 잔재청산, 그리고 우리의 미래 — 5·18 광주항쟁과 6월 시민항쟁의 재조명"
01. 21.	2기 진실화해위원회 방문 조사 요청 고 김상현 의원의 유족 정희원 여사와 함께 이재승 진화위 상임위원 면담(1. 13) 후 유신청산민주연대 연명으로 "10월유신 국회해산과 의원면직 진실규명신청서" 제출
01. 26.	유사입법기구 제정 법률 제·개정을 위한 워크숍 — "군사독재시기 유사입법기구에서 제개정된 법률 현황과 과제" 국회 의원회관 제2세미나실 유신청산민주연대
02. 15.	국회토론회 및 유신청산민주연대 정기총회 — "박정희 전두환의 유신군사독재체제의 성장신화와 재벌 공화국" 국회 의원회관 제2세미나실 유신50년군사독재청산위원회 주최, 유신청산민주연대 주관 2부 총회(대표자회의) 회칙개정 / 임원선출(연임) 및 신규가입단체 승인

03. 15.	유신청산 입법토론회 ─ "유신군사독재청산 입법을 위한 국회와 시민 사회의 협력과 결의" 국회 의원회관 제1소회의실 유신50년군사독재청산위원회 주최, 유신청산민주연대 주관
04. 06.	공동대표단 민주당 원내대표 면담 및 간담회 국회 본관 5층 민주당 대표실 김재홍 김준범 이대수 / 이학영 인재근 강은미 참석 ─ 유신청산민주연대 및 유신50년청산위 활동 소개 ─ 유신군사독재 청산을 위한 국회 결의안 및 유신악법 10개 선정 폐지입법 추진 논의
04. 19.	유신50년청산위 국회 토론회 ─ "유신독재의 시원 박정희 군사쿠데타: 4월 혁명을 좌절시킨 군사 쿠데타와 헌정파괴" 의원회관 제3세미나실 유신50년군사독재청산위원회 주최, 유신청산민주연대 주관
06. 11.	6월항쟁 35주년 기념 민주올레 남산 한옥마을(구 수도방위사령부 터) - 중앙정보부 기억의 터 - 명동성당 - 서울시립미술관(구 대법원) - 성공회대성당 - 서울시의 회(구 국회의사당) - 프레스센터와 동아일보 유신청산민주연대 주관 안내: 해설 최방식 / 증언 이현배(민청학련) 김용신(군녹화사업) 김 준범(80년 해직언론인)
06. 21.	유신50년 유월항쟁 35주년 심포지엄과 출판기념회, 전시회(6. 21~24.) "유신군사독재 16년(1971~1987)을 종식한 6월항쟁, 촛불혁명으로" 국회 의원회관 제1소회의실 / 의원회관 1층 로비(사진전시회) 유신50년군사독재청산위 주최, 유신청산민주연대 주관

유신독재 타도 투쟁에 동참한 민주시민 여러분께 드립니다

10 · 26 궁정동의 총격으로 박정희의 유신정권이 끝난 지 40년이 지났습니다. 6월 시민항쟁, 국민의 정부, 참여정부, 촛불혁명을 거치며 민주주의는 전진해 왔습니다. 인권, 평화, 안전, 행복을 추구할 수 있는 시민적 권리도 확립되고 있습니다. 특히 촛불정부는 이명박, 박근혜 수구정권의 적폐를 과감히 청산하고 있으며 한반도에 평화를 정착시키기 위하여 민족의 화해와 협력을 실현하기 위해 진력하고 있습니다. 민주시민 여러분이 바라던 모두 같이 잘사는 대동 세상이 실현될 날도 다가오고 있습니다. 그러나 왜곡된 역사의식을 가진 일부 수구 부패 세력은 화합이라는 미명하에 유신 군사독재의 잔재를 묵인하고 넘어가려는 망동을 여전히 벌이고 있습니다.

진정한 민주사회를 이룩하려면 개인의 인권과 민주적 권리를 보장해야 합니다. 군사독재 시절의 과거사를 청산하려면 법과 제도의 개혁에 그칠 것이 아니라 피해자의 억울함을 풀어주고 실질적인 원상회복을 지원하는 조치를 실시해야 합니다. 이미 국민의 정부 시대부터 각종 진상조사위원회가 설치되어 활동했으며 재심과 보상, 배상 절차가 부분적으로 진행되었습니다. 그러나 국민의 정부, 참여정부 시절에도 피해자가 민원인의 입장에서 국가를 상대로 각종 구제를 신청하고 민형사 소송을 제기하는 절차를 밟아야 했습니다. 국가의 각종 정보수사기관이 보관하고 있는 자료도 공개하지 않아 개인적으로 각종 증거를 찾아 제출할 수밖에 없습니다. 더구나 박근혜 정권의 양승태 대법원장이 저지른 사법농단으로 긴급조치 9호는 위헌이지만 체포 심문, 구금한 수사기관은 적법한 공무를 수행했다는 대법원 판례(2015. 3. 3부 권순일)가 확립되었습니다. 중앙정보부, 경찰을 비롯한 공권력이 명백하게 개입한 많은 노동사건은 노사 간의 민사사건으로 처리되었습니다. 심지어 국정원은 인혁당 사법살인 피해자 유족들에게 소송을 걸어 배상금을 강제 환수하고 있습니다. 촛불혁명 이후에 취임한 김명수 대법원장이 이끄는 사법부는 사법농단으로 이중 피해를 입은 유신독재 피해자들의 거듭된 호소를 외면하고 있습니다.

유엔인권이사회가 2012년에 채택한 결의안을 보아도 권위주의적 통치가 종식된 지역에서 민주적 질서를 확립하려면 '전환기적 정의'를 실현해야 하며, 이를 위해 '진실규명, 사법적 정의 확립, 보상과 배상, 재발 방지 대책이 포함된 통합적 접근'이 필요하다는 가이드라인이 제시되어 있습니다. 더구나 이 결의안은 가이드라인의 신속한 이행을 권고하고 있습니다. 피해자의 입장에서 보는 진정한 해원과 배상은 유신 잔재의 말끔한 청산입니다. 2019년 해 10월 부마민주항쟁 40주년 기념사에서 문재인 대통령은 '유신독재의 가혹한 폭력으로 인권을 유린당한 피해자들 모두에게 대통령으로서 깊은 위로와 사과'를 하였습니다. 그러나 아직 정부, 사법부, 입법부, 어느 곳도 "유신헌법 원천 무효"를 선언하지 않았습니다. 바로 이것이 유신정권 시절의 과거사 청산이 지체되는 근본적인 원인입니다. 유신독재의 충견이었던 전두환 노태우 신군부 일당이 12·12군사반란으로 국민의 민주 헌정 회복 요구를 짓밟고 1980년 서울의 봄과 광주 민주항쟁을 무자비하게 진압하였습니다. 광주 학살의 주범인 전두환이 스스로 대통령이 된 체육관 선거의 근거는 유신헌법이라는 사실을 상기해야 합니다.

우리는 6월에 출범하는 21대 국회가 유신헌법 원천 무효를 선언하여 유신 잔재를 철저하게 청산하는 출발점을 마련하도록 강력하게 촉구해야 합니다. 이와 동시에 정부, 대법원, 헌재도 불법 정권인 유신체제가 자행한 인권유린 사태를 청산해야 한다는 입장을 밝히고 실천에 나설 것을 요구해야 합니다.

유신독재 타도 운동을 함께 했던 민주시민 여러분께 호소합니다. 모두 한 자리에 모여 작은 차이를 넘어 연대의 정신으로 함께 다음의 과업을 실현해 나갑시다.

우리의 과제와 요구

1) 정부, 국회, 대법원, 헌재는 "유신헌법"의 원천 무효를 유신 정권의 불법성을 선언하라.
2) 소멸시효 단축으로 각하된 국가배상 민사소송을 즉각 재개하라.
3) 민주화운동관련자 명예회복과 보상에 관한 법률(민보상법)에 의한 생

활보조금 수급자가 제기한 국가배상 민사소송을 즉각 재개하라.

4) 대법원은 "긴급조치 9호는 위헌이지만 공무원의 직무 수행은 적법하므로 국가의 배상 책임은 없다"는 궤변 판결을 즉각 취소하고, 국가배상 민사소송을 재개하라.

5) 유신독재에 항거한 국가 폭력의 피해자에 대한 진상규명과 명예회복, 국가배상을 실시할 수 있는 (가칭)유신청산특별법을 제정하라.

6) 통과된 진실과 화해를 위한 과거사 정리기본법(과거사법)에 따라 과거사 진상 규명 위원회를 즉시 재가동하고 인권 침해와 민주주의 파괴를 총체적으로 규명하라.

7) 인혁당 사건 피해자에 대한 '기지급 배상금 환수'를 즉각 중지하고 원상회복하라.

8) 민보상법의 '관련자'를 '유공자'로 변경하고 정당한 예우를 실시하라.

9) 언론자유실천 투쟁으로 해직된 언론인에게 국가는 사과하고 명예회복과 보상을 실시하라.

2020년 5월 28일

유신청산민주연대 참가자 일동

(광주전남민주화운동동지회 / 민주·인권·평화를 실천하는 긴급조치사람들 / 부산민주항쟁기념사업회 / 서울민예총 / 자유언론실천재단 / 동아투위 / 조선투위 / 전태일재단 / 촛불계승연대천만행동 / 한국작가회의 / 4.9통일평화재단 / 70민주노동운동동지회-청계 동일 원풍 CDK YH노동조합외 / 71동지회 / NCCK인권센터외)

* 참가는 단체와 개인 모두 가능하며 규약과 적절한 절차에 따라 진행됩니다.

10월유신 50년, 6월항쟁 35년 진정한 유신군사독재 청산을 위한 제안서

박정희는 1972년 10월 17일, 이른바 '10월 유신'이라는 친위 쿠데타를 일으켜 헌정을 중단시키고 국회를 해산하였다. 계엄령이 선포된 가운데 비판적인 야당의원들은 불법 연행하여 무지막지한 고문으로 보복했다. 박정희는 밀실에서 만든 '유신 헌법'을 요식 절차에 불과한 비상국무회의와 국민투표에 회부하여 압도적 다수가 찬성했다고 일방적으로 발표했다. 반대토론과 투개표 감시 절차가 무시된 원천적 불법 부정선거였다. 스스로 종신 대통령 자리를 차지한 박정희는 긴급조치를 발동하여 민주 회복을 요구하는 시민들을 불법 구속하고, 사법 살인과 테러를 자행하며 권력을 유지했다. 유신 정권은 생존권 보장을 요구하는 민중을 폭력으로 탄압하였으며, 언론, 출판, 집회, 결사의 자유를 비롯한 민주시민의 기본권을 박탈하였다. 반면에 유신 정권은 소수의 독점 재벌에게 특혜를 제공하여 양극화와 부정부패를 만연시켰다.

정당성이 없는 '유신 체제'는 민주시민의 저항에 부딪쳐 자체 붕괴했다. 박정희는 중앙정보부장에게 사살되는 1979년 10월 26일 밤에도 딸뻘의 여대생을 불러 성 노리개로 삼는 극한적인 도덕적 타락에 빠져 있었다. 그러나 국민에게는 퇴폐풍조 단속을 명분으로 모든 생활과 정서까지도 통제하는 위선자였다. 유신정권 자체는 10·26. 사건으로 붕괴되었으나 하나회 주축의 전두환 노태우 신군부는 유신체제를 승계한 '5공화국'을 만들었다. 신군부는 헌정파괴와 광주 학살을 비롯해 민주주의와 인권유린을 저지르며 폭압적 통치를 이어갔다.

박정희의 10월유신과 '유신의 아들/제자' 전두환의 '5공'으로 이어진 16년 유신군사독재는 1987년 6월의 시민항쟁과 대통령 직선제 개헌을 통해 종식되면서 절차적 민주화가 진행되었다. 그러나 유신 50년, 6월 항쟁 35년이 다가오는 현재까지도 유신 체제가 남긴 악성 유산은 청산되고 있지 않으며 진정한 민주화를 저해하는 암초로 남아있다. 구체적으로 박정희의 비상국무회의와 전두환의 국가보위입법회의가 급조한 수백 개의 악법들이 존치되어 있다. 그 결과는 유신 피해자, 신군부 피해자의 명예회복과 원상회복이 지연되고, 수구세력이 공공연하게 민주화 운동을 폄하하며 재집권을 획책하는 사태로 귀결되고 있다.

유신 정권과 신군부를 미화하는 반동적 수구세력의 발호는 일차적으로 과거사 청산의 불철저성에서 기인한다. 심지어 사법부는 긴급조치 피해자의 무죄를 확인하는 재심 판결을 내리며 "긴급조치는 유신헌법에 규정된 발동 요건을 충족하지 못하였다" 것을 이유로 들고 있다. 이러한 논리는 "긴급조치 위반자를 체포, 감금한 것은 정당한 공무집행이므로 국가는 배상 책임이 없다"는 요지의 유신 피해자를 우롱하는 궤변으로 이어지고 있다. 제도적 절차에 입각한 과거사 청산의 지지부진은 민주 정부의 위신과 신뢰를 저하시키는 부작용을 초래하고 있다. 이러한 파행적 사태는 10월유신이 박정희가 주도한 내란이며, 유신헌법은 불법적 법률이며 원천적 무효라는 사실이 법적으로 확인되고 있지 않아 벌어졌다. 심지어 박정희와 전두환의 위헌 불법적 계엄령과 군사력에 의한 강제 해산과 패쇄라는 굴욕을 겪은 국회도 유신헌법이 원천적으로 무효라는 사실을 확인하고 있지 않다. 즉, 양승태가 대표하는 수구적 법관의 과거사 사건에 대한 퇴행적 판결과 사법농단의 원인은 개인적 자질의 문제가 아니라 유신으로 시작된 군사정권의 정당성이 법적, 제도적으로 부인되지 않고 있는 부조리한 현실에서 찾아야 한다. 분단상황을 배경으로 헌정 유린과 폭압으로 일관해온 유신군사독재 청산은 과거사 청산만이 아니라 유엔 인권이사회가 제시한 전환기적 정의 실현이라는 현재적 과제이기도 하다.

철저하게 유신의 잔재를 청산하고 시민 개인의 기본권이 보장되는 진정한 민주주의를 구현해야 격동하는 동북아 국제정세를 헤치고 남북화해와 민족통일을 이룩하는 역사적 과제를 달성할 수 있다고 판단한다. 유신 피해 저항자 일동은 민주시민, 정치인, 재외국민을 망라한 각계각층의 유권자/국민 여러분에게 유신청산 작업에 대한 성원과 참여를 간절하게 호소하는 바이다.

2021년 12월

유신50년청산위원회 준비 제안자

(광주전남민주화운동동지회 / 강제징집녹화선도공작진실규명추진위원회 / 민주·인권·평화를 실천하는 긴급조치사람들 / 부산민주항쟁기념사업회 / 서울민예총 / 자유언론실천재단 / 동아투위 / 조선투위 / 장준하정신선양회 / 전국민주화운동동지회 / 전태일재단 / 촛불계승연대천만행동 / 한국작가회의 / 4.9통일 평화재단 / 70년대민주노동운동동지회 – 청계피복·동일방직·원풍모방·콘트롤데이타·YH 노동조합 외 / 71동지회 / 한국기독교교회협의회(NCCK) 인권센터 외)

유신청산민주연대

상임대표: 김재홍(71동지회 고문. 17대 국회의원. 서울미디어대학원대학교 석좌교수)
운영위원장: 이대수(긴급조치사람들 이사)

국회의원

공동대표: 이학영 인재근 소병훈 이용선 강은미 / 김영배 김홍걸 노웅래 설훈 양경숙 양정숙 윤미향 윤준병 정필모(12월 말 현재)

참가방법: 참가 희망 단체와 개인은 유신청산민주연대 운영위원회에 참가 신청해 주시면 됩니다.

연락처: 유신청산민주연대 email: ycdn21@naver.com / 전화 070-4121-1330 / www.ycdn.or.kr

유신 악법과 통치기구들의 민주주의 파괴 행위 청산을
통한 '대한민국 이행기 정의'의 완성을 위하여

대통령 박정희가 유신독재를 감행한 지 올해로 50년이 흘렀다. 그는 1979년 10·26으로 생을 마감했으나 곧이어 12·12 군사반란과 5·18 광주항쟁 살상 진압으로 정권을 찬탈한 전두환이 유신2기 군사독재를 더욱 심화시켰다. 군사권위주의 통치는 유신 선포 이전 5·16 쿠데타로부터 시작돼 60년 이상이나 이 땅에 거부할 수 없는 운명처럼 뿌리를 내렸다. 1987년 6월 시민항쟁이 승리해 군사독재가 종식된 지 올해로 35주년을 맞았으나 우리는 아직도 정치사회 곳곳에 그 깊은 뿌리가 온존해 있음을 목도한다.

유신50년군사독재청산위원회를 발족하는 대의가 여기 있으며, 우리는 역사 정의가 잊혀질까 두려워 미래지향을 명분 삼아 과거사에 대한 진실 화해 사명에 다시 진력하고자 한다. 과거를 제대로 살펴봄으로써 현재를 지혜롭게 살 수 있으며, 시행착오 없는 미래를 설계할 수 있다고 믿는다.

지금까지 유신독재 청산은 국가폭력의 피해자들을 위한 명예회복과 보상을 우선하면서도 그 비극적 피해들의 발생 원인에 대한 근본적이고도 구조적인 규명은 사실상 등한시해왔다.

1990년 '광주민주화운동 관련자 보상 등에 관한 법률'이 먼저 제정되었지만, '5·18 민주화운동 진상규명을 위한 특별법'은 2018년에야 입법되었다. 또한 '민주화운동 관련자 명예회복 및 보상 등에 관한 법률' 역시 2000년에 먼저 제정되고, '진실·화해를 위한 과거사정리 기본법'은 그보다 4년 지난 2005년에 비로소 제정되었다.

5·16 쿠데타 집단은 그 주모자들이 군복을 벗고 이른바 민정이양이라는 위장된 절차를 거쳤으며, 1987년 6월항쟁에 이르는 4반세기에 걸쳐 박정희 1인 체제 이후에도 전두환의 유신2기 군사독재가 대를 이었다. 경제적 측면에서 이들은 언필칭 산업화와 경제성장을 과대 홍보했지만, 성장의 과실은 주로 재벌 대기업 및 특권층 관료와 정치 군벌의 배만 불린 것이 실상이었다. 군사권위주의 통치 아래 다수 국민은 저임금과 물가고, 고실업률과 고인플레, 세계 최장 노동시간과 최고 산업재해율에 고통받았다는 것이 실증적 자료 분석의 결과 밝혀진 진실이었다.

정치적으로 독재자 박정희-전두환은 정보공안기관, 사법기관, 사이비 입법기관 등 유신 통치기구들을 일상적으로 도구화했으며, 이처럼 극단적으로 반민주적인 국가통치의 구조와 작폐를 철저하게 규명하는 과학적 조사와 역사 재판에 의한 징벌적 책임 추궁이 제대로 이루어지지 못한 채 오늘에 이르렀다.

이렇게 과거사 진실규명과 그 잔재 청산이 소홀했던 가장 큰 원인은 민주화 과정에서 억압적 통치기구들을 해체하거나 재구성하지 못하고 그 안에서 악행을 저지른 주범들은 정치적으로 사면 복권했으며, 그 추종 세력들과는 타협했기 때문이다. 이는 현실 정치의 틀 안에서 '이행기 정의'를 찾으려 했던 한국적 한계에서 찾아진다. 이행기 정의란 잘못된 과거사를 바로잡기 위하여 일정 기간 동안 환원적이고 치료적인 대증요법을 포함하는 개념이다.

그리하여 박정희 유신1기와 전두환 유신2기는 1987년 6월항쟁으로 일단 종식됐지만, 유신 통치기구로서 반민주적 특권을 휘두르며 국민들 위에 군림하던 권력기관들의 제도적 틀과 사회세력들의 습관적 행태는 그대로 잠재해 있었다. 특히 국회를 해산하고 정치 활동을 금지한 가운데 사이비 입법기구를 내세워 제정한 악법들이 여전히 잔존하면서 민주주의와 공정한 시장경제 발전에 고질적인 질곡으로 작용하고 있다. 민주주의 내실화에 무거운 멍에인 것이다.

각종 국책사업과 정부 개발사업에서 투기적 수준의 이득을 취하면서 기업 집단의 경영권을 편법적으로 장악하고 탈세 상속하며, 노동자와 주주를 배제한 채 기업 이익을 독점하는 재벌들의 행태가 군사독재 아래 형성된 정경유착에서 비롯된 것임은 주지의 사실이다.

국민 여론을 도외시하고 정치를 농단하는 족벌언론의 행태 역시 오랜 유신독재 시기 권력과 특정 진영에 유착한 어용과 편향 보도의 민낯에 다름 아니다. 5·18 광주항쟁에 대한 전두환 정치군벌의 살상 진압이 일련의 내란 행위인 것으로 대법원 최종판결이 내려졌음에도 시민 시위대에 대해 폭도라고 왜곡 보도한 보수신문은 아무런 사과 사죄도 하지 않았다. 거꾸로 그 동일 계열사 종편 방송이 광주항쟁에 대해 북한 특수군이 침투한 시위였다는 반국민적인 발언을 내보내기도 했다. 또한 유신독재 아래 특혜 성장한 이른바 주류 보수 언론사의 기자들은 정부 부처 및 공공기관과 주요 경제 및 사회단체에 출입하면서 기득권 기반의 기자단을 결성해 각종 정책 정보의 취재원 접근에서 다른 다양한 언론사 기자들을 배제해왔다. 유신 잔재 청산의 가장 중요한 대상 중 하나를 기득권 언론의 혁파에 두어야 하는 이유다.

사회적 약자에게 가혹하고 기득권 세력에 관대한 검찰과 사법관료들은 정의롭기는커녕 차별과 불공정의 대명사로 남았다. 더구나 독재정권의 하수인으로서 무수히 공안사건을 조작하고 노동운동을 탄압한 대가로 민주적 통제 밖에서 특권적 지위를 보장받았으며, 정치의 사법화와 맞물려 법률 독재의 도구로 낙인찍히기도 했다.

이처럼 유신 군사독재 시기에 형성된 권력기관과 그를 뒷받침하는 제도·관행들이 우리의 정치 발전과 민주주의 발전을 계기적으로 저해하고 있는 것이 우리의 현실이다. 특히 군사독재의 통치기구로 기능하던 관료 및 권력기구들이 개혁적으로 재구성되지 않고 그 동질성을 유지하면서 낡은 법과 제도들을 재생산하고 있다. 더욱이 재벌, 보수 언론, 특권 관료들이 연합한 기득권 세력이 경제성장의 성과를 독과점하고 민주화를 역이용하면서 기회 있을 때마다 권위주의 시대로의 향수를 부추기고 복고적 회귀를 노리는 실정이다.

'유신50년군사독재청산위원회'는 '유신청산특별법' 제정으로 과거 유신통치 기구들에 의해 자행된 헌법파괴 행위와 국가폭력의 진상을 집중적으로 규명하고 이를 토대로 법원, 검찰 등의 사법권력 및 재벌, 언론 등 사회권력이 향유하는 반민주적 특권과 제도·관행들을 근본적으로 청산하고자 한다. 6월항쟁 이래 한 세대 이상이 지났으나 촛불시민혁명으로도 아직 미완 상태인 '대한민국 민주공화국의 이행기 정의'를 완성하는 실천적 계기를 목표로 삼는다.

이를 위해 '유신50년군사독재청산위원회'는 정당과 시민사회단체, 국회의원과 시민운동가들이 연대하여 유신 잔재를 청산하고 미완의 민주화 과제를 완수할 것이다. 우리 사회 각 분야에 잔존하는 억압적이고 권위적인 제도와 관행들을 발본색원함으로써 지속 가능한 민주주의 발전과 경제성장의 토대를 마련할 것이다.

우리의 선언

- 유신독재 치하에서 국민 의사와 관계없이 제정 운영된 법률, 제도, 기구를 전수조사하고, 검토 결과에 따라 개정 또는 폐지를 추진한다.
- 국민이 선출하지 않은 유사입법기구가 제정한 유신헌법과 '제5공화국' 헌법은 불법 무효임을 선언한다.
- 유신독재 세력에 의한 불법적 국회 해산 및 헌법파괴 행위와 국가폭력에 대한 진실 규명에 나선다.
- 유신독재 아래 자행된 국가폭력 및 인권탄압과 반민주행위들에 대해 정부 수반의 사과를 요구한다.
- 언론 자유의 주체는 궁극적으로 국민임을 재확인하며 언론계에 온존한 유신 잔재 청산운동을 전개한다.
- 민주주의 극대화와 'K-데모크라시'를 주권자가 공동으로 실천하기 위하여 '국가-시민 동반자형 민주시민교육 플랫폼'을 제도화한다.

2022년 1월 18일

유신50년군사독재청산위원회

상임대표 김재홍 / 공동대표 국회의원 이학영 인재근 소병훈 이용선 강은미 외 /운영위원장 이대수

유신청산민주연대

(광주전남민주화운동동지회 / 강제징집·녹화·선도공작진실규명추진위원회 / 늦봄문익환목사기념사업회 / 민주·인권·평화를 실천하는 긴급조치사람들 / 부산민주항쟁기념사업회 / 서울민예총 / 자유언론실천재단 / 동아투위 / 조선투위 / 장준하정신선양회 / 전국민주화운동동지회 / 전태일재단 / 촛불계승연대천만행동 / 한국작가회의 / 4·9통일평화재단 / 70년대민주노동운동동지회·청계피복·동일방직·원풍모방·콘트롤데이타·YH 노동조합 외 / 71동지회 / 한국기독교교회협의회(NCCK) 인권센터 외)

국회의원

공동대표: 이학영 인재근 소병훈 이용선 강은미 / 김영배 김홍걸 노웅래 설훈 양경숙 양정숙 윤미향 윤준병 정필모 (2021년 12월 말 현재)

유 신 청 산 민 주 연 대 임 원 명 단

유신청산민주연대 참가단체 및 임원진(2022년 2월 현재)

광주전남민주화운동동지회(상임대표)

긴급조치사람들(이사장: 유영표)

강제징집녹화선도사업진실규명위원회

늦봄문익환목사기념사업회(이사장: 송경용)

부산민주항쟁기념사업회(이사장: 문정수)

서울민족예술인총연합회(이사장: 손병휘)

자유언론실천재단(이사장: 이부영) — 동아투위, 조선투위, 80해직언론인협의회

이한열기념사업회(이사장: 한동건)

장준하정신선양회(회장: 김주태)

전국민주화운동동지회(회장: 허진수)

전태일재단(이사장: 이수호)

촛불계승연대(상임대표: 송운학)

평화와 통일을 사랑하는 예술인들의 모임(대표: 차주환)

한국작가회의(이사장: 이상국)

4·9통일평화재단(이사장: 문규현)

70민주노동자회(회장: 임현재) — 청계 · 동일 · 원풍 · YH노동조합 외

71동지회(고문: 김재홍)

평화어머니회(대표: 고은광순)

NCCK 인권센터(이사장: 홍인식)

고문

김경천	전 국회의원
박중기	4·9통일평화재단 이사
배기운	전 국회의원, 71동지회 부회장
이부영	전 국회의원, 자유언론실천재단 이사장
이해학	겨레살림공동체 이사장
임진택	예술인
최 열	환경재단 이사장

공동대표

김재홍	상임 / 71동지회 고문
김준범	80년해직언론인협의회 회장
고은광순	긴급조치사람들 부회장
박순희	70민주노동운동동지회 부회장
성한표	조선투위 위원장
송운학	촛불계승연대 상임대표
신현수	한국작가회의 사무총장
안승운	부산민주항쟁기념사업회 부이사장
허 육	동아투위 위원장

운영위원회

이대수	위원장 / 긴급조치사람들 이사
김선홍	촛불계승연대 집행위원장
김종기	부위원장 / 부산민주항쟁기념사업회 상임이사

박강호   자유언론실천재단 상임이사

송경동   한국작가회의 자유실천위원장

이광희   전국민주화운동동지회 사무처장

이창훈   4·9통일평화재단 자료실장

임현재   부위원장 / 70민주노동자회 회장

조봉훈   부위원장 / 광주전남민주화운동동지회 고문

조재현   서울민예총 기획실장

조종주   강제징집녹화선도공작진실규명추진위 사무처장

김종채   유신청산민주연대 역사자료정리위원장

송병춘   유신청산민주연대 법률기획위원장

공동사무국

이대수 박강호 신미주 이종수 이창훈 임현재 조재현 조종주(간사)

사무실: 서울 영등포구 영등포로 353, 엔씨오피스텔 1102호

Email: ycdn21@naver.com / www.ycdn.kr